中国科学院规划教材

# 新编审计学

## 第2版


主　编　辛金国

副主编　邢小玲　邬慧君　林素燕

编　委（按姓氏笔画排序）

王莹莹（杭州电子科技大学）

邢小玲（绍兴文理学院）

邬慧君（浙江林学院）

杜巨玲（中国计量学院）

李永强（浙江林学院）

辛金国（杭州电子科技大学）

林素燕（浙江工业大学）

郑明娜（杭州电子科技大学）

科学出版社

北　京

## 内 容 简 介

本书以民间审计(注册会计师)为主线,全面、系统地介绍了审计的基本知识、基本理论和基本技巧,并注意吸收国内外审计理论的最新成果,以现行法规和最新的独立审计准则为依据,采用国际通行的“交易循环法”,在内容上,以注册会计师实务为主,同时兼顾国家审计和民间审计内容。全书结构严谨、内容新颖、实用性强。

本书可作为高等院校会计学、审计学和财务管理专业以及有关经济管理专业的教材,亦可作为在职审计、财务人员培训用书及其他对审计有兴趣的实际工作者参考。

**图书在版编目(CIP)数据**

新编审计学 / 辛金国主编.—2版.—北京:科学出版社,2008
中国科学院规划教材
ISBN 978-7-03-021745-5

Ⅰ.新… Ⅱ.辛… Ⅲ.审计学-教材 Ⅳ.F239.0

中国版本图书馆CIP数据核字(2008)第056820号

策划编辑:曹丽英 / 责任编辑:方 霞 / 责任校对:曾 茹
责任印制:徐晓晨 / 封面设计:黄 超



科学出版社出版
北京东黄城根北街16号
邮政编码:100717
http://www.sciencep.com

北京厚诚则铭印刷科技有限公司 印刷
科学出版社发行 各地新华书店经销

*

2003年8月第 一 版 开本:787×1092 1/16
2008年6月第 二 版 印张:23
2018年3月第十二次印刷 字数:543 000

**定价:55.00元**

(如有印装质量问题,我社负责调换)

# 第2版序

审计学课程是会计学、审计学专业的核心课程，长期以来我们一直重视《审计学》教材的建设。1997年7月，杭州电子科技大学审计教研室组织教师编写了《审计学》教材，并由电子工业出版社出版。随着审计学理论和实务的发展，杭州电子科技大学教师对《审计学》教材进行了多次修订，2002年《审计学》被列为浙江省重点建设教材，这是对我们教材建设工作的肯定，也是对我们的考验。从2002年下半年开始，我们成立了教材编写小组，并进行了合理的分工，经过大家的共同努力，《新编审计学》第1版于2003年8月由科学出版社出版，该教材先后在杭州电子科技大学、浙江工业大学等本科院校多次使用，一致被认为内容新颖，有较大的参考价值，产生了较好的社会影响。

在我们组织编写《新编审计学》第2版教材时，正值我国会计准则和注册会计师审计准则全面修订和发布之际。2006年2月，财政部发布了新的会计、审计准则，其体系和内容与国际全面接轨，因而对本教材的内容有很大的影响，本教材及时汲取了新准则的思想和内容。本教材的特色主要体现在章节安排、重点与难点、文字等方面以及内容、结构、体系安排上。突出一个"新"字，即内容新、体系新、依据新和写法新。

(1) 内容新。全书以民间审计为出发点，兼顾内部审计和政府审计内容，同时又包含最新的审计理论研究成果，如舞弊审计等内容。既有理论深度，又符合实际需要。全书结构严谨、体系完善。

(2) 体系新，系统性强。采用国际上通行的教材交易循环编写法，教材结构合理，符合认知规律。在教材结构上，按照审计学的内在逻辑规律组织编写。在整个体系安排上，理论介绍和案例评述相结合，结合审计准则讲述审计理论，同时穿插讲解国内外重大的审计案例和最新审计动态，做到审计经典内容和时代信息的有机结合，使学生既能深刻理解和掌握审计的基本理论和基本方法，又长进了实务经验。

(3) 依据新。本教材主要依据2006年新修改的《中华人民共和国审计法》、2006年新颁布的注册会计师执业准则体系和近期颁布的我国会计准则和会计制度规范的要求编写。

(4) 写法新。本书改变了传统的分章写法；每章后有案例、思考与练习题，便于学生掌握各章重点，并有利于学生对应知、应会问题的分层次掌握。

本书是浙江省高等教育重点建设教材和中国科学院规划教材，它以高等学校会计学、审计学和财务管理专业本科生为对象，也照顾到经济类其他专业学生学习审计知识的需要，可作为本、专科学生学习审计知识的教材。参加编写的高校有杭州电子科技大学、浙江工业大学、浙江林学院、绍兴文理学院、中国计量学院等。

本教材共设十九章，由辛金国教授担任主编，邢小玲副教授、邬慧君老师、林素燕老师担任副主编。第1、2、3章由辛金国教授编写，第4、11章由林素燕老师编写，第5、8、9章由邬慧君老师编写，第6、10章由郑明娜老师修订和编写，第12章由李永强老师修订，第13、14、15章由邢小玲副教授编写，第7、16、17章由辛金国教授、王莹莹老师修订和编写，第18章由杜巨玲、王莹莹老师修订，第19章由杜巨玲编写。

由于我们水平有限，书中缺点、错误在所难免，恳求各位专家、学者和读者批评指正。

辛金国

2008年3月

# 第1版序

我国经济体制改革的目标是建立社会主义市场经济体制。在建立社会主义市场经济体制过程中，建立和健全审计制度，强化审计监督，充分发挥审计的作用，是市场经济健康发展的必要保障。审计要有效地为建立社会主义市场经济体制服务，关键是要有一支数量多、质量高的队伍。目前现有的审计人员无论在数量还是在质量上，都远远满足不了审计业务的发展需要。为了培养适应现代审计业务需要的审计人员，我们组织编写了《新编审计学》一书，以满足审计教学之需要。

本书的编写以民间审计(注册会计师审计)为主线，结合我国会计改革的新内容，力求做到理论联系实际，既全面论述民间审计的基本理论，又详细阐明民间审计具体实务。除了用一定篇幅着重论述民间审计的基本理论外，对政府审计和内部审计做了专门介绍。

本教材最大限度地吸收国外权威审计教材及国内注册会计师考试指定辅导教材的体系安排。第一部分主要介绍审计基本理论和基本方法，阐述了审计的产生和发展、审计的职能、审计的本质、审计机构、审计人员、审计职业规范、审计责任、审计证据、审计工作底稿、审计方法、内容控制及评审、审计报告等内容；第二部分，摒弃以往审计教材按单个财务报表审计工作的传统做法，采用国际通行的"交易循环法"，即从收入循环、支出循环、生产循环、投资与理财循环、货币资金余额等方面审计介绍注册会计师的实务；第三部分，介绍注册会计师验资与其他鉴证业务。对内部审计所涉及的经济效益审计也作了介绍。本书每章后面附有复习思考题，作为启发思考、巩固学习之用。

本书是浙江省高等教育重点建设教材，它以高等学校会计专业及审计专业本科生为对象，也照顾到经济类其他专业本、专科学生学习审计知识的需要，可作为本、专科生学习审计知识的教材。同时，它还可以作为会计人员、审计人员的业务进修、培训的参考资料。由于时间仓促，肯定有很多不足之处，请多提宝贵意见。本书由辛金国教授主编，除参加编写外，还负责总纂定稿。各章连同复习思考题的撰稿人依次如下：

第1章辛金国；第2章辛金国；第3章辛金国；第4章黄志邦；第5章黄志邦；第6章开家蒋、马艳萍；第7章黄志邦；第8章汪初牧；第9章汪初牧；第10章祝素月；第11章祝素月；第12章胡苏芬；第13章祝素月；第14章汪初牧；第15章汪初牧、马艳萍；第16章林素燕。

编　者

2003年8月

# 目　录

# 第1章 总 论

**学习目的**

通过本章学习分别了解政府审计、民间审计和内部审计的产生和发展历史;了解审计产生的前提条件;掌握审计的定义、审计的特征;掌握审计目的的基本内容,及一般目的和特殊目的的说明;掌握审计对象的构成内容;掌握审计的经济监督、经济鉴证和经济评价职能,及其任务和作用;掌握按照不同的标准对审计进行的分类、了解审计假设的内容、了解有关审计环境的内容。

## 第1节 审计的产生和发展

历史学家们的研究表明,审计的产生最早源于东方,古代埃及、巴比伦王国,就已经产生了税收审计。公元前11世纪的中国西周,审计制度已具雏形,受到著名会计史学家迈克尔·查特菲尔德教授的高度赞誉。审计是社会经济发展到一定阶段的产物,纵观古今中外审计发展进程,它经历了古代审计、近代审计、现代审计三个阶段。无论古代、近代还是现代审计,其产生、存在和发展的客观条件是经济责任关系的产生、存在和发展。

所谓经济责任关系是指当生产资料的所有权与经营权或管理权相互分离时,就会出现因授权或委托经营、管理而发生在所有者与经营者之间的一种关系。这种经济责任,只有经过与责任履行不存在任何经济关系的人员,根据所有者的授权或委托对经营者或管理者的经营情况进行独立的审查和评价,才能予以确立和解除。于是,出于确定经营者或管理者是否履行经济责任的需要,就产生了审计。

从国外审计的历史和现状来看,审计按不同主体划分为政府审计、内部审计和民间审计。它们三者具有审计的共性表现,但由于其不同的地位和作用范围,我们应当对它们的起源与发展分别进行分析。

### 一、政府审计的产生和发展

#### (一) 我国政府审计的历史沿革

中国政府审计起源甚早,早在西周时期,皇家(政府)审计就有了一定的发展。据《周礼》记载,西周(公元前21世纪至公元前771年)已出现了带有审计性质的财政经济监察工作,在中央政府设置的官职中,位于下大夫的"宰夫"一职,负责审查"财用之出入",并拥有"考其出入,而定刑赏"的职权,虽然这个职位不高,但其从事的工作却具有审计的性质,是我国政府审计的萌芽。其后,秦汉两代都曾采用"上计"制度审查、监督财务收支有无错弊并借以评价有关官吏的业绩,来决定赏罚的制度。隋唐时期在刑部之下设"比部",使审计工作开始走向专业化、独立化和司法化,对中央和地方的财税收支实行定期的审计监督。宋代设立"审计司"和"审计院",这是我国审计机构定名之始。到了元、明、清三代未设专门的审计机构。明初,比部曾一度恢复,但不久即被取消,直到清末都未设置。辛亥革命后,北京的北洋政府在1914年设立审计院,并颁布了《审计法》,南京的国民政府在1920年设立"审计院",后改为审计部隶属监察院。

在中国共产党领导的二次革命战争中,1932年成立中央苏区审计委员会,1934年颁布《审计法》,实行革命监督制度。在陕甘宁、晋绥、山东等革命根据地,也有审计组织,也有相应的审计法规。

中华人民共和国成立之后,在较长一段时间内未设独立的专业的审计机构,对财政经济的监督由财政、银行、税务等部门通过其业务在一定范围内进行。1982年第五届全国人民代表大会第五次会议上通过的《宪法》中,我国正式以最高法律的形式明确实行审计监督制度。宪法规定:国家设立审计机构,对国务院各部门和地方各级政府的财政收支进行审计监督。审计机关在国务院总理领导下,依照法律规定独立行使审计监督权,不受其他行政机关、社会团体和个人干涉。1983年9月15日,审计署作为国务院的一个部级单位正式成立。随后又在县级以上各级政府设置了各级审计机关。1985年11月颁布了《国务院关于审计工作的暂行规定》,1988年11月颁布了《中华人民共和国审计条例》,1994年8月颁布了《中华人民共和国审计法》。因此,我国的政府审计就是20世纪80年代建立起来,并迅速发展和完善的。

### (二) 西方政府审计的产生和发展

根据史料记载,西方政府审计也经历了一个漫长的发展过程。约公元前6世纪左右,在经济比较发达的城邦国家如古代雅典,建立了奴隶制的民主制国家,国家权力机关主要是由拥有相当数量财产的人员执掌,通过抽签选举制推选官吏。官吏上任前要接受资格审查,任职期内要接受称职与否的信任投票,卸任时要由审计官对其报送的会计账目进行检查,确定是否存在差错、贪污和受贿。通过审计、财产所有者确定自己以捐税形式交给国家的财产在使用中未被用来中饱私囊。随着历史的发展,西方许多国家也相继设立了审计机构。这些审计机构以君主为其服务对象,监督受最高统治者之托管理国家资源的各级政府。大约800年前,英法等国开始年度审计,公元15世纪起,审计的价值受到社会广泛的认可,各国审计机构对各级政府普遍展开了定期审计。

步入近代社会之后,西方国家的政府审计也有较大的发展,伴随着国家规模、职能等方面的发展变化,其内涵亦不断充实、丰富和发展。1945年美国国会颁布了《1945年政府公司控制法案》,要求会计总署(美国最高审计机关)聘请注册会计师对公营公司进行审计,使政府审计范围从国家行政部门、事业部门扩大到公营公司,公共经济责任的控制广度趋于完整。1970年加拿大通过《审计长法》,1983年英国通过《国家审计法》,都在法律上对政府审计目标、职责做出了明确的规定。近20年来,将财产审计与绩效审计有机结合,绩效审计相对比重不断加大是西方发达国家政府审计发展的基本趋势。

## 二、民间审计的产生和发展

### (一) 国外民间审计的产生与发展

西方国家的民间审计,是随着资本主义制度的建立而不断地发展和完善的。根据史书记载,民间审计源于西方,在文艺复兴时期,意大利城市威尼斯、热那亚、佛罗伦萨商品经济发展较快,出现了具有一定规模的合伙企业。投资者将资金委托给海外贸易者使用,并分享短期合伙利润。为了了解资金的使用情况,监督利润分配情况,合伙者需要聘用精通复式簿记的会计师进行核算监督。1581年威尼斯会计师协会成立,它是世界审计史上最早的民间审计组织。在19世纪之前,意大利许多城市都建立了规模不等的会计师组织,但是由于当时的商品经济并非像现代工业一样,民间审计缺乏生命力,其审计活动也只是现代民间审计的萌芽和序曲。

民间审计真正产生并初步形成制度的历史进程是在英国完成的。英国工业革命使英国成为世界上第一个大工业占统治地位的国家,与新的生产力水平相适应,企业规模迅速扩大,资本需要更加高度的集中,因而出现了发行股票筹集资金为特征的股份公司。股份公司这一企业组织形式的出现,使公司的所有权与经营权相分离。这种分离蕴涵着经营管理人员背离甚至损害所有者的利益、谋取私利的风险。开始仅有为数不多的人意识到这种风险,并对经营管理人员的经营活动进行监督,进行不定期的审计。1720年,南海公司案惊醒了陶醉于黄金梦中的投资者,南海公司以欺骗手段虚构经营业绩和发展前景,吸引大量投资,最后公司经营失败,宣告破产,使成千上万的人遭受损失。一位名叫查尔斯·斯内尔的会计师受托对该公司诈骗案进行调查清算,他被认为是世界上第一位具有现代意义的民间审计师,这一案件无疑地对发展民间审计起了推动作用。1853年在苏格兰的爱丁堡成立了世界上第一个职业会计团体,即"爱丁堡会计师协会",使独立会计师的审计从"协助办理"的地位提高到受托承办的地位。但当时的民间审计主要以查错纠弊为目的,对账簿记录进行逐笔审查,也称详细审计。由于详细审计诞生于英国,故也称之为英国式审计。

随着美国经济持续地发展,英国资本大量输往美国,英国的执业会计师远涉重洋来到美国开拓民间审计业务。与此同时美国也逐渐形成了自己的会计师队伍,并于1887年创立了"美国会计师协会",后来发展为美国公共注册会计师协会(AICPA)。这个组织已成为当今世界上最大的执业会计师专业团体。20世纪初期,美国的短期信用发达,企业多从银行举债。银行为了做出贷款决策和保障贷款按期回收,有必要对企业的资产负债表进行分析,借以判断企业的偿债能力,核心在于对资产负债表进行审计。审计方法也已从英国式的详细审查初步转向抽样审查,这种方式是抽样审计的开端,它给民间审计的发展带来了新的思维方式和新的技术方法,在美国风行一时,所以又称为美国式审计。

1929年出现了经济大危机,使得大批企业破产倒闭,广大投资者遭受严重的损失,美国政府为了维护投资者的利益,在1933年颁布了《证券法》,次年又颁布了《证券交易法》,规定凡股票、债券上市买卖的公司,必须报送经独立会计师审查签证过的资产负债表和损益表。审计师对其检查后所出具的意见承担法律责任，由此形成了美式签证审计制度。以审计准则制订为标志的现代审计发展新阶段始于1939年，这一年，美国注册公共会计师协会（AICPA）发布了第一号《审计手续说明书》，截至1972年共发表54号《审计手续说明书》。从1972年起，由审计准则执行委员会颁布《审计准则说明书》（SAS）。在这一过程中，美国注册公共会计师协会吸取了广泛的社会意见，促使独立审计师不断调整、充实、完善自己的工作内容和水准，在满足社会需要的动态过程中迅速发展。

### （二）我国民间审计的发展

我国民间审计的历史比西方国家要短得多。旧中国的民间审计始于辛亥革命之后，当时一批爱国会计学者鉴于外国民间审计组织包揽我国的民间审计业务的现实，为维护民族的利益与尊严，他们积极倡导创建中国的民间审计事业。1918年9月，北洋政府农商部颁布了我国第一部民间审计法规——《会计师暂行章程》，并于同年批准著名会计学家谢霖先生为中国的第一位注册会计师，同时创立了我国第一家会计师事务所——"正则会计师事务所"。20世纪30年代以后，其他大城市也相继成立了会计师事务所，接受委托开始查账事项，民间审计得到了发展，但是由于旧中国在社会政治、经济方面的落后状态，民间审计一直没有得到长足的发展。

在经济体制改革之前，由于计划经济在社会经济中占主导地位，我国一直未能恢复民间审计。随着改革开放，我国在20世纪70年代末有了外商投资企业，为了适应外商投资的需要和维护国家的利益，国家于80年代初重建了注册会计师审计制度。伴随着经济改革的深入，社会主义市场经济的确立和发展，我国多种形式的企业相继建立，对民间审计也提出了更高的要求，这又为我国民间审计的发展创造了重要的外部条件。为加强对民间审计的管理，促使其健康发展，我国成立了对全国注册会计师进行管理的专业团体，相继制定了一系列有关民间审计的法规和审计准则。为加强与国外相关团体的交流和学习，中国注册会计师协会于1996年10月4日加入亚太会计师联合会，并于1997年5月8日正式成为国际会计师联合会（IFAC）的会员，从此我国的注册会计师审计进入了一个崭新的发展阶段。

## 三、内部审计的产生与发展

内部审计是由部门、单位内部设置的专门机构或人员实施的审计，它是随着企业规模扩大、内部分级管理的出现而逐步形成的。早期的内部审计诞生于19世纪中叶的英国，内部审计同外部审计一样，也是在受托经济责任关系下，基于经济监督的需要而产生和发展的。传统的内部审计可以追溯到古代和中世纪。例如庄园审计、宫廷审计、行会审计、银行审计、寺院审计等，都属于内部审计的范畴。

随着西方国家经济的日益发展，企业生产规模日益扩大，管理机构和层次增多，为了保证经营方针和管理制度的贯彻执行，保护财产的安全完整，实现经营目标，内部审计随之而获得发展的契机逐步健全和完善。最初的情况是，大企业要对在外地的下属公司进行审查，若要完全聘用民间审计进行，往往会花费太大，得不偿失。因此，一些有本企业管理经验的人才就担当了对下属公司或机构检查监督的重任，这是现代内部审计的早期阶段。19世纪中叶，在美国铁路系统首先建立内部审计制度，巡回审计师被派送到各地售票处，检查评价资产管理责任制度和报告系统。1875 年,德国大型军火工业公司克虏伯公司建立起内部审计制度,并且专门编制了公司审计手册。20 世纪中期,出于对内部审计呼声的不断高涨,美国最早建立了"内部审计师协会"(IIA),并取得了内部审计理论研究的一系列成果,内部审计获得了长足的发展。20 世纪中期后,美国内部审计师协会制定的《内部审计师职责条例》及其不断修订,以及内部审计实务标准的制定、修订,使内部审计的发展进入高潮阶段。1977 年美国颁布了《反国外贿赂法》,1978 年内部审计师协会颁布的《内部审计实务准则》,以及 1978 年加拿大审计长公署颁布的《加拿大政府内部审计准则》,对整个内部审计的发展又起到了积极的推动作用。

在我国,1995 年 7 月 14 日,审计署根据《中华人民共和国审计法》规定,发布施行《审计署关于内部审计工作的规定》,国务院各部门和地方人民政府各部门,国有的金融机构和企事业单位,以及法律、法规、规章规定的其他单位,应设立内部审计机构,配备审计人员,并在国家审计机关的业务指导和监督下,实行内部审计监督制度。我国的内部审计,不仅要实施财务审计,而且要开展经营审计、管理审计、经济责任审计。应该指出,随着内部审计的重要性逐步被社会所认识,我国很多大型企业集团都设置了内部审计机构,配备了专业的内部审计人员,制定了有关内部审计的规定、制度。所有这些,都对我国内部审计的发展产生了巨大的影响,为内部审计的进一步完善创造了条件。

## 四、审计产生和发展的前提条件

任何事物都是在特定条件下,基于某种客观需要的产生,并遵循一定的规律向前发展演进的。审计是在出现了财产所有者和财产管理者,并在他们之间形成一定经济责任之后产生的。因为财产管理者的管理权、经营权是财产所有者授予的,所以,财产管理者的受托管理、受托经营,必然会形成受托经济责任。因此,受托经济责任关系的确立是审计产生的前提条件。

当出现资产所有者和财产管理者之后,负有受托经济责任的财产管理者应接受财产所有者的监督、检查。其监督检查有两种形式:一是由财产所有者自身来进行;二是由财产所有者委托或委派第三者来进行。如果在财产所有者与财产管理者之间直接存在着经济利害关系,则财产所有者对财产管理者的监督、检查,存在着一定的主观性、片面性和局限性。因此,对财产管理者的监督、检查,客观上要求由财产所有者和财产管理者都无利害关系的第三者来进行。这种由第三者所进行的监督、检查就是审计工作。

当出现财产管理者之后,管理者不可能事无巨细地对所有经营活动进行管理、经营,必然会将一部分管理权、经营权授予下级,这就形成了多层次管理、经营分权制。在这种情况下,上一级的管理机构把部门管理权、经营权授予下级的管理机构。下一级管理机构对上一级管理机构则负有受托管理或受托经济的经济责任。因此,对受托经济责任的监督、检查,也应由与他们无利益关系的第三者来完成。这种监督、检查,也就是审计工作。但是,受托经济责任的确立,并不一定产生审计活动,它只是产生审计的前提条件。

在奴隶社会和封建社会中,奴隶主和封建主为了维护其统治地位,并通过征税来维持国家机器的正常运转。而征收税赋的官员,都是由最高统治者的代理官员负责进行的,最高统治者是授权者,代理官员是受权者,两者之间就产生了一种受托经济责任关系。在民间,奴隶主或地主将其剥削来的财产也交给代理人管理，奴隶主或地主与代理人之间也产生了受托经济责任关系。这种由管理者或经营者向所有者承担的经济责任，只有经过与责任双方不存在经济利害关系的人，受所有者授权或委托而进行审查和评价，才能确认管理者或经营者履行经济责任的情况。

随着社会经济发展到一定的阶段，资本主义社会出现了以股份公司为主要形式的生产经营组织形式。股东对公司的财产具有所有权，但并不直接参与企业生产经营管理，而委托经营者行使管理的职能，这时，财产所有权与经营权日益分离，经营者对股东的受托经济责任大大加强了，在这种受托经济责任关系中，委托人自然希望受托人能够诚实地、令人满意地履行受托经济责任，不仅要实现其受托财产（资本）的保值，而且要实现其财产（资本）的增值；而受托人也具有向委托人交代或表明其在诚实地、认真地履行受托经济责任，以便继续获得委托（投资）的内在需要和动机。这就需要作为第三者的审计人员来进行审查，以保证所有者、经营者和其他各方的正当权益不受侵犯。

在社会主义市场经济体制下，同样存在这种受托经济责任关系，理由：国有企业的生产资料虽然归全民所有，但是同样要实行所有权与经营权分离，国家作为投资者对企业财产拥有终极所有权，委托给经营者进行经营，经营者对国家负有确保资产完好、增值等受托经济责任。国家为了维护全体人民利益，必须要由独立的审计机构审查企业的财务报表，以保证会计资料的准确、可靠和经济活动的合法、合理，确定和解除有关责任人的受托经济责任。

## 五、受托经济责任的新发展

受托经济责任关系发展至今已日趋复杂，其内容已从过去单纯的财务责任，向更为广泛的经营责任、管理责任方面纵深扩展。逐步形成了现代经济责任的完整概念，推动审计理论和实务不断向前发展。

现代政府中的经济责任，不仅仅限于财政、财务合规、合法性方面的责任，而且向更为广泛的经济工作的经济性和效率性以及政府项目计划方案执行的效果性方面扩展，即“三 E 审计”。在三 E 审计的基础上又出现对经济活动的适当性和环境性两个审计目标进行分析、评价的审计行为。这里适当性涉及事前经济效益的评价，即指预计资金所占或所费同预计资金所得相比是否有利，如有利则为适当，无利则为不适当。环境性是指影响经济效益的外部环境，诸如一个国家政治、经济、民主法制、交通运输、资源等状况。由于适当性、环境性的英文词第一个字母也是“E”，所以连同经济、效率和效果审计一起称为五“E”审计。

现代企业中的经济责任范畴，归纳起来包括下列三个层次的内容。

### （一）财务责任

（1）对正确地提供会计信息负有责任。

（2）对完整地保护财产安全和对财产增值负有责任——基于审查和评价会计记录的正确和财产的真实性而产生错弊审计，这是财务审计的初始状态。

（3）对遵守会计原则，公正允当地报送财务报表负有责任——基于审查和评价财务报表的公允性而产生财务报表审计。

(4) 对遵守国家财经法纪和按章完成上缴任务负有责任——基于审查和评价财务收支的合法性和合规性而产生财务收支审计。

### (二) 经营责任

(1) 对充分利用人力、物力、财力等一切资源负有责任——为此而需要审查和评价经营活动的经济性和效率性。

(2) 对实现既定的经营目标(如利润、销售量等)和计划、预算负有责任——为此而需要审查和评价经营活动的效果性。

(3) 对取得最优财务成果负有责任——为此需要审查和评价经营活动的效益性。

基于以上审查和评价而产生经营审计。

### (三) 管理责任

(1) 对长期投资决策和短期经营决策、目标和计划方案制定的可靠性和可行性负有责任——为此需要审查和评价决策、计划方案的可靠性和可行性。

(2) 对内部控制和管理制度的健全性和有效性负有责任——为此需要审查和评价内部控制和管理制度。

(3) 对提高经济效益及其所采取的各项措施的可行性和有效性负有责任——为此需要审查和评价各项技术措施。

基于以上审查和评价而产生管理审计。

# 第2节 审计的本质

## 一、审计的定义

审计定义是对审计实践的科学总结,是对审计这一客观事物特有属性的揭示。在西方国家,对审计的认识随实践的发展不断深化、升华。最初,人们普遍地将审计定义为“查账”,“会计检查”,“财务报表检查”。第二次世界大战后,审计目标、内容、领域发生巨大变化,客观上要求以更科学的定义来概括和反映丰富发展着的审计实践。1972 年美国会计学会在组织大批有识之士对审计实践及各种审计概念进行系统研究之后,发表了《基本审计概念说明》。该公告对审计下了如下定义:审计是客观地收集、评价有关申明及其所反映经济活动和事项的证据,确定申明与既定标准之间相符程度,并将结果传递给有利益关系使用者的系统化过程。

加拿大特许会计师罗德尼 .J. 安德逊认为:“所谓审计,是判定报表,决算表或其他主张与所制定的标准之间是否有不一致的地方,以及因而检查有关证据的过程。”

美国注册会计协会在第 1 号审计准则公告中下的定义:“独立审计人员对财务报表情况加以检查、搜集必要证据。其目的是对这些报表是否按照公认会计原则公允地反映财务状况、经营成果和财务状况变动表示意见。”

日本新版《会计学大辞典》(1979 年)指出:“所谓审计,是指同任何一方均无关的第三者检查一个企业(或其他组织)的会计记录与会计报表以及会计组织和会计行为是否正确或恰当,并将审查结果向委托人报告的一系列行为。”

我国传统的审计概念,一般解释为“查账”,即审查会计账目有无差错和舞弊现象,这种概括,与上述西方国家审计学者将审计局限于财务审计的提法相吻合。1989 年 3 月,中国审计学会在贵州省安顺市召开的审计基本理论会上经反复研讨,认为我国的审计定义如下:审计是由专职机构和人员,依法对被审单位的财政、财务收支及其有关经济活动的真实性、合法性和效益性进行审查,评价经济责任,用以维护财经法纪,改善经营管理,提高经济效益,促进宏观调控的独立性的经济监督活动。

上述定义高度地概括了我国社会主义审计的主体、客体、职能,并结合我国现阶段审计的对象和目的,做出了较为简单、明确、具体的表述,它体现了社会主义审计的特点。

1995 年,经过我国审计界人士的广泛讨论,形成了一个基本上能反映审计特征并与国际接轨的简明定义:“审计是独立检查会计账目,监督财政财务收支真实、合法、效益的行为。”

总而言之,上述审计定义是从“信息”角度加以归纳抽象而得。审计的基本工作是收集证据对财务报表信息(申明)加以验证。审计的作用通过对信息的编制揭示与既定标准相符程度的报告来加以体现和发挥,现代社会中,国家机器的正常运转,市场经济的正常运行,企业和组织的经营管理,都离不开信息。审计通过提供信息,赋予被审计信息可信性和可靠性,从而可以减少在国家、企业和组织经营管理与决策中的信息风险,减少因信息失真不当所造成、导致的经营管理失败和决策失误的风险。这是现代审计在现代社会中的基本职能和所能发挥的基本作用。

## 二、审计的特征

审计的特征是审计区别于其他事物的特有属性,我们从以下几个方面对其做出阐述。

### (一) 审计关系

审计关系是指在审计过程中,与审计活动有关的单位或人员之间必然发生的责任关系。与审计活动有关的单位或人员,在西方审计理论中被称为审计关系人,包括审计委托人、被审计人和审计人员。审计关系的内容主要有三个方面:审计人(第三关系人)在接受审计委托人的委托或授权情况下,对被审计人进行审查,向审计委托人证实被审计的人责任、状况和问题;被审计人对审计委托人负有经济责任,并由审计人对其受托经济责任进行审查。审计委托人将其财产授予被审计人去经营管理,要求被审计人对他们承担经济责任,并从审计人那里获取有关被审计人受托经济责任履行的书面报告。在这三方面关系中,审计人员对被审计人是审计关系,对审计委托人是证实关系,被审计人对审计委托人是受托经济责任关系,对审计人是接受审计的关系,审计委托人对被审计人是授予经济责任关系,对审计人员是受托或授权的关系。他们的关系如图 1-1 所示:

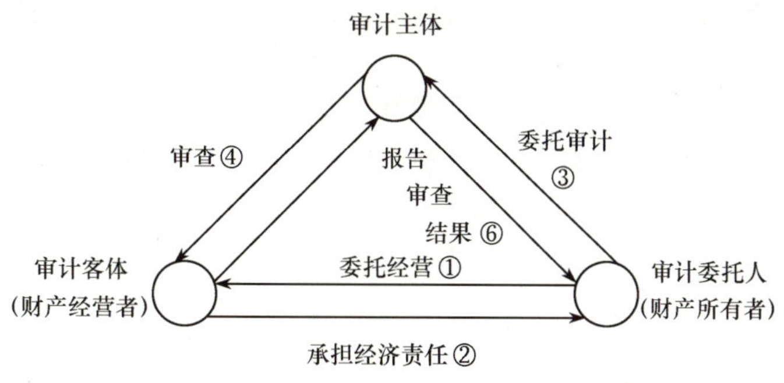


图 1-1　审计关系图

从审计关系图中可以看到，只有由三方面关系人构成的关系才是审计关系。由任何两方面关系人进行的检查、监督，都不能称为审计。当三方面关系人中缺少审计委托人时，审计人与被审计人的关系只能是咨询服务关系；当缺少审计人时，审计委托人与被审计人的关系仅是管理关系；当缺少被审计人时，没有审计对象，无法讲他们的关系是审计关系。因此，三方面关系人的审计关系是审计的最基本特征。

### (二) 审计的目的

审计的目的是指审计所要达到的目标和要求，是审计工作的指南，审计目的的确定，主要是受审计对象的制约，同时也与审计的本质属性与职能及委托人的具体要求密切相关。按照现代审计理论、审计的目的包括一般目的和特殊目的。

**1. 一般目的**　审计的一般目的是注册会计师对被审计单位的会计报表进行审计，并发表审计意见。会计报表审计是现代审计的支柱，注册会计师审计尤其如此。从目前来看，企业编制和向外提供的会计报表包括资产负债表、利润表、现金流量表和有关附表。编制这些会计报表所依据的会计资料，包括有关的会计凭证、账簿及其所反映的经济业务。注册会计师的审计意见通常包括以下两方面内容：

(1) 合法性：合法性是指被审计单位会计报表编制是否遵循了企业会计准则及国家其他有关财务会计法规的规定。企业会计处理方法和会计报表编报是否有章可循、合理合法，决定着企业资产是否安全和完整，财务状况、经营成果的披露是否真实。因此，注册会计师应当判明被审计单位的会计报表是否合法。

(2) 公允性：公允性是指被审计单位会计报表在所有重大方面是否公允地反映了被审计单位的财务状况、经营成果和现金流量。企业对外报送会计报表后，会计报表使用人，包括政府有关部门、企业股东、债权人及潜在投资者和其他社会公众，首先关心的就是这些会计报表是否已经对其财务状况、经营成果及现金流量情况作了公允的反映，有无夸大业绩和资产，隐瞒亏损和债务等情况。注册会计师的审计意见，应合理保证会计报表使用人确定已审计会计报表的可靠程度，从而做出相关的判断或决策。

**2. 特殊目的**　审计的特殊目的是指，注册会计师对被审计单位按照特殊编制基础(如收付实现制基础)编制的会计报表或其他会计信息进行审计，并发表审计意见。注册会计师除了对会计报表进行一般目的的审计外，还可以接受委托进行特殊目的的审计，并发表审计意见。这些特殊目的审计意见一般也包括合法性、公允性等方面，只不过审计意见的表述对象有所差异而已。

特殊目的的审计业务通常包括：对按照特殊编制基础编制的会计报表进行审计；对会计报表的组成部分进行审计，包括对会计报表特定项目、特定账户或特定账户的特定内容进行审计；对法规、合同所涉及的财务会计规定的遵循情况进行审计；对简要会计报表进行审计等。

### (三) 审计对象

审计对象是指审计的客体，一般是指被审计单位的经济活动。世界各国法律都明确规定了审计对象，以便审计组织和人员切实履行其所应担负的任务和职责。

审计对象是一个历史范畴。随着社会经济的不断发展和审计目的的不断发展，审计对象也不断发生变化。就传统审计的对象来看，古代的官厅（或政府）审计主要是对官厅（或政府）的会计账目及其所反映的财政收支进行审核；20 世纪以前流行于英国的详细审计，主要是对近代企业的会计报表、账簿和凭证及其所反映的财务收支进行审核；20 世纪以前流行于美国及整个西方国家的资产负债表审计、损益表审计和其他会计报表审计，则是以现代企业的资产负债表、损益表等各种会计报表作为审计对象，即对会计报表各项目进行分析性审核以后，进一步对会计账目及其所反映的各项资产、负债和权益等财务收支状况或财务收支成果进行抽样审计。上述审计都属于以被审计单位的财政收支或财务收支作为审计对象的传统审计。自 20 世纪下半叶以来，为了适应现代社会经济的进一步发展，审计的对象迅速发展变化，现代审计的内容已超出了财政、财务收支活动的范围，而扩展到与经济效益有关的经营活动和管理活动的各个领域；由以会计账项为直接审查对象的账项基础审计，扩展为以内部控制为直接审查对象的制度基础审计；由以手工数据处理系统为审查对象的手工数据处理系统审计，发展为以计算机信息系统为审查对象的计算机信息系统审计。这里都已构成现代审计的重要标志。

前已述及，审计对象可概括为被审计单位的经济活动。具体地说，它包括以下两个方面的内容：

(1) 被审计单位的财务收支及其有关的经营管理活动。不论是传统审计还是现代审计，不论是政府审计还是注册会计师审计、内部审计，都要求以被审计单位客观存在的财务收支及其有关的经营管理活动为审计对象，对其是否真实、合法、合规及其效益情况进行审查和评价，以便对其所负受托经济责任是否得以认真履行进行鉴证。政府审计的对象，根据宪法规定，为国务院、各部门和地方各级政府及其各部门的财政收支，国有的金融机构和企业、事业的财务收支。内部审计的对象为本部门、本单位的财务收支以及其他有关的经济活动。注册会计师审计的对象为委托人指定的被审计单位财务收支及其有关的经营管理活动。

(2) 被审计单位的各种作为提供财务收支及其有关经营管理活动信息载体的会计资料及其相关资料。审计对象主要包括记载和反映被审计单位财务收支、提供会计信息载体的会计凭证、账簿、报表等会计资料以及相关的计划、预算、经济合同等其他资料；提供被审计单位的经营管理活动信息的载体，除上述会计、计划统计等资料以外，还有经营目标、预测、决策方案、经济活动分析资料、技术资料等其他资料，电子计算机的磁带、磁盘等会计信息载体。以上这些,都是审计的具体对象。

综上所述,审计的对象是指被审计单位的财务收支及与其有关的经营管理活动,以及作为提供这些经济活动信息载体的会计资料及其相关资料。会计资料和其他相关资料是审计对象的现象,其所反映的被审计单位的财务收支及其有关的经营管理活动是审计对象的本质。

# 第3节 审计的职能、任务和作用

## 一、审计职能

审计的职能是指审计本身所具有的内在功能,是由审计本身的特征和地位决定的,是审计本质的客观反映,是指审计能满足社会需要的能力。审计的职能是客观的,是不以人们的意志为转移的,它是随着经济的发展而发生变化的。目前审计界对于审计职能的论述,见解各异。总的来说可概括为以下几个方面:经济监督职能、经济鉴证职能、经济评价职能。其中经济监督职能是基本职能,其他两者从属于基本职能,是基本职能的派生和扩展。

### (一) 经济监督职能

监督的基本解释是监察并督促,经济监督就是指有制约力的单位或机构监察和督促其他经济单位,使其全部或一部分经济活动符合一定的标准和要求,在规定的范围内,按照预定的方向合理运行。具体地说是指审计机构或人员依照法规、制度对被审单位的财政、财务收支、经营活动及其经济效益,社会效益进行检查、审核、查错纠弊、揭露违法乱纪、贪污盗窃行为,以达到加强控制,严肃财经纪律,加强管理的目的。

当然,并不是任何单位都具有经济监督的职能,因为审计要有效地发挥其监督职能,必须具备两个前提条件。

(1) 监督必须依靠权力机关实施。因为监督要靠政府的强制力来执行的,非权力机关无法进行有效的监督。民间审计组织是一种非权力机关,因此,民间审计执行监督的效果就不明显。

(2) 要有明确的客观标准和是非界限。因为监督是要对事实做出是否合法、合规的判断,判断只有将事实与一定的标准或尺度衡量后才能做出。经济效益审计中由于缺乏严格的客观标准和明确的是非界限,因此就不具有监督的职能。

### (二) 经济鉴证职能

鉴证是指鉴定和证明。经济鉴证就是通过审核和查验后,按审查结果向委托或授权单位出具查验结果的证明,以证实被审计单位记载经济活动的会计资料及其他资料是否真实可靠。

国外的注册会计师审计具有鲜明的经济鉴证职能。表现为,企业单位的会计报表等必须经注册会计师审计鉴证后才可向会计报表使用者及社会公众公布。随着社会主义市场经济的逐步确立,我国注册会计师审计的经济鉴证职能也在不断发展与健全。表现为,不仅上市公司需要注册会计师审计,国有企业及其他企业也需要注册会计师审计。根据国务院有关文件,从2000年开始,依法应当实行会计报表注册会计师审计制度的所有企业,必须实行年度会计报表会计师审计制度。财政部根据国务院机构改革的要求,规定从1998年起国有企业年度会计报表,除个别特殊行业外,不再实行财政审批制度。其年度会计报表应于年度终了在规定时间内委托注册会计师实施审计。

### (三) 经济评价职能

评价是指对一事物的价值或品级做出评定。经济评价就是指审计机构或工作人员对被审单位的经济活动进行审查,并根据审计依据和标准,对内部控制制度的健全性、有效性以及对经营活动的效益性进行分析、评价,提出建议和意见,为管理当局提供被审单位或人员履行经济责任的情况。

经济评价是审计的另一重要职能。在现代审计中,经济评价的职能更加重要,这是因为经济监督是保证经济活动的合法、有效,而经济评价则可在监督的基础上对被审计单位取得的成就,存在的不足给予更为深刻的揭示和说明,从而使被审计单位有进一步提高管理水平,提高经济效益的压力和动力,总的来看,经济评价职能既表现在注册会计师审计对被审计单位内部控制制度情况的管理建议中,还以突出的地位存在于政府审计的经济效益审计和内部审计的经营管理审计之中。

## 二、审计的任务和作用

审计的任务是人们在充分认识审计职能的基础上,根据当时社会需要,对审计工作所提出的要求。例如,早期的审计,其任务主要是审查会计账目、纠正错误、揭发弊端;而后,为了满足社会上会计信息使用者的需要,审计还担负着向社会提供客观公允会计报表的任务;20世纪下半叶以来,为了适应经济的发展和市场竞争的需要,为了改善经营和提高经济效益的需要,审计的任务又扩展到为经济有效地使用各种资源、提高生产和工作效益、经济效果提供建议。根据我国现行审计制度的要求,我国审计的基本任务,就是要为发展社会主义市场经济,为加强国民经济宏观调控、微观搞活服务。具体的任务:审核检查会计和有关资料的真实性、正确性、完整性和公允性;审查和评价财政预算、财务计算以及经营决策方案制订和执行情况;审核检查经济活动的合法性、合理性及其有效性,揭露打击经济领域中的犯罪活动,充分披露损失浪费和低效(或无效)行为;审查和评价内部控制制度的健全性和有效性,促进经营管理水平的提高;审查和鉴证有关经济效益和经济活动,为信息需要者提供服务。因此,我国审计监督对于促进国家计划的实现,合理利用资源,保护社会主义财产,维护财经法纪,提高经济效益具有极其重要的作用;特别是对于治理经济环境,维护国家经济秩序,加强廉政建设,保障社会主义市场经济健康发展,更具有积极的意义。

### (一) 审计的制约作用

审计通过揭露和制止、处罚等手段,来制约经济活动中各种消极因素,有助于各种经济责任的正确履行和社会经济的健康发展。

(1) 揭露背离社会主义方向的经营行为。党和国家各项方针、政策及法规制度,是千百万个企事业单位能够按照社会主义方向正确经营的保证。国家机关、各企事业单位能够忠实地贯彻执行,就能保证正确的经营方向,否则,就会背离社会主义方向。审计通过检查监督,能发现被审计单位贯彻方针政策和法规制度的情况,揭露和制止违反国家法规的行为,以利于社会主义经济健康地发展。

(2) 揭露经济资料中的错误和舞弊行为。会计资料及其他各种经济资料,应该真实、正确、合理、合法地反映经济活动的事实。但不少单位的经济资料不仅存在错误,而且存在着有意造假现象,以图掩饰非法的经济行为。通过审计的检查监督,不仅可以揭露出经济资料的错误和舞弊,而且还可以揭发经济业务中的错误和舞弊行为,从而进一步追究有关负责人的责任和考查有关管理人员的政治、业务素质。

(3) 揭露经济生活中的各种不正之风。不论是财政财务审计、还是经济效益审计,都可以通过对经济活动的审查监督,揭露出社会上不正当的各种各样的经济关系、经济思想和经济行为,进行必要的处理,提出改正意见,刹住不正之风,促进廉政建设。

(4) 打击各种经济犯罪活动。各种审计特别是财政财务审计,可以发现和查明贪污盗窃、行贿、受贿、偷税、漏税、骗税、走私、造假账、化预算内为预算外、化大公为小公和化公为私,以及损失浪费等经济犯罪行为,并配合党的纪律检查工作、行政纪律监察工作,法院、检察机关的司法侦查工作,以及各种临时检查工作,进行查证与鉴定,以充分发挥审计的特有作用。

### (二) 审计的促进作用

审计通过调查、评价、提出建议等手段,来促进、服务宏观经济调控,促进微观经济管理,以助于国民经济管理水平和绩效的提高。

(1) 促进经济管理水平和经济效益的提高。通过财政财务审计和经济效益审计,可以发现影响被审计单位财务成果和经济效益的各种因素,并针对问题的所在提出切实可行的改善措施,这样就有利于被审计单位改善物质技术条件和人员管理素质,进一步挖掘潜力,提高经济效益。

(2) 促进内控制度建设和完善。通过对内部控制制度审计和评价,可以发现制度本身的完善程度、履行情况及责任归属等问题,并向有关方面反馈信息,以促进内部控制制度的进一步完善和正确的执行。

(3) 促进各种经济利益关系的正确处理。无论是微观审计还是宏观调查,都可以发现一些在处理国家、地区、集体、个人之间经济利益关系方面存在的问题。这些问题的存在使一些单位和个人获得了一些不正当的经济利益,也挫伤了一部分人的积极性,更严重的是损害了国家利益。审计通过信息反馈和提出一些改进意见,有利于协调各方面的经济利益关系,使责、权、利更加密切地结合,以助于微观经济中的有关矛盾的解决和宏观调控工作的加强。

# 第4节 审计的分类

## 一、按照审计主体的分类

按照不同的审计主体所实施的审计,审计可分为政府审计、内部审计及民间审计。

**1. 政府审计** 一般是指国家组织和实施的审计，确切地讲是国家专设的审计机关所进行的审计。我国国务院审计署及派出机构和地方各级人民政府审计厅(局)所组织和实施的审计,均属于国家审计。

**2. 民间审计** 是指由社会注册会计师所进行的独立审计。我国民间审计组织主要是会计师事务所。会计师事务所主要承办海外企业、股份有限公司、有效责任公司等企业的财务审计和管理咨询业务;接受国家审计机关、政府其他部门、企业主管部门和企事业单位的委托,办理经济案件鉴定、纳税申报、资本验证、可行性方案研究、解散清理以及财务收支、经济效益、经济责任等方面审计。

**3. 内部审计** 是指由政府部门或企业主管部门的审计机构或专职审计人员,对本部门及其所属单位的财政收支及经济活动所进行的审计监督。

## 二、按照审计主体与被审计单位的隶属关系分类

按照审计主体与被审计单位的隶属关系审计又可分为内部审计和外部审计。

**1. 内部审计** 这里内部审计主要是部门、单位实施内部监督,依法检查会计账目及其相关资产,监督财政收支和财务收支真实、合法、效益的活动。根据《会计法》第 37 条规定,会计机构内部建立稽核制度。稽核是稽查和复核的简称。它由专职或兼职的会计人员承担会计稽核工作,对会计机构本身、会计核算工作进行一种自我检查或审核,其目的在于防止会计核算工作中所出现的差错和有关人员的舞弊。

**2. 外部审计** 是指独立于政府机关和企事业单位以外的国家审计机构所进行的审计,以及独立执行业务会计师事务所接受委托进行的审计。由于这种审计是由本部门、本单位以外的审计组织以第三者身份独立进行的,所以具有公证、客观、不偏不倚的可能,因而具有公证的作用。

内部审计和外部审计总体目标是一致的,两者均是审计监督体系的有机组成部门。内部审计具有预防性、经常性和针对性,是外部审计的基础,对外部审计能起辅助和补充作用;而外部审计对内部审计又能起到支持和指导作用。由于内部审计机构和外部审计机构所处的地位不同,它们在独立性、强制性、权威性和公证作用方面又有较大的差别。

## 三、按照审计客体的分类

按照审计目的和内容的不同,审计可分为财政财务审计和经济效益审计。

**1. 财政财务审计** 也称为传统审计,在西方国家叫做财务审计或依法审计。它是指对审计单位财政财务收支活动和会计资料是否真实、正确、合法和有效所进行的审计。财政财务审计的主要内容是财政财务收支活动,目的是审查财政财务收支活动是否遵守财经方针、政策、财经法令和财务会计制度、会计原则,是否按照经济规律办事,借以纠正错误,防止弊病,并根据审计结果,提出改进财政财务管理、提高经济效益的建议和措施。财政财务审计不仅要审核检查被审计单位的会计资料,而且要审核检查被审计单位的各项资金及其运动。

**2. 经济效益审计** 是以审查评价实现经济效益的程度和途径为内容,以促进经济效益提高为目的所实施的审计。经济效益审计的主要对象是生产经营活动和财政经济活动能取

得的经济效果或效率,它通过对企业生产经营成果、基本建设效果和行政事业单位资金使用效果的审查,评价经济效益的高低,经营情况的好坏,并进一步发掘提高经济效益的潜力和途径。

财政财务审计和经济效益审计虽然都有联系,但也有明显的区别,而且这种区别不仅仅表现在审计的具体内容上,还表现在审计的目的、依据、时间、执行者和方法等方面。从财政财务审计和经济效益审计比较中可以看出:前者的目的在于查明财务收支和经济核算资料的真实性、正确性和合理性,进行经济公证,借以确定和解脱经济责任,主要用于查错防弊,以保护原则为主;后者的目的在于确定经济效益并做出评价,借以寻求提高经济效益的途径,以建设性原则为主。前者审计以会计法、财政财务制度、财经法纪和财务活动事实为主要依据;后者除此外,还要以业务、技术经济效益考核标准和经济活动事实为依据。财政财务审计以事后审计及定期审计为主;经济效益审计则以事前、事中审计为主,定期审计与经常性审计相结合。财政财务审计主要由专业审计人员进行,主要使用审查书面资料和证实客观事物的方法;而经济效益审计,不仅是由专业审计人员进行,还要有工程技术等方面的内行专家参加,同时还要运用现代管理的一些先进方法。

# 第5节 审计假设

## 一、审计假设的基本含义

所谓假设,是指由于种种原因而对无法验证的事实的姑且认定。人类在认识世界、改造世界的过程中,总是要借助假设这一种方法或手段,来建立、完善和发展各种科学理论。马克思曾经指出,只要自然科学在思维着,它的发展形式就是假说。著名的哲学家亚里士多德也曾指出,每一论证的科学多半是从未经论证的公理开始的,否则,论证的阶段就永无止境。假设,假说推动着科学理论的前进,由于各种条件的限制,人们对某一事物、现象的认识只能处于假设状态。这种假说的正确与否,有待后来人的检验。因此,假设对任何学科领域来说都是必不可少的。

审计假设是审计理论的基础,是对审计得以进行的基本前提条件的认定,反映着审计活动的基本特点和普遍规律。在西方国家,对于审计假设的研究具有代表性的会计学家是R. K. 莫茨和H. A. 夏拉夫,在他们合著的《审计理论结构》一书中第一次系统提出审计假设理论,开创审计假设研究之河。他们两人所提出的审计假设理论人们习惯地称为“莫氏审计假设”。

莫氏审计假设主要是以年度财务报表的鉴证审计为基础,针对审计活动全过程提出的。主要包括八条假设。

(1) 财务报表及财务信息是可验证的。人们相信,经过审计师审计过的财务报表,其主要原因是人们相信财务报表中的各项认定已经过注册会计师的专业验证,因而其中必然蕴含着财务报表及财务信息可验证性这一前提条件的存在。如果这一假设不成立,那么会计报表就没有审计的必要了,因为即使经过专业人员的审计,人们仍是不相信信息的真实性,因而审计也就失去了存在的可能。

财务报表及财务信息是可验证的假设包含着这样一个命题：审计是一个验证的过程，围绕着审计目标进行验证，辨别财务报表所提供信息的真伪。审计过程与会计过程的主要区别在于：审计是一个已知命题的验证过程，而会计仅是一个确认、计量、披露的过程。

同样的道理财务报表和财务信息的可验证性还具有另外一种假设，要求客户必须拥有支持财务报表的较为完善的会计记录和相关信息资料，这样才能真实准确地反映经营活动，这些信息资料属于佐证性材料。审计必须根据这些证据（佐证材料），这样验证的结果才具有可靠性和可信性。以这一假设为依据，会计师事务所在接受审计委托时，应该研究可审计性问题。从理论上讲，可验证性的假设构成审计证据理论的基础。

我们熟知，审计过程在方法上有一个特点是，它不是对原有事项的完全重作，而是以抽样审计为基础，因而，在审计中运用概率论和统计抽样方法取得的证据和形成的结论就应该得到认可。进一步讲，以此种审计方法形成的审计结论，只能是一种合理的保证，而非绝对的，毫无质疑的担保。在审计资源有限的情况下，注册会计师可以根据此条假设，利用合理的人力、物力、时间和费用为被审计单位提供满足质量要求的服务。

（2）注册会计师和管理部门之间没有必然的利益冲突。正如前面所报的，企业管理部门也需要根据真实可靠的财务信息进行计划、决策和控制，因而对他们来说审计是有利的，借助审计可以加强和完善企业经营管理者与所有者与市场上各种信息的使用者之间的相互信任。因此，管理人员与注册会计师的根本利益是一致的，从现实生活中看，管理人员提供的各种信息和被审计单位所提供的会计资料是审计证据的重要组成部分，是形成审计意见的重要基础。尽管有的企业在审计后发生这样那样的问题，但大多数企业的审计是成功的。因此，事实也说明这一假设是可以站得住脚的。

相反，如果否认这一假设，就等于说企业管理部门均反对审计，因而不愿意将财务状况、经营成果的真实信息公之于众，这是与事实相悖的。对审计工作来讲，如果否认这一假设，意味着管理人员根本不与注册会计师合作，管理人员提供的关于企业财务状况和经营成果的信息是完全不能相信的。在这种情况下，我们无法想象审计工作如何开展。

当然，管理人员与注册会计师没有必然的利益冲突，并不意味着完全没有利益冲突。在某些特殊时间和特殊情况下，管理人员可能会蒙骗注册会计师，掩盖事实真相，出于企业或个人的切身利益，两者之间会产生利益冲突，但是这种矛盾是偶发性的，并不具有普遍的意义。但是，应当明确指出的是，没有必然利益冲突并不是以牺牲注册会计师的独立性为代价的。

（3）较为理想的内部控制可以减少错弊的发生。以内部控制为调查和评价的基础确定实质性程序的性质、时间和范围，在目前审计条件下是一种普遍的做法和公认的观念，它正是建立在这一假设基础之上的。不言自明，企业建立内部控制总是有其目的的，一个受到控制的会计信息系统产生的信息资料较未受控制的系统产生的信息资料更为可信，错弊的发生概率也比较小。

该假设强调了注册会计师调查评价内部控制的重要性，确定了依据内部控制调查评价结果进行证据决策的必要性和提高工作效率的可能性。在此基础上，形成了“制度基础审计”。1977 年美国颁布了《反国外贿赂法》，明确规定企业必须设置和保持内部会计控制制度，把建立内部控制作为一项法律要求，强化了注册会计师应该把检查报告被审计单位内部控制是否存在薄弱环节和违规问题，促进其不断完善，作为自己的任务和责任。

(4) 被检查的财务报表中,不存在串通舞弊行为和非常规错误。审计工作根据制订的工作计划,通常能够高效率、高质量地完成任务。主要依赖于这条假设,如果不存在这条假设,那么审计工作将陷入困境,无法开展。我们知道串通舞弊是严重的集体违法行为,是经过精心策划的欺骗,很少留下明显的痕迹。对于非组织内人员很难找出破绽,而非常规性错误是无法预见的,也就谈不上在计划中加以考虑。为了检查串通舞弊和非常规性错误,要求审计工作更加深入、细致,当然对注册会计师的素质要求也大大提高。对助手工作给予更具体、更密切的指导和监督。这意味着审计资源更多的投入和消耗,相应的增加了审计成本。在社会总体资源有限和财务报表中串通舞弊和非常规性错误并不普遍这两条公认的事实前提下,更多的资源投入和消耗就失去了必要性。根据这一假设,注册会计师就相应的减少了审计责任。当然,如果注册会计师在常规手续检查时发现了明显的串通舞弊行为,会计师有责任予以揭露、报告。

(5) 除非存在明显的相反证据,在被审计单位过去认定为真实的事项,未来仍然是被认为真实的。财务报表年度审计具有周期性,这是因为企业生产经营活动是一个持续不断进行的过程,财务报表的信息也具有连续性。注册会计师对企业某一时期生产经营活动及其信息反映进行检查评价时,对前期审计中已经确认的事实,本期可以自动给予认定。例如,上期审计中确认资产负债表反映具有真实性、公允性,则结转本期期初的数据也可以自动认定为准确。如果该假设不成立,审计工作将难以进行,为得到可靠的审计结论,注册会计师将陷入对前期事项无限的不断地检查验证之中。

根据这一假设,前期审计工作结果对后期审计具有直接的借鉴、参考价值。在前期中发现的问题应在后期予以关注、重视。为确定审计工作重点,提高审计效率,注册会计师应该对企业经营环境、条件和内容变化较大的领域给予更多的关注。此外,依据这一假设,注册会计师仅对本期审计所涉及的问题承担阶段性责任。

(6) 各期运用公认会计原则的一致性可以使企业的财务状况和经营成果得到公允反映。这是一条针对审计判断标准的假设,即注册会计师在判断企业财务报表的真实性和公允性时,可以依据公认会计原则这一标准。公认会计原则是对企业良好会计实务的总结、归纳,在社会上得到普遍认可和接受。公认会计原则作为审计判断标准的最大特点是它的公认性。注册会计师围绕公允性这一目标表达意见,在客观上也要求判断标准必须为社会广泛认同。如果舍弃这一假设,注册会计师的意见就失去了通用的"语言",报表信息使用者也就无法理解其中的含义,因而所做出的审计结论也就毫无价值。

确认这一假设,使得注册会计师得以在审计计划中合理确定具体目标,在审计沟通中有了共同语言。在解除注册会计师责任和判断审计工作质量时也有了明确的标准。

(7) 注册会计师可以不受干扰地发挥自己的能力,独立地就财务报表表达意见。在审计实务中,会计师事务所业务范围非常广泛,除审计外还包括管理咨询服务,税务代理,会计与簿记服务等。该条假设强调,会计师事务所一旦接受审计业务,他就应以注册会计师的身份从事自己的工作。依据该条假设,会计师事务所并不会因为向同一客户提供审计以外的其他服务而影响其独立性,接受审计业务的注册公共会计师应该按照适用的职业道德规范和审计准则要求来开展工作。

独立性是审计工作的生命线,任何有损于审计独立性的因素都应尽量予以排除,但这不能作为否认会计师事务所可以兼任审计以外的其他业务工作的根据。会计师事务所要生存与发展,要为客户提供更加全面优质的服务,就需要承认该假设,并相应制订出一系列的规范要求,确保审计独立性。该条假设构成注册会计师技术和行为规范的基础。

(8) 注册会计师承担与其职业地位相适应的责任。注册会计师长期以来,一直在努力改善和提高自己的职业地位,如何提高自身地位,其中重要的一条就是主动承担相应的职业责任,注册会计师只有真正承担起应有的职业责任,才能提高社会声望,取得社会信任。在现实生活中,会计职业界在一次次诉讼案中汲取经验教训,不断完善行为规范,提高工作质量,主动承担合理的职业责任,其社会地位不断提高。放弃这一假设,社会就不可能相信注册会计师,不可能相信审计,审计也就没有存在的必要。

依据该假设,职业界可建立起有关审计职业责任的一整套理论和政策。为了明确注册会计师所承担的职业责任,还需要建立一整套审计技术规范——审计准则。审计的职业地位体现在法律授权、社会资源投入、社会作用的发挥等方面。审计职业责任不可能是无限的,而是与其职业地位相适应的,超出可能,无限制地强化审计职业责任,在实践中往往也是行不通的。

以上八条审计假设应该从整体上加以把握,它们彼此之间不存在相互矛盾。作为假设具有有用性和可靠性,对理论与实践均有指导意义。每条假设虽然都是针对财务报表审计提出的,但也可以推广到其他类型审计,因而具有普通的意义。最后,由于事物是处于不断变化中的,有变化就会有发展。审计假设在某一时期是合理的,随着发展则可能需要调整、更新,从而推动审计假设理论的不断发展。

## 二、审计假设在理论和实践中的地位

在审计理论中,审计假设是主观见之于客观的东西,但并非无的放矢。审计假设作为审计理论的研究基础,作为建立审计目标、审计准则的根据,在审计理论中具有重要的地位;同时,审计假设作为沟通审计理论和审计实践的桥梁,可以指导审计人员的实践活动。

(1) 审计假设是审计理论结构的组成要素,是构建审计理论的基础。每一可论证的科学多半是从未经论证的公理开始,否则,论证的阶段就永无止境。审计理论结构的基本要素包括审计本质、目标、假设、原则及准则,其中审计假设是联结审计目标与审计原则的纽带。因为审计假设的建立不仅使得审计理论的进一步发展有了依托,而且也给它提供了必要的单纯性和严谨性。此外,审计假设是审计理论研究的重要内容,也是审计人员进行审计工作的基础和前提,它的研究成果已经对审计理论和实务的发展起到了积极的作用。

(2) 审计假设是制定审计准则的依据。审计目标是评价受托经济责任关系。审计准则是对审计人员的职业规范、行为规范。审计目标制约着审计准则,而准则的制定离不开审计假设,各项具体准则都以相关的假设为依据。因为假设为考虑和解决问题提供了出发点,它不仅是构成审计理论的要素,而且它还是一种方法,为审计理论研究指明方向,有了明确的审计假设才能形成审计理论体系研究的规范和合理导向,才能进一步探索诸如审计准则等一系列课题。

(3) 审计假设可以指导审计实践活动。审计假设来源于审计实践,又用来指导审计实践。审计人员在实践活动中,审计假设有助于审计人员打开审计工作的局面,缩小审计工作的范围,为进一步搜集审计证据指明方向,使审计工作有计划、有目的地进行;还有助于提高审计工作效率,加速审计工作的开展。审计工作成功与否,在一定程度上取决于审计假设的正确确定。

# 第6节 审计环境

## 一、审计环境定义

所谓的审计环境,是指与审计有关的外部因素的综合,它是制约和影响审计事业发展的客观条件,但在一定程度上,审计对其所处的环境也具有反作用。当审计能够适应环境需要时,就可以起到改善审计环境的作用;反之,则可能起到阻碍作用。从审计工作实践看,营造良好的审计环境,对确保审计职能的发挥,促进审计事业的发展都具有积极的推动作用。

## 二、审计环境的特征

任何一个工作环境都有它自身的特征,了解和掌握其特征,才能有效地营造良好的环境。审计环境的特征主要有三点:

**1. 审计环境具有法律性** 依据《宪法》制定的《中华人民共和国审计法》(以下简称《审计法》)是国家为审计机关开展审计工作、履行审计监督职能所提供的法律保障,或者说,是提供依法审计和依法处理的依据。《审计法》和《中华人民共和国审计法实施条例》(以简称《审计法实施条例》)都明确规定了审计机关和审计人员的职责、权限、审计程序和法律责任,在审计依据、证据、定性、处理等方面都有法可依。近些年来,国家陆续出台了许多法律、法规,法制建设不断地完善。通过广泛深入的普法教育,使得全社会民众法律意识普遍增强,特别是《审计法》修订后的广泛深入的宣传,进一步形成了认识审计、运用审计、支持审计的良好局面。可以说,法律环境与审计环境有着密切关系。

**2. 审计环境具有动态性** 环境因素不是一成不变的,特别是在激烈的市场经济竞争中,随着改革不断地深入,经济不断地发展,形势不断地变化,审计环境也在不断地发生变化。随着环境的变化,作为综合性监督部门——审计机关来说,要从思想认识、工作方法、业务技术和掌握政策等方面相适应,才能使审计工作不断提高、审计事业不断发展。可以说,提高审计内容环境质量与营创良好的审计环境有着密切关系。

**3. 审计环境具有广泛性** 审计作为综合性的经济监督部门,按照《审计法》和《审计法实施条例》中规定的职责范围,接触的社会层面比较广泛,既接触地方党政领导,又接触行政事业单位和金融机构的负责人,既接触企业的厂长(经理),又接触财会人员和群众。这些层面对审计的认识、理解、支持和配合程度,都直接或间接地影响着审计工作的开展,关系到审计职能的发挥。可以说,社会环境与审计环境有着密切关系。

## 三、环境对审计系统的影响

环境对审计系统的影响主要表现在:

(1) 影响目标。或有利于审计系统目标的实现,或不利于审计系统目标的实现而需要对目标进行修订,或造成不能实现审计系统的目标。

(2) 影响结构,多方面影响审计系统的结构,如影响要素结构,使系统的审计人员、审计程序、审计方法、审计报告的关系等发生变化。

(3) 影响稳定。使审计系统在各方面都保持协调关系而正常运行。如审计组织体系会随着经济发展水平、经济体制变化而相应做出调整,使政府审计、民间审计、内部审计保持协调发展。

## 本章小结

本章首先讲述了各种形式的审计产生和发展的历史,并对审计的定义和特征,审计的职能、任务和作用,审计的分类,审计假设,审计环境予以了介绍。本章的主要内容包括:

1. 从国内外政府审计、内部审计、民间审计产生和发展的简单回顾,叙述了审计产生的前提和条件,以及受托经济责任关系的新发展。

2. 审计的定义以及分别从审计关系、审计目的和审计对象三个方面对审计的特征进行了阐述。

3. 审计的职能主要是经济监督、经济鉴证、经济评价。

4. 按照不同的审计主体所实施的审计,审计可分为政府审计、内部审计及社会审计;按照审计主体与被审计单位的隶属关系,审计又可分为内部审计和外部审计;按照审计的目的和内容,审计可分为财政财务审计和经济效益审计,本章对这几种审计分别进行了阐述。

5. 对审计假设的内容以及审计假设的地位和作用做了阐述。

6. 审计环境具有法律性、动态性和广泛性的特征;审计环境对审计系统的目标、结构和稳定造成的影响做了深入探讨。

## 思考题

1. 从国内外的历史和现状来看,请分别阐述一下各种形式审计的产生和发展的历史进程。
2. 试述审计的基本职能。
3. 试述审计的定义及其特征。
4. 试述审计的目的及其对象。
5. 试述审计的分类。
6. 试述审计基本假设的含义。
7. 试述审计环境的含义。

# 第2章　审计准则和审计质量控制准则

## 学习目的

通过本章学习，要求学生了解审计准则的发展历程，并掌握以下内容：我国政府审计准则，国际政府审计准则的相关内容；我国民间审计准则，国际民间审计准则的相关内容；我国内部审计准则，国际内部审计准则的相关内容；我国质量控制准则，国际质量控制准则的相关内容。

## 第1节　审计准则概述

在审计活动中，为了保证审计质量，保证审计人员履行自己的职责，在社会公众中树立良好的职业形象，就必须建立起一套从事审计活动所必须遵守的行为标准。

审计准则是由国家审计部门或会计职业团体制定的，用以规定审计人员应有的素质和专业资格，规范和指导其执业行为，衡量和评价其工作质量的权威性标准。一般来说，审计准则包括了两个方面的基本内容：一是人员准则，即审计人员应该具备的资格和条件；二是行为准则，即进行审计工作和编写审计报告必须遵循的程序和规范。

审计的历史十分悠久，但直到近代，特别是在民间审计迅速发展起来以后，审计准则才逐渐为人们所重视。1930年，美国会计师协会（AIA）最早提出审计准则这一思想，但当时没有形成条文。1938年，美国爆发了审计史上最大的案件——麦克森·罗宾斯公司倒闭事件，给社会和民间审计职业带来了很大的震动，同时对执业会计师的声誉造成了严重的影响。于是美国会计师协会（1956年改名为美国执业会计师协会）——于1947年公布了世界上第一部审计准则——《审计准则试行办法》，使民间审计有了一套公认的遵循标准。到1954年对部分内容作了修订，以《一般公认审计准则——其意义及范围》（*Generally Accepted Auditing Standards, Their Significance and Scope*）重新发布，设立了10条内容以构成GAAS，成为对审计工作的原则性规定。由于民间审计与政府审计的较大差异，美国审计总局在1972年又制定了相应的政府审计准则——《政府机构、项目、活动和职责的审计准则》。世界上其他一些国家，如加拿大、英国、日本、德国等也先后制定了自己的审计准则。1996年，我国审计准则建设取得了重大的突破，由中国注册会计师协会制定并颁布的《中国独立审计准则》已于 1996 年 1 月 1 日开始实施，它适用于注册会计师执行独立审计业务的全过程。1996 年 12 月 9 日，审计署颁发了《中华人民共和国国家审计基本准则》，这是我国第一部正式颁布的政府审计准则。为了进一步推进我国审计准则的建设和完善，提高执业质量，中国注册会计师协会于 2004～2005 年对已有的审计准则体系进行了会面的更新，于 2006 年 2 月共拟定发布或修订发布了 41 项审计准则，于 2007 年 1 月 1 日在全国全面实行。这次独立审计准则修正的重点是，以现代风险导向审计思想为基础，拟定和修订审计风险准则，以强化会员在执业过程中的风险意识和质量意识，降低审计风险。

审计准则之所以在各国引起重视，主要是因为其作用已远远超出了审计业务工作的范围，客观上起到了促进整个审计事业发展的作用。审计准则的主要作用：

(1) 制定、实施审计准则，可以为规范和指导审计工作提供依据，有助于审计工作规范化的实现。

审计准则要求审计人员必须具有规定的技能条件、身份条件和品德条件，才能执行审计业务。如果任凭审计人员自由选择审计程序和方法，在审计报告中任意发表审计意见，审计就不可能最终赢得社会的信任。因此，必须要有审计准则加以规范和指导，并要求审计人员严格遵守。

(2) 制定、实施审计准则，为衡量和评价审计工作质量提供依据，从而有助于审计工作质量的提高。

审计准则一般都规定审计人员的任职条件及其在工作中应保持的态度，审计工作的基本程序和方法，以及审计报告的撰写方式和要求等，这就可以使审计人员谨慎工作，依法办事，提高审计工作质量。

(3) 审计准则的制定、实施，有助于维护审计组织和审计人员的正当权益，使得他们免受不公正的指责或控告。

审计人员的责任并非毫无限制，审计结果也不可能在任何条件下都绝对正确。审计人员只要能严格按照审计准则的要求执业，就算是尽到了职责。当审计委托人与审计人员发生纠纷并诉诸法律时，审计准则就成为法庭判明是非，划清责任界限的重要依据。

(4) 制定、实施审计准则，可以促进国际审计的交流。

审计准则是各国审计实践经验的总结和升华，已成为审计理论的一个重要部分。通过各国审计准则的协调，便于开展国际审计经验交流。特别是国际审计准则的制定和协调工作，对世界审计经济和学术交流起了重要推动作用。

制定审计准则也为审计教育明确了方向，从而为审计专业教育和在职教育确立了努力目标。

因此，制定一个能为社会所接受的质量标准不仅是必需的，而且是有益的。在当今世界，有无一个完善的审计准则，已成为判定一个国家的审计水平及其发展程度的一个重要标志。

审计准则与审计依据、审计证据在概念上是不同的。审计证据是对被审事项真实情况的证明，有助于审计人员对被审事项形成意见和做出结论；审计依据是审计人员进行审计工作，判断是非、高低、优劣的准绳，是审计人员提出审计意见、做出审计结论的依据；审计准则是审计人员进行审计工作应遵循的行为规范，是衡量审计工作质量的标准。

审计准则按其规范的对象性质分类,可以分为政府审计准则、独立审计准则和内部审计准则。

政府审计准则最早要数美国总审计局于1972年颁布的政府审计准则,它适用于政府审计人员对政府审计部门的各项预算执行情况及计划项目完成情况所进行的审计工作。此后,许多国家也仿照美国制定了本国的审计准则。

独立审计准则,或称民间审计准则,在各国的名称也各不一样。例如,美国注册会计师协会(AICPA)颁布的《一般公认审计准则》,它适用于注册会计师执行独立审计业务,注册会计师提供其他服务业务时也可参照执行。这一准则的颁布除了对美国的注册会计师审计产生重要影响外,对政府审计和内部审计以及其他国家审计准则乃至国际审计准则的建立,都起了重大作用。

内部审计准则也开始于美国内部审计师协会1978年颁发的《内部审计专业实务准则》,该准则对内部审计人员及其工作做出了原则性规定。

## 第2节 政府审计准则

政府审计部门的工作范围与民间审计和内部审计有着明显的差异,具有自身的性质与特点,特别是近年来,政府机构急剧膨胀,开支成倍增长,政府审计部门越来越发挥着重要作用,另外,政府审计部门的工作领域也已冲破了单纯的财务审计,向政府活动的经济性、效率性和效果性延伸。因此,无论从其重要地位,还是从其工作范围和工作性质、政府审计部门都体现了自身的特点。可见,政府审计部门的工作范围要比民间审计广阔得多,单纯用民间审计准则替代政府审计准则是不够的,因此为加强政府审计的监督控制作用,促进政府活动的有效性和效益性,政府审计部门还是应制订适合于自己的独立的审计准则,下文将介绍一下美国政府审计准则和我国政府审计准则。

### 一、美国政府审计准则

美国会计总署在政府审计准则的制订上做出了很大贡献,从20世纪60年代中期开始,美国政府计划项目数量和投资额都有了明显的增长,这不仅促使政府部门采用新的会计方法,而且也迫切需要一套统一的政府审计准则来指导审计人员对政府部门承担经济责任审查,此时,美国注册公共会计师协会已公布了民间审计准则,但并未包括政府审计工作,因此,会计总署日益认识到建立政府审计准则的必要性,开始投入大量的人力物力进行开发和研究,并广泛征求会计界以及其他有关方面的意见,最终制订出《政府机构、计划项目,活动和职责的审计准则》,该准则现已经过多次修改,现今仍然在政府审计中广泛运用。

该准则已不仅局限于财务审计,它将绩效审计准则也作为某一项重要内容,整个准则由四个部分组成,主要内容如下:

**1. 政府审计的类型和工作范围**

(1) 财务审计包括财务报表审计和有关财务审计。财务报表审计应确定:①被审计单位的财务报表是否按公认会计原则编制,是否公允地反映了其他财务状况、经营成果和现金流动或财务变动状况;②对被审计单位财务报表有重大影响的业务和事项是否遵循了相关的法律和法规。相关财务审计应明确:①财务报告和相关项目是否公允的反映;②财务信息的反映是否符合既定的标准;③被审计单位是否遵循了与财务相关的法规和要求。

(2) 绩效审计包括经济性、效率性审计和项目效果审计。经济性和效率性审计应明确:①被审计单位对各种资源的取得、利用及管理是否有效;②工作效率不高和不经济的原因;③是否遵守了有关经济性和效率性的法律和法规。项目效果审计应明确:①由权力机关确立的预期效果和效益已实现的程度;②机构、项目、活动和职责的有效性;③被审计单位是否遵循了与项目效果相关的法律和规范。

**2. 一般准则** 一般准则要求审计人员和审计组织必须具备完成审计任务所需要的业务熟练能力,实质和形式上的独立性以及合理的职业谨慎态度,要求建立适当的质量控制系统,并特别强调如果有来自审计机关和审计人员以外的外部因素限制审计工作的进行或干扰审计人员形成客观的审计意见时,审计人员应排除三种限制和干扰,在无法排除的情况下,要在报告中加以说明,一般准则包括四项具体准则:

(1) 从事审计工作的人员应该具备所从事工作要求的充分的专业熟练程度。

(2) 在与审计工作相关的所有事项上,审计机构和审计人员,无论是政府还是公共的,都应该不受来自个人或外部有损于独立性的任何影响,应该保持组织上的独立性,应该保持实质上和形式上的独立性。

(3) 从事审计工作和编制相关报告时,审计人员应保持合理的职业谨慎。

(4) 从事政府审计的审计组织应建立适当的内部质量控制系统,并参加一个外部质量控制检查系统。

**3. 现场工作准则** 政府审计的现场工作准则更加详细、周密、根据政府审计的不同类型和各自的工作范围,制定了不同的准则,其准则所包括的内容如下:

(1) 财务审计的现场工作准则:①审计计划要充分考虑各级政府的审计要求;②应对相关法律法规的遵守情况进行审查;③审计人员应设计相应的审计步骤和程序,为发现财务报表审计和相关财务审计结果有直接或重大影响的差错、舞弊和不合法行为提供合理的保证;④审计工作人员的工作记录应以工作底稿的形式予以保留;⑤应对内部控制进行充分的调查,以制定审计计划、确定抽查的性质、时间和范围。

(2) 绩效审计的现场工作准则:①审计工作必须经过充分的计划;②对审计工作人员应有适当的监督;③为实现审计目标需要对相关的法律、法规和遵守情况进行审查;④为实现审计目标应对相关的内部控制进行评价;⑤为使审计人员就政府机构、计划项目、活动和职责的审计形成审计判断和结论提供合理的基础,应取得具有充分证明力的证据,审计人员的工作记录应以工作底稿的形式予以保留。

**4. 报告准则**

(1) 财务审计报告准则:①审计人员在审计报告中应明确表示其工作遵循了公认政府审计准则;②审计人员应就相关法律和法规的遵守情况的审查出具书面报告;③审计人员应就作为财务审计和相关财务审计一部分的对被审计单位内部控制结构的调查和对控制风险的评价出具书面报告;④每项相关财务审计的结果都要编制书面报告;⑤如果存在妨碍审计报告正常揭示的信息,报告中应列出所省略信息的性质和依据;⑥书面报告的提交对象包括被审计单位的主管人员、授权和安排审计的部门主管,包括外部基金组织,有时还应提交给法律监督部门。

(2) 绩效审计的报告准则:①每项政府审计都要出具书面报告;②报告应及时提交,以利于管理部门、主管部门和其他相关部门及时得到所需信息;③报告中应明确指出审计的目的、方法和范围;④报告应该完整、准确、客观和令人信服,在客观条件的允许下尽可能清晰和精确。⑤书面报告的提交对象包括被审计单位的主管人员、授权和安排审计的部门主管,包括外部基金组织,有时还应提交给法律监督部门。

## 二、我国政府审计的审计准则

2006年,审计署颁布了新的《国家审计基本准则》,这是我国对1996年颁布的政府审计准则的又一次修订,与民间审计准则的内容相比,政府审计准则有其特殊之处,从具体内容上看,政府审计准则由总则、一般准则、作业准则、报告准则和处理、处罚准则构成。

**1. 总则内容**

(1) 规定本准则是规范审计机关及其审计人员依法办理审计事项时应当遵循的行为规范,是衡量审计质量的基本尺度。

(2) 审计机关应当依照《审计法》及其实施条例,以及其他有关法律、法规规定的职责、权限和程序,独立行使审计监督权。

**2. 一般准则**

(1) 一般准则规定了审计机关和审计人员应当具备的资格条件和执业要求:审计机关必须具备独立的审计组织和合格的审计人员、法定的职责和权限,健全的审计质量控制制度,必需的经费保证等条件;审计人员应当具备熟悉法律、法规,掌握会计、审计及相关知识,具有相关工作经验和调查研究,综合分析和较强的文字表达能力等条件。

(2) 一般准则还规定了审计机关和审计人员应当遵循的基本职业道德规定:审计机关和审计人员应当客观公正、实事求是、廉洁奉公,并保持严谨、稳健、负责的职业态度。

(3) 一般准则还对审计人员保守秘密提出了要求,审计人员应当保守其在执行公务中知悉的国家秘密和被审计单位的商业秘密。在执行公务中取得的与被审计单位有关的财政收支或者财务收支的资料不得用于与审计工作无关的目的。

**3. 作业准则**　是审计机关和审计人员在审计准备和实施阶段应当遵循的行为规范:

(1) 审计工作应进行充分的计划,根据年度审计工作重点,编制年度审计项目计划,组成审计组,指定组长,编制审计方案。

(2) 审计机关在实施审计三日前,应向被审计单位送达审计通知书,明确审计的目的、依据、方法、范围、时间以及审计组员等。

(3) 审计机关实施审计时,应当深入调查了解被审计单位的情况,对被审计单位的内部控制制度进行测试;可以运用检查、监盘、观察、查询及函证、计算、分析性复核等方法,审查被审计单位的相关会计资料;确定证明材料,编制审计工作底稿。

(4) 审计中如有特殊需要,可以指派或者聘请专门机构或者专门知识的人员,对审计事项中某些专门问题进行鉴定。

**4. 报告准则**

(1) 审计组完成审计工作后,应按时向审计机关提出审计报告;在提交之前,要征求被审计单位的意见。

(2) 审计报告的内容包括:审计的内容、范围、方式、时间、被审单位的相关情况以及实施审计的有关情况。审计机关实施审计结束后,应当及时向审计机关提出报告,及被审计机关对审计报告的书面意见和审计机关的书面说明。

(3) 审计机关要建立对审计报告的复核制度。

**5. 处理、处罚准则** 审计机关审定审计报告后,应根据不同情况出具审计意见书或审计决定,对被审计单位做出审计处理和审计处罚。

审计意见书的内容包括:审计的内容、范围、方式和时间,对审计事项的评价意见和评价依据,责令被审单位纠正的事项,改进被审单位财政、财务收支、管理和提高效益的意见和建议。

审计决定的内容包括:审计的内容、范围、方式和时间、被审计单位违反国家规定的财政、财务收支行为,以及处理处罚决定及其依据。

审计处理的种类包括:责令限期缴纳应当上缴的财政收入;责令限期退还违法所得;责令冲转或者调整有关会计账目等。

审计处罚的种类包括:警告、通报批评、罚款、没收违法所得、依法采取其他处罚措施。

审计机关出具审计意见书、做出审计决定前,应当由复核机构或者专职复核人员对审计意见书、审计决定书、审计建议书和移送处理书代拟稿进行复核。

除上述内容外,审计机关还应每年向政府提出对本级财政预算执行和其他财政收支的审计报告及对财政收支、财务收支与宏观经济管理有关重要问题的专题报告。

# 第3节 独立审计准则

独立审计准则是用来规范注册会计师执行审计业务,获取审计证据,形成审计结论,出具审计报告的专业标准,在审计发展史上,最早出现的审计准则就是独立审计准则,在此基础上,有些国家和组织又建立了政府审计准则和内部审计准则、国际审计准则是国际会计师联合会下属的国际审计实务委员会负责制定的,属于独立审计准则;其影响最大,美国是颁布独立审计准则最早的国家,无论是国际审计准则的制定,还是其他各国独立审计准则的建立都深受其影响。因此下文将主要介绍三个方面的内容:国际审计准则、美国独立审计准则和中国注册会计师执业准则体系。

## 一、国际审计准则

### (一) 国际审计准则的框架

国际审计准则(ISA)是1991年7月10日,由过去的国际审计指南(IAG)改变过来的,准确地讲,只是改了名称而已,由国际审计实务委员会制定并颁布。

国际审计准则的框架是由审计准则和相关实务准则构成的,从1980年6月至2000年12月,已先后颁布了40号有关审计服务的ISA,其中第3号,第20号,第29号已与其他ISA合并,故实际上只有37个,相关实务准则共有3个,此外,还有国际审计实务公告12个,小册子2本,这种小册子是为加深对ISA及会计报表审计的理解而编制的。

审计实务ISA200号是最重要的准则,其中包括:①审计的目的;②审计的一般原则;③审计的范围;④合理确信;⑤对会计报表的责任,其余各号准则都是就该号所包括的主题加以研究、制定和公布的,或者适应各个时期社会的要求和有关团体的要求而制定和发布的。

国际审计与鉴证准则理事会针对企业经营环境变化带来的巨大审计风险,于2003年年底及时出台了审计风险准则,以指导注册会计师有效地识别、评估和应对审计风险。与此同时,国际审计与鉴证准则理事会还正在加紧修改其他相关准则。

### (二) 国际审计准则的基本内容和要求

国际审计准则的基本内容和要求,与美国的公认审计准则的内容和要求大致相同,已发布的国际审计准则,可分为一般准则,外勤工作准则(现场工作准则)和报告准则三部分。

**1. 一般准则** 是审计人员资格条件和执业行为准则,主要包括:①对审计人员应具备的技术条件所做出的规定,包括:专业学识,即审计人员从事审计工作必须具备必要的学历和经过职业培训;实践经验,即要求有一定年限的工作经历并通过职业考试;工作能力,即审计人员应具备一定的分析、判断和表述能力;②对审计人员应具备的身份条件所做出的规定,其主要是要求审计人员在工作中必须具备超然独立的立场,在陈述与表达意见时应持公正的态度;③审计人员,必须具备相应的职业道德水平。

**2. 外勤工作准则** 是审计人员实施审计时应遵循的准则,主要包括:①对规划审计计划工作所做的规定,包括:审计计划的可行性研究,审计工作的程序,审计人员及其工作分工等;②对确立审计范围所做的规定,包括:审查会计报表,研究和评价内部控制结构,确定审计测试或采用其他审计方法的性质、时间和范围等;③对获取审计证据所做的规定,包括:采用各种有效的方法获取充分适当的证据,充分考虑审计对象的重要性,审计风险及其他影响因素,为审计会计报表和提出公正审计意见提供合理依据等;④对实施审计所做的规定,包括:执行审计的必要条件和程序,应执行的审计业务等。

**3. 报告准则** 审计报告是审计人员对会计报表发表审计意见的方式,也是审计人员正式承认其审计意见承担责任的依据,因此,审计报告的适当与否,对于保证审计质量和提高审计信誉至关重要,为了全面、清晰、准确地表达审计结果,并尽可能缩小不同审计人员表述方面的差异,必须对审计报告的形式和内容提出具体要求,报告准则即是审计人员编制审计报告,选择表达方式和记载必要事项的准则,其主要包括以下几方面的内容:①对审计报告应记载事项的规定;②对发表审计意见的规定;③对补充记载事项的规定;④对审计报告报送对象及报送时间的规定。

## 二、美国独立审计准则

美国是世界上注册会计师审计职业比较发达的国家,在20世纪西方主要资本主义国家中颇具有代表性,其注册会计师审计、政府审计、内部审计都很活跃,并都已分别制定了准则,美国注册会计师协会为注册会计师审计制定了《一般公认审计准则》(GASS);美国会计总局为政府审计颁布了《政府审计准则》(SGA);美国内部审计师协会为内部审计人员制定了《内部审计专业实务准则》(SPPIA)。这里,我们主要介绍《一般公认审计准则》的基本内容和要求。

公认审计准则的内容范围有狭义和广义之分,从狭义上讲,它仅仅指《一般公认审计准则》的三部分共10条,即"一般准则"三条,"外勤工作准则"三条和"报告准则"四条,从广义上讲,公认审计准则还包括《审计准则说明书》(*Statements on Auditing Standards*,简称为SAS)。下面分别说明《一般公认审计准则》和《审计准则说明书》。

### (一)《一般公认审计准则》

**1. 一般准则** 是对审计人员个人素质和行为的要求,主要内容包括:①审计应由一位或多位经过充分技术培训,并精通业务的审计人员执行;②对一切与业务有关的问题,审计人员均应保持独立的精神状态;③在执行审计和编写报告时,应恪守应有的职业谨慎。

**2. 外勤工作准则** 是对审计人员在执行审计时应注意的事项,主要包括:①应当对审计工作制定恰当的计划,若有助理人员,应予以适当督导;②应当对内部控制进行充分的了解,以便制定审计计划并确定将要执行的测试的性质、时间及范围;③应通过检查、观察、访问和函证等方法,获取充分、适当的审计证据,以便对被审计会计报表发表意见提供合理的基础。

**3. 报告准则** 是对注册会计师编撰审计报告的要求,主要包括:①报告应指出会计报表是否按照公认会计原则编制;②报告应指出本期采用的上述原则和上期不一致的各种情况;③除非在审计报告中另有说明,否则会计报表中信息的披露均应被认为是合理和充分的;④报告应就整个会计报表发表意见,或者声明不能发表意见,若不能发表总体意见,则应说明其理由。在任何情况下,审计人员的姓名一旦与会计报表相关联,他就应明确说明其审计工作的特性及其所负责任的程度。

### (二)《审计准则说明书》

《一般公认审计准则》是对审计工作的原则性规定,为了便于其执行和落实,美国注册会计师协会还颁发了《审计准则说明书》、《审计准则说明书》是其下属的审计准则委员会,自1972年来,不定期发布的公告,是对《一般公认审计准则》的解释和说明,《审计准则说明书》的前身是审计程序委员会在1939~1972年发布的1~54号《审计程序说明书》(*Statements on Auditing Procedures*)。1972年,审计程序委员会改组为审计准则委员会,该委员会于当年将这1~54号《审计程序说明书》汇编,以《审计准则说明书》的形式发布,到2000年底,共发布了92号《审计准则说明书》,随着实践的发展,当有些条款需要修正时,则以后继的说明书替代先前发布的说明书。

《审计准则说明书》主要是针对会计报表审计而制定的,在美国,执业的注册会计师除从事会计报表审计业务以外,其业务范围还包括其他鉴证服务、税务代理、管理咨询、资产评估以及会计服务,由于一个实体同时从事的多项服务,各项工作势必互相影响,为避免其他业务的开展有损注册会计师的独立形象,美国注册会计师协会各专门委员会还制定了各种服务准则,包括:①美国注册会计师协会审计准则委员会发布的《注册会计师提供未来财务信息服务准则说明书》;②美国注册会计师协会审计准则委员会和会计与复核服务委员会等联合发布的《鉴证业务准则说明书》;③美国注册会计师协会会计与复核服务委员会发布的《会计与复核服务说明书》;④美国注册会计师协会管理咨询服务执行委员会发布的《管理咨询服务准则》;⑤税务服务责任委员会和联邦税务执行委员会颁布的《税务活动中责任说明书》。

《一般公认审计准则》和《审计准则说明书》是两个权威性文献,要求所有从事审计工作的人员在情况许可的条件下都必须遵守。

## 三、中国注册会计师执业准则

根据《中华人民共和国注册会计师法》第三十五条的规定,注册会计师执业准则由中国注册会计师协会负责拟订,报财政部批准后施行,中国注册会计师协会成立独立审计准则组,负责独立审计准则的起草工作,独立审计准则组成员由注册会计师协会、会计师事务所、科研院校等方面的专家组成,经财政部批准同意,中国注册会计师协会于1994年5月开始筹备进行中国独立审计准则的研究制定,10月组织起草小组正式开展工作;1995年1月发布了第一批《独立审计准则》的征求意见稿;经财政部批准,1996年1月1日,第一批《独立审计准则》开始实施。自2004年以来,中国注册会计师协会在起草新准则的同时,根据审计环境的变化、国际审计准则的最新发展和注册会计师执业的需要,有计划、有步骤地修订已颁布的准则。2006年2月15日,财政部颁布了新的注册会计师审计准则,于2007年1月1日起实施。

### (一) 注册会计师执业准则体系的框架

随着注册会计师业务范围的拓展,根据我国实际情况和国际趋同的需要,将"中国注册会计师独立审计准则体系"改进为"中国注册会计师执业准则体系",以适应注册会计师业务多元化的需要。中国注册会计师执业准则体系包括鉴证业务准则、相关服务准则和会计师事务所质量控制准则。

鉴证业务准则由鉴证业务基本准则统领,按照鉴证业务提供的保证程度和鉴证对象的不同,分为中国注册会计师审计准则、中国注册会计师审阅准则和中国注册会计师其他鉴证业务准则。其中,审计准则是整个执业准则体系的核心。

审计准则用以规范注册会计师执行历史财务信息的审计业务。在提供审计服务时,注册会计师对所审计信息是否不存在重大错报提供合理保证,并以积极方式提出结论。

审阅准则用以规范注册会计师执行历史财务信息的审阅业务。在提供审阅服务时,注册会计师对所审阅信息是否不存在重大错报提供有限保证,并以消极方式提出结论。

其他鉴证业务准则用以规范注册会计师执行历史财务信息审计或审阅以外的其他鉴证业务,根据鉴证业务的性质和业务约定书的要求,提供有限保证或合理保证。

相关服务准则用以规范注册会计师代编财务信息、执行商定程序,提供管理咨询等其他服务。在提供相关服务时,注册会计师不提供任何程度的保证。

质量控制准则用以规范注册会计师事务所在执行各类业务时应当遵守的质量控制政策和程序,是对会计师事务所质量控制提出的制度要求。

### (二) 中国注册会计师鉴证业务基本准则

基本准则的主要内容由鉴证业务的定义和目标、业务承接、鉴证业务的三方关系、鉴证对象、标准、证据、鉴证报告等构成。

**1. 鉴证业务的定义和目标** 鉴证业务是指注册会计师对鉴证对象信息提出结论,以增强除责任方之外的预期使用者对鉴证对象信息信任程度的业务。

鉴证对象信息是按照标准对鉴证对象进行评价和计量的结果,比如责任方按照会计准则和相关会计规范对其财务状况、经营成果和现金流量进行确认、计量和列报而形成的财务报表等。鉴证对象应当恰当反映既定标准运用于鉴证对象的情况,否则,鉴证对象信息可能存在错报,而且可能存在重大错报。鉴证业务分为基于责任方认定的业务和直接报告业务。

所谓基于责任方认定的业务,即为注册会计师针对财务报表出具审计报告。责任方对鉴证对象进行评价或计量,鉴证对象信息以责任方认定的形式为预期使用者获取。如在财务报表审计中,被审计单位管理层(责任方)对财务状况、经营成果和现金流量(鉴证对象)进行确认、计量和列报(评价或计量)而形成的财务报表(鉴证对象信息)即为责任方的认定,注册会计师针对财务报表出具审计报告。所谓直接报告业务,即为注册会计师直接对鉴证对象进行评价或计量,或者从责任方获取对鉴证对象评价或计量的认定。如在内部控制鉴证业务中,注册会计师可能无法从管理层(责任方)获取其对内部控制有效性的评价报告(责任方认定),或虽然注册会计师能够获取该报告,但预期使用者无法获取该报告,注册会计师直接对内部控制的有效性(鉴证对象)进行评价并出具鉴证报告,这种业务属于直接报告业务。

鉴证业务的保证程度分为合理保证和有限保证。合理保证的鉴证业务的目标是注册会计师将鉴证业务风险降至该业务环境下可接受的低水平,以此作为以积极方式提出结论的基础。如在历史财务信息审计中,要求注册会计师将审计风险降至可接受的低水平,对审计后的历史财务信息提供高水平保证(合理保证),在审计报告中对历史财务信息采用积极方式提出结论。而有限保证的鉴证业务的目标是注册会计师将鉴证业务风险降至该业务环境下可接受的水平,以此作为以消极方式提出结论的基础。如在历史财务信息审阅中,要求注册会计师将审阅风险降至该业务环境下可接受的水平(高于历史财务信息审计中可接受的低水平),对审阅后的历史财务信息提供低于高水平的保证(有限保证),在审阅报告中对历史财务信息采用消极方式提出结论。

**2. 业务承接** 在接受委托前,注册会计师应当初步了解业务环境。此后,只有符合独立性和专业胜任能力的要求,并且拟承接的业务具备承接的一些条件之后,注册会计师才能将其作为鉴证业务予以承接。当拟承接的业务不具备承接条件时,注册会计师不能将其作为鉴证业务,但可以提请委托人将其作为非鉴证业务(如商定程序、代编财务信息、管理咨询、税务服务等相关服务业务)。对已承接的鉴证业务,如果没有合理理由,注册会计师不应将该项业务变更为非鉴证业务,或将合理保证的鉴证业务变更为有限保证的鉴证业务。

**3. 鉴证业务的三方关系** 鉴证业务涉及的三方关系人包括注册会计师、责任方和预期使用者;责任方与预期使用者可能是同一方,也可能不是同一方。

责任方可能是鉴证业务的委托人,也可能不是委托人,但应是在直接报告业务中对鉴证对象负责的组织或人员或是基于责任方认定的业务中,对鉴证对象信息负责并可能同时对鉴证对象负责的组织或人员。

预期使用者是指预期使用鉴证报告的组织或人员。责任方可能是预期使用者,但不是唯一的预期使用者。在可行的情况下,鉴证报告的收件人应当明确为所有的预期使用者。

**4. 鉴证对象**　鉴证对象与鉴证对象信息具有多种形式,即当鉴证对象为财务业绩或状况时(如历史或预测的财务状况、经营成果和现金流量),鉴证对象信息是财务报表;当鉴证对象为非财务业绩或状况时(如企业的运营情况),鉴证对象信息可能是反映效率或效果的关键指标;当鉴证对象为物理特征时(如设备的生产能力),鉴证对象信息可能是有关鉴证对象物理特征的说明文件;当鉴证对象为某种系统和过程时(如企业的内部控制或信息技术系统),鉴证对象信息可能是关于其有效性的认定;当鉴证对象为一种行为时(如遵守法律法规的情况),鉴证对象信息可能是对法律法规遵守情况或执行效果的声明。

适当的鉴证对象应当同时具备下列条件:鉴证对象可以识别;不同的组织或人员对鉴证对象按照既定标准进行评价或计量的结果合理一致;注册会计师能够收集与鉴证对象有关的信息,获取充分、适当的证据,以支持其提出适当的鉴证结论。

**5. 标准**　是指用于评价或计量鉴证对象的基准,当涉及列报时,还包括列报的基准,如编制财务报表所使用的会计准则和相关会计制度、单位内部制定的行为准则或确定的绩效水平等。

适当的标准应当具备下列所有特征:①相关性:相关的标准有助于得出结论,便于预期使用者作出决策;②完整性:完整的标准不应忽略业务环境中可能影响得出结论的相关因素,当涉及列报时,还包括列报的基准;③可靠性:可靠的标准能够使能力相近的注册会计师在相似的业务环境中,对鉴证对象作出合理一致的评价或计量;④中立性:中立的标准有助于得出无偏向的结论;⑤可理解性:可理解的标准有助于得出清晰、易于理解、不会产生重大歧义的结论。

**6. 证据**　注册会计师应当以职业怀疑态度计划和执行鉴证业务,获取有关鉴证对象信息是否不存在重大错报的充分、适当的证据。证据的充分性是对证据数量的衡量,主要与注册会计师确定的样本量有关。证据的适当性是对证据质量的衡量,即证据的相关性和可靠性。

合理保证的鉴证业务和有限保证的鉴证业务都需要运用鉴证技术和方法,收集充分、适当的证据。与合理保证的鉴证业务相比,有限保证的鉴证业务在证据收集程序的性质、时间、范围等方面是有意识地加以限制的。

注册会计师应当记录重大事项,以提供证据支持鉴证报告,并证明其已按照鉴证业务准则的规定执行业务。注册会计师应当将鉴证过程中考虑的所有重大事项记录于工作底稿。

**7. 鉴证报告**　注册会计师应当出具含有鉴证结论的书面报告,该鉴证结论应当说明注册会计师就鉴证对象信息获取的保证。在合理保证的鉴证业务中,注册会计师应当以积极方式提出结论;在有限保证的鉴证业务中,注册会计师应当以消极方式提出结论。

如果发现标准或鉴证对象不适当,造成工作范围受到限制或是误导预期使用者,注册会计师应当视其重大与广泛程度,出具保留结论、否定结论或是无法提出结论的报告。当注册会计师针对鉴证对象信息出具报告,或同意将其姓名与鉴证对象联系在一起时,则注册会计师与该鉴证对象发生了关联。

# 第 4 节　内部审计准则

国际内部审计准则是由国际内部审计师协会(IIA)(该协会于 1941 年在美国成立, 我国于 1987 年加入这个国际审计组织)职业准则和职责委员会制定并发布的,它是内部审计师审计工作的指南,主要有五个部分组成。

(1) 独立性。在独立性方面阐述了内部审计师对其所审核的活动必须保持独立性,只有当内部审计师自由客观地执行工作时,才是独立的,独立性能使内部审计师做出公正和不偏不倚的判断,这是审计工作必不可少的,独立性通过组织地位和客观性来实现。

(2) 专业熟练性。内部审计工作的执行必须具有业务上的熟练性和合理的职业谨慎,业务上的熟练是内部审计部门和每一个内部审计师的责任,内部审计部门应将每一项审计任务分派于掌握了必要的知识、技能和训练有素的人。

(3) 工作范围。内部审计的工作范围应包括:对本单位的内部控制系统的完善程度和有效性以及对履行职责的工作质量做出检查和评价。

(4) 审计工作的实施。该准则规定,内部审计人员对各项审计工作做出规划,并搜集和分析审计证据,报告审计结果,内部审计师应进行跟踪,以确认是否对报告的审计发现采取了适当的行动。

(5) 内部审计机构的管理。该准则规定,内部审计机构的负责人制定和明确本机构的权力和责任;建立、健全计划和程序,以指导内部审计人员的工作;拟订发展规划,选拔和开发内审人力资源;并协调内部审计与外部审计的工作。

我国内部审计准则有下面五个方面基本内容:

**1. 一般准则**　是指内部审计机构的设立及其职权、内部审计人员应当具备的基本资格条件和职业的要求。内部审计机构设置应考虑组织性质、规模、内部治理结构以及相关法令的规定,并配备一定数量的内部审计人员。内部审计机构应建立有效的质量控制制度,并积极了解、参与组织内部控制制度的建设。内部审计人员应具备必要的学识及业务能力,熟悉本组织的经营活动和内部控制,并不断通过后续教育来保持和提高专业胜任能力。内部审计人员应当遵循职业道德规范,并以应有的职业谨慎态度执行内部审计业务。内部审计机构和人员应保持独立性和客观性,不得负责被审计单位经营活动和内部控制的决策与执行。内部审计人员应具有人际交往的基本技能,能以恰当的方式与他人进行有效的沟通。

**2. 作业准则**　是内部审计机构和人员在审计计划、审计准备和审计实施阶段应遵循的行为规范。内部审计人员在审计过程中,应充分考虑重要性与审计风险。内部审计人员应在考虑组织风险、管理需要及审计资源的基础上,制定审计计划,对审计工作做出合理安排。内部审计人员在实施审计前,应向被审计单位送达内部审计通知书,并做好必要的审计准备工作。内部审计人员应深入调查、了解被审计单位的情况,采用抽样审计等方法,对其经营活动及内部控制的适当性、合法性和有效性进行测试。内部审计人员可以运用审核、观察、询问、函证和分析性复核等方法,获取充分、相关、可靠的审计证据,以支持审计结论和建议。内部审计人员在审计过程中应积极利用计算机进行辅助审计。在计算机信息系统下进行审计,不应改变审计计划确定的目标和范围。内部审计人员应将审计程序的执行过程及收集和评价的审计证据,记录于审计工作底稿。

**3. 报告准则**　是内部审计人员反映审计结果,出具审计报告,以及内部审计负责人批准和报送审计报告时应遵循的行为规范。内部审计人员应在实施必要的审计程序后,出具审计报告。审计报告的编制应当以经过核实的审计证据为依据,做到客观、完整、清晰、及时、具有建设性,并体现重要性原则。审计报告应说明审计目的、范围,提出结论和建议,并应当包括被审计单位的反馈意见。审计报告应声明内部审计是按照中国内部审计准则的规定实施,若存在未遵循该准则的情形,审计报告应对其做出解释和说明。内部审计机构应建立审计报告的分级复核制度,明确规定各级复核的要求和责任。内部审计人员应进行后续审计,促进被审计单位对审计发现的问题及时采取合理、有效的纠正措施。

**4. 内部管理准则**　是内部审计机构负责人管理内部审计工作,充分利用审计资源,履行内部审计职责,实现审计工作目标的规范。内部审计机构负责人应确定年度审计工作目标,制定年度审计计划。内部审计机构负责人应根据《审计署关于内部审计工作的规定》和中国内部审计准则,结合本组织的实际情况,制定审计工作手册,以指导内部审计人员的工作。内部审计机构负责人应建立内部激励约束制度,对内部审计人员的工作进行监督、考核,评价其工作业绩。内部审计机构负责人应在组织适当管理层的支持和监督下,做好与外部审计的协调工作。

# 第5节　质量控制准则

质量控制是每个会计师事务所必须做好的一项重要工作。国际会计师联合会和美国注册会计师协会都专门制定了相应的准则,我国也制定了《中国注册会计师质量控制基本准则》。因此,本节先介绍质量控制的含义和作用、国际审计工作质量控制准则、美国质量控制准则,然后论述《中国注册会计师质量控制基本准则》的内容和要求。

## 一、质量控制的含义和作用

审计准则规定了审计工作应达到的质量水平,要想审计工作真正达到规定的质量水平,就必须实行质量控制。因此,不少国家和地区在施行审计准则的同时,还制定了质量控制准则。所谓质量控制,是指会计师事务所为了确保审计质量符合独立审计准则的要求而建立和实施的控制政策和程序的总称。该定义具有以下几方面的含义:

(1) 质量控制应是整个会计师事务所考虑做好的工作,因为如不是由会计师事务所实行全面控制,质量控制就难以达到最佳效果。

(2) 质量控制的根本目的在于保证审计质量符合独立审计准则的要求,这一含义也说明了质量控制准则与独立审计准则的关系。

(3) 该定义指出了审计质量合格与否的衡量标准是独立审计准则。

(4) 指出了质量控制系由控制政策和程序构成。一般来说,人们称会计师事务所按照质量控制准则要求建立和运用的质量控制政策和程序为该所的“质量控制制度”。

质量控制有以下三方面的作用:

(1) 质量控制是保证独立审计准则得到遵守和落实的重要手段。没有质量控制,独立审计准则的运用只能流于形式,无法达到预期的目的。

(2) 质量控制是会计师事务所内部控制体系的重要组成部分,且在该体系中居于核心地位。会计师事务所面临激烈的同业竞争、广泛的社会监督和法律诉讼案件的威胁,因此,建立健全质量控制是完善内部控制体系的根本措施。

(3) 质量控制是会计师事务所生存和发展的基本条件,是整个注册会计师职业赢得社会信任的重要措施。也就是说,质量控制的好坏不仅关系着会计师事务所的存亡,而且还直接关系到整个注册会计师职业的存亡。

## 二、国际质量控制准则

国际审计实务委员会发布的《国际审计准则 220 号——审计工作质量控制》,专门对审计质量控制的内容和要求作了规定。该准则指出,质量控制准则包括会计师事务所质量控制和单项审计项目质量控制两部分。

### (一) 会计师事务所质量控制

会计师事务所应当执行质量控制政策和程序,以确保所有审计均按照国际审计准则或惯例执行。会计师事务所质量控制政策和程序的性质、时间安排和范围取决于诸多因素,如业务规模和性质,地理分布、组织结构以及适当的成本——效益考虑。因此,不同会计师事务所采用的政策和程序存在差别,对采用的政策和程序所形成的记录也存在差别。

会计师事务所采取的质量控制政策的目标通常体现在以下方面:

(1) 职业要求。会计师事务所的人员应当坚持独立、客观、公正、保密和职业行为的原则。

(2) 技术与专业胜任能力。会计师事务所应当配备能达到并保持以应有的职业谨慎履行其职责所需的技术水准和专业胜任能力的人员。

(3) 工作委派。审计工作应当指派给具有相应的技术培训资格和熟练能力的人员。

(4) 督导。对每个层次的工作应进行适当的指导、监督和检查,以合理保证所执行的工作满足相关质量标准的要求。

(5) 咨询。必要时,应向所内外具有相关专业知识的人员进行咨询。

(6) 接受与保留客户。会计师事务所应当对新客户做出评价,并对老客户进行经常性的检查。在决定接受或保留某客户时,应考虑会计师事务所的独立性、向客户提供适当服务的能力以及客户管理当局的品德。

(7) 监控。会计师事务所应当监控质量控制政策和程序是否仍然完善及其执行的效果。

会计师事务所应当以适当的方式将全面质量控制政策和程序传达到全体人员,以合理保证这些政策和程序得到正确理解和执行。

### (二) 单项审计项目质量控制

审计师应当执行会计师事务所全面质量控制政策和程序中适用于单项审计项目的质量

控制程序。审计师和负有督导责任的助理人员在确定对每位助理人员进行指导、监督和复核的程度时,应当考虑执行所指派的工作的助理人员的专业胜任能力。审计师应当采取适当的方式向助理人员指派工作,以合理保证该项工作是由具有相应专业胜任能力的人员以应有的职业谨慎态度来执行的。

**1. 指导**　审计师应当对接受了所指派的工作的助理人员给予适当的指导。这些指导包括告知助理人员他们的工作责任和所执行的程序和达到的目标,以及诸如被审计主体的业务性质及可能影响所执行的审计程序的性质、时间安排和范围的会计或审计问题。审计方案是传达审计指导意见的重要工具,时间预算和总体审计计划对传达审计指导意见也有帮助。

**2. 监督**　监督与指导和复核紧密相关,甚至可能包含指导和复核的有关要素。负有监督责任的人员在审计过程中应当履行以下职责:

(1) 监控审计过程,以考虑:①助理人员是否具备执行所指派的任务所必需的技术和胜任能力;②助理人员是否理解审计指导意见;③是否按照总体审计计划和审计方案进行工作。

(2) 了解审计中出现的重大会计和审计问题,并通过评价其重要性和适当修改总体审计计划和审计方案来处理这些问题。

(3) 解决人员之间存在的专业判断分歧,并考虑进行咨询的适当程度。

**3. 复核**　每位助理人员的工作均需要由至少具有同等专业胜任能力的人员进行复核。复核时应当考虑:

(1) 工作是否已按照审计方案进行。

(2) 工作及其结果是否已做适当记录。

(3) 所有重大审计问题是否已经适当解决或反映在审计结论中。

(4) 审计程序的目标是否已实现。

(5) 所形成的审计结论是否与工作结果相一致,并能支持审计意见。

审计师应当及时复核下列方面:

(1) 总体审计计划和审计方案。

(2) 对因有风险和控制风险的评估,包括根据控制测试结果对总体审计计划和审计方案所做的修改。

(3) 对从实质性程序所取得的审计证据和据此形成的审计结论的记录,包括对咨询结果的记录。

(4) 会计报表、拟作出的审计调整和审计报告草稿。

对审计项目,特别是对一些大的复杂的审计项目进行复核的过程中,审计师在出具审计报告之前可指派未直接参与审计的人员执行一些追加程序。

## 三、美国质量控制准则

1978 年,美国注册会计师协会专门成立了质量控制准则委员会(Quality Control Standards Committee,缩写为 QCSC),负责颁布会计师事务所质量控制的标准。该委员会于 1979 年 11 月发布《质量控制准则说明书第 1 号》,提出了质量控制必须考虑的九个要素(或称九项准则)。1996年5月,这九个要素被缩减为五个,并于1997年1月1日起生效。

这五项准则及其基本要求是:

**1. 独立性、正直性和客观性** 会计师事务所应制定适当的政策和程序以确保所有参与审计的人员必须独立于被审计单位,以正直、客观的态度履行所有职业责任。

**2. 人事管理** 会计师事务所应制定适当的政策和程序为下列过程提供合理保证:所招聘的人员具有专业胜任能力资格,并且工作被委派给精通专业技能的人员;准备提升的人员具备履行新职责的资格条件,所有人员应参加一般行业或特殊行业的后续教育和职业发展活动。

**3. 客户及契约的接受和续约** 会计师事务所必须建立政策以降低和管理当局缺乏正直性的客户发生业务联系的可能性。另外,需要合理保证仅仅接受以应有的职业谨慎能完成的业务;对客户进行了解,以明确所要执行的工作的性质、范围和受到的限制。

**4. 业务执行** 会计师事务所应为下列事项制定适当的政策和程序。包括为每一个审计项目的计划、实施、监督、复核、记录及沟通审计结果制定政策和程序;在需要时能及时向具备适当专业知识、判断能力及专业权威的人咨询。

**5. 监控** 监控是持续评估会计师事务所质量控制系统的一项措施。事务所必须制定适当的政策和程序以持续监控下列事项:事务所的政策和程序的可靠性和充分性;事务所的实务操作指南的适当性;职业发展活动的有效性;与已制定的政策和程序的相符程度。

美国注册会计师协会发布的《审计准则说明书第25号》要求会计师事务所根据上述准则,建立自己的质量控制制度。该号说明书还承认,质量控制只能在一定程度上(而不能绝对地)保证事务所遵守《公认审计准则》。

将上述质量控制准则进行比较可以看出,尽管各自标准的项数不同,但其实质内容和基本要求是完全一致的。它们都强调了关于人员质量、对工作的指导和监督,以及检查复核等方面的质量控制标准的重要性。所有这些很值得我们借鉴。

## 四、中国注册会计师质量控制基本准则

1997年1月1日,《中国注册会计师质量控制基本准则》由财政部批准开始实施。该准则共五章:总则、一般原则、全面质量控制、审计项目的质量控制及附则。为了进一步规范会计师事务所质量控制,保证执业质量,根据《中华人民共和国注册会计师法》的规定,中国注册会计师协会于2006年发布了《会计师事务所质量控制准则第5101号——业务质量控制》和《中国注册会计师审计准则第1121号——历史财务信息审计的质量控制》,经财政部批准,于2007年1月1日开始施行。其中,《会计师事务所质量控制准则第5101号——业务质量控制》是对原准则《中国注册会计师质量控制基本准则》的重大修改,适用于会计师事务所对财务信息审计和审阅、其他鉴证业务及相关服务业务的质量控制。

我国在研究制定质量控制准则时,较好地遵循了以下基本原则:一是充分体现与国际审计准则的协调一致性;二是积极借鉴其他国家和地区审计质量控制准则的经验;三是紧密结合中国审计工作质量控制的实际;四是适当参考现代企业质量控制方面的理论和方法,以强化审计工作质量的控制。下面具体介绍两项准则的内容。

## (一)《会计师事务所质量控制准则第5101号——业务质量控制》

会计师事务所质量准则旨在规范会计师事务所的业务质量控制，明确会计师事务所及其人员的质量控制责任，适用于会计师事务所执行历史财务信息审计和审阅业务、其他鉴证业务及相关服务业务。

质量控制制度应当包括针对下列七项要素而制定的政策和程序：①对质量的领导责任；②职业道德要求；③客户关系和特定业务的接受与保持；④人力资源；⑤业务执行；⑥监控。

**1. 对业务质量的领导责任**　会计师事务所应当制定政策和程序，培育以质量为导向的内部文化。会计师事务所的领导层及其做出的示范对会计师事务所有重大影响。会计师事务所领导层应当通过清晰、一致及经常的行动示范和信息传达，强调质量控制政策和程序的重要性以及下列要求：①按照法律法规、职业道德规范和业务准则的规定执行工作；②根据具体情况出具恰当的报告。

会计师事务所的领导层应当树立质量至上的意识，会计师事务所应当通过下列措施实现质量控制的目标：①合理确定管理责任，以避免重商业利益轻工作质量；②建立以质量为导向的业绩评价、薪酬及晋升的政策和程序；③投入足够的资源，制定和执行质量控制政策和程序。

**2. 职业道德要求**　会计师事务所及其人员执行任何类型的业务，都应当遵守职业道德规范所要求的客观、公正原则，保持专业胜任能力和应有的关注，并对执业过程中获知的信息保密。会计师事务所制定的政策和程序应当强调职业道德要求的重要性，并通过下列途径予以强化：①会计师事务所领导层的示范；②教育和培训；③监控；④违反职业道德基本原则的行为的处理过程。会计师事务所应当制定政策和程序，以合理保证会计师事务所及其人员，包括聘用的专家和其他需要满足独立性要求的人员，保持职业道德规范要求的独立性。

会计师事务所制定的政策和程序应当要求：①项目负责人向会计师事务所提供与客户业务相关的信息，以使会计师事务所能够评价这些信息对独立性要求的总体影响；②会计师事务所人员及时向会计师事务所报告对独立性造成威胁的情况和关系，以便会计师事务所采取适当行动；③会计师事务所收集相关信息，并向适当人员传达。

会计师事务所应当制定政策和程序，以合理保证能够获知违反独立性要求的信息，并采取适当行动。这些政策和程序应当包括：①所有应当保持独立性的人员，将注意到的违反独立性要求的情况立即告知会计师事务所；②会计师事务所将已识别的违反这些政策和程序的情况，立即传达给需要与会计师事务所共同处理这些情况的项目负责人，以及需要采取适当行动的会计师事务所内部其他相关人员和受独立性要求约束的人员；③项目负责人、会计师事务所内部的其他相关人员，以及需要保持独立性的其他人员，在必要时，立即告知会计师事务所他们为解决有关问题采取的行动，以便会计师事务所决定是否采取进一步的行动。

会计师事务所应当至少每年一次向所有受独立性约束的人员获取其遵守独立性政策和程序的书面确认函。会计师事务所应当制定下列政策和程序，以防范同一高级人员由于长期执行某一客户的鉴证业务可能对独立性造成的威胁：①建立适当的标准，以便确定是否需要采取防护措施,将由于关系密切造成的威胁降至可接受的水平;②对所有的上市公司财务报表审计,按照法律法规的规定定期轮换项目负责人。会计师事务所在建立这些标准时,应当考虑下列事项:①鉴证业务的性质,包括涉及公众利益的范围;②高级管理人员提供该项鉴证业务的服务年限。

**3. 客户关系和具体业务的接受与保持** 会计师事务所应当制定有关客户关系和具体业务接受与保持的政策和程序,以合理保证只有在下列情况下,才能接受或保持客户关系和具体业务:①已考虑客户的诚信,没有信息表明客户缺乏诚信;②具有执行业务必要的素质、专业胜任能力、时间和资源;③能够遵守职业道德规范。

针对有关客户的诚信,会计师事务所应当考虑下列主要事项:①客户主要股东、关键管理人员、关联方及治理层的身份和商业信誉;②客户的经营性质;③客户主要股东、关键管理人员及治理层对内部控制环境和会计准则等的态度;④客户是否过分考虑将会计师事务所的收费维持在尽可能低的水平;⑤工作范围受到不适当限制的迹象;⑥客户可能涉嫌洗钱或其他刑事犯罪行为的迹象;⑦变更会计师事务所的原因。会计师事务所可以通过下列途径获取与客户诚信相关的信息:①与为客户提供职业会计服务的现任或前任人员进行沟通,并与其他第三方讨论;②向会计师事务所其他人员、金融机构、监管机构、法律顾问和客户同行等第三方询问;③从相关数据库中搜索客户的相关背景信息。

在确定是否具有接受新业务所需的必要素质、专业胜任能力、时间和资源时,会计师事务所应当考虑下列事项,以评价新业务的特定要求和所有相关级别的现有人员的基本情况:①会计师事务所人员是否熟悉相关行业或业务对象;②会计师事务所人员是否具有执行类似业务的经验,或是否具备有效获取必要技能和知识的能力;③会计师事务所是否拥有足够的具有必要素质和专业胜任能力的人员;④在需要时,是否能够得到专家的帮助;⑤如果需要项目质量控制复核,是否具备符合标准和资格要求的项目质量控制复核人员;⑥会计师事务所是否能够在提交报告的最后期限内完成业务。

**4. 人力资源** 会计师事务所制定的人力资源政策和程序应当解决下列人事问题:①招聘;②业绩评价;③人员素质;④专业胜任能力;⑤职业发展;⑥晋升;⑦薪酬;⑧人员需求预测。会计师事务所应当在人力资源政策和程序中强调对各级别人员进行继续培训的重要性,并提供必要的培训资源和帮助,以使人员能够发展和保持必要的素质和专业胜任能力。

会计师事务所应当制定业绩评价、薪酬及晋升程序,对发展和保持专业胜任能力并遵守职业道德规范的人员给予应有的肯定和奖励。在业绩评价、薪酬及晋升程序中应强调:①使人员知晓会计师事务所对业绩和职业道德要求的期望;②向人员提供业绩、工作进步及职业发展方面的评价和咨询;③帮助人员了解提高业务质量及坚持职业道德要求是晋升更高职位的主要途径,而不遵守会计师事务所的政策和程序可能招致惩戒。

会计师事务所应当对每项业务委派至少一名项目负责人。对鉴证业务,应当委派两名项目负责人。会计师事务所应当制定政策和程序,明确下列要求:①将项目负责人的身份和作用告知客户管理层和治理层的关键成员;②项目负责人具有履行职责所必需的素质、专业胜任能力、权限和时间;③清楚界定项目负责人的职责,并告知该项目负责人。

**5. 业务执行** 会计师事务所制定政策和程序,对执行的业务从下列方面进行质量控制:①项目负责人负责对项目组的工作进行指导、监督与复核;②项目负责人负责就疑难问题或争议事项进行适当咨询;③如果存在业务质量的分歧,在意见分歧解决前,会计师事务所和项目负责人不得出具报告;④会计师事务所对所有上市公司、商业银行、非银行金融机构、国有大型企业财务报表审计实施项目质量控制,即由独立于项目组的专门人员实施项目质量控制复核。

**6. 监控**　会计师事务所应当对其业务质量控制政策和程序的执行及结果适时进行监督、检查,以及时发现问题,不断健全完善质量控制政策和程序,确保审计工作符合审计准则要求。会计师事务所应当周期性地选取已完成的业务进行检查,周期最长不得超过三年。在每个周期内,应对每个项目负责人的业务至少选取一项进行检查。

### (二)《中国注册会计师审计准则第1121号——历史财务信息审计的质量控制》

该准则适用于注册会计师执行财务报表审计业务。其主要内容有:

(1) 要求项目负责人对会计师事务所分派的每项审计业务的总体质量负责。项目负责人指会计师事务所中负责某项审计业务及其执行,并代表会计师事务所出具审计报告的主任会计师和其他签字会计师。项目负责人应当在审计业务的所有阶段,通过行动示范和信息传达,向项目组其他成员强调下列事项的重要性,以保证审计业务的质量:①按照法律法规、职业道德规范和审计准则的规定执行审计工作;②遵守适用的会计师事务所质量控制政策和程序;③根据具体情况出具恰当的审计报告。

(2) 项目负责人应当考虑项目组成员是否已遵守职业道德规范。在整个审计过程中,项目负责人应当对项目组成员违反职业道德规范的迹象保持警惕。如果发现项目组成员违反职业道德规范,项目负责人应当与会计师事务所的相关人员商讨,以便采取适当的措施。项目负责人应当采取下列措施就审计业务的独立性进行评价:①从会计师事务所获取相关信息,以识别、评价对独立性造成威胁的情况和关系;②评价已识别的违反会计师事务所独立性政策和程序的情况,以确定是否对审计业务的独立性造成威胁;③采取适当的防护措施以消除对独立性的威胁,或将其降至可接受的水平;对未能解决的事项,项目负责人应当立即向会计师事务所报告,以便会计师事务所采取适当的行动;④记录与独立性有关的结论及讨论情况。

(3) 项目负责人应当确信,有关客户关系和具体审计业务的接受与保持的质量控制程序已得到恰当遵守,形成的有关结论是适当的并已记录于工作底稿。无论有关审计业务接受与保持的决策过程是否由项目负责人发起,项目负责人都应当确定最近的决策是否适当。在决定是否保持与某一客户的关系时,项目负责人应当考虑本期或上期审计中发现的重大事项,及其对保持该客户关系的影响。如果项目负责人在接受审计业务后获知了某项信息,而该信息若在接受业务前获知,可能导致会计师事务所拒绝该项业务,项目负责人应当立即将该信息告知会计师事务所,以使会计师事务所和项目负责人能够采取必要的行动。

(4) 项目负责人应当确信项目组整体具有适当的素质、专业胜任能力以及必要的时间,能够按照法律法规、职业道德规范和审计准则的规定执行审计业务,并根据具体情况出具恰当的审计报告。项目组整体应当具备下列方面的素质和专业胜任能力:①通过适当的培训和参与审计业务,获得执行类似性质和复杂程度审计业务的知识和实务经验;②掌握法律法规、职业道德规范和审计准则的规定;③具有相关技术知识,包括信息技术知识;④熟悉客户所处的行业;⑤具有职业判断能力;⑥掌握会计师事务所质量控制政策和程序。

(5) 项目组负责人应对审计业务从下列方面实施质量控制:①项目负责人负责对项目组的工作进行指导、监督与复核;②项目负责人负责就疑难问题或争议事项进行适当咨询;③有关业务质量的分歧,在意见分歧得到解决前,项目负责人不得出具报告;④对所有上市公司、商业银行、非银行金融机构、国有大型企业财务报表审计,在由独立于项目组的专门人员实施项目质量控制复核后,才能出具报告。

(6) 会计师事务所质量控制制度持续考虑和评价的过程,包括定期选取已完成的审计业务进行检查,以使会计师事务所能够合理保证其质量控制制度正在有效运行。项目负责人应当根据会计师事务所通报的最新监控信息考虑下列事项:①该监控信息提及的缺陷是否会对项目负责人负责的审计业务产生影响;②会计师事务所的整改措施对该审计业务是否足够。

## 五、鉴证业务基本准则与质量控制准则的关系

颁布鉴证业务基本准则是为了规范注册会计师的执业行为,保证审计工作质量。颁布审计质量控制准则在于为事务所全体注册会计师遵循独立审计准则提供合理的保证。因此,两者既有联系又有区别。

### (一) 鉴证业务基本准则与质量控制准则的联系

鉴证业务基本准则与质量控制准则的联系主要有:

**1. 两者都是注册会计师职业规范体系的组成部分** 注册会计师职业规范体系包括:鉴证业务基本准则、质量控制准则、职业道德准则、职业后续教育准则。因此,鉴证业务基本准则与质量控制准则同是注册会计师职业规范体系的重要组成部分。

**2. 两者的目的相同** 会计师事务所合理运用质量控制准则的目的,在于使所有审计工作均符合独立审计准则的要求。对于会计师事务所而言,审计工作质量由具体的审计工作形成,必须遵循独立审计准则才能保证审计工作的质量。因此,这两套准则只是作用方式的不同,目的都是为了保证审计工作质量,提高会计报表的可信性。

### (二) 鉴证业务基本准则与质量控制准则的区别

鉴证业务基本准则与审计质量控制准则尽管都与审计业务及其质量有关,但它们是两个不同的概念,主要存在以下区别:

**1. 两者的性质不同** 鉴证业务基本准则是每个注册会计师审计遵守的技术标准,是针对每个审计项目的完成而制定的;而审计质量控制准则是每个会计师事务所遵守的管理标准,是针对整个审计工作的控制而制定的。

**2. 两者的内容不同** 鉴证业务基本准则规定了与审计工作相关的注册会计师职业胜任能力和审计过程及报告质量的要求;质量控制准则紧紧围绕质量控制,包括了各项质量控制工作应达到的要求。

## 本章小结

本章按照政府审计、民间审计、内部审计的顺序，分别对我国现阶段的三类审计准则规范进行了较为全面深入的介绍，并简要介绍了国际审计准则及美国审计准则的部分内容。本章的主要内容包括：

1. 审计准则一般分为基本准则和具体准则，是审计机构和人员执行审计工作的理念和行为规范，我国各类审计工作都有适合自身情况的审计准则。

2. 政府审计的机构即为政府审计机关，本章对我国政府审计准则及美国政府审计准则予以说明。

3. 民间审计人员构成为注册会计师。近期我国以较大力度修改了独立审计准则。本章对新颁布的鉴证业务基本准则予以详细说明。

4. 内部审计主要特征是审计服务的内向性、审计业务的多样性和审计效果的显著性。我国内部审计准则主要是中国内部审计协会近期制定并颁布的一系列内部审计准则。

5. 我国注册会计师质量控制准则更多地考虑到了实际可操作性。我国质量控制准则分为两个层面：会计师事务所质量控制层面(业务的全面质量控制)及具体项目的质量控制层面。

## 案例

2005年7月，A软件公司以12元的价格发行社会公众股7000万股，于2005年10月20日上市。当日报收于67.65元，此价格不仅傲立于深沪两市，同时也刷新了上市新股首日开盘价和收盘价两项纪录。但此股自上市首日起，就开始走下坡路，至2006年8月股价已大幅下降，大批投资者困守其中。

据某一财经杂志报道，A公司的投资活动引起了投资者广泛质疑。该公司的投资资金大部分用在购置固定资产方面，公司2005年底固定资产剧增，而且在公司的固定资产构成中，以专用设备为主，占固定资产总值的90%。

一位业内人士感到不解，他质疑一家软件公司何以需要这么多专用设备，并专门致电询问负责该公司财务报表审计的成都某会计师事务所是否逐项审查过A公司的购货和销售凭据，该事务所称一切按准则进行审查，其他无可奉告。

试分析：该事务所对A公司的审查，符合相关准则要求吗?

## 思考题

1. 试述制订审计准则的重要意义。
2. 试述我国独立审计准则的层次结构。
3. 试述我国独立审计基本准则的框架与内容。

## 练习题

### 一、判断题

1. 审计准则是审计理论的重要组成部分，但对审计人员无制约作用。(　　)
2. 审计准则是通过审计人员执行审计程序体现出来的。(　　)
3. 民间审计人员有了会计准则，对其审计工作提供了方便，因而就不需要审计准则了。(　　)

4. 审计准则的实施使审计人员在从事审计工作时有了规范和指南,便于考核审计工作质量,推动了审计事业的发展。(　　)
5. 我国注册会计师审计准则的有关规则是由财政部会计事务管理司负责拟定并颁发。(　　)

## 二、单选题

1. 实施审计准则,可以获得信任的利益相关者有(　　)。
   A. 审计人员　　B. 委托审计者
   C. 被审计单位　　D. 社会公众
2. 一般审计准则无不对审计人员的业务技能和品德操行提出一个高的标准,视为审计工作的灵魂的是(　　)。
   A. 独立性　　B. 客观性
   C. 权威性　　D. 真实性

## 三、多选题

1. 审计准则的概念,其含义有(　　)。
   A. 是制约审计人员的行为准则　　B. 对审计人员素质提出要求
   C. 对社会提供审计工作质量保证　　D. 是通过审计人员执行审计程序体现出来的
   E. 是审计人员签署审计最终意见时的客观保证
2. 审计准则的主要作用有(　　)。
   A. 可以提高审计人员地位　　B. 可以获得社会公众的信任
   C. 可以提高审计工作质量　　D. 可以维护审计组织和人员的合法权益
   E. 可以促进国际审计经验交流
3. 根据世界各国现行的审计准则来看,其内容大体包括(　　)。
   A. 一般准则　　B. 具体准则
   C. 工作准则　　D. 计划准则
   E. 报告准则
4. 我国注册会计师执业准则主要有(　　)。
   A. 审计准则　　B. 审阅准则
   C. 独立审计实务公告　　D. 其他鉴证业务准则
   E. 相关服务准则
5. 我国注册会计师审计准则的制定过程主要有(　　)。
   A. 制定执业规则　　B. 与美国审计准则趋同
   C. 建立审计准则体系　　D. 按照国际审计准则
   E. 与国际审计准则趋同

# 第3章　职业道德和法律责任

## 学习目的

通过本章的学习，应了解关于加强注册会计师职业道德教育的意义，并掌握以下内容：《中国注册会计师职业道德规范指导意见》的相关内容；审计过程中属于注册会计师方面的责任以及注册会计师面临的法律责任的分类；注册会计师避免法律诉讼的具体措施。

## 第1节　审计职业道德规范

### 一、关于加强注册会计师职业道德教育的意义

道德是一定社会为了调整人们之间以及个人和社会之间的关系所提倡的行为规范的总和。它通过各种形式的教育和社会舆论的力量，使人们具有善和恶、荣誉和耻辱，正义和非正义等概念，并逐渐形成一定的习惯和传统，以指导和控制自己的行为，所谓职业道德是某一职业组织以公约、守则等形式公布的，其会员自愿接受的职业行为标准，所谓注册会计师的职业道德，是指注册会计师职业品德、职业纪律、专业胜任能力及职业责任等的总称。

注册会计师的职业性质决定了他所担负的对社会公众的责任。注册会计师行业之所以在现代社会中产生和发展，是因为他能够站在独立的立场对企业管理当局编制的会计报表进行审计，并提出客观、公正的审计意见，作为企业会计信息外部使用人进行决策的依据，所谓会计信息外部使用人，既包括企业现有的又包括潜在的投资人、债权人以及政府有关部门等所有与企业有关、关心企业的人士，可泛指为社会公众。社会公众在很大程度上依赖企业管理当局编制的会计报表和注册会计师对会计报表的审计意见，并以此作为决策的基础，注册会计师尽管接受被审计单位的委托并向被审单位收取费用，但他服务的对象从本质上讲却是社会公众，这就决定了注册会计师从他诞生的那一天起，所担负的就是面对社会公众的责任，注册会计师事业是一个责任重大的行业。

为使注册会计师切实担当起神圣的职责，为社会公众提供高质量的，可以信赖的专业服务，在社会公众中树立良好的职业形象和职业信誉，就必须大力加强对注册会计师的职业道

德教育,强化注册会计师的道德意识,提高注册会计师的道德水准,注册会计师的道德水平如何是关系到整个行业能否生存和发展的大事,尤其是在我国,注册会计师事业恢复与重建的历史只有二十几年,注册会计师行业的从业人员对注册会计师的职业性质尚缺乏全面的认识,尚未普遍树立起强烈的风险意识、责任意识和道德意识,而在建立社会主义市场经济体制的进程中强调注册会计师的职业道德、更有其深刻的现实意义和深远的历史意义。

## 二、中国注册会计师的职业道德概述

我国自1980年恢复注册会计师制度以来,注册会计师的工作主要依靠原《中华人民共和国注册会计师条例》等有关规定来指导,就职业道德而言,并没有专门制定和公布注册会计师职业道德规范,自1988年11月中国注册会计师协会正式成立后,中国注册会计师协会在注册会计师工作制度化、法制化和规范化方面做了大量的工作,先后制定和颁布了各项有关执业规则,这对于发展我国注册会计师事业,保证其沿着健康方向前进有重要意义。

为了保证中国注册会计师更好地履行职责,保持应有的职业行为规范,保证执业质量,在公众中树立良好的职业形象,1992年,中国注册会计师协会发布了《中国注册会计师职业道德守则》(试行),1996年12月26日,经财政部批准,中国注册会计师协会印发了《中国注册会计师职业道德基本准则》(下称《职业道德准则》);2002年6月25日,为解决注册会计师职业中违反职业道德的现象,发布了《中国注册会计师职业道德规范指导意见》,于2002年7月1日起施行。《中国注册会计师职业道德规范指导意见》分为两个层次,一是基本原则;二是具体要求。基本原则包括注册会计师履行社会责任,恪守独立、客观、公正的原则,保持应有的职业谨慎,保持和提高专业胜任能力,遵守审计准则等职业规范,履行对客户的责任以及对同行的责任。具体要求包括独立性、专业胜任能力、保密、收费与佣金、与执行鉴证业务不相容的工作、接任前任注册会计师的审计业务,以及广告、业务招揽和宣传等。

### (一) 独立、客观、公正原则

**1. 独立原则**

(1) 独立原则的内涵。所谓独立原则,是指注册会计师在执行审计业务时,应当在实质上和形式上独立于外部组织和所服务的对象。

独立原则的要求有两层含义,即实质上的独立(independence in fact)和形式上的独立(independence in form)。所谓实质上的独立,是要求注册会计师在审计客户时,不偏不倚,保持独立的精神态度和意志,注册会计师只有与被审单位保持实质上的独立,才能够以客观、公正的心态表示意见。所谓形式上的独立,是对第三者而言的,即注册会计师必须是在第三者面前呈现出一种独立于委托单位的身份。在他人看来注册会计师是独立的,如果注册会计师及其他审计人员同客户之间存在直接或一些重大的间接的经济利益关系,那么可以说,审计连形式上的独立性也不具备,如果连形式上的独立性都不具备,就无法让人相信他们具有实质上的独立。可见,形式上的独立是实质上独立的前提保证,由于注册会计师的审计意见是外界人士的决策依据,因此,注册会计师除了保持实质上的独立外,还必须在外界人士面前呈现出形式上的独立,只有这样,注册会计师的审计结论才能得到社会公众的信任。

独立原则在强调注册会计师对于委托单位保持独立性的同时,也要求他独立于外部的其他机构和组织,注册会计师对他所出具的审计报告负有法律责任,因此,不论是业务的承接、执行、还是报告的形式与提交,注册会计师均应依法办事,独立自主,不依附于其他机构和组织,也不受其干扰和影响,注册会计师的审计报告无须经任何部门审定和批准。

(2) 独立原则的重要性。如前所述,注册会计师尽管接受委托单位的委托执行业务,而且要向委托单位收取费用,但注册会计师所承担的却是对整个社会公众的责任,这就决定了注册会计师必须与委托单位和外部组织之间保持一种超然独立的关系。独立是注册会计师的灵魂,注册会计师只有具备独立性,才可能做到客观、公正。独立原则是客观、公正原则的基础,正因如此,注册会计师有时又会被社会各界人士称为独立会计师,注册会计师审计又称之为独立审计,独立性的重要性由此可见。

(3) 为保持注册会计师独立性而应回避的事项,当注册会计师与委托单位存在以下利害关系时,应向所在的会计师事务所声明并应实行回避制度:①曾在被审单位任职,离职后未满两年的;②持有被审单位的股票、债券或在被审单位有其他经济利益的。③与被审单位的负责人和主管人员,董事或委托事项的监事人有近亲关系的。④担任被审单位常年会计顾问或代为办理会计事项的。⑤其他为保持独立性而应回避的事项。

注册会计师为保持独立性而应回避的事项很难一一列举,注册会计师应按照独立原则的基本思想严格要求自己,在执业过程中也应时刻注意,避免违反独立原则的要求,比如,不要与被审单位的有关人士建立过分亲密的关系,不能接受被审单位馈赠的礼品等。

**2. 客观原则和公正性原则** 所谓客观原则,是指注册会计师对有关事项的调查、判断、审计意见的形式和报告的提出,应当基于客观的立场,以客观和事实为依据,实事求是,不掺杂个人的主观愿望,也不为受托单位或第三者的意见所左右,在分析问题、处理问题时,不以个人的好恶或成见、偏见行事。

公正性又称公正原则,是指注册会计师应当具备正直、诚实的品质,公平正直地对待有关利益各方,不以牺牲一方利益为条件而使另一方受益。

客观性、公正性与独立性密切相关,独立性是客观性、公正性的基础,形式上的独立性是客观、公正的前提,实质上的独立性是客观、公正的心理基础,反过来,要实现独立性,特别是实质上的独立性,又离不开以客观、公正的态度处理审计业务。

### (二) 注册会计师专业胜任能力和应有关注

注册会计师应当保持和提高专业胜任能力,不得承办其不能胜任的专业服务,而要做到这一点,必须明确并切实坚持注册会计师专业教育水平、实践经验和后续教育的要求。此外,注册会计师还应具备对业务助理人员的工作进行指导、监督和检查的能力,并对其业务助理人员的工作结果负责,另外,注册会计师和会计师事务所不得承办不能胜任的业务。

应有关注要求注册会计师在执业过程中保持职业谨慎,以质疑的思维方式评价所获取证据的有效性,并对产生怀疑的证据保持警觉。

### (三) 保密

保密的责任,注册会计师应当保守其在执行委托业务过程所知悉的客户的商业秘密。如还未对外公布的会计报表,即将进行的合并,拟议中的资金筹措,预期的股票分割和股利分配,即将鉴定的合同等,除得到委托单位的书面许可和法律、法规要求公布外,不得提供或泄露给第三方,也不得将其用于私人目的、为自己或他人谋利益。

### (四) 职业行为

注册会计师的行为应符合本职业的良好声誉、不得有任何损害职业形象的行为。

(1) 对社会公众的责任。注册会计师应当遵守职业道德准则,履行相应的社会责任,维护社会公众利益。

(2) 对客户的责任。注册会计师在维护社会公众利益的前提下,应当竭诚为客户服务;应当按照业务约定履行对客户的责任;应当对执行业务过程中知悉的商业秘密保密,并不得利用其为自己或他人谋取利益,除有关法规允许的情形下,会计师事务所不得以或有收费形式为客户提供鉴证服务。

(3) 对同行的责任。对同行的责任指会计师事务所、注册会计师在处理与其他会计师事务所、注册会计师相互关系中所应遵守的道德标准,包括:注册会计师应当与同行保持良好的工作关系,配合同行工作;不得诋毁、损害同行利益;会计师事务所不得雇用正在其他会计师事务所工作的注册会计师;不得以不正当手段与同行争揽业务。

(4) 其他责任。为了维护和提高民间审计的职业形象,注册会计师在招揽业务等活动中,不得有可能损害职业形象的行为,为此注册会计师及其所在事务所不得采用强迫、欺诈等不正当方式招揽业务;不得对其能力进行广告宣传以招揽业务;不得以向他人支付佣金的方式招揽业务,也不得向客户收取除服务费以外的任何报酬、回扣和佣金;注册会计师及所在事务所不得允许他人以本所或本人的名义承办业务。

### (五) 技术准则

注册会计师应当遵守以下技术准则:

(1) 中国注册会计师执业准则。

(2) 企业会计准则。

(3) 与执业相关的其他法律、法规和规章。

## 第2节 审计法律责任

任何一种职业,其应承担的责任与其社会地位之间有着直接的联系,对注册会计师来说,只有当准备承担责任对因未能满足规定的要求而引起的后果负责时,其地位和执业水平才会被认可,审计活动是一种有目的、独立的、公正的、具有权威性的活动,在审计过程中,不仅涉及相关经济单位的利益,还涉及某些人的经济责任和法律责任,其审计结论正确与否,不仅要对直接关系人负责,还要对依靠不准确和被审计信息做出决策而蒙受巨大损失的其他非直接关系人承担责任,所以审计人员所面临的法律责任一般大于其他专业人员,由此带来的潜在损失在审计过程中是很难预见的,随着注册会计师社会地位的提高,其所负的法律责任也在不断增长,这在世界各国已成为一种趋势。

## 一、变化中的法律环境

职业人员在为其客户提供服务时,总是有义务保持合理水平的谨慎,根据普通法的规定,审计师有义务履行他与客户之间鉴定的聘约,如果在为客户提供服务的过程中,没有按约定提供服务或没有保持合理的谨慎,他就对客户负有违约或疏忽之责任。根据普通法的规定,审计师对客户以外的第三者也负有类似的责任,但其负责的范围和程序在不同的国家,在一国内不同的地区之间是不相同的,例如,美国若干州法律规定,审计师要对"应知"第三者负责,另一些州的法律则规定,审计师还要对"可知"第三者负责。

在美国除了上述习惯法(不通过立法程序而直接由法院判例引申而出的各项法律)外,成文法(由联邦或州立法机构以文字的形式制定的法律)也是规定审计师法律责任的法律来源,最主要的成文法有:1933 的《证券法》、1934 年《证券交易法》、1970 年《有组织欺诈和行贿法》、1977 年《国外贿赂法》等。这些法律为客户或第三者起诉审计师提供了法律依据。当审计师有意欺诈和伤害他人时,也可被判负有刑事责任。当然,此类案件并不多见,下面我们将审计师可能要负的法律责任归纳总结如下:

习惯法下对客户的民事责任,如客户控告审计师在审计过程中没有发现某项舞弊行为。

习惯法下对对第三者的民事责任,如银行控告审计师没有发现财务报表中的重要错报。

成文法(如证券法)下对客户或第三者的民事责任,如股东联合控告审计师没有发现财务报表中的重要错报。

刑事责任,如联邦政府起诉审计师有意签发错误的审计报告。

近些年来,诉讼的数量和赔偿原告的金额都大大增加了,特别是第三者根据普通法和证券法的起诉量尤其如此,分析起来,造成这种局面的主要原因有如下几种:

(1) 财务报表使用者日益了解审计师的责任。

(2) 证券交费委员会保护投资人的意识日益增强。

(3) 由于企业规模的扩大,业务数据处理的电算化和企业经营管理的复杂化,使会计和审计工作变得越来越专业化、复杂化。

(4) 社会日益接受"深口袋"理论(deep-pocket theory),即任何看上去拥有经济财富的人都可能受到起诉,不论其应当受到惩罚的程度如何。

(5) 法律界允许律师以或有公费为基础提供法律服务,因而当客户胜诉时可以获得大笔赔偿金,而败诉时又不用支付过多的法律公费。

(6) 许多会计师事务所情愿庭外解决法律问题,以避免发生过多的法律费用而影响其在公众中的声誉。

(7) 在编制财务报表时,企业有多种会计原则可供选择,然而审计师缺少评价各种会计原则,是否适用的合理标准。

由于上述原因的联合作用,自 20 世纪六、七十年代以来控告审计师的诉讼案件与日俱增,《蒙哥马利审计学》将此现象称之为"诉讼爆炸"(litigation explosion)。因此对于当今的注册会计师来说,要认清自己的职责,加强对于业务知识的学习,保证审计结论的正确性和公正性,尽量避免一些不必要的法律纠纷。

尽管注册会计师被控告起诉的事件增加了,注册会计师的法律责任也扩展了,但是,仍然有必要分析一下导致其法律责任的原因。在当今社会,注册会计师被控告的原因可能是多方面的,有的是被审计单位方面的责任,有的是注册会计师方面的责任,有的是双方共同的责任,还有的是使用者误解的原因。其中被审计单位方面的责任和注册会计师方面的责任是最重要的。

**1. 被审计单位方面的责任**

(1) 错误、舞弊和违反法规行为,被审计单位的会计部门或其他管理部门发生某些严重错误和舞弊而注册会计师未能查出,这往往会给他人造成损失,注册会计师可能遭受到委托单位及有关方面的控告。当然,由于审计的固有限制,不能苛求注册会计师发现和揭露所有会计报表中的所有错误与舞弊情况。因此,既不能要求注册会计师对所有未查出的会计报表中的错误与舞弊情况负责,也不意味着注册会计师对未能查出的会计报表中的重大错误与舞弊没有任何责任,关键要看未能查出的原因是否源自注册会计师本身的过错,注册会计师对被审计单位的违法行为,应同管理当局讨论并向律师请教,必要时扩大审计范围可以查明真相。注册会计师对被审计单位的违法行为,应做如下处理:①如果违法行为对会计报表有严重影响而未做适当的会计处理和披露,注册会计师应发表保留意见和否定意见。②如果注册会计师不能取得违法行为的充分证据,应发表保留意见或拒绝表示意见。③如果被审计单位拒绝接受审计重大违反法规行为,注册会计师应做适当的处理(包括评价、查证和处理、报告)。

(2) 经营失败。被审计单位在经营失败时,也可能会连累到注册会计师。

很多会计和法律专业人员认为,会计报表使用者控告会计师事务所的主要原因之一,是不理解经营失败和审计失败之间的差别。众所周知,资本投入或借给企业后,就面临某种程度的经营风险。所谓经营风险是指企业由于经济或经营条件,比如,经济萧条,决策失误或同行之间意想不到的竞争等,而无力归还借款或无法达到投资人期望的收益。反映经营风险的极端情况就是经营失败。

审计失败则是指注册会计师由于没有遵守公众审计准则而形成或提出了错误的审计意见,出现经营失败时,审计失败可能存在,也可能不存在。另外,还可能存在这样的情况,即审计人员确定遵守了审计准则,但却提出了错误的审计意见,这种情况称作审计风险。

在发生经营失败而不是审计失败的风险时,困难就产生了,当某一公司破产或无力偿还债务时,报表使用者往往指责审计失败,特别是在最近提出的审计意见说明会计报表公允表达时,情况更是如此。使用者在被审计单位发生经营失败时指责审计失败,部分原因是他们不了解注册会计师的责任。作为公共会计师有必要给报表使用者讲明一下会计师的作用和经营失败、审计失败和审计风险之间的差别。指责审计失败的另一部分原因是,任何遭受失败的一方,都想得到补偿,所以不管错在哪方。

**2. 注册会计师方面的责任** 如果不是注册会计师方面的原因给被审单位或第三者造成损失,注册会计师将不承担法律责任。但是,也有些会计师事务所和注册会计师因违约、过失和欺诈等行为,惹来官司。

(1) 违约。所谓违约,是指合同的一方或几方未能达到合同条款的要求,当违约给他人造成损失时,注册会计师应负违约责任。比如,会计师事务所在商定的期间内,未能提交纳税申报表或违反了与被审计单位订立的保密协议等。

(2) 过失。所谓“过失”,是指在一定条件下,缺少应具有的合理和谨慎。评价注册会计师的过失,是以其他合格注册会计师在相同条件下可做到的谨慎为标准的。当过失给他人造成损害时,注册会计师应负过失责任,通常将过失按其程度不同分为普通过失和重大过失。

1) 普通过失。普通过失(也有的称"一般过失")通常是指没有保持职业上应有的合理的谨慎,对注册会计师则是指没有完全遵循专业准则的要求。比如,未按特定审计项目取得必要的充分的审计证据的情况,可视为一般过失。

2) 重大过失。重大过失是指连起码的职业谨慎都不保持,对业务或事务不加考虑,满不在乎。对于注册会计师而言,则是指根本没有遵循专业准则或没有按专业准则的基本要求执行审计。比如,审计不以《独立审计准则》为依据,可视为重大过失。

另外,还有一种过失叫"共同过失",即对他人过失,受害方自己未能保持合理的谨慎而蒙受损失。比如,被审计单位未能由注册会计师提供编制纳税申报表所必要的信息,后来又控告注册会计师未能妥当地编制纳税申报表,这种情况可能使法院判定被审单位有共同过失。再比如,在审计中未能发现现金等资产缺少时,被审计单位可以过失为由控告注册会计师,而注册会计师又可以说现金等问题是由缺乏适当的内部控制造成的,并以此为由来反击被审计单位的诉讼。

(3) 欺诈。欺诈又称注册会计师舞弊,是以欺骗或坑害他人为目的的一种故意的错误行为,作案具有不良动机是欺诈的重要特征,也是欺诈与普通过失和重大过失的主要区别之一。对于注册会计师而言,欺诈就是为了达到欺骗他人的目的,明知委托单位的会计报表有重大错误,却加以虚伪的陈述,出具无保留意见的审计报告。

## 二、注册会计师法律责任的种类

注册会计师因违约、过失或欺诈给被审计单位或其他利害关系人造成损失的,按照有关法律新规定,可能被判负行政责任、民事责任或刑事责任。这三种责任可单处,也可并处,行政处罚对注册会计师个人来说,包括警告、暂停执业、吊销注册会计师证书;对会计师事务所而言,包括警告、没收违法所得、罚款、暂停执业、撤销等。民事责任主要是指赔偿受害人损失。刑事责任主要是指按有关法律程序判处一定的徒刑。一般来说,因违约和过失可能使注册会计师负行政责任和民事责任,因欺诈可能会使注册会计师负民事责任和刑事责任。

**1. 对委托单位的法律责任** 在执行审计职能时,审计人员与委托单位存在着契约关系。根据合同法规定,缔约双方对违反契约规定的行为必须承担法律责任。因此,审计人员因为违约行为。诸如,未能按聘约要求完成审计服务;未能在审计过程中查出委托单位雇员的贪污盗窃与舞弊行为,或者泄露委托单位的商业秘密等,导致客户受到经济损失,则可能受到客户的起诉,从而要求承担对客户损失的赔偿责任。当然审计人员是否查出错误和舞弊事件,并不是决定审计人员对于委托单位负有责任的唯一重要因素,问题的关键还在于未曾查出是否源于审计人员的过失。

**2. 对第三者的民事责任** 这里第三者是指审计人员与未签订聘约合同的任何相关人士或团体(包括委托单位现有与潜在的股东、供应商、顾客、银行及其他债权人或政府机关等),虽然上述相关人士、团体与审计人员不存在契约关系。他们应用已审计财务报表及有关资料中的失实误导而造成的损失,审计人员则负有法律责任,尽管审计人员并非有意地参加作假或虚报，显而易见，审计人员对第三方的责任是相当广泛的，这是西方审计面临的法庭诉讼的主要来源。

**3. 刑事责任** 审计人员因违反刑事法律而负有的法律责任，如参与财务报表的造假或虚报，默许或掩护管理当局违反有关法律、法规或会计准则规定的行为，以及有意地遗漏对重大财务报表期后事项的披露等。

## 三、注册会计师如何避免法律诉讼

注册会计师的职业性质决定了它是一个容易遭受法律诉讼的行业，那些蒙受损失的受害人总想通过起诉注册会计师尽可能使损失得到补偿。因此法律诉讼一直是困扰着西方国家会计师职业界的一大难题，会计师行业每年不得不为此付出大量的精力，支付巨额的赔偿金，购买高昂的保险费。

近几年来，我国注册会计师行业发生了一系列震惊整个行业乃至全社会的案件，有关会计师事务所均因出具虚假报告造成严重后果而被撤销、没收财产或取消特许业务资格，有关注册会计师也被吊销资格，有的被追究刑事责任，除一些大案件外，涉及注册会计师的中小型诉讼案更有日益上升的趋势，如何避免法律诉讼，已成为我国注册会计师非常关注的问题。

审计人员在执业过程中如何才能减轻自己的责任，尽力避免法律诉讼呢？主要对策如下：

（1）严格遵守专业标准和职业道德要求，只有注册会计师严格遵守各项专业标准和职业道德要求，执业时保持认真与谨慎，一般不会发生过失，至少不会发生重大过失，正如前文所述的，不能苛求注册会计师对会计报表中所有错误事项都承担法律责任，注册会计师是否承担法律责任，关键在于其是否遵循专业标准的要求执业，因此，注册会计师一定要严格遵循专业标准的要求执业，同时要保持良好的职业道德。

（2）签订业务约定书，取得管理当局说明书。《注册会计师法》第十六条明确规定注册会计师承办业务、会计师事务所应与委托人签订委托合同，即业务约定书，同时要取得管理当局的说明书，这两个文件是确定审计人员和委托单位责任的关键所在，不论执行何种业务，都要在执业之前与委托单位签订约定书，明确业务的性质、范围和双方的责、权、利，这样才能在发生法律诉讼时将一切口舌争辩减少到最低限度。

（3）认真做好对委托单位管理者的分析，审慎选择被审计单位。中外许多关于注册会计师的诉讼案件告诉我们，注册会计师要想避免法律诉讼，必须做好对委托单位管理者的分析，尽量选择管理当局正直的审计单位，如果委托单位对其顾客、员工、政府部门和其他方面没有正直的品格，则发生纠纷的可能性就很大，这就要求会计师事务所在接受业务委托之前，应当采取必要的措施，获得对委托单位的基本了解，评价它的品格、处事风格、变动情况，一旦发现有异常情况，就尽量拒绝接受委托。

（4）详细了解被审计单位的业务。有很多中外案件中，注册会计师之所以未能发现错误，一个重要的原因就是他们不了解客户所在行业的情况以及客户的业务，会计是经济活动的综合反映，不熟悉客户的经济业务和生产经营实务，仅局限于有关的会计资料，就很难发现错误的存在。

(5) 采取风险基础审计方法。针对我国大多数企业存在管理舞弊和内部监控较差的情况,通过采取风险基础审计方法可减少审计失败的发生。注册会计师可根据对风险的评估分配审计资源,重点关注风险较大的领域和范围,以保证审计的真实和完整。

(6) 招聘合格人员,并对他们提供充分的职业培训和职业咨询。对于大多数审计项目来说,相当多的工作是由缺乏经验的助理审计人员完成的,这样会计师事务所必然存在较大的风险,因此必须对助理人员的招聘严格把关,同时还要对他们进行有效的培训,在工作过程中要对他们进行适当的指导和监督。

(7) 投保充分的责任险。在西方国家,对责任险的充分投保是会计师事务所的一项极为重要的保护措施,尽管保险不能免除可能受到的法律诉讼,但能防止或减少诉讼失败时会计师事务所发生的财务损失。

(8) 聘请熟悉注册会计师法律责任的律师。在执业过程中,注册会计师应同本所的律师详细讨论所有潜在的危险情况,并仔细考虑律师的建议,一旦发生法律诉讼,最好请有经验的律师参与诉讼。

## 本章小结

本章首先讲述了注册会计师职业道德规范的相关内容,并对注册会计师在审计过程中所面临的法律责任,以及注册会计师如何规避法律责任进行了详细的阐述。

本章主要内容包括:

1. 关于加强注册会计师职业道德教育的意义,关于《中国注册会计师职业道德规范指导意见》的具体内容。

2. 在变化的法律环境中,注册会计师面临的审计责任分为行政责任、民事责任或刑事责任。对注册会计师如何避免法律诉讼进行了详细阐述。

## 案例

### “银广夏”会计造假案

《财经》杂志记者通过对一度号称“中国第一蓝筹股”的广夏(银川)实业股份有限公司(简称银广夏)历时一年的追踪调查,于2001年8月揭开了一个由高深的“萃取技术”和陌生的德国客户组成的造假故事:天津广夏1999年、2000年获得“暴利”的萃取产品出口,纯属子虚乌有。整个事件从大宗萃取产品出口到银广夏利润猛增到股价离谱上涨都是一场骗局。据调查,银广夏采取多种造假手段虚构利润达7.45亿元。该消息一经曝光,银广夏连续出现16个跌停板,股价由前期36元跌到5.47元,约68亿元资金迅速灰飞烟灭,股民损失惨重。涉嫌造假的银广夏有关责任人员已被刑事拘捕。财政部已吊销为其出具无保留意见审计报告的深圳中天勤会计师事务所的执业资格。经调查表明,中天勤会计师事务所签字注册会计师根本没有履行必要的审计程序,未按独立审计准则执业,而未发现银广夏会计报表中的重大虚假问题,出具了不实审计报告从而导致重大过失。而中天勤会计师事务所则称自己由于不理解“萃取”技术而导致审计失误。

讨论:中天勤会计师事务所签字会计师是否应承担法律责任?若要承担法律责任,则应承担何种法律责任?面临企业经营日益复杂的情况,注册会计师应采取哪些措施降低审计风险、避免法律诉讼?

## 思考题

1. 简述加强注册会计师职业道德教育的意义。
2. 简述中国注册会计师职业道德准则的内容。
3. 简述注册会计师与被审计单位的责任类型。
4. 简述注册会计师避免法律诉讼的具体措施。
5. 按我国职业道德基本准则规定,注册会计师执行业务时,必修坚持哪些原则?
6. 据你了解,我国注册会计师执行审计业务在保持独立性方面时常面临着哪些内在和外在的压力?

## 练习题

### 一、判断题

1. 会计师事务所和注册会计师都可以接受业务委托。(　　)
2. 如果某审计人员持有某审计客户的一股股票,即使该客户发行了成千上万股,那么该审计人员也是不独立的。(　　)
3. 注册会计师为了保守秘密可以拒绝注册会计师协会的调查。(　　)
4. 注册会计师应当尽量避免与不正直客户打交道。(　　)
5.《中国注册会计师职业道德守则》中的所有要求和规定,仅对注册会计师具有约束力。(　　)

### 二、单选题

1. 审计人员尽力去获得形式上的独立是为了(　　)。
   A. 获得社会公众对职业的信赖　　B. 实现实质上独立
   C. 遵守独立审计准则的外勤准则　　D. 保持不偏不倚的精神状态
2. A 会计师事务所审核 B 公司财务报表时,B 公司认为公司材料采购方面出现问题,请 A 所提供管理咨询服务,A 所提供下列哪项服务会有损其独立性?(　　)
   A. 指出由于采购监督、发票复核制度不合理,造成材料采购出现问题
   B. 监督购买、验收、库存、付款等业务的进行
   C. 研究和评估材料采购管理问题,并建议各种解决方法
   D. 设计解决问题的方案,由 B 公司派人员实施监督
3. 在电子数据处理环境下,注册会计师执行审计业务,不应(　　)。
   A. 考虑计算机信息系统对审计的影响　　B. 改变审计目标和范围
   C. 改变审计技术和方法　　D. 考虑内部控制评价
4. 会计师事务所对无法胜任或不能按时完成的审计业务,应该(　　)。
   A. 减少审计收费　　B. 转包给其他会计师事务所
   C. 拒绝接受委托　　D. 聘请其他专业人员以获得帮助
5. 若被审单位内部控制制度比较健全,但由于职工串通舞弊,因而注册会计师没有查出被审单位会计报表中存在的重大错误与舞弊,此时注册会计师不可能(　　)。
   A. 没有过失　　B. 有普通过失
   C. 有重大过失　　D. 有普通过失,没有重大过失
6. 注册会计师在执业过程中发现被审单位内部控制制度混乱,但注册会计师没有相应扩大抽样范围,结果没有发现重要错报责任。这种情况下,一般认为注册会计师具有(　　)。
   A. 普通过失　　B. 重大过失
   C. 欺诈　　D. 舞弊

7. 会计师事务所给他人造成经济损失的应予以赔偿,这表明会计师事务所要承担(　　)。

A. 行政责任　　　　B. 刑事责任

C. 民事责任　　　　D. 道德责任

## 三、综合题

审计客户信达公司请求注册会计师李某为其提供咨询服务,对公司采用数字化设备与计算机系统的最佳方式进行可行性研究,提出咨询建议。李某在此领域是技术专家,所以就接受了委托。李某完成调查研究后,建议信达公司安装他推荐的计算机和相关设备。信达公司接受了建议。

要求:(1)讨论李某接受了达信公司的设备咨询委托后,对其独立性有何影响?

(2)当地另一家公司需要请有关专家对其材料采购提供建议,达信公司知道后,引荐李某。如果李某在达信公司接受委托,是否适当?请讨论。

# 第4章　审计目标和审计程序

## 学习目的

通过本章的学习,应掌握以下内容:理解审计目标的定义;掌握管理当局认定和审计具体目标的确定关系;理解审计程序;理解签订审计业务约定书之前应做的工作;掌握审计业务约定书的内容。

## 第1节　审计目标概述

### 一、审计目标定义

审计目标是审计主体在一定历史环境下,通过审计实践活动所期望达到的境地或最终结果。它是审计工作所期望的结果,又是衡量审计工作结果的标准,因此,审计目标是审计工作的出发点和落脚点。

### 二、审计目标的发展演变

审计目标和特定的审计环境相关,所以,随着审计环境的变化,审计目标的发展经历了一个不断发展演变的过程。大致有:1933年以前查错纠弊阶段;1933~1988年的验证财务报表的真实性和公允性阶段;1988~1995年查错防弊与验证财务报表的真实性和公允性并重阶段;1995年至今以降低信息风险为核心的财务报表验证阶段。

#### (一) 查错纠弊阶段

1933年以前查错纠弊的会计报表审计,主要目的是查错纠弊,对审计中发现的由于会计人员的客观差错所造成的失实问题,不存在为纠查会计人员主观差错而进行的审计。而且在本阶段,审计方法一般都采用详查法,简单地复核和对账。

英国工业革命后,一直到20世纪初是英国经济快速发展时期,股份公司不断出现使所有权与经营权进一步分离。不参加企业经济管理的所有者逐渐认识到单靠自己检查经济活动、审查会计资料,已无法实现审查的目的。独立审计职业或职业会计师便应运而生。此时审计目标仍然是为了维护所有者的利益,审查经营管理者的舞弊和欺诈行为,即查错防弊。

最先在理论上正式明确审计目标的是英国会计学大师 L. R. 迪克西,是他在 1892 年出版的《审计学——审计人员实务手册》中提出的。它把审计目标概括为:检查舞弊行为,检查技术错误,检查原理错误。其中查错防弊是审计的基本目标。

### (二) 验证财务报表的真实性和公允阶段

1933~1988 年这个阶段,审计的目的主要是验证财务报表的真实性和公允性,真实性主要是根据企业经济业务所编制的会计报表是否真实地反映了企业的经营状况,公允性是指财务会计报表上的各种项目是否能够公允地表现其真实的价值。

在这一时期,由于信贷业务的发展,银行界及贷款人要求通过审查资产负债表来调查企业的信用情况,以维护其利益。在这种情况下,英国式的以查错防弊为目标的详细审计已经不能满足需要,遂被资产负债表审计代替。这时的审计目标是通过对被审计单位一定时期内资产负债表所有项目余额的可靠性、真实性审查,判断其财务状况并揭示其偿债能力。审计的功能也从详细审计阶段的防护性发展到公正性。

这一阶段的代表作品是 1912 年出版的、由美国著名会计学家 R. H. 蒙哥巴利所编著的、后来被审计界誉为审计师圣经的《审计理论与实践》。该书指出,审计的主要目标是为企业家、企业管理部门、潜在的证券投资人、提供贷款的银行家等利害关系人查清企业的实际财务状况和经济成果。

### (三) 查错防弊与财务报表验证并重

1988 年以后的审计目标为查错防弊与验证财务报表的真实性和公允性并重阶段(1988~1995 年),查错防弊的重要性受到社会和审计职业界越来越多的关注,将其正式恢复为审计目标是自 1988 年开始的。

1985 年,美国成立了由前任证券交易委员会 James C. Trade Way 任主席的委员会,简称 Trade Way 委员会,该委员会于 1987 年提交了最终研究报告,建议审计人员应采取积极措施揭露欺诈行为,承担揭露编制欺诈性财务报告的责任,并提高揭露欺诈行为的能力,在 Trade Way 研究报告的影响下,审计职业界出于降低审计风险的考虑,AICPA(美国注册会计师协会)于 1988 年发表了第 53、54 号《审计准则公告》以代替原来的第 16、17 号公告,发表这两个公告是社会与审计界长期斗争的结果,是审计界为了生存和发展而不得不作出的让步,在这两号《审计准则公告》中,都把揭露错弊和非法行为作为审计的主要目标。至此,财务报表审计实际上存在着两个并存的审计目标,正式进入查错防弊与验证财务报表的真实性和公允性并重阶段。

### (四) 以降低信息风险为核心的财务报表验证

1995 年至今的审计目标是以降低审计风险为核心的财务报表验证。风险问题自审计产生那天起就已经存在,但是将审计风险列入审计模式则是 20 世纪 80 年代以后的事,随着审计人员诉讼爆炸时代的到来,将审计风险因素引入审计全过程,使审计风险降低到可以接受的水平,是审计人员最大的愿望。这个愿望其实很早就存在了,只是到 1995 年以后,这个问题出现了质的变化。

进入 20 世纪 90 年代以来,财务会计受到社会各界广泛的批评,认为当时的财务报表体系越来越不能满足社会各界对企业信息的需求,信息面过窄,相关性降低,财务会计日益成为应付法律要求的工具。为此,美国 AICPA 于 1991 年成立了一个专门委员会,于 1994 年提出了一个报告,即已经产生巨大影响的《改进企业报告——着眼于用户》,这个报告的最大特点是建议在财务报表外披露非财务信息,几乎占到全部文字量的三分之二。它所预示的趋势应该说是明确的。那就是说,作为一名会计人员,将来必须处理大量的非财务信息,对于审计人员也是一样,在以前出现的审计诉讼中,营业失败的原因越来越多,以至于有人认为,营业失败就是审计失败,即使审计人员是严格按照公认审计准则办事的。

# 第 2 节　审计目标内容

审计目标包括财务报表审计的总目标和各类交易、账户余额、列报相关的具体审计目标两个层次。

## 一、我国财务报表审计的总目标

关于财务报表审计的总目标,各国的表述略有不同。比如,美国注册会计师协会颁布的《审计准则说明书第 1 号》指出:“独立审计人员对会计报表的例行审计目标,是对会计报表是否遵守公认会计原则,公允地表达其财务状况、经营成果,以及现金流量表的意见。”英国《1985 年公司法》要求,审计的目标就是在审计报告中,对被审计单位的会计报表是否给出了真实与公允观念和遵守了《公司法》表示意见。

根据《中国注册会计师审计准则第 1101 号——财务报表审计的目标和一般原则》规定,财务报表审计的总目标是注册会计师通过执行审计工作,对财务报表的下列方面发表审计意见:①财务报表是否按照适用的会计准则和相关会计制度的规定编制;②财务报表是否在所有重大方面公允反映被审计单位的财务状况、经营成果和现金流量。

把会计报表审计目标规定为对会计报表发表意见,其根本原因在于会计报表的使用者希望注册会计师对会计报表审计时,对其合法性、公允性做出鉴证。具体地说,这些原因包括:

(1) 不同会计报表的使用者对于会计报表往往有着各自的经济利益,这些利益与被审计单位管理层的经济利益有着一定的冲突,甚至是此消彼长的关系。因此,这些报表使用者在审视被审计单位直接提供的会计报表时,首先会产生不信任的心态,难以相信其公正、真实,因而会计报表使用者把目光转向注册会计师,以期他们对这些会计报表提供一个鉴证性的意见,并利用这些审计意见来理解会计报表,进行经营决策。同时,由于会计报表的使用者往往是非常多的,其分布也比较广泛,如果每一个使用者为了鉴定报告的质量而到被审计单位来,那样使得被审计单位只能疲于应付,通过注册会计师来提供报告的鉴定意见,可以避免此类事件。

(2) 注册会计师由于在审计成本、审计技术方面受到限制,试图通过详细审计那些逐渐扩大,日益复杂的经济业务,并揭示所有舞弊和错误、违法行为已成为不可能的现实,为了在有限的审计成本范围内保质保量完成审计工作,就有必要科学规划审计目标,并围绕这些目标设计取证的数量和质量,确定审计程序和审计范围。

根据上述总目标,注册会计师在取得充分、适当的审计证据后,并视其对会计报表的影响程度分别出具各种类型的审计意见。注册会计师的审计报告有助于会计报表使用者了解、掌握被审计单位的财务状况与经营成果。在出具审计报告以后,如果后来事实有所出入,则责任可能并不在注册会计师,因为注册会计师的审计行为是恰当的,所得的结论是合理的。然而责任到底在谁,这必须进一步划分被审计单位的责任和注册会计师的责任。

在财务报表审计中,被审计单位管理层和注册会计师承担着不同的责任,不能相互混淆和替代。明确划分责任,有助于被审计单位管理层和注册会计师认真履行各自的职责,为财务报表及其审计报告的使用者提供有用的经济决策信息,也有利于保护相关各方的正当权益。

### (一) 被审计单位的责任

企业的所有权与经营权分离后,被审计单位经营者负责企业的日常经营管理并承担受托责任。管理层通过编制财务报表反映受托责任的履行情况。为了借助公司内部之间权力平衡和制约关系保证财务信息的质量,现代公司治理结构往往要求被审计单位治理层对财务报告过程承担监督责任。

在治理层的监督下,管理层作为会计工作的行为人,对编制财务报表负直接责任。《会计法》第二十一条规定,财务会计报告应当由单位负责人和主管会计工作的负责人、会计机构负责人(会计主管人员)签名并盖章;设置总会计师的单位,还须由总会计师签名并盖章。单位负责人应当保证财务会计报告真实、完整。《公司法》第一百七十一条规定,公司应当向聘用的会计师事务所提供真实、完整的会计凭证、会计账簿、财务会计报告及其他会计资料,不得拒绝、隐匿、谎报。

因此,在被审计单位治理层的监督下,按照适用的会计准则和相关会计制度的规定编制财务报表是被审计单位管理层的责任。

管理层对编制财务报表的责任具体包括;

(1) 选择使用的会计准则和相关会计制度。管理层应当根据会计主体的性质和财务报表的编制目的,选择适用的会计准则和相关会计制度。就会计主体的性质而言,民间非营利组织适合采用《民间非营利组织会计制度》;事业单位通常适合采用《事业单位会计制度》;而企业根据规模或行业性质,分别适合采用《企业会计准则》、《企业会计制度》、《金融企业会计制度》和《小企业会计制度》等。

按照编制目的,财务报表可分为通用目的和特殊目的的两种报表。前者是为了满足范围广泛的使用者的信息需要。相应的编制和列报财务报表适用的会计准则相关会计制度也有所不同。

(2) 选择和运用恰当的会计政策。会计政策是指企业在会计确认、计量和报告中所采用的原则、基础和会计处理方法。管理层应当根据企业的具体情况,选择和运用恰当的会计政策。

(3) 根据企业的具体情况,做出合理的会计估计。会计估计是指企业对其结果不确定的交易或事项以最近可利用的信息为基础所做的判断。财务报表中涉及大量的会计估计，如固定资产的预计使用年限和净残值、应收账款的可收回金额、存货的可变现净值以及预计负债的金额等。管理层有责任根据企业的实际情况，做出合理的会计估计。

为了履行编制财务报表的职责，管理层通常设计、实施和维护与财务报表编制相关的内部控制，以保证财务报表不存在由于舞弊或错误而导致的重大错报。

### （二）注册会计师的责任

按照中国注册会计师审计准则的规定对财务报表发表审计意见是注册会计师的责任。

注册会计师作为独立的第三方，对财务报表发表审计意见，有利于提高财务报表的可信赖程度。为履行这一职责，注册会计师应当遵守职业道德规范，按照审计准则的规定计划和实施审计工作，获取充分、适当的审计证据，并根据获取的审计证据得出合理的审计结论，发表恰当的审计意见。注册会计师通过签署审计报告确认其责任。

财务报表编制和财务报表审计是财务信息生成链条上的不同环节，两者各司其职。法律法规要求管理层和治理层对编制财务报表承担责任，有利于从源头上保证财务信息质量。同时，在某些方面，注册会计师与管理层和治理层之间存在信息不对称。管理层和治理层作为内部人员，对企业的情况更为了解，更能做出适合企业特点的会计处理决策和判断，因此管理层和治理层理应对编制财务报表承担完全责任。尽管在审计过程中，注册会计师可能向管理层和治理层提出调整建议，甚至在不违反独立性的前提下为管理层编制财务报表提供协助，但管理层仍然对编制财务报表承担责任，并通过签署财务报表确认这一责任。

如果财务报表存在重大错报，而注册会计师通过审计没有能够发现，也不能因为财务报表已经注册会计师审计这一事实而减轻管理层和治理层对财务报表的责任。

## 二、我国独立审计的具体目标

审计具体目标是审计总目标的进一步具体化，需要根据审计总目标和被审单位管理当局对其会计报表的认定来确定。管理当局对会计报表的认定，反映了被审计单位管理当局对企业经济业务处理的基本原则。认定和审计目标紧密相关，注册会计师的基本职责是确定被审计单位管理层对其财务报表的认定是否恰当。在审计工作正式开始前，审计人员通常在审计总目标的指导下，根据被审计单位管理当局对会计报表的认定来推论得出会计报表审计的一般目标和具体目标，从而有助于搜集充分适当的审计证据。

### （一）管理当局对财务报表的认定

管理当局对财务报表的认定是指被审单位管理当局对其财务报表所做的断言或声明。管理当局在呈递财务报表上的认定有些是明确表达的，有些则是隐含表达的。例如，管理层在资产负债表中列报存货及其金额，意味着做出了下列明确的认定：①记录的存货是存在的；②存货以恰当的金额包括在财务报表中，与之相关的计价或分摊调整已恰当记录。同时，管理层也做出下列隐含的认定：①所有应当记录的存货均已记录；②记录的存货都由被审计单位所有。

管理层对财务报表各组成要素均做出了认定，注册会计师的审计工作就是要确定管理层的认定是否恰当。

**1. 与各类交易和事项相关的认定** 注册会计师对所审计期间的各类交易和事项运用的认定通常分为下列类别：

(1) 发生：记录的交易和事项已发生，且与被审计单位有关。

(2) 完整性：所有应当记录的交易和事项均已记录。

(3) 准确性：与交易和事项有关的金额及其他数据已恰当记录。

(4) 截止：交易和事项已记录于正确的会计期间。

(5) 分类：交易和事项已记录于恰当的账户。

**2. 与期末账户余额相关的认定** 注册会计师对期末账户余额运用的认定通常分为下列类别：

(1) 存在：记录的资产、负债和所有者权益是存在的。

(2) 权利和义务：记录的资产由被审计单位拥有或控制，记录的负债是被审计单位应当履行的偿还义务。

(3) 完整性：所有应当记录的资产、负债和所有者权益均已记录。

(4) 计价和分摊：资产、负债和所有者权益以恰当的金额包括在财务报表中，与之相关的计价或分摊调整已恰当记录。

**3. 与列报相关的认定**

(1) 发生以及权利和义务：披露的交易、事项和其他情况已发生，且与被审计单位有关。

(2) 完整性：所有应当包括在财务报表中的披露均已包括。

(3) 分类和可理解性：财务信息已被恰当地列报和描述，且披露内容表述清楚。

(4) 准确性和计价：财务信息和其他信息已公允披露，且金额恰当。

### (二) 具体审计目标

在确定了审计总目标和管理当局在会计报表的认定后，可以确定具体审计目标，并以此作为评估重大错报风险以及设计和实施进一步审计程序的基础。根据管理当局认定推论得出的具体审计目标的项数，应比管理当局的认定更多一些，以便进一步为审计人员收集充分适当的证据及发表恰当的审计意见，较为直接和详细的指引。

**1. 与各类交易和事项相关的审计目标**

(1) 由发生认定推导的审计目标是确认已记录的交易是真实的。

(2) 完整性：由完整性认定推导的审计目标是确认已发生的交易确实已经记录。

(3) 准确性：由准确性认定推导出的审计目标是确认已记录的交易是按正确金额反映的。

(4) 截止：由截止认定推导出的审计目标是确认接近于资产负债表日的交易记录于恰当的期间。

(5) 分类：由分类认定推导出的审计目标是确认被审计单位记录的交易经过适当分类。

**2. 与期末账户余额相关的审计目标**

(1) 存在：由存在认定推导的审计目标是确认记录的金额确实存在。

(2) 权利和义务：由权利和义务认定推导的审计目标是确认资产归属于被审计单位，负债属于被审计单位的义务。

（3）完整性：由完整性认定推导的审计目标是确认已存在的金额均已记录。

（4）计价和分摊：资产、负债和所有者权益以恰当的金额包括在财务报表中，与之相关的计价或分摊调整已恰当记录。

**3. 与列报相关的审计目标**

（1）发生及权利和义务：将没有发生的交易、事项，或与被审计单位无关的交易和事项包括在财务报表中，则违反该目标。

（2）完整性：如果应当披露的事项没有包括在财务报表中，则违反该目标。

（3）分类和可理解性：财务信息已被恰当地列报和描述，且披露内容表述清楚。

（4）准确性和计价：财务信息和其他信息已公允披露，且金额恰当。

## 第3节　审计过程和审计目标的实现

### 一、接受业务委托

会计师事务所应当按照执业准则的规定，谨慎决策是否接受或保持某客户关系和具体审计业务。在接受委托前，注册会计师应当初步了解审计业务环境，包括业务约定事项、审计对象特征、使用的标准、预期使用者的需求、责任方及其环境的相关特征，以及可能对审计业务产生重大影响的事项、交易、条件和惯例等其他事项。

只有在了解后认为符合胜任能力、独立性和应有的关注等职业道德要求，并且拟承接的业务具备下列所有特征时，注册会计师才能将其作为审计业务予以承接：①审计对象适当；②使用的标准适当且预期使用者能够获取该标准；③注册会计师能够获取充分、适当的证据以支持其结论；④注册会计师的结论以书面报告形式表述，且表述形式与所提供的保证程度相适应；⑤该业务具有合理的目的。如果审计业务的工作范围受到重大限制，或委托人试图将注册会计师的名字和审计对象不适当地联系在一起，则该业务可能不具有合理的目的。

接受业务委托阶段的主要工作包括：了解和评价审计对象的可审性；决策是否考虑接受委托；商定业务约定条款；签订审计业务约定书等。

### 二、计划审计工作

计划审计工作十分重要，计划不周不仅会导致盲目实施审计程序，无法获取充分、适当的审计证据以将审计风险降至可接受的低水平，影响审计目标的实现，而且还会浪费审计资源，增加不必要的审计成本，使得审计效率受到影响。因此，对于任何一项审计项目，注册会计师在执行具体审计程序之前，都必须根据具体情况制定科学、合理的审计计划，以保证审计业务的效率。

一般来说，计划审计工作主要包括：在本期业务开始时开展的初步业务活动；制定总体审计策略；制定具体审计计划等。但是计划审计工作不是审计业务的一个孤立的阶段，而是一个持续的、不断修正的过程，贯穿于整个审计过程的始终。

## 三、实施风险评估程序

审计准则规定,注册会计师必须实施风险评估程序,以此作为评估财务报表层次和认定层次重大错报风险的基础。所谓风险评估程序,是指注册会计师实施的了解被审计单位及其环境并识别和评估重大错报风险的程序。风险评估程序是必要程序,特别是了解被审计单位及其环境为注册会计师在许多关键环节做出职业判断提供了重要基础。了解被审计单位及其环境是一个动态的、连续的过程,贯穿于整个审计过程的始终。

一般来说,实施风险评估程序的主要工作包括:了解被审计单位及其环境;识别和评估财务报表层次以及各类交易、账户余额、列报认定层次的重大错报风险,包括确定需要特别考虑的重大错报风险(即特别风险)以及仅通过实施实质性程序无法应对的重大错报风险等。

## 四、实施控制测试和实质性程序

注册会计师实施风险评估程序本身并不足以为发表审计意见提供充分、适当的审计证据,注册会计师还应当实施进一步审计程序,包括实施控制测试(必要时或决定测试时)和实质性程序。因此,注册会计师评估财务报表重大错报风险后,应当运用职业判断,针对评估的财务报表层次的重大错报风险确定总体应对措施,并针对评估的认定层次重大错报风险设计和实施进一步审计程序,以将审计风险降至可接受的低水平。

当存在下列情形之一时,注册会计师应当实施控制测试:①在评估认定层次重大错报风险时,预期控制的运行是有效的;②仅实施实质性程序不足以提供认定层次充分、适当的审计证据。注册会计师应当针对评估的重大错报风险设计和实施实质性程序,以发现认定层次的重大错报。实质性程序包括对各类交易、账户余额、列报的细节测试以及实质性分析程序。

由于注册会计师对重大错报风险的评估是一种判断,可能无法充分识别所有的重大错报风险,并且由于内部控制存在固有局限性,无论评估的重大错报风险结果如何,注册会计师都应当针对所有重大的各类交易、账户余额、列报实施实质性程序。

由此可见,风险评估程序和实质性程序是每次财务报表审计都应该实施的必要的程序,而控制程序则不是。在财务报表审计业务中,注册会计师必须通过实施风险评估程序、控制测试(必要时或决定测试时)和实质性程序,才能获取充分、适当的审计证据,得出合理的审计结论,作为形成审计意见的基础。

## 五、完成审计工作和编制审计报告

注册会计师在完成财务报表所有循环的进一步审计程序后,还应当按照有关审计准则的规定做好审计完成阶段的工作,并根据所获取的各种证据,合理运用专业判断,形成适当的审计意见。

完成审计工作和编制审计报告阶段主要工作有:审计期初余额、比较数据、期后事项和或有事项;考虑持续经营问题和获取管理层声明;汇总审计差异,并提请被审计单位调整或披露;复核审计工作底稿和财务报表;与被审计单位管理层和治理层沟通;评价所有审计证据,形成审计意见;编制审计报告等。

# 第4节　审计业务约定书和审计范围

## 一、审计业务约定书的定义和作用

审计业务约定书是指会计师事务所与被审计单位签订的,用以记录和确认审计业务的委托与受托关系、审计目标和范围、双方的责任以及报告的格式等事项的书面协议。

会计师事务所承接任何审计业务,都应与被审计单位签订审计业务约定书。为了规范审计业务约定书的签订工作,财政部发布了《中国注册会计师审计准则第1111号——审计业务约定书》。该准则要求,注册会计师应当在审计业务开始前,与被审计单位就业务约定条款达成一致意见,并签订审计业务约定书,以避免双方对审计业务的理解产生分歧。如果被审计单位不是委托人,在签订约定书前,注册会计师应当与委托人、被审计单位就审计业务约定相关条款进行充分沟通,并达成一致意见。

审计业务约定书具有经济合同的性质,一经约定各方签字认可,即成为法律上生效的契约,对各方均具有法定约束力。

签署审计业务约定书的目的是为了明确约定各方的权利和责任义务,促使各方遵守约定事项并加强合作,保护签约各方的正当利益。审计业务约定书主要有以下作用:

(1) 可增进会计师事务所与被审计单位之间的相互了解,尤其使被审计单位了解注册会计师的审计责任及需提供的协助和合作。

(2) 可作为被审计单位评价审计业务完成情况,及会计师事务所检查被审计单位约定义务履行情况的依据。

(3) 出现法律诉讼时,是确定签约各方应负责任的重要证据。

## 二、签订审计业务约定书之前应做的工作

会计师事务所在签订审计业务约定书之前,应指派注册会计师对被审计单位基本情况进行了解,并就审计业务约定相关条款特别是委托目的、审计范围、审计收费、被审计单位应提供的资料和信息以及必要工作条件与协助等进行充分沟通,并达成一致意见。

**1. 明确审计业务的性质和范围**　会计师事务所在与被审计单位签约之前,首要的工作是使双方就审计业务的性质和范围达成一致意见。审计业务有一般目的财务报表审计业务和特殊目的审计业务之分。如审计范围受到限制,注册会计师无法获取充分、适当的审计证据,也就无法对财务报表公允性发表意见。

**2. 初步了解被审计单位的基本情况**　注册会计师了解被审计单位基本情况,不仅有助于确定是否接受业务委托,还有利于计划和执行审计业务。注册会计师应了解的被审计单位基本情况包括:①业务性质、经营规模和组织结构;②经营情况和经营风险;③以前年度接

受审计的情况;④财务会计机构及工作组织;⑤其他与签订审计业务约定书相关的事项。

**3. 会计师事务所评价专业胜任能力** 会计师事务所评价的内容主要包括:①执行审计的能力(确定审计小组的关键成员、考虑在审计过程中向外界专家寻求协助的需要和具有必要的时间);②能否保持独立性;③保持应有关注的能力。如果会计师事务所不具备专业胜任能力,应当拒绝接受委托。

**4. 商定审计收费** 审计收费可采取计件收费和计时收费两种基本方式。在计时收费方式下确定收费时,会计师事务所应当考虑以下主要因素,以客观反映为客户提供专业服务的价值:

(1) 专业服务的难度和风险以及所需的知识和技能。

(2) 所需专业人员的水平和经验。

(3) 每一专业人员提供服务所需的工时。

(4) 提供专业服务所需承担的责任。在专业服务得到良好的计划、监督及管理的前提下,通常以合理估计的每一专业人员审计工时和适当的小时费用率为基础计算收费。

**5. 明确被审计单位应协助的工作** 在注册会计师实施现场审计之前,被审计单位应将所有相关的会计资料和其他文件准备齐全。在审计过程中,被审计单位的财会人员及相关人员应对注册会计师的询问给予解释,并在适当情况下为注册会计师提供必要的工作条件和协助,如代编某些工作底稿等。

## 三、审计业务约定书的内容

会计师事务所就上述事项与被审计单位协商一致后,即可指派人员起草审计业务约定书。起草完毕的审计业务约定书一式两份,应由双方法人代表或授权代表签署,并加盖双方单位印章。任何方如需修改、补充约定书,均应以适当方式获得对方的确认。审计业务约定书在审计约定事项完成后,归入审计业务档案。

### (一) 审计业务约定书的基本内容

审计业务约定书的具体内容和格式可能因被审计单位的不同而不同,但应当包括以下主要内容:

(1) 财务报表审计的目标。

(2) 管理层对财务报表的责任。

(3) 管理层编制财务报表采用的会计准则和相关会计制度。

(4) 审计范围,包括指明在执行财务报表审计业务时遵守的中国注册会计师审计准则。

(5) 执行审计工作的安排,包括出具审计报告的时间要求。

(6) 审计报告格式和对审计结果的其他沟通形式。

(7) 由于测试的性质和审计的其他固有限制,以及内部控制的固有局限性,不可避免地存在着某些重大错报可能仍然未被发现的风险。

(8) 管理层为注册会计师提供必要的工作条件和协助。

(9) 注册会计师不受限制地接触任何与审计有关的记录、文件和所需要的其他信息。

(10) 管理层对其做出的与审计有关的声明予以书面确认。

(11) 注册会计师对执业过程中获知的信息保密。

(12) 审计收费,包括收费的计算基础和收费安排。

(13) 违约责任。

(14) 解决争议的方法。

(15) 签约双方法定代表人或其授权代表的签字盖章,以及签约双方加盖的公章。

## (二) 审计业务约定书的特殊考虑

**1. 考虑特定需要** 如果情况需要,注册会计师还应当考虑在审计业务约定书中列明下列内容:

(1) 在某些方面对利用其他注册会计师和专家工作的安排。

(2) 与审计涉及的内部审计人员和被审计单位其他员工工作的协调。

(3) 预期向被审计单位提交的其他函件或报告。

(4) 与治理层整体直接沟通。

(5) 在首次接受审计委托时,对与前任注册会计师沟通的安排。

(6) 注册会计师与被审计单位之间需要达成进一步协议的事项。

**2. 集团审计** 如果负责集团财务报表审计的注册会计师同时负责组成部分财务报表的审计,注册会计师应当考虑下列因素,决定是否与各个组成部分单独签订审计业务约定书:

(1) 组成部分注册会计师的委托人。

(2) 是否对组成部分单独出具审计报告。

(3) 法律法规的规定。

(4) 母公司、总公司或总部拥有组成部分的所有权份额。

(5) 组成部分管理层的独立程度。

**3. 连续审计** 对于连续审计,注册会计师应当考虑是否需要根据具体情况修改业务约定的条款,以及是否需要提醒被审计单位注意现有的业务约定条款。

注册会计师可以与被审计单位签订长期审计业务约定书,但如果出现下列情况,应当考虑重新签订审计业务约定书:

(1) 有迹象表明被审计单位误解审计目标和范围。

(2) 需要修改约定条款或增加特别条款。

(3) 高级管理人员、董事会或所有权结构近期发生变动。

(4) 被审计单位业务的性质或规模发生重大变化。

(5) 法律法规的规定。

(6) 管理层编制财务报表采用的会计准则和相关会计制度发生变化。

**4. 审计业务的变更** 在完成审计业务前,如果被审计单位要求注册会计师将审计业务变更为保证程度较低的鉴证业务或相关服务,注册会计师应当考虑变更业务的适当性。

下列原因可能导致被审计单位要求变更业务:①情况变化对审计服务的需求产生影响;②对原来要求的审计业务的性质存在误解;③审计范围存在限制。上述第①和第②项通常被认为是变更业务的合理理由,但如果有迹象表明该变更要求与错误的、不完整的或者不能令人满意的信息有关,注册会计师不应认为该变更是合理的。

如果没有合理的理由,注册会计师不应同意变更业务。如果不同意变更业务,被审计单位又不允许继续执行原审计业务,注册会计师应当解除业务约定,并考虑是否有义务向被审计单位董事会或股东会等方面说明解除业务约定的理由。

在同意将审计业务变更为其他服务前,注册会计师还应当考虑变更业务对法律责任或业务约定条款的影响。如果变更业务引起业务约定条款的变更,注册会计师应当与被审计单位就新条款达成一致意见。如果认为变更业务具有合理的理由,并且按照审计准则的规定已实施的审计工作也适用于变更后的业务,注册会计师可以根据修改后的业务约定条款出具报告。为避免引起报告使用者的误解,报告不应提及下列内容:①原审计业务;②在原审计业务中已执行的程序。只有将审计业务变更为执行商定程序业务,注册会计师才可在报告中提及已执行的程序。

## 本章小结

审计目标是审计主体在一定历史环境下,通过审计实践活动所期望达到的境地或最终结果。它是审计工作所期望的结果,又是衡量审计工作结果的标准,因此,审计目标是审计工作的出发点和落脚点。财务报表审计的总目标是注册会计师通过执行审计工作,对财务报表的合法性和公允性发表审计意见。

审计具体目标是审计总目标的进一步具体化,是根据审计总目标和被审单位管理当局对其会计报表的认定来确定。认定和审计目标紧密相关,注册会计师的基本职责是确定被审计单位管理层对其财务报表的认定是否恰当。

为了完成审计目标,审计人员的审计过程包括接受业务委托、计划审计工作、实施风险评估程序、实施控制测试和实质性程序、完成审计工作和编制审计报告五个部分。在审计工作开始之前,会计师事务所应该和委托人签订审计业务约定书。

## 案例

XYZ 公司是一家专营商品零售的股份公司。ABC 会计师事务所在接受其审计委托后,委派 L 注册会计师担任该审计的项目外勤负责人,并将签署审计报告。经过审计预备调查,L 注册会计师确定存货项目为重点审计领域,同时决定根据会计报表认定确定存货项目的具体审计目标,并选择相应的具体审计程序以保证审计目标的实现。

要求:假定下列表格中的具体审计目标已经被 L 注册会计师选定,L 注册会计师应当确定的各具体审计程序分别是什么?(根据表后列示的会计报表认定及审计程序,分别选择一项,并将选择结果的编号填入答题给定的表格中。对每项会计报表认定和审计程序,可以选一次、多次或不选)

| 会计报表认定 | 审计程序 |
|---|---|
| (1) 完整性 | (6) 检查现行销售价目表 |
| (2) 存在或发生 | (7) 审阅会计报表 |
| (3) 表达和披露 | (8) 在监盘存货时,选择一定样本,确定其是否包括在盘点表内 |
| (4) 权利和义务 | (9) 选择一定样本量的存货会计记录,检查支持记录的购货合同和发票 |
| (5) 估价或分摊 | (10) 在监盘存货时,选择盘点表内一定样本量的存货记录,确定存货是否在库 |
| | (11) 测试直接人工费用的合理性 |

| 会计报表认定 | 具体审计目标 | 审计程序序号 |
| --- | --- | --- |
| | 公司对存货均拥有所有权<br>记录的存货数量包括了公司所有的在库存货<br>已按成本与可变现净值孰低法调整期末存货价值<br>存货成本计算准确<br>存货的主要类别和计价基础已在会计报表恰当披露 | |

## 思考题

1. 我国财务报表审计的总目标是什么？
2. 财务报表审计的具体目标和管理当局认定有什么关系？
3. 如何理解被审计单位管理当局的五项认定？
4. 财务报表审计的具体目标有哪些？
5. 在签订审计业务约定书之前应该完成哪些工作？

## 练习题

### 一、判断题

1. “存在”或“发生”认定所要解决的问题是管理层是否把应包括的项目没有包括，并不涉及财务报表的金额。(　　)
2. 如果被审计单位未在财务报表附注中披露有关存货的担保、抵押情况，就意味着管理层对外承诺存货不存在担保、抵押的情况。(　　)
3. 被审计单位于2007年12月30日给甲公司发出商品100万元，2008年1月4日办妥托收手续，被审计单位在发出商品时，确认收入入账。则被审计单位违反了“完整性”认定。(　　)
4. 凡与被审计单位会计报表及注册会计师审计意见有关的资料，均应属于会计报表的审计范围。(　　)
5. 审计总目标中的合法性是指注册会计师的审计应符合中国注册会计师执业准则及《注册会计师法》。(　　)

### 二、单选题

1. 在签署审计业务约定书之前，注册会计师应初步了解的被审计单位的基本情况不包括(　　)。
   A. 组织结构　　B. 经营风险
   C. 控制风险　　D. 以前年度接受审计的情况
2. 在注册会计师所关心的下列各种问题中，(　　)是为了实现一般审计目标中的截止目标。
   A. 年前开出的支票是否均在年前入账　　B. 应收账款是否属实
   C. 存货的跌价损失是否已抵减　　D. 存货是否有充做抵押的
3. 审计人员应当确认，被审计单位的财产是否均按历史成本入账，这是为了证实管理当局的(　　)认定。
   A. 存在或发生　　B. 完整性
   C. 估价或分摊　　D. 表达与披露
4. 注册会计师在审查应收账款时，发现账上某笔记录“借：应收账款——A公司10000，贷：营业收入10000”，通过函证A公司，检查销货记录等证实，根本未发生该笔销售业务。那么，注册会计师首先认为管理层对营业收入账户的(　　)认定存在问题。
   A. 发生　　B. 完整性

C. 准确性　　D. 计价和分摊

5. 甲公司将2002年度的主营业务收入列入2001年度的会计报表,则其2001年度会计报表中存在错误的认定是(　　)。

A. 总体合理性　　B. 估价或分摊

C. 存在或发生　　D. 完整性

## 三、多选题

1. 王平注册会计师在审计W股份有限公司财务报表中的存货项目时,能够根据“计价和分摊”认定推论得出的审计目标有(　　)。

A. 存货金额的计算正确

B. 当期计提的存货跌价准备正确

C. 存货项目余额与其各相关总账余额合计数一致

D. 年末采购、销售截止是恰当的

2. 被审计单位管理层对资产负债表认定的项目主要有(　　)

A. 发生　　B. 权利和义务

C. 存在　　D. 完整性

3. 被审计单位管理层对编制财务报表的责任包括(　　)。

A. 根据企业的具体情况,做出合理的会计估计

B. 选择和运用恰当的会计政策

C. 监督按照适用的会计准则和相关会计制度的规定编制财务报表

D. 选择适用的会计准则和相关的会计制度

4. 会计师事务所在签署审计业务约定书前应做的工作包括(　　)。

A. 明确审计业务的性质和范围　　B. 会计师事务所评价专业胜任能力

C. 明确被审计单位应协助的工作　　D. 初步了解被审计单位的基本情况

# 第5章 审计计划

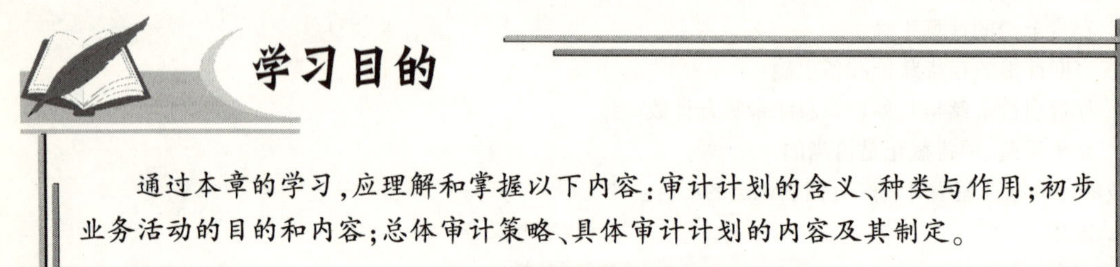

## 学习目的

通过本章的学习，应理解和掌握以下内容：审计计划的含义、种类与作用；初步业务活动的目的和内容；总体审计策略、具体审计计划的内容及其制定。

## 第1节 审计计划概述

“凡事预则立，不预则废”。从事任何活动的良好开端就是要科学合理制订活动计划，用计划去指导整个活动过程，使得每项活动都可以有条不紊地顺利进行，审计工作亦如此。审计计划十分重要，计划不周不仅会导致盲目实施审计程序，无法获得充分、适当的审计证据以将审计风险降至可接受的低水平，影响审计目标的实现，而且还会浪费有限的审计资源，增加不必要的审计成本，影响审计工作的效率。因此，对于任何一项审计业务，注册会计师在执行具体审计程序之前，都必须根据具体情况制定科学、合理的计划，使审计业务以有效的方式得到执行。本章以注册会计师审计为例。

审计计划是注册会计师审计工作的第一步，也是后续审计工作的基础和依据。在这一阶段，注册会计师需要完成的工作主要包括两个方面：一个方面是开展初步业务活动，另一方面是制定总体审计策略和具体审计计划。注册会计师开展的初步业务活动主要是对审计客户的情况和自身的能力进行了解和评估，确定是否接受或保持审计客户。如果接受或保持客户，要就审计业务约定书的条款进行协商并达成一致，最后签订审计业务约定书。签订审计业务约定书之后，注册会计师要做的就是制定总体审计策略和具体审计计划，对审计工作作出总体安排，安排下一步工作的内容和方向。外勤工作开始前的审计计划，仅仅是对审计工作的初步规划，在执行审计计划的过程中，随着审计工作的深入，常常会出现预先计划与实际不一致的情况。因此，注册会计师应根据了解到的情况，适时修正审计计划。计划审计工作不是审计业务的一个孤立阶段，而是一个持续的、不断修正的过程，贯穿于整个审计业务的始终。

### （一）审计计划的概念和作用

审计计划是指注册会计师为了完成各项审计业务，达到预期审计目的，在具体执行审计程序之前对审计预期的性质、时间和范围制定一个总体战略和一套详细方案,其内容包括开展初步业务活动、制定总体审计策略和具体审计计划。

审计计划具有以下几个方面的作用:

(1) 审计计划有利于审计工作有步骤、按时间地进行,有利于注册会计师掌握审计工作进度。

(2) 审计计划有利于注册会计师对所进行的审计工作实行监督和检查。

(3) 审计计划使审计业务以有效的方式实施,提高审计效率和效果。

(4) 审计计划有利于注册会计师协调各方面的审计力量,避免误解,并指导注册会计师以最低的成本,对重点审计领域实施最有效的审计程序,收集有力的审计证据。

#### (二) 计划审计工作的总体要求

计划审计工作对于注册会计师顺利完成审计工作和控制审计风险具有非常重要的意义。合理的审计计划有助于注册会计师关注重点审计领域、及时发现和解决潜在问题及恰当地组织和管理审计工作,以使审计工作更加有效。同时充分的审计计划还可以帮助注册会计师对项目组成员进行恰当分工和指导监督,并复核其工作,还有助于协调其他注册会计师和专家的工作。因此,注册会计师应当计划审计工作,使审计业务以有效的方式得到执行。

#### (三) 计划审计工作的两个层次

审计计划分为总体审计策略和具体审计计划两个层次。计划审计工作包括针对审计业务制定总体审计策略和具体审计计划,以将审计风险降至可接受的低水平。

#### (四) 计划审计工作的参与者

计划审计工作是一项持续的过程,通常注册会计师在前一期审计工作结束后即开始本期的审计计划工作,直到本期审计工作结束为止。计划审计工作十分重要,很多关键决策往往在这个阶段作出,如可接受的审计风险水平和重要性的确定、项目人员的配置等。鉴于计划审计工作的重要性,项目负责人和项目组其他关键成员应当参与计划审计工作,利用其经验和见解,以提高计划过程的效率和效果。

## 第2节 审计计划的内容

### 一、初步业务活动

注册会计师在计划审计工作前,需要开展初步业务活动。

#### (一) 初步业务活动的目的

注册会计师开展初步业务活动有助于确保在计划审计工作时达到下列要求:

(1) 注册会计师已具备执行业务所需要的独立性和专业胜任能力。

(2) 不存在因管理层诚信问题而影响注册会计师保持该项业务意愿的情况。

(3) 与被审计单位不存在对业务约定条款的误解。

## (二) 初步业务活动的内容

注册会计师应当在本期审计业务开始时开展下列初步业务活动。

**1. 针对保持客户关系和具体审计业务实施相应的质量控制程序** 针对保持客户关系和具体审计业务实施质量控制程序,并且根据实施相应程序的结果作出适当的决策是注册会计师控制审计风险的重要环节。《中国注册会计师审计准则第 1121 号——历史财务信息审计的质量控制》及《会计师事务所质量控制准则第 5101 号——业务质量控制》含有与客户关系和具体业务的接受与保持相关的要求,注册会计师应当按照其规定开展初步业务活动。

连续审计时,注册会计师通常执行针对保持客户关系和具体审计业务的质量控制程序,而在首次接受审计委托时,注册会计师需要执行针对建立有关客户关系和承接具体审计业务的质量控制程序。总体来讲,无论是连续审计还是首次接受审计委托,注册会计师均应当考虑下列主要事项,以确定保持客户关系和具体审计业务的结论是恰当的:

(1) 被审计单位的主要股东、关键管理人员和治理层是否诚信。

(2) 项目组是否具备执行审计业务的专业胜任能力以及必要的时间和资源。

(3) 会计师事务所和项目组能否遵守职业道德规范。

由于在连续审计的情况下,注册会计师已经积累了一定的审计经验,因此在决定是否保持与某一客户的关系时,项目负责人通常重点考虑本期或前期审计中发现的重大事项,及其对保持该客户关系的影响。在实务中,会计师事务所可以区别首次接受审计委托和连续审计的情况制定不同的质量控制程序,以提高审计工作的效率及效果。

**2. 评价遵守职业道德规范的情况** 评价遵守职业道德规范的情况也是一项非常重要的初步业务活动。质量控制准则含有包括独立性在内的有关职业道德要求,注册会计师应当按照其规定执行。

职业道德规范要求项目组成员恪守独立、客观、公正的原则,保持专业胜任能力和应有的关注,并对审计过程中获知的信息保密。

对于保持独立性,质量控制准则要求会计师事务所制定政策和程序,以及项目负责人实施相应措施。例如,会计师事务所应当每年至少一次向所有受独立性要求约束的人员获取其遵守独立性政策和程序的书面确认函。

值得注意的是,由于审计过程中情况会发生变化,因此,注册会计师对实施相应的质量控制程序及评价遵守职业道德规范情况的考虑应当贯穿审计业务的全过程。例如,在现场审计过程中,如果注册会计师发现财务报表存在舞弊,因而对管理层、治理层的胜任能力或诚信产生了极大疑虑,则注册会计师需要针对这一新情况,考虑并在必要时重新实施相应的质量控制程序,以决定是否继续保持该项业务及其客户关系。

虽然保持客户关系及具体审计业务和评价职业道德的工作贯穿审计业务的全过程,但是这两项活动需要安排在其他审计工作之前,以确保注册会计师已具备执行业务所需要的独立性和专业胜任能力,且不存在因管理层诚信问题而影响注册会计师保持该项业务意愿等情况。

**3. 及时签订或修改审计业务约定书** 在作出接受或保持客户关系及具体审计业务的决策后，注册会计师应当按照《中国注册会计师审计准则第 1111 号——审计业务约定书》的规定，在审计业务开始前，与被审计单位就审计业务约定条款达成一致意见，签订或修改审计业务约定书，以避免双方对审计业务的理解产生分歧。

## 二、总体审计策略和具体审计计划

审计计划分为总体审计策略和具体审计计划两个层次。

### （一）总体审计策略

注册会计师应当为审计工作制定总体审计策略。总体审计策略用以确定审计范围、时间和方向，并指导制定具体审计计划。在制定总体审计策略时，注册会计师应当考虑以下主要事项，同时这些事项也会影响具体审计计划。

**1. 总体审计策略中包括的内容** 总体审计策略应能恰当地反映注册会计师考虑审计范围、时间和方向的结果。注册会计师应当在总体审计策略中清楚地说明下列内容：

（1）向具体审计领域调配的资源，包括向高风险领域分派有适当经验的项目组成员，就复杂的问题利用专家工作等。

（2）向具体审计领域分配资源的数量，包括安排到重要存货存放地观察存货盘点的项目组成员的数量，对其他注册会计师工作的复核范围，对高风险领域安排的审计时间预算等。

（3）何时调配这些资源，包括是在期中审计阶段还是在关键的截止日期调配资源等。

（4）如何管理、指导、监督这些资源的利用，包括预期何时召开项目组预备会和总结会，预期项目负责人和经理如何进行复核，是否需要实施项目质量控制复核等。

**2. 总体审计策略与具体审计计划的关系** 制定总体审计策略和具体审计计划的过程紧密联系，并且两者的内容也紧密相关。

总体审计策略一经制定，注册会计师应当针对总体审计策略中所识别的不同事项，制定具体审计计划，并考虑通过有效利用审计资源以实现审计目标。值得注意的是，虽然编制总体审计策略的过程通常在具体审计计划之前，但是两项计划活动并不是孤立、不连续的过程，而是内在紧密联系的，对其中一项的决定可能会影响甚至改变对另外一项的决定。例如，注册会计师在了解被审计单位及其环境的过程中，注意到被审计单位对主要业务的处理依赖复杂的自动化信息系统，因此计算机信息系统的可靠性及有效性对其经营、管理、决策以及编制可靠的财务报告具有重大影响。对此，注册会计师可能会在具体审计计划中制定相应的审计程序，并相应调整总体审计策略的内容，做出利用信息技术专家的工作的决定。

因此，注册会计师应当根据实施风险评估程序的结果，对总体审计策略的内容予以调整。在实务中，注册会计师将制定总体审计策略和具体审计计划相结合进行，可能会使计划审计工作更有效率及效果，并且注册会计师也可以采用将总体审计策略和具体审计计划合并为一份审计计划文件的方式，提高编制及复核工作的效率，增强其效果。

**3. 总体审计策略的详略程度** 总体审计策略的详略程度应当随被审计单位的规模及该项审计业务的复杂程度的不同而变化。在小型被审计单位审计中，全部审计工作可能由一个很小的审计项目组执行,项目组成员间容易沟通和协调,总体审计策略可以相对简单。

### (二) 具体审计计划

注册会计师应当为审计工作制定具体审计计划。具体审计计划比总体审计策略更加详细,其内容包括为获取充分、适当的审计证据以将审计风险降至可接受的低水平,项目组成员拟实施的审计程序的性质、时间和范围。具体审计计划应当包括风险评估程序、计划实施的进一步审计程序和其他审计程序。

具体审计计划应当包括下列内容:

(1) 为了足够识别和评估财务报表重大错报风险,注册会计师计划实施的风险评估程序的性质、时间和范围。

(2) 针对评估的认定层次的重大错报风险,注册会计师实施的进一步审计程序的性质、时间和范围。

(3) 根据中国注册会计师审计准则的规定,注册会计师针对审计业务需要实施的其他审计程序。

# 第3节 审计计划的制订

## 一、总体审计策略的制订

在制定总体审计策略时,注册会计师应当考虑以下主要事项,同时这些事项也会影响具体审计计划。

**1. 审计范围** 注册会计师应当确定审计业务的特征,包括采用的会计准则和相关会计制度、特定行业的报告要求以及被审计单位组成部分的分布等,以确定审计范围。

具体来说,在确定审计范围时,注册会计师一般考虑下列事项:

(1) 编制财务报表适用的会计准则和相关会计制度。

(2) 特定行业的报告要求,如某些行业的监管部门要求提交的报告。

(3) 预期的审计工作涵盖范围,包括需审计的集团内组成部分的数量及所在地点。

(4) 母公司和集团内其他组成部分之间存在的控制关系的性质,以确定如何编制合并财务报表。

(5) 其他注册会计师参与组成部分审计的范围。

(6) 需审计的业务分部性质,包括是否需要具备专门知识。

(7) 外币业务的核算方法及外币财务报表折算和合并方法。

(8) 除对合并财务报表审计之外,是否需要对组成部分的财务报表单独进行审计。

(9) 内部审计工作的可利用性及对内部审计工作的拟依赖程度。

(10) 被审计单位使用服务机构的情况,及注册会计师如何取得有关服务机构内部控制设计、执行和运行有效性的证据。

(11) 拟利用在以前期间审计工作中获取的审计证据的程度,如获取的与风险评估程序和控制测试相关的审计证据。

(12) 信息技术对审计程序的影响,包括数据的可获得性和预期使用计算机辅助审计技术的情况。

(13) 根据中期财务信息审阅及在审阅中所获信息对审计的影响,相应调整审计涵盖范围和时间安排。

(14) 与为被审计单位提供其他服务的会计师事务所人员讨论可能影响审计的事项。

(15) 被审计单位的人员和相关数据可利用性。

**2. 报告目标、时间安排及所需沟通** 总体审计策略的制定应当包括明确审计业务的报告目标,以计划审计的时间安排和所需沟通的性质,包括提交审计报告的时间要求,预期与管理层和治理层沟通的重要日期等。

为计划报告目标、时间安排和所需沟通,注册会计师需要考虑下列事项:

(1) 被审计单位的财务报告时间表。

(2) 与管理层和治理层就审计工作的性质、范围和时间所举行的会议的组织工作。

(3) 与管理层和治理层讨论预期签发报告和其他沟通文件的类型及提交时间,如审计报告、管理建议书和与治理层沟通函等。

(4) 就组成部分的报告和其他沟通文件的类型及提交时间与负责组成部分审计的注册会计师沟通。

(5) 项目组成员之间预期沟通的性质和时间安排,包括项目组会议的性质和时间安排及复核工作的时间安排。

(6) 是否需要跟第三方沟通,包括与审计相关的法律法规规定和业务约定书约定的报告责任。

(7) 与管理层讨论预期在整个审计过程中通报审计工作进展及审计结果的方式。

**3. 审计方向** 总体审计策略的制定应当包括考虑影响审计业务的重要因素,以确定项目组工作方向,包括确定适当的重要性水平,初步识别可能存在较高的重大错报风险的领域,初步识别重要的组成部分和账户余额,评价是否需要针对内部控制的有效性获取审计证据,识别被审计单位、所处行业、财务报告要求及其他相关方面最近发生的重大变化等。

在确定审计方向时,注册会计师需要考虑下列事项:

(1) 重要性方面。具体包括:①在制定审计计划时确定的重要性水平;②为组成部分确定重要性且与组成部分的注册会计师沟通;③在审计过程中重新考虑重要性;④识别重要的组成部分和账户余额。

(2) 重大错报风险较高的审计领域。

(3) 评估的财务报表层次的重大错报风险对指导、监督及复核的影响。

(4) 项目组成员的选择(在必要时包括项目质量控制复核人员)和工作分工,包括向重大错报风险较高的审计领域分派具备适当经验的人员。

(5) 项目预算,包括考虑为重大错报风险可能较高的审计领域分配适当的工作时间。

(6) 向项目组成员强调在收集和评价审计证据过程中保持职业怀疑必要性的方式。

(7) 以往审计中对内部控制运行有效性评价的结果,包括所识别的控制缺陷的性质及应对措施。

(8) 管理层重视设计和实施健全的内部控制的相关证据,包括这些内部控制得以适当记录的证据。

(9) 业务交易量规模,以基于审计效率的考虑确定是否信赖内部控制。

(10) 管理层对内部控制重要性的重视程度。

(11) 影响被审计单位经营的重大发展变化,包括信息技术和业务流程的变化,关键管理人员变化,以及收购、兼并和分立。

(12) 重大的行业发展情况,如行业法规变化和新的报告规定。

(13) 会计准则及会计制度的变化。

(14) 其他重大变化,如影响被审计单位的法律环境的变化。

## 二、具体审计计划的制订

注册会计师应当为审计工作制定具体审计计划。具体审计计划的制订包括风险评估程序、计划实施的进一步审计程序和其他审计程序。

具体审计计划

**1. 风险评估程序** 具体审计计划应当包括按照《中国注册会计师审计准则第 1211 号——了解被审计单位及其环境并评估重大错报风险》的规定,为了足够识别和评估财务报表重大错报风险,注册会计师计划实施的风险评估程序的性质、时间和范围。

**2. 计划实施的进一步审计程序** 具体审计计划应当包括按照《中国注册会计师审计准则第 1231 号——针对评估的重大错报风险实施的程序》的规定,针对评估的认定层次的重大错报风险,注册会计师计划实施的进一步审计程序的性质、时间和范围。

需要强调的是,随着审计工作的推进,对审计程序的计划会一步步深入,并贯穿于整个审计过程。例如,计划风险评估程序通常在审计开始阶段进行,计划进一步审计程序则需要依据风险评估程序的结果进行。因此,为达到编制具体审计计划的要求,注册会计师需要完成风险评估程序,识别和评估重大错报风险,并针对评估的认定层次的重大错报风险,计划实施进一步审计程序的性质、时间和范围。

通常,注册会计师计划的进一步审计程序可以分为进一步审计程序的总体方案和拟实施的具体审计程序(包括进一步审计程序的具体性质、时间和范围)两个层次。进一步审计程序的总体方案主要是指注册会计师针对各类交易、账户余额和列报决定采用的总体方案(包括实质性方案或综合性方案)。具体审计程序则是对进一步审计程序的总体方案的延伸和细化,它通常包括控制测试和实质性程序的性质、时间和范围。在实务中,注册会计师通常单独编制一套包括这些具体程序的"进一步审计程序表",待具体实施审计程序时,注册会计师将基于所计划的具体审计程序,进一步记录所实施的审计程序及结果,并最终形成有关进一步审计程序的审计工作底稿。

另外,完整、详细的进一步审计程序的计划会包括对各类交易、账户余额和列报实施的具体审计程序的性质、时间和范围,包括抽取的样本量等。在实务中,注册会计师可以统筹安排进一步审计程序的先后顺序,如果对某类交易、账户余额或列报已经作出计划,则可以安排先行开展工作,与此同时再制定其他交易、账户余额和列报的进一步审计程序。

**3. 计划实施的其他审计程序** 具体审计计划应当包括根据中国注册会计师审计准则的规定，注册会计师针对审计业务需要实施的其他审计程序。计划的其他审计程序可以包括上述进一步程序的计划中没有涵盖的、根据其他审计准则的要求注册会计师应当执行的既定程序。例如，阅读含有已审计财务报表的文件中的其他信息，与被审计单位律师直接沟通等。

在审计计划阶段，除了按照《中国注册会计师审计准则第 1211 号——了解被审计单位及其环境并评估重大错报风险》进行计划工作，注册会计师还需要兼顾其他准则中规定的、针对特定项目在审计计划阶段应执行的程序及记录要求。例如，《中国注册会计师审计准则第 1141 号——财务报表审计中对舞弊的考虑》、《中国注册会计师审计准则第 1324 号——持续经营》、《中国注册会计师审计准则第 1142 号——财务报表审计中对法律法规的考虑》及《中国注册会计师审计准则第 1323 号——关联方》等准则中对注册会计师针对这些特定项目在审计计划阶段应当执行的程序及其记录作出了规定。当然，由于被审计单位所处行业、环境各不相同，特别项目可能也有所不同。例如，有些被审计单位可能涉及环境事项、电子商务等等，在实务中注册会计师应根据被审计单位的具体情况确定特定项目并执行相应的审计程序。

## 三、审计过程中对计划的更改

计划审计工作并非审计业务的一个孤立阶段，而是一个持续的、不断修正的过程，贯穿于整个审计业务的始终。由于未预期事项、条件的变化或在实施审计程序中获取的审计证据等原因，注册会计师应当在审计过程中对总体审计策略和具体审计计划作出必要的更新和修改。

审计过程可以分为不同阶段，通常前一阶段的工作结果会对后一阶段的工作计划产生影响，而后一阶段的工作过程中又可能发现需要对已制定的相关计划进行相应的更新和修改。通常来讲，这些更新和修改涉及比较重要的事项。例如，对重要性水平的修改，对某类交易、账户余额和列报的重大错报风险的评估和进一步审计程序（包括总体方案和拟实施的具体审计程序）的更新和修改等。一旦计划被更新和修改，审计工作也就应当进行相应修正。

例如，如果在制定审计计划时，注册会计师基于对材料采购交易的相关控制的设计和执行获取的审计证据，认为相关控制设计合理并得以执行，因此未将其评价为高风险领域并且计划实施控制测试。但是在实施控制测试时获取的审计证据与审计计划阶段获取的审计证据相矛盾，注册会计师认为该类交易的控制没有得到有效执行，此时，注册会计师可能需要修正对该类交易的风险评估，并基于修正的风险评估结果修改计划的审计方案，如采用实质性方案。

## 四、指导、监督与复核

注册会计师应当就对项目组成员工作的指导、监督与复核的性质、时间和范围制定计划。

对项目组成员工作的指导、监督与复核的性质、时间和范围主要取决于下列因素：

(1) 被审计单位的规模和复杂程度。

(2) 审计领域。

(3) 重大错报风险。

(4) 执行审计工作的项目组成员的素质和专业胜任能力。

注册会计师应在评估重大错报风险的基础上，计划对项目组成员工作的指导、监督与复核的性质、时间和范围。当评估的重大错报风险增加时，注册会计师通常会扩大指导与监督的范围，增强指导与监督的及时性，执行更详细的复核工作。在计划复核的性质、时间和范围时，注册会计师还应考虑单个项目组成员的素质和专业胜任能力。

## 五、对计划审计工作的记录

注册会计师应当记录总体审计策略和具体审计计划，包括在审计工作过程中作出的任何重大更改。

**1. 记录的内容**

(1) 对总体审计策略的记录。注册会计师对总体审计策略的记录，应当包括为恰当计划审计工作和向项目组传达重大事项而作出的关键决策。例如，注册会计师可以以备忘录的形式记录总体审计策略，包括对审计的范围、时间及执行所作出的关键决策。

(2) 对具体审计计划的记录。注册会计师对具体审计计划的记录，应当能够反映下列内容：①计划实施的风险评估程序的性质、时间和范围；②针对评估的重大错报风险计划实施的进一步审计程序的性质、时间和范围。

注册会计师对具体审计计划的记录可以使用标准的审计程序表或审计工作完成核对表，但应当根据具体审计业务的情况作出适当修改。

(3) 对计划的重大修改的记录。注册会计师应当记录对总体审计策略和具体审计计划作出的重大更改及其理由，以及对导致此类更改的事项、条件或审计程序结果采取的应对措施。

由于原来的总体审计策略和具体审计计划已经制定（包括项目负责人的复核），在实务中，如果只是针对某一或某几方面更改审计计划，注册会计师可以保留原有的总体审计策略、具体审计计划，以及已经执行的审计程序的记录，将对审计计划的重大修改情况记录在进一步审计程序表和重大事项概要中。如果对计划的修改涉及整个计划的各个方面，以及多个类别的交易、账户余额和列报，为使整套审计工作底稿内容、脉络更清楚，此时注册会计师可以考虑重新编制总体审计策略和具体审计计划，并保留原有的总体审计策略和具体审计计划。不论采用何种方法，注册会计师都要注意对计划更改的记录应当符合要求。

**2. 记录的形式和范围** 注册会计师对计划审计工作记录的形式和范围，取决于被审计单位的规模和复杂程度、重要性、具体审计业务的情况以及对其他审计工作记录的范围等事项。

注册会计师需要根据具体情况制定总体审计策略和具体审计计划。在实务中也可以将总体审计策略和具体审计计划合并制定一份审计计划文件。在小型被审计单位中，全部审计工作可能由一个很小的审计项目组执行，项目组成员间容易沟通和协调，总体审计策略和具体审计计划可以相对简单。

## 六、与治理层和管理层的沟通

与治理层和管理层的沟通有助于注册会计师协调某些计划的审计程序与被审计单位人员工作之间的关系，从而使审计业务更易于执行和管理，提高审计效率与效果。注册会计师可以就计划审计工作的基本情况与被审计单位治理层和管理层进行沟通。对此，注册会计师应当按照《中国注册会计师审计准则第 1151 号——与治理层的沟通》中的有关规定执行。例如，沟通的内容可以包括审计的时间安排和总体策略、审计工作中受到的限制及治理层和管理层对审计工作的额外要求等。

当就总体审计策略和具体审计计划中的内容与治理层、管理层进行沟通时，注册会计师应当保持职业谨慎，以防止由于具体审计程序易于被管理层或治理层所预见而损害审计工作的有效性。

需要强调的是，虽然注册会计师可以就总体审计策略和具体审计计划的某些内容与治理层和管理层沟通，但是制定总体审计策略和具体审计计划仍然是注册会计师的责任。

## 七、首次接受审计委托的补充考虑

**1. 在首次接受审计委托时扩展初步业务活动的必要性** 首次接受审计委托包括接受新客户而建立客户关系和承接现有客户（因对其提供了其他服务）的审计业务委托两种情况。在这两种情况下，尤其是接受新客户的情况下，注册会计师通常缺乏前期审计经验以评估与客户及业务承接相关的风险，因而可能需要扩展初步业务活动。

**2. 首次接受审计委托前执行的程序** 在首次接受审计委托前，注册会计师应当执行下列程序：

（1）针对建立客户关系和承接具体审计业务实施相应的质量控制程序。注册会计师应针对建立客户关系和承接具体审计业务实施相应的质量控制程序。对此，注册会计师应当按照《中国注册会计师审计准则第 1121 号——历史财务信息审计的质量控制准则》中的有关规定开展工作。

（2）与前任注册会计师沟通。如果被审计单位变更了会计师事务所，注册会计师应当与前任注册会计师沟通。《中国注册会计师审计准则第 1152 号——前后任注册会计师的沟通》中对与前任会计师沟通的方式及对沟通结果进行评价等事项作出了相应规定，注册会计师应当按照其中相应的规定执行。同时，注册会计师还需要结合现实的环境分析承接客户及业务的风险，如可能需要特别关注更换会计师事务所的原因等。

**3. 首次接受审计委托情况下应考虑的事项** 对于首次接受审计委托，在制定总体审计策略和具体审计计划时，注册会计师还应当考虑下列事项：

（1）就与前任注册会计师沟通作出安排，包括查阅前任注册会计师的工作底稿等。

（2）与管理层讨论的有关首次接受审计委托的重大问题，就这些重大问题与治理层沟通的情况，以及这些重大问题是如何影响总体审计策略和具体审计计划的。

(3) 针对期初余额获取充分、适当的审计证据而计划实施的审计程序。

(4) 针对预见到的特别风险，分派具有相应素质和专业胜任能力的人员。

(5) 根据会计师事务所关于首次接受审计委托的质量控制制度实施的其他程序。

在实务中，注册会计师获取信息的来源包括以下主要方面：

(1) 通过向被审计单位管理层询问和与其沟通获取的财务及其他信息，如年度报告等。

(2) 从银行、监管机构等第三方获取的信息。

(3) 有关政府部门、有影响力的媒体等公布的信息，如按某些指标进行的企业排名等。

(4) 向工商管理部门查询。

(5) 与前任注册会计师沟通。

(6) 基于对被审计单位所在行业的了解，与同行业其他企业所作的比较及评估。

(7) 利用外部调查机构，特别是针对高风险的行业及被审计单位。

## 本章小结

审计计划是指注册会计师为了完成各项审计业务，达到预期审计目的，在具体执行审计程序之前对审计预期的性质、时间和范围制定一个总体战略和一套详细方案。它能够起到提高审计效率等作用。

在制定审计计划之前必有先开展初步业务活动，注册会计师应当在本期审计业务开始时开展下列初步业务活动：针对保持客户关系和具体审计业务实施相应的质量控制程序；评价遵守职业道德规范的情况；及时签订或修改审计业务约定书。

注册会计师在审计过程中应编制计划。审计计划通常可以分为制定总体审计策略和具体审计计划。总体审计策略用以确定审计范围、时间和方向，并指导制定具体审计计划。注册会计师应当为审计工作制定具体审计计划。具体审计计划比总体审计策略更加详细，其内容包括为获取充分、适当的审计证据以将审计风险降至可接受的低水平，项目组成员拟实施的审计程序的性质、时间和范围。具体审计计划的制订包括风险评估程序、计划实施的进一步审计程序和其他审计程序。

计划审计工作并非审计业务的一个孤立阶段，而是一个持续的、不断修正的过程，贯穿于整个审计业务的始终，注册会计师应当做到以下几点：在审计过程中对总体审计策略和具体审计计划作出必要的更新和修改；就对项目组成员工作的指导、监督与复核的性质、时间和范围制订计划；记录总体审计策略和具体审计计划；就计划审计工作的基本情况与被审计单位治理层和管理层进行沟通；首次接受审计委托时补充考虑相关事项和实施相关程序。

## 案例1

### 总体审计策略案例：美国联区金融集团租赁公司审计案

(一) 背景简介

1. 美国联区金融集团租赁公司案的始末。美国联区金融集团是一家从事金融服务的公司，该公司有可公开交易的债券上市,美国证券交易委员会要求它提供财务报表。经过七年的发展,联区金融集团租赁公司的雇员已超过4万名,在美国各地设有10个分支机构,未收回的应收租赁款接近4亿美元,占合并总资产的35%。

1981年年底,联区金融集团租赁公司型市场策略的弊端开始显现出来,债务拖欠率日渐升高,该公司不得不采用多种非法手段来掩饰其财务状况已经恶化的事实。美国证券交易委员会指控联区金融集团租赁公司在其定期报送的财务报表中始终没有对应收租赁款计提充足的坏账准备金。1981年以前,坏账准备率为1.5%,1981年调增至2%,1982年调增至3%,尽管美国证券交易委员会认可这种估计坏账损失的会计方法,但该联邦机构一再重申,联区金融集团租赁公司的管理当局早就知晓,他们所选用的固定比率的百分比实在太小了。事实上,截至1982年9月,该公司应收账款中拖欠期超过90天的金额已高达20%以上。对坏账准备金缺乏应有的控制所引起的一个直接后果是财务报表中该账户的金额被低估。

2. 美国联区金融集团租赁公司案的审计与查处。美国证券交易委员会对塔奇·罗丝会计师事务所在联区金融集团租赁公司1981年度的审计中的表现极为不满,指责该年度的审计"没有进行充分的计划和监督"。美国证券交易委员会宣称,事务所在编制联区金融集团租赁公司1981年度的审计计划及设计审计程序时,没有充分考虑存在于该公司的大量审计风险因素。事实上,美国证券交易委员会发现,1981年度的审计计划"大部分是以前年度审计计划的延续"。该审计计划的缺陷如下:

一是塔奇·罗丝会计师事务所没有对超期应收租赁款账户的内部会计控制加以测试。由于审计计划没有测试公司的会计制度是否能准确地确定应收租赁款的超期时间,审计人员无法判断从客户那里获取的账龄汇总表是否准确。

二是塔奇·罗丝会计师事务所的审计计划只要求测试一部分(8%)未收回的应收租赁款。由于大部分注意力集中在金额超过5万美元、拖欠期达120天的超期应收租赁款,塔奇·罗丝会计师事务所忽略了相当部分无法收回的应收租赁款。

三是尽管审计计划要求对客户坏账核销政策进行复核,但并没有要求外勤审计人员去确定该政策是否被实际执行。事实上,该公司并没有遵循其坏账核销政策。联区金融集团租赁公司实际上采用的是一种核销坏账的预算方法,可以随时将大量租赁款计提坏账准备,而事先却根本没有对这些应收租赁款计提坏账准备金。据美国证券交易委员会称,某些无法收回的应收租赁款挂账多达几年。

四是塔奇·罗丝会计师事务所无视联区金融集团租赁公司审计的复杂性以及非同寻常的高风险性,在所分派的执行1981年度审计聘约的审计人员中,大多数人对客户以及租赁行业的情况非常陌生。事实上,该公司的会计主管后来作证说,塔奇·罗丝会计师事务所第一次分派了一些对租赁行业少有涉猎或缺乏经验甚至一无所知的审计人员来执行审计。

最终,美国证券交易委员会决定对该事务所进行惩罚,要求其承担公司出具虚假会计报告所带来的损失。

### (二) 审计分析与思考

1. 影响。审计计划是预期性的工作安排,为了有效地完成审计工作,有效的计划非常重要。塔奇·罗丝会计师事务所在审计计划中忽视了联区金融集团租赁公司审计的复杂性及高风险性,在人员的分工与计划的执行上都有漏洞,结果导致了审计失败。

2. 意义。联区金融集团租赁公司审计案例的发生,说明在具体实施审计之前要非常重视总体审计策略的编制,在制定可行的总体审计策略的基础上,还应当注重总体审计策略的执行。同时,为了降低审计风险,要充分考虑负责审计的注册会计师的专业胜任能力,进行合理的分工。

3. 思考。由于会计师事务所面临的被审计单位各有千秋,因此,在编制总体审计策略时要选择对被审计单位业务熟悉的注册会计师承担审计业务,或者考虑利用专家的工作。

### (三) 问题讨论

1. 一份合格的总体审计策略需要哪些要素?在编制总体审计策略时为什么要考虑审计重要性水平

问题？

2. 联区金融集团租赁公司审计案例中的总体审计策略存在哪些问题？怎样解决？

## 案例 2

## 具体审计计划案例：锐新公司年报审计案

### （一）背景简介

1. 锐新公司年报案的始末。锐新公司是一家生产彩色显像管的上市公司。由于其 1994 年、1995 年和 1996 年会计报表显示赢利，税后利润分别为 6 000 万元、8 000 万元及 6 400 万元，此三年年报表经华光会计师事务所审计后，出具了无保留的审计意见，因此，其通过证监会的审核，在 1997 年 6 月上市并通过交易所以每股 7 元的价格募集资金 6 亿元。

上市半年后，公司披露的 1997 年度会计报表显示亏损额为 3 亿元，占募集资金的 50%。上市一年后，锐新公司股价跌破了 7 元的发行价格，并继续下降，跌至 6 元。面对锐新公司的巨额亏损及股价的大幅下跌，投资者提出了质疑。为什么连续三年赢利的企业，到了 1997 年却一下子亏损 3 亿元？导致其亏损的原因真的如该公司所解释的那样是由于设备超期导致生产成本骤增而引起的吗？

2. 锐新公司年报案的审计与查处。锐新公司股市受挫，广大投资者深受其害，中国证监会开始调查。经过周密调查，发现锐新公司在股票发行期间及上市之后，存在以下违法、违规行为：

第一，编造虚假利润，骗取上市资格。在该公司的股票发行上市申报材料中，采取虚构产品销售、虚增产品库存和违规处理等手段，将 1996 年实际亏损 10 600 万元虚报为赢利6 400万元，骗取上市资格。

第二，少报亏损，欺骗投资者。锐新公司上市后，继续编造虚假利润，将 1997 年上半年亏损 6 700 万元披露为赢利 1 854 万元，公布 1997 年年度报告时，少报亏损 3 251 万元。

第三，隐瞒重大事项。自 1996 年下半年起，锐新公司关键生产设备已经出现废品率上升、不能维持正常生产等严重问题，对此锐新公司在申请股票发行上市时故意隐瞒，未予披露。

第四，未履行重大事件的披露义务。锐新公司仅将 5 亿元募集资金中的 9 000 万元投入招股说明书中所承诺的项目，将大部分资金改变投向，用于偿还境内外银行贷款和填公司的亏损。改变募集资金用途属于重大事件，但锐新公司对此却未按规定进行披露。

第五，挪用募集资金买卖股票。1997 年 6 月，锐新公司将募集资金中的 1.8 亿元投入股市以个人名义买卖股票，并从中获利 6 000 万元。

锐新公司的上述行为违反了《股票发行与交易管理暂行条例》、《禁止证券欺诈行为暂行办法》、《证券市场禁入暂行规定》和国家其他有关规定，为此，中国证监会依法决定对锐新公司、华光会计师事务所及主要责任人做出以下处理：没收该公司非法所得并罚款 100 万元；对为该公司出具严重虚假内容的审计报告的会计师事务所没收非法所得 30 万元并处罚款 60 万元；暂停该会计师事务所从事证券业务 3 年；认定该会计师事务所在为该公司出具的审计报告上签字的注册会计师为证券市场禁入者，永久性不得从事任何证券业务。

注册会计师在执行年报审计时，旨在确定被审计单位的会计报表在所有重大方面是否公允地反映了其财务状况、经营成果和现金流量。为了达到这一目标，除了关注该公司必要的内部控制外，对有形资产进行实物盘点及对债权债务发函询证是两种最行之有效的方法。因此，在编制具体审计计划时应就相关的有形资产及债权债务进行重点考虑，对容易产生错报的会计报表项目应特别关注。如果注册会计师遵循了这两个程序的话，是能够查出公司虚构销售及存货现象的。然而华光会计师事务所在审计过程中没有对一些重大的应收账款进行必要的函证，也没有对锐新公司的主要存货进行必要的盘点，违反了审计准则对注册会计师的要求，以至于无法提示上述报表中的严重错误。

(二) 审计分析与思考

1. 影响。华光会计师事务所在审计过程中没有就重要审计事项正确编制审计计划,对重要的会计账户没有予以必要的关注,结果导致审计失败,给投资者造成了重大损失。

2. 意义。这一案例的发生说明,凡事预则立,不预则废。根据对被审计单位内部控制制度的了解,可以制定出切实可行的计划来指导后续的审计工作,从而降低审计风险。

3. 思考。具体审计计划是实施审计工作的前提。

(三) 问题讨论

1. 锐新公司及华光会计师事务所所受的处罚是否公正,说明了哪些问题?

2. 你认为作为一名注册会计师在制定具体审计计划时应考虑哪些问题?

## 思考题

1. 试述审计计划的含义、种类与作用。

2. 试述初步业务活动的目的和内容。

3. 试述总体审计策略、具体审计计划的内容及其制定。

## 练习题

### 一、判断题

1. 计划审计工作包括针对审计业务制定总体审计策略和具体审计计划,以将审计风险降至可接受的低水平。(　　)
2. 在做出接受或保持客户关系及具体审计业务的决策后,在审计业务开始前,根据相关审计准则的规定,注册会计师应与被审计单位就审计业务约定条款达成一致意见,签订或修改审计业务约定书。(　　)
3. 在审计过程中,注册会计师可能需要对总体审计策略和具体审计计划做出必要的更新和修改。对此,注册会计师仅应记录对总体审计策略和具体审计计划做出的重大更改及其理由。(　　)
4. 虽然注册会计师可以就总体审计策略和具体审计计划的某些内容与治理层和管理层沟通,但是制定总体审计策略和具体审计计划仍然是注册会计师的责任。(　　)
5. 在治理层全部参与管理的情况下,如果就准则要求沟通的事项已与负有管理责任的人员沟通,且这些人员同时负有治理责任,注册会计师无需就这些事项再次与负有治理责任的相同人员沟通。(　　)
6. 在小型被审计单位审计中,全部审计工作可能由一个很小的审计项目组执行,因此注册会计师无需编制总体审计策略和具体审计计划。(　　)
7. 注册会计师可以与被审计单位治理层整体进行直接沟通,但无需在业务约定条款中明确该项权利。(　　)

### 二、单选题

1. 下列工作中不属于开展的初步业务活动的是(　　)。

   A. 针对保持客户关系和具体审计业务实施相应的质量控制程序

   B. 制定总体审计策略

   C. 评价遵守职业道德规范的情况,包括评价独立性

   D. 签订审计业务约定书

2. 下列关于计划审计工作的说法正确的是(　　)。

   A. 计划审计工作前需要充分了解被审计单位及其环境,一旦确定,无须进行修改

   B. 计划审计工作通常由项目组中经验较多的人完成,由项目负责人审核批准

C. 小型被审计单位无需制定总体审计策略

D. 项目负责人和项目组其他关键成员应当参与计划审计工作

3. 以下内容不属于初步审计活动内容的有(　　)。

A. 针对保持客户关系和具体审计业务实施相应的质量控制程序

B. 及时签订或修改审计业务约定书

C. 报告目标、时间安排及所需沟通

D. 评价遵守职业道德规范的情况

4. 以下关于对计划审计工作的记录陈述不正确的是(　　)。

A. 注册会计师可以以备忘录的形式总结总体审计策略

B. 注册会计师对具体审计计划的记录可以使用标准的审计程序表或审计工作完成核对表,但应当根据具体审计业务的情况做出适当修改

C. 如果只是针对某一或某几个方面更改审计计划,注册会计师可以保留原有的总体审计策略、具体审计计划以及已经执行的审计程序的记录,并将对审计计划的重大修改情况记录在进一步审计程序表和重大事项概要中

D. 如果对计划的修改涉及整个计划的各个方面,以及多个类别的交易、账户余额和列报时,注册会计师可以考虑重新编制总体审计策略和具体审计计划,删除原有的总体审计策略和具体审计计划

## 三、多选题

1. 制定总体审计策略需要进行的工作包括(　　)。

A. 界定审计范围

B. 明确审计业务的报告目标

C. 确定审计方向

D. 确定项目组成员拟实施的审计程序的性质、时间和范围

2. 具体审计计划包括的内容有(　　)。

A. 注册会计师计划实施的风险评估程序的性质、时间和范围

B. 针对评估的认定层次的重大错报风险,注册会计师计划实施的进一步审计程序的性质、时间和范围

C. 计划其他审计程序

D. 评估认定层次的重要性水平和可接受检查风险水平

3. 注册会计师在计划对 ABC 公司的审计工作时形成了下列审计工作底稿,其中属于总体审计策略的文件是(　　)。

A. ABC 公司基本概况表　　B. ABC 公司重要性初步评价表

C. 报告目标、时间安排及所需沟通　　D. ABC 公司货币资金审计程序表

4. 具体审计计划应当包括下列内容(　　)。

A. 为了足够识别和评估财务报表重大错报风险,注册会计师计划实施的风险评估程序的性质、时间和范围

B. 针对评估的认定层次的重大错报风险,注册会计师计划实施的进一步审计程序的性质、时间和范围

C. 注册会计师针对审计业务需要实施的其他审计程序

D. 导致注册会计师难以实施必要审计程序的情形

5. 下列属于制定总体审计策略时应当考虑的内容是(　　)。

A. 审计工作范围　　B. 报告目标、时间安排及所需沟通

C. 审计方向　　D. 资源调配计划

6. 一般在本期审计开始时进行初步业务活动,这些活动包括(　　)。

A. 针对保持客户关系和具体审计业务实施相应的质量控制程序

B. 评价遵守职业道德规范的情况

C. 了解被审计单位及其环境

D. 及时签订或修改审计业务约定书

7. 总体审计策略的制定应当包括考虑影响审计业务的重要因素,以确定项目组工作方向,这些因素包括(　　)。

A. 确定适当的重要性水平

B. 初步识别可能存在较高的重大错报风险的领域

C. 初步识别重要的组成部分和账户余额

D. 识别被审计单位、所处行业、财务报告要求及其他相关方面最近发生的重大变化

# 第6章　审计重要性和审计风险

## 学习目的

审计重要性和审计风险是审计人员在审计业务中必须掌握和运用的重要概念,是制定审计计划应考虑的要素。通过本章的学习,应当理解和掌握以下内容:审计重要性的概念;审计重要性的运用;审计风险的概念和形成原因;审计风险的组成要素及其模型;审计风险的控制方法 。

## 第1节　审计重要性

审计重要性是贯穿于审计全过程的一个非常重要的概念,是审计人员据以发表审计意见的基础之一。正确理解审计重要性的含义并加以有效地运用,对保证审计质量和实现审计目标具有十分重要的意义。

### 一、审计重要性的概念

《中国注册会计师审计准则1221号——重要性》中将重要性定义为:审计重要性取决于在具体环境下对错报金额和性质的判断。如果一项错报单独或连同其他错报可能影响财务报表使用者依据财务报表做出的经济决策,则该项错报是重大的。可见审计重要性实质是指被审计单位会计报表中错报或漏报的严重程度,这一程度在特定环境下可能影响会计报表使用者的判断或决策。

一般而言,审计重要性有以下特点:

(1) 审计重要性是对财务报表中的错报或漏报而言的。判断一项错报或漏报的重要与否,要视其对报表使用者的影响程度而定:当这些错报或漏报单独或汇总后足以影响使用者的判断时,这些错报或漏报就是重要的,否则就是不重要的。

(2) 审计重要性具有数量和质量两方面的特征。一般来说,金额大的错报或漏报比金额小的错报或漏报更重要;但在许多情形下,某些错报或漏报从量的方面看并不重要,但从其性质方面考虑,却可能是重要的。例如:涉及舞弊和违法行为的错报或漏报;影响收益趋势的错报或漏报等。

(3) 重要性是从报表使用者角度考虑的。财务报表是为满足报表使用者的信息需求而编制的,因而审计人员对重要性的考虑必须站在报表使用者的角度,而不能站在审计人员自己或被审计单位管理当局的角度来考虑。

(4) 重要性的判断离不开特定的环境。不同的企业面临不同的环境,因而判断重要性的标准也不同。例如某一金额对某一个企业可能是重要的,而对于另一企业就可能是不重要的。另外,对某一特定企业,重要性也会随着时间不同而改变。

(5) 重要性和可容忍误差间的关系。审计重要性的数量和质量称为重要性水平,又称为可容忍误差,重要性水平越高,说明可容许错报的范围或金额越大。《中国注册会计师审计准则第 1314 号——审计抽样和其他选取测试项目的方法》明确规定,审计人员应根据编制审计计划时对重要性的评估,确定实质性测试的可容忍误差,使其金额小于或等于注册会计师针对所审计的某类交易或账户余额而使用的重要性水平。

## 二、审计重要性的作用

审计重要性的作用有以下几方面:

(1) 审计重要性是确定具体审计内容的依据。一个审计项目有多少审计内容,什么内容列入审计范围,什么内容是重点,较大程度上决定于审计重要性水平。如果一项审计内容是重要的,则审计人员必须列入审计范围,必须予以验证。

(2) 运用审计重要性确定审计程序和方法。审计人员对重要性水平不一的审计事项,采用不同的审计程序和方法。对重要性水平较低的审计事项,采用较为复杂的审计程序和详细审计方法;对重要性水平较高的审计事项,则采用相对简化的审计程序和采用抽样审计方法。这样有利于保证审计质量,提高审计效率。

(3) 根据审计重要性来报告审计结果。在审计报告阶段,审计人员要根据审计重要性水平,对所发现的问题进行分析评价,以此决定发表何种审计意见。

## 三、审计重要性的评估原则

**1. 重要性评估需要合理运用职业判断**　在审计过程中,对审计重要性的判断依赖于审计人员的判断能力、判断方法和专业经验等因素。不同的审计人员对审计重要性水平的判断不同,得出的审计结果可能不同,甚至相差很大。

**2. 重要性的评估要兼顾审计效果与效率**　在审计过程中,审计人员的抽样决策应考虑重要性以提高审计效率,而对未查部分审计人员承担一定的审计风险,审计风险又与重要性的判断有关。因此,为了保证审计质量,审计人员应对审计重要性做出恰当的评估。

**3. 重要性的评估要同时结合错报或漏报的金额及性质**　一般来说,金额大的错报或漏报要比金额小的错报或漏报更重要。但在许多情况下,某些错报或漏报从量的方面并不重要,而从其性质方面则可能是重要的。比如涉及舞弊或违法行为的错报或漏报、可能涉及法律责任后果的错报或漏报、影响收益趋势的错报或漏报等。

**4. 重要性的评估要注意小额漏报或错报金额的累积**　某些单个在金额和性质上都不重要的错报或漏报一旦经常出现,累积起来就有可能成为金额较大的错报或漏报。审计人员对错报或漏报也应予以关注。

**5. 重要性的评估要从财务报表和交易账户的两个层次加以考虑** 《中国注册会计师审计准则第1221号——重要性》中指出:注册会计师应当考虑会计报表层次和各类交易、账户余额、列报、认定层次的重要性。报表层次的重要性水平可根据资产总额、净资产、营业收入及净利润等基础的一定比例确定。确定账户和交易层次的重要性水平时,审计人员可将会计报表层次的重要性水平分配到各个账户和交易类别,也可单独确定,此时一般应考虑以下因素:①各账户或各类交易类别的性质及错报或漏报的可能性;②各账户或各类交易重要性水平与会计报表层次重要性水平的关系。

## 四、审计重要性的运用

审计人员在编制审计计划、实施审计以及评价审计结果时,都要考虑重要性。在审计计划阶段,审计人员要考虑重要性以决定所要收集的审计证据的数量和类型,进而设计应执行的审计程序。在审计实施阶段,审计人员为决定所发现的错报或漏报是否足够重要,从而是否作为审计调整或重分类建议向被审计单位提出时,也需要考虑重要性。在审计结果评价时,审计人员必须根据所发现的错报或漏报决定是否需要修正初始重要性水平,进而评价是否已获取了充分适当的审计证据,从而将总体审计风险维持在可接受的水平之下。审计重要性、审计风险和审计证据三者之间的关系如图6-1所示。

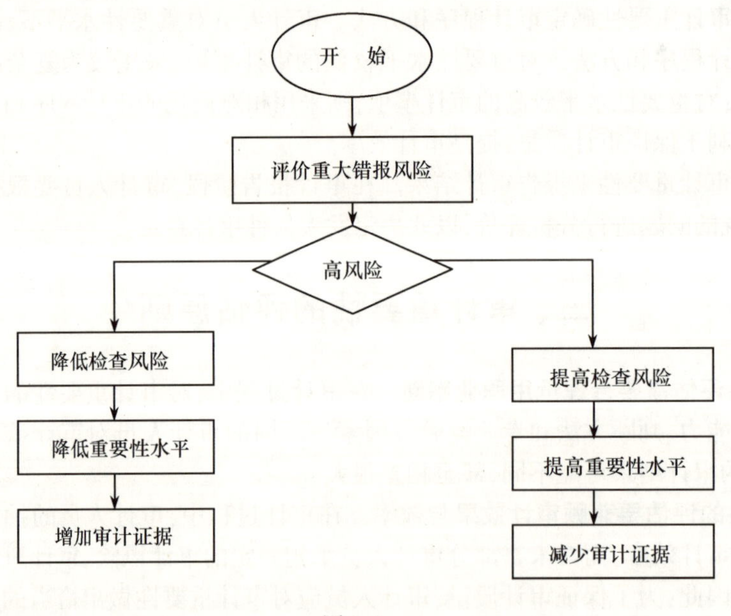


图 6-1

### (一) 审计重要性在计划阶段的运用

在计划阶段,审计人员通常按财务报表层和账户及交易层两个层次对审计重要性水平进行初步判断,即对财务报表中允许出现的错误的上限做出的规定,超过这个上限,错报就是重要的,不能接受。在编制审计计划时,审计人员应使用被认为对任何一张会计报表都重要的最小的错报或漏报的总体水平。

**1. 初步确定财务报表的重要性水平**　财务报表层的重要性水平是指允许财务报表中出现错报或漏报的上限规定。导致错报的主要原因有：①公认会计原则应用有误；②偏离了客观事实；③漏报了必要的信息；④计算或表达有误等。

审计人员通常根据资产负债表日前对重要性进行初步判断。如未完成报表编制，可根据期中报表推算出年终报表，或根据本期情况对上年度财务报表作必要调整，以此作为初步判断财务报表层重要性水平的基础。

(1) 审计人员应弄清与财务报表有关的各种重要性水平。例如，利润表的重要性水平可能与总收入、营业净利、税前净利或税后净利有关，而资产负债表的重要性水平可能是以总资产、流动资产、营运资本或股东权益为基础计算的。

(2) 从数量方面判断重要性水平。国外在实务中常用的参考标准为：总资产的0.5%~1%；净资产的1%；总收入的0.5%~1%；变动百分比根据总资产或总收入两项中较大的一项确定一个变动百分比。

(3) 从性质方面判断重要性水平。某项错报从数量上看可能并不重要，但其情节性质决定了它是重要的。例如，故意错报说明管理不善，但也可能说明有更严重的问题，也应视为重要错报。

(4) 根据企业规模大小，对每张报表确定一个重要性总体水平，即确定允许财务报表出现错误的上限数。

**2. 初步判断账户和交易的重要性水平**　账户和交易的重要性水平是允许某账户出现错报或漏报的上限规定。财务报表是以各个账户为依据编制的，每个账户都可能出现错误，但单个账户出现的错误不能用财务报表层次的重要性水平来评价，否则，就是允许每个账户出现较大的错误，就会导致更大的汇总错误。

账户和交易的重要性水平可以单独确定，也可以采取分配法确定。分配法的原理是将财务报表层的重要性水平分配到各个账户。分配法的步骤是：

(1) 选择分配的对象。企业的资产负债表和损益表之间有密切联系，只需选择其中一张表分解。由于资产负债表是审计人员最注重审查的财务报表，通常以该表为分配的对象。由于许多错误对两张报表都有影响，所以分配基数应采用较低的初步判断重要性水平。

(2) 将重要性水平分配到各个报表项目及账户。

在分配时应考虑以下因素：

(1) 发生额或余额较大或容易出错的账户和交易，分配的重要性水平初步判断数应当大一些，反之则较小。

(2) 账户或交易的可容忍误差越低，则分配的重要性水平初步判断数越低。

(3) 账户或交易的性质越复杂，出错的可能性越大，分配的重要性水平初步判断数越大。

(4) 除考虑账户和交易的可容忍误差外，还应考虑审查和验证该账户或交易可能要花费的成本。审计成本越高，则可以忽略的问题越多，可容忍的错误越大，分配的初步判断重要性水平可以大一些，反之应小一些。

(5) 考虑账户和交易与财务报表之间以及各账户和交易之间的关系。由于某一项错误可能涉及多个账户和交易，此时，应采用这些账户和交易中最小的重要性水平初步判断数来评价这项错误。

在对重要性水平进行初步判断时,通常应考虑以下诸因素:

(1) 以前的审计经验。如果以前的审计中所使用的重要性水平较为适当,审计人员可以以此为依据,并考虑被审计单位经营业务和环境的变化,加以适当调整和修正,作为本年度确定的重要性水平。

(2) 有关法规对财务会计的要求。由于有关法规对企业财务报表的编制可能存在特别的要求。审计人员在审计过程中,应视具体情况谨慎判断重要性水平。

(3) 被审计单位的经营规模及业务性质。规模不同的企业,其重要性水平也不同,对于规模大的企业来说,其重要性水平的绝对值一般比规模小的企业大,其相对值一般要比规模小的企业小。

(4) 内部控制与审计风险的评估结果。如果被审计单位的内部控制较为健全,可信赖度高,则可以将其重要性水平定得高点,以节省审计成本。由于重要性水平与审计风险成反向关系,如果审计风险评估为高水平,则意味着重要性水平较低,审计人员应收集较多的审计证据,以降低审计风险。

(5) 财务报表各项目的性质及其相互关系。财务报表各项目的重要程度是有差别的,一般来讲报表使用者对流动性较高的项目更为关心,对此审计人员应当从严制定重要性水平。

(6) 财务报表各项目的金额及其波动幅度。审计人员在确定重要性水平时,应当深入研究报表各项目的金额及其波动幅度,因为这些金额及其波动幅度可能成为报表使用者做出反应的信号。

### (二) 审计重要性在评价结果时的运用

(1) 评价审计结果时运用的重要性水平。在审计计划和审计结果评价阶段,重要性水平可能不一样。因为随着对被审计单位了解的深入或者环境的变化,被审计单位的实际财务状况或经营成果可能不同于计划阶段的预测,此时,初步评估的重要性水平就应当改变。

(2) 汇总错报或漏报。在报告阶段,审计人员应当汇总错报或漏报,汇总时应当包括已发现的错报或漏报和推断的错报或漏报。前者指在实质性测试中发现的尚未调整的错报或漏报;后者指通过分析程序或审计抽样估计的尚未调整的错报。此外,还应考虑期后事项的影响。

如果汇总的错报或漏报超过了重要性水平,审计人员应考虑两种措施:一是扩大实质性测试范围,以进一步确定汇总数是否重要;二是提请被审计单位予以调整。如果被审计单位拒绝调整,或者扩大实质性测试范围后,错报或漏报的汇总数仍然超过重要性水平,则审计人员应当考虑发表保留意见或否定意见的审计报告。

# 第2节 审计风险

## 一、审计风险的概念、特征及成因

### (一) 审计风险的概念

风险的内涵极为丰富和广泛。一般意义上的风险是指出现坏的结果和损失的可能性,它是"主观"与"客观"的偏离。审计风险作为审计活动的产物,也是一种主观与客观的偏离。美国 AICPA 将审计风险定义为:"对存在重要错报的财务报告,审计人员可能无意识地没能对他们的审计意见做出适当调整的风险。"我国新颁布的《中国注册会计师审计准则第1101号——财务报表审计的目标和一般原则》对审计风险(audit risk)给出了一个类似的定义:"财务报表存在重大错报而注册会计师发表不恰当审计意见的可能性。"审计人员发表不恰当意见分为两种情况:一是注册会计师认为是重大错报的会计报表不能接受,但实际上是公允的,称为误拒风险;二是注册会计师认为是公允的会计报表可以接受,但实际上存在重大错报,称为误受风险。实际操作中,审计人员一般只考虑误受风险。对误拒风险一般认为不可能发生,因为被审计单位会对该审计意见提出异议。这通常在审计人员出具审计报告之前追加审计程序,进一步取得证据,即可消除。

由于注册会计师是根据验证每个账户余额所获得的证据,对会计报表整体发表意见,所以,重要的就在于控制各账户余额的审计风险,以便在审计结束时对会计报表整体发表审计意见的审计风险保持在一个适当的水平。

### (二) 审计风险的特征

审计风险既有风险的一般特征,又具有自身的特点。审计风险的特点主要有以下几点:

**1. 客观性** 由于审计风险形成的条件是客观存在的,所以,风险的发生是必然的,不可避免的。它独立于人的意识之外,不以人的意志为转移,人们不能完全消除它,只能通过各种手段改变风险存在和发生的条件,降低其发生的频率和减少损失程度。

**2. 复杂性** 复杂性表现为审计风险形成的原因和形成过程是复杂的。审计风险形成的原因既有客观原因,又有主观原因;审计风险存在于审计过程的每一个环节,审计过程中任何一个环节的疏忽,都可能导致审计风险。因此,审计风险贯穿于审计全过程的始终。

**3. 潜在性** 审计风险在内涵上是必然的,但对于一个具体的审计事项,其存在的具体时间、空间和形式是潜在的。另外,审计风险带来的后果也是潜在的,只有当审计人员被追究失误责任,并承担风险损失时,才表现为一种现实性。

### (三) 审计风险的成因

审计风险形成的原因很多,归纳起来可以把它们分为客观原因和主观原因两方面。其客观原因主要有以下几方面:

**1. 现代审计对象的复杂性和审计内容的广泛性** 现代审计的对象十分复杂,表现为企业规模的不断扩大和生产经营的多样化。企业规模的扩大和生产经营的多样化,使审计内容的扩展也日趋复杂,会计信息系统中出现错弊的可能性也随之增加,而且这种错弊很容易被大量的其他信息所掩盖,在抽样审计中不被发现的可能性相当大。因此,审计对象越复杂,审计内容越广泛,为审计带来更多困难,审计人员得到正确审计结论的难度就越大,从而,审计风险越大。

**2. 审计报告的影响范围和影响程度** 市场经济的发展和审计地位的提高,人们对审计报告的依赖程度以及审计报告的影响范围在不断扩大。随着资本市场迅速发展,证券市场也空前活跃,不仅政府、投资人、债权人对审计报告给予了极大关注,而且潜在投资人也对审计鉴证后的会计信息表示极大关注,他们越来越依赖于对已审计过的财务报表进行决策。

因此,审计报告的影响范围越广,影响程度越深,人们对审计结论正确性与否的敏感性越大,从而相应提高了审计风险。

**3. 被审计单位外部和内部的经营环境** 被审计单位面临的经济环境、经营活动性质、管理人员的素质等都会对企业的经营风险产生影响,尤其是处在激烈的市场竞争环境中,经营不善或市场的意外变化,会造成企业持续经营的不确定性,从而影响审计风险。企业内部控制的强弱也是审计风险的成因之一,如果被审计单位内部控制系统的某个环节不健全或存在薄弱环节,则可能增加错弊的可能性,这为审计人员发现错弊增加了难度,使审计风险增大。这也是现代审计首先要对企业内部控制制度全面评估的理由。

形成审计风险的主观原因主要体现在以下几方面:

**1. 审计人员专业能力不强** 审计是一个需要运用知识和经验进行判断的职业,审计人员判断力的强弱直接关系到审计人员的从业质量。审计人员只有具备相当的专业知识,丰富的实践经验和较强的判断力,才能从复杂的审计对象中收集到充分、适当的审计证据,作出正确判断,形成审计结论。由于客观环境在不断变化,审计内容趋于复杂和广泛,审计人员的经验和能力又是有限的,因而审计人员可能会在审计工作中作出错误判断,形成审计风险。

**2. 审计人员责任心不强和职业道德水平不高** 审计作为一种公正性的社会中介服务行业,要求审计人员具有高尚的品德,正直的人格,一丝不苟的责任感和应有的职业谨慎。如果审计人员责任心不强,马马虎虎,职业道德意识差,则会影响审计质量,造成很大的工作失误。因此,审计人员的工作责任心和职业道德水平直接影响审计风险的大小。

**3. 审计方法存在缺陷** 现代审计广泛采用抽样技术,这样审计结果必然带有一定的误差。如果抽样方法和抽样规模不当,则抽样审计误差就会更大。另外,国外普遍采用制度基础审计和风险基础审计模式。我国实际工作中,采用账项基础审计比较普遍,判断抽样技术运用也较广泛。因此,审计方法存在的缺陷使审计风险水平大大提高。

## 二、审计风险的组成要素及其相互关系

审计风险可进一步分解为两个基本的构成要素:重大错报风险(risk of material misstatement,MMR)和检查风险(detection risk,DR)。《中国注册会计师审计准则第1101号——财务报表审计的目标和一般原则》的第十七条定义了审计风险的这两个构成要素。

### (一)重大错报风险

重大错报风险是指财务报表在审计前存在重大错报的可能性。在设计审计程序以确定财务报表整体是否存在重大错报时,注册会计师应当从财务报表层次和各类交易、账户余额、列报认定层次方面考虑重大错报风险。

认定层次的重大错报风险可以进一步细分为固有风险和控制风险。

固有风险的定义附有理论上的假定——没有或不考虑实际存在的内部控制,某一认定发生重大错报的可能性,无论该错报单独考虑,还是连同其他错报构成重大错报。这种假设有助于审计人员更清楚地认识审计范围中某些项目的风险大小。例如,在没有或不考虑内部控制的情况下,盗窃现金比盗窃设备的可能性要大得多。

**1. 固有风险的特点** 固有风险的特点有:①固有风险源于被审计单位自身的生产经营特点、业务性质、工作人员的素质等,与审计人员的工作无关;②审计人员只能评估固有风险,无法控制和影响固有风险水平;③固有风险水平与账户和业务性质相关,不同业务其固有风险水平不同;④固有风险水平受被审计单位外部经营环境的间接影响。

**2. 固有风险的评估** 审计人员评估固有风险时,要了解哪些因素影响固有风险的水平。影响固有风险的因素可分为两类:第一类因素与会计报表的层次有关,第二类因素与账户余额层次有关。

(1) 与会计报表层次有关的因素有:

1) 业务性质。业务性质越复杂,固有风险越大,反之,固有风险越小。

2) 外部经营环境。被审计单位外部经营环境发生变化,可以导致被审单位的固有风险增大。例如,竞争加剧、需求改变、税率和政策、法规的变化等。

3) 管理人员的正直性和能力。管理人员正直、诚信度越高,固有风险越小;反之,则大。管理人员的管理能力越高,固有风险越小;反之,则大。

4) 管理人员的变动情况。管理人员,特别是财务人员的变动越频繁,固有风险越大;反之,则小。

5) 管理人员遭受的异常压力。管理人员遭受的异常压力越大,固有风险越大;反之,则小。例如,被审计单位负债率太高,银行威胁收回贷款;上市公司已连续两年遭受严重亏损,面临着被摘牌的危险等。

(2) 与账户余额层次有关的因素有:

1) 容易产生错报的会计报表项目。例如,会计报表项目中,待摊费用、预提费用、递延资产、产品销售成本、其他应收款、其他应付款等较易产生错报,与之相关的固有风险也较大。

2) 会计处理程序中容易被漏记的事项。例如,销售退回及折让、应收、应付利息的计提、按权益法核算的长期投资损益等,在正常的会计处理程序中被漏记的可能性较大,固有风险也较大。

3) 容易遭受损失的资产。例如,现金、有价证券、畅销存货,若缺乏有效的内部控制,则容易遭受损失,因而,固有风险相对较大。

4) 需要运用估计和判断的事项。例如,坏账准备、无形资产摊销、存货跌价损失准备、或有损失等账户金额的确定,需要会计人员大量运用估计和判断,出错的概率较大,固有风险也相应较大。

5) 关联者交易。由于关联者交易的双方不相互独立,出现错误的可能性较大,因而,固有风险较大。

审计人员在综合评估上述因素后,就可为审计项目的各部分确定一个适当的固有风险水平。固有风险的计量存在很大的主观性,职业界尚未建立评估固有风险的具体标准。目前,大多数审计人员采取如下做法:即在各种情况都比较好,出现重要错误的可能性较小的情况下,固有风险水平定在大大高于50%;若有某种迹象表明有可能出现重要错误,应当将固有风险水平定为100%,以降低最终的审计风险水平。

控制风险是指实际运行的内部控制,由于本身的缺陷未能及时防止或发现会计报表中某项错报或漏报的可能性。同固有风险一样,审计人员只能评估控制风险的水平,而不能影响或降低风险的大小。

**1. 控制风险的特点** 控制风险具有以下的特点:①控制风险水平与被审计单位的控制水平相关。即:如果被审计单位的内部控制存在重要的缺陷或不能有效地实施,那么错弊就会进入被审计单位的财务报表系统,由此产生控制风险;②控制风险是审计过程中一种独立的风险。这种风险与固有风险的大小无关,只要内部控制存在缺陷,控制风险必然存在,也必然会影响最终的审计风险;③控制风险与审计人员的工作无关。审计人员无法改变控制风险,但可以根据被审计单位内部控制的健全性和有效性的评价,合理设定一个控制风险的水平,以确定审计查证的重点和规模。

**2. 影响控制风险水平的因素** 控制风险的大小,受两方面因素的制约:一是内部控制的设计;二是内部控制的运行。一般来说,控制风险与内部控制的健全性和有效性成正比。内部控制设计越健全,运行越有效,控制风险水平越低。

**3. 控制风险水平的评估** 是通过对内部控制的控制测试来完成的。通常包括以下步骤:①了解内部控制;②初步分析控制风险水平;③进行控制测试;④评估控制风险水平。

由于固有风险和控制风险不可分割地交织在一起,有时无法单独进行评估,审计准则通常不再单独提到固有风险和控制风险,而是把两者合并称为"重大错报风险"。

### (二) 检查风险

检查风险是指审计人员运用实质性测试程序后未能发现会计报表中实际存在的重大错误或漏报的可能性。检查风险是审计风险要素中唯一可以由审计人员进行控制和管理的风险要素。

**1. 检查风险的特点**

(1) 检查风险是不受固有风险和控制风险的影响而独立存在于审计过程中的一种风险。检查风险是审计风险的独立变量,任何一个环节的失误,都会导致检查风险产生。

(2) 检查风险与审计人员工作的有效性直接相关。检查风险与固有风险和控制风险不同,它的实际水平与审计人员的工作有关,它是唯一能够通过审计人员的主观努力加以控制的风险。

(3) 检查风险直接影响最终的审计风险。固有风险和控制风险对最终的审计风险的影响是间接的,因为即使存在固有风险和控制风险,其产生的后果最终可以通过审计人员的工作予以克服。但是,若审计人员不能发现存在的错弊,这些问题最终存在于报表之中,造成会计报表的错报或漏报。所以检查风险直接引起审计风险。

**2. 影响检查风险的因素** 检查风险的大小直接与审计人员的工作密切相关。影响检查风险的因素始终存在于审计过程之中。检查风险主要受以下因素的影响:

(1) 委派的审计人员。如果委派的审计人员知识水平和业务能力与审计项目要求相差甚远,他们不能及时发现会计报表中存在的错报或漏报,就会造成检查风险。

(2) 审计计划。在审计工作进行之初,要制订审计工作计划。科学的审计工作计划可以使整个审计过程得到有效的控制,减少失误。若审计计划失当,则易造成检查风险。

(3) 审计证据。审计证据的取得要适当。审计证据取得的适当与否,取决于:①审计人员所采用的审计方法,不同的审计证据要用不同方法去取得;②审计证据的数量,高风险的审计项目所需的审计证据数量就多;③审计证据的证明力。

(4) 固有风险和控制风险的评价。如果固有风险和控制风险评价不当,尤其是当评价过低时,将使审计人员可接受的检查风险提高,从而使审计人员没有执行足够的实质性测试程序,进而导致审计结论的偏差。

**3. 检查风险的评估** 从定性的角度看,审计风险的两个构成要素之间不是孤立存在的,而是相互联系、相互作用的,主要体现在:

(1) 审计风险各要素是相互独立的,是审计风险形成的两个不同的环节。

(2) 审计风险各要素的排列是有序的,其发生的顺序依次是重大错报风险和检查风险。

(3) 审计风险各要素只有同时发生才会构成审计风险,审计风险是各要素共同作用的结果,假如其中一个要素不存在,审计风险也就不存在。

(4) 审计风险各要素与审计人员的关系不同,审计人员对于重大错报风险只能评估而不能控制,审计人员只能根据对重大错报风险的评估水平来控制检查风险。

(5) 审计风险各要素之间存在如表6-1所示的变动关系,即在既定的审计风险水平下,可接受的检查风险与认定层次重大错报风险的评估(包括固有风险的评估和控制风险的评估)成反向关系。

**表6-1 审计风险各要素之间的变动关系**

| 审计人员对报表层次重大错报风险的评估 | 审计人员对认定层次重大错报风险的评估 | | |
|---|---|---|---|
| | 高 | 中 | 低 |
| | 审计人员可接受的检查风险 | | |
| 高 | 最低 | 较低 | 中等 |
| 中 | 较低 | 中等 | 较高 |
| 低 | 中等 | 较高 | 最高 |

从定量的角度看,总体审计风险可以看成是重大错报风险和检查风险的联合概率,如下所示:

$$总审计风险=重大错报风险\times检查风险$$

由于认定层次的重大错报风险由固有风险和控制风险构成,所以审计风险模型可进一步表示为:

$$审计风险=重大错报风险\times检查风险=固有风险\times控制风险\times检查风险$$

在风险确定的过程中,审计人员必须事先界定可容忍的总审计风险水平,然后根据这一总水平来界定固有风险和控制风险的水平,最后界定检查风险的水平。根据审计风险三要素的关系式,在总审计风险的水平确定的情况下,可以通过公式将检查风险推算出来:

$$检查风险=\frac{总审计风险}{重大错报风险}\times100\%$$

例如,审计人员将总审计风险确定为5%,根据经验和对内部控制的研究,将重大错报风险评估为50%,则检查风险为10%。这表明,审计人员只有把审计过程中未发现而导致错报或漏报的可能性限制在10%以下,才能达到降低审计风险的预期目标。

检查风险与所需的审计证据数量也是反向关系。检查风险水平越低,限制检查风险达到这一水平所需的审计证据数量就越多;反之,则越少。检查风险的高低,直接决定实质性测试的性质、时间和范围。

审计人员将依据其可接受的检查风险水平实施实质性测试。图 6-2 描述了错误、舞弊和审计风险的分析讨论。

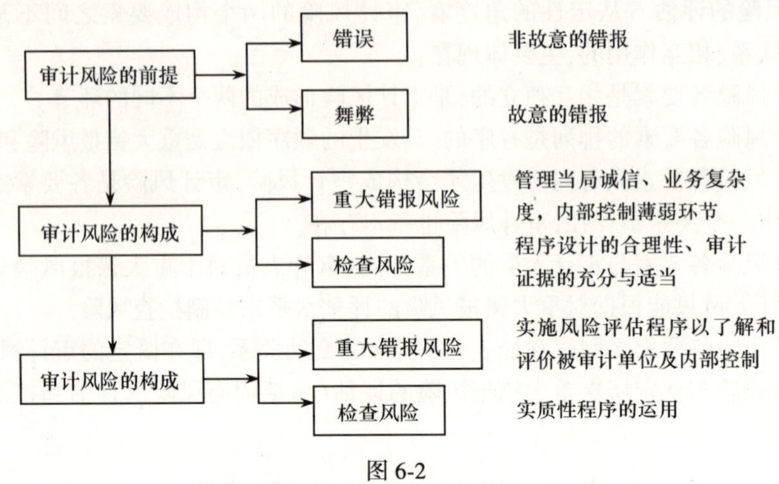


图 6-2

## 三、审计风险模型的运用

审计风险要素之间的关系：即“审计风险 = 重大错报风险×检查风险”构成审计风险模型。审计风险模型主要运用于审计计划和审计证据决策。

**1. 评价某项审计计划制定的合理性** 审计风险模型表明：审计风险是由固有风险、控制风险、检查风险发生综合效应的结果。在总审计风险一定的条件下，这三种风险为此消彼长关系。这为制定合理的审计计划提供了可能性。例如，在某项审计计划中，审计人员确定的重大错报风险为 50%，检查风险为 10%。经计算，则总审计风险为 5%（0.5×0.1）。若审计人员认为该项目可接受的总审计风险不大于 5%，则该项审计计划是合理的。

**2. 评价审计证据数量的适当性** 续上例，假定审计人员把总风险水平定为 6%，按模型计算，则检查风险为 12%（0.06÷0.5），此时，应修改原审计计划，减少证据数量。因为不必收集与检查风险 10% 相应的证据数量，而只需收集与 12% 的检查风险相一致的证据数量即可。

## 四、审计风险的控制

从审计工作程序来说，审计风险的控制涉及审计项目全过程的每个阶段，涉及参加审计项目的全体人员和其工作的所有内容。因此，审计风险的控制可以与审计工作程序结合起来，将审计风险控制置于具体审计工作之中。

### （一）准备阶段审计风险控制

**1. 做好审前准备和调查** 做好法律法规准备、资料信息准备、物资准备等，争取审计工作开局的主动。审计前，要调查了解被审计单位的基本情况，明确审计的范围、内容、重点和方法,使审计工作具有针对性。调查中,重点要合理评估客户的风险,根据风险评估情况,决定是否接受客户和签订业务约定书。若接受客户,签订审计业务约定书,则必须按照《中国注册会计师审计准则1111号——审计业务约定书》的要求办理。

**2. 选派合适的审计人员,强化分工负责制**　接受客户后,就要选择适当数量并能胜任工作的审计人员组成审计小组完成审计任务。选派审计人员组成审计小组时,应考虑审计的具体情况,审计任务的繁简程度,审计人员的专业特长,尤其要强调审计项目负责人的基本素质要求。

派出的审计小组实行审计组长负责制,其他成员在组长领导和协调下开展工作;审计组长应明确审计人员分工及对各自分担的工作所负的审计责任。

**3. 制定科学、合理的审计计划**　审计组一旦接受审计项目,必须对审计项目作出详细的计划。审计计划对实际审计工作起着总体规划和指导作用,是审计人员执行具体审计业务的指南,它可以帮助审计人员避免审计实施的随意性,及时有效地收集充分的审计证据,使审计意见建立在坚实的基础上。因此,科学合理的审计计划能保证审计工作质量,降低审计风险。

### (二) 实施阶段审计风险控制

(1) 实行双重承诺制,区分会计责任和审计责任。实行双重承诺制,要求双方就其承担的责任作出书面承诺(或声明书),即被审计单位向审计组签署会计资料和有关事项承诺书,保证其会计报表的编制和提供的资料真实、合法、完整。审计组向审计机构签署审计质量承诺书,保证审计工作客观、公正,不发生有悖于法律法规和职业道德的行为。双重承诺制有利于明确各自的责任,保证审计质量,控制审计风险。

(2) 收集充分、可靠的审计证据。审计证据是审计工作的核心,审计工作的质量很大程度上取决于审计证据的质量;检查风险的大小也主要取决于审计证据的充分性和可靠性。因此,审计人员在审计实施过程中应收集充分、可靠的审计证据,它是保证审计意见正确的基础,是审计人员进行风险控制的关键。

(3) 合理运用审计方法。审计中要选用与被审事项相适应的审计方法,并注意方法本身存在的局限性;各种方法的运用应保持应有的职业谨慎;同时,方法的选择运用要注意定性与定量分析相结合,理论分析与实际检验相结合,指标分析与非指标分析相结合,内查与外调相结合,做到各方法互补互益,最大限度降低审计风险。

(4) 规范审计工作底稿。审计工作底稿的规范包括底稿格式的规范化、编制的规范化和审核的规范化。在审计过程中,审计组应对审计工作底稿编制、审核作出明确要求,严格执行《中国注册会计师审计准则第1131号——审计工作底稿》的规定,并注意底稿的适时检查,对不合规的审计工作底稿要返工。对重要审计项目关键环节的调查取证,要编制详尽的审计工作底稿,并安排专人负责把关。总之,规范审计工作底稿是控制审计质量的重要基础。

### (三) 报告阶段审计风险控制

**1. 严格执行审计报告准则**　《中国注册会计师审计准则1501号——审计报告》对审计报告的编制和出具作出了规范。要控制审计报告风险,审计人员编写和出具审计报告时,要严格遵循审计准则规定的形式、结构和内容。同时,编制审计报告要按程序进行,要符合编制的基本要求。

**2. 仔细复核审计工作底稿** 审计人员在现场工作中收集的证据零散地存在于审计工作底稿中,审计小组负责人在编写审计报告前必须对审计工作底稿进行仔细的检查、复核和分析,看其是否达到审计计划的要求,获取证据是否充分适当,引用资料是否翔实可靠,并做好复核记录,作为形成审计意见的基础。

**3. 严格审定审计报告** 为保证审计质量,审计报告编制完成后,经过严格的审定是十分必要的。为了做好审计报告的审定工作,审计机构应制定出实用有效的审定制度,对审计报告进行多层次的审定,层层把关,减少审计风险。

### (四) 审计风险控制的其他措施

**1. 加强制度建设,实施内部管理制度控制** 内部管理制度具有约束性,可以促使审计人员照章办事。以管理制度作为控制手段,可以将业务控制与行政控制结合起来。审计机构应建立的内部管理制度主要有:岗位责任制、业务轮换制、复核稽查制、业务回避制、奖惩制度等。

**2. 采取各种措施,提高审计人员素质** 审计风险的高低,在很大程度上取决于审计人员个人素质的高低。具有良好素质的审计人员,能够较好地完成审计任务,降低审计风险。对录用的审计人员,在业务和实际操作能力上必须达到起码的要求;对在岗的审计人员要不断进行职业轮训,定期进行业务考评,加速知识更新,适应审计工作发展的需要。

**3. 严格考核和评价审计质量** 建立审计质量考核评价指标体系,对审计质量进行科学、严格的评价和考核,可以有效地督促审计机构和审计人员自觉遵守审计准则的规定,保证审计质量,降低审计风险。

**4. 发挥行业主管部门的作用** 财政部门或会计师协会应采取适当的措施,降低审计风险。例如,开展普法教育,提高注册会计师行业的法律意识;开展审计理论研究,制定相关准则;加强审计质量的监管等。通过采取适当的措施,降低审计风险,以利于注册会计师行业的健康发展。

## 本章小结

审计重要性是指被审计单位会计报表中错报或漏报的严重程度,这一程度在特定环境下可能影响会计报表使用者的判断或决策。从本质上说,重要性是一个临界点,超过这个临界点的错报将会对报表使用者的决策产生影响。重要性的评估需要从财务报表和交易账户两个层次进行考虑。

审计风险是指财务报表存在重大错报而审计人员发表不恰当审计意见的可能性;是一种不可完全避免的客观存在,但又是可以适当控制的;是由审计人员的非故意行为引起的,存在于审计过程的各个阶段。审计风险的形成既有主观方面的原因,又有客观方面的原因。审计风险由重大错报风险和检查风险构成,它们共同构成了审计风险模型的要素。其中,重大错报风险是指财务报表在审计前存在重大错报的可能性;检查风险是指某一认定存在错报,该错报单独或连同其他错报是重大的,但审计人员没有发现这种错报的可能性。

审计风险模型可表示为:

总审计风险=重大错报风险×检查风险=固有风险×控制风险×检查风险

## 案例

根据分工，审计人员李某负责A公司的销售交易及相关账户，下面是李某就销售交易完整性评价控制风险水平的过程。

（1）李某首先了解被审计单位及其环境，以此来识别和评估可能存在的错报风险。了解的主要情况有：

A. 被审计单位的主要业务活动在生物工程；

B. 公司重要管理人员变动比较频繁；

C. 公司营运资本不足；

D. 公司管理层预计实现年收入增长30%，很有希望实现；

E. 会计人员加班加点频繁，人员疲劳。

据此，李某认为该公司有较高的固有风险。

（2）了解内部控制的情况如下：公司现金存款的控制无效，有货物运送凭证没有销售发票。据此，李某认为该公司有较高的控制风险。

（3）为了查明销售交易的完整性认定，李某分析了其中可能存在的潜在错报，实施了相应的控制，并指出了可能的控制测试程序，如表所列。

| 潜在的错报 | 必要的控制 | 可能的测试 |
|---|---|---|
| 运送的货物可能没有开单 | 运送与开单应分工负责 | 观察责任分工 |
| | 运送凭证应预先编号并说明用途 | 审查预先编号的凭证 |
| | 每张运送凭证都有相应的销售发票 | 审查运送凭证与销售发票的配合情况 |
| 已开单的销售可能没有记账 | 销售发票应预先编号 | 审查预先编号的销售发票 |
| | 销售发票按编号顺序记账 | 依此审查记录销售的账簿 |
| 已开单的销售可能没有记入应收账款分类账 | 各类账户分工负责 | 观察责任分工情况 |
| | 应收账款每日过账数额与每日销售汇总的检查应独立进行 | 审查独立检查的情况 |
| | | 重新执行独立检查 |

（4）制定关于销售交易完整性的控制测试方案。

| 工作底稿索引号 | 销售交易完整性认定——控制测试 | 执行 | |
|---|---|---|---|
| | | 审计人员 | 日期 |
| | 1. 检查销售收入明细账与销售发票编号的一致性<br>2. 查找应收账款每日过账数额与每日销售汇总进行检查的证据<br>3. 观察、询问执行独立检查的人员<br>4. 重新执行一些独立检查<br>5. 观察运送与开单、记录与过账之间的责任分工<br>6. 审核运送凭证与销售发票的配合情况 | | |

（5）李某实施控制测试后，收集到了相应的审计证据，据此对销售交易完整性认定的控制风险进行了评价，并将评价过程记录如下：

客户：A 公司

20××年×月×日　　　　　　　　　　　　　　　　　　　　编制人：××日期：××

控制风险评价——销售交易认定　　　　　　　　　　　　　　复核人：××日期：××

一、权利或义务

二、完整性

有关销售完整性的内部控制，主要与计算机打印的各自独立的销售订单、装运单、包装单和销售发票有关。××年9月1日和9月2日分别同应收账款管理员和发运人员进行了讨论，了解到从发出订单到发运活动通常需要两周时间，但是很少有一张不相配的装运单或包装单存留在不相配凭证的报告里，即使存留，时间也很少超过两天。通过抽查几天内不相配凭证的报告，发现装运单或包装单在外流通的时间最长为两天，从而佐证了询问的结果。此外，还从这些报告选出若干笔交易，追查至所依据的凭证，没有发现"例外"情况。

根据对证据事项的审查，同时考虑对应收账款管理员及发运人员的询问证据以及其他证据，可将控制风险评价为低于最高水平。

思考：

a. 上述了解的 A 公司及其环境的情况中，哪些属于固有风险，哪些属于控制风险，对财务报表认定有何影响？

b. 对内部控制了解到的情况，可能影响哪些财务报表认定，存在哪些错报风险？

c. 评价控制风险水平需要哪些工作步骤？

d. 如何评价控制风险水平的高低？

## 思考题

1. 什么是"审计重要性"？审计重要性的特征和作用有哪些？
2. 审计重要性在什么情形下运用？说说运用审计重要性的基本步骤。
3. 会计报表层次和账户层次重要性水平确定应考虑哪些因素？
4. 简述会计报表层次重要性水平的判断基础和计算方法。
5. 账户层次重要性水平如何确定？
6. 说说审计重要性与审计证据、审计风险之间的关系。
7. 简述审计风险的概念及组成要素。
8. 简述固有风险、控制风险和检查风险的特点及影响因素。
9. 审计风险如何控制？

## 练习题

### 一、判断题

1. 账户层次的重要性水平就是实质性测试的可容忍误差。（　　）
2. 一般来说，金额大的错报或漏报比金额小的错报或漏报更重要。（　　）
3. 审计人员应当选择各财务报表中最高的重要性水平作为财务报表层次的重要性水平。（　　）
4. 对于出现错报或漏报可能性较大的账户或交易，可以将重要性水平确定得高一些，以节省审计成本。（　　）
5. 审计人员如果想要使发表的审计意见有 98% 的把握，那么审计风险便为 2%。（　　）
6. 重大错报风险的水平越高，审计人员可接受的检查风险水平越高。（　　）
7. 初步评估的重大错报风险水平越低，审计人员就应获取越少的关于内部控制设计合理和运行有效的证据。（　　）

## 二、单选题

1. 审计人员在运用重要性原则时,应当考虑(　　)
   A. 财务报表的金额和性质　　B. 错报或漏报的金额和性质
   C. 账户或交易的金额和性质　　D. 审计收费的金额和性质
2. 如果审计人员确定的重要性水平较低,则(　　)
   A. 审计风险就会增加　　B. 审计风险就会减少
   C. 固有风险就会增加　　D. 控制风险就会减少
3. 在审计风险的组成要素中,审计人员能够控制的是(　　)
   A. 重大错报风险　　B. 控制风险
   C. 检查风险　　D. 抽样风险
4. 审计人员可接受的审计风险为5%,评估被审计单位的重大错报风险为40%,则检查风险为(　　)
   A. 20%　　B. 70%
   C. 95%　　D. 12.5%
5. 不论重大错报风险的评估结果如何,审计人员都应对各重要账户或交易类别进行(　　)
   A. 详细审计策略　　B. 抽样审计
   C. 实质性测试　　D. 控制测试

## 三、多选题

1. 在审计过程中,需要运用重要性原则的情形有(　　)
   A. 签订审计业务约定书　　B. 商定审计收费
   C. 确定审计程序的性质、时间和范围　　D. 安排审计人员
   E. 评价审计结果
2. 审计人员在审计过程中考虑的重要性包括(　　)
   A. 财务报表层次　　B. 凭证层次
   C. 账户和交易层次　　D. 业务经营层次
   E. 账务管理层次
3. 审计人员对重要性水平作出初步判断时,应当考虑(　　)
   A. 有关法规对财务会计的要求　　B. 被审计单位的经营规模及业务性质
   C. 内部控制与审计风险的评估结果　　D. 财务报表各项目的性质及相互关系
   E. 财务报表各项目的金额及其波动幅度
4. 审计人员应当合理选用重要性水平的判断依据,包括(　　)
   A. 资产总额　　B. 净资产
   C. 营业收入　　D. 净利润
   E. 净负债
5. 审计风险的组成要素包括(　　)
   A. 经营风险　　B. 重大错报风险
   C. 控制风险　　D. 检查风险
   E. 财务风险

# 第7章 内部控制及重大错报风险评估

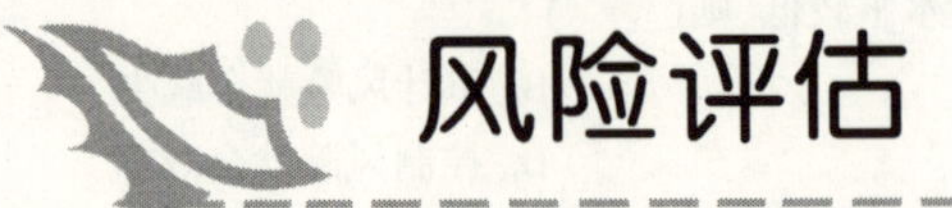

**学习目的**

本章主要阐述内部控制的内容与形式，以及重大错报风险的评估。通过本章学习，应当掌握：内部控制的产生和发展；内部控制整体框架及构成要素；内部控制的主要内容与基本形式；内部控制描述的基本方法；控制测试的概念及方法；重大错报风险的概念和评估过程。

## 第1节 内部控制概述

### 一、内部控制的产生与发展

内部控制作为企业为对生产经营活动实施有效控制而在企业内部实施的一系列方法、手段，其产生与发展有着悠久的历史。

内部控制的产生最早大致可追溯到复式簿记方法的产生。复式簿记方法能够自动地验证会计记录的正确性，实现对会计记录正确性以及财产物资安全的控制，它具有明确的控制目的，同时又具有一系列科学的控制措施和方法。具体表现在：

(1) 复式簿记方法要求每一项经济业务必须在两个或两个以上的账户中以相同的金额登记，从而具有自动检验会计记录错误的功能。

(2) 复式簿记录既要求总分类账和明细分类账平行登记，及期末相互核对，同样具有自动验证发现记账错误的功能。

(3) 复式簿记方法，要求定期对账面记录的财产物资进行实物清查，从而具有保证财产物资安全完整的控制功能。

在现代管理理论的基础上建立起来的企业内部牵制制度的产生，是现代内部控制形成的基础。内部牵制制度是以组织分工、业务分管为核心的企业内部管理制度。内部牵制制度要求企业内部所发生的任何一笔经济业务必须分别由几个部门和不同的业务人员共同完成。即将一笔经济业务划分为若干相互联系的环节，分别交由几个部门和不同的业务人员来执行。在明确各部门、各业务经办人职责的基础上，实现相互牵制、连环监督的目的，从而能发挥自动检验和及时纠正错误和弊端的控制功能。内部牵制制度的进步在于：进一步明确了分工负责、相互牵制的控制措施，同时在控制对象上也从会计业务扩大到各项主要经济业务及各业务部门。

内部审计纳入内部控制系统，是现代内部控制最终成形的标志。从控制论的观点看内部牵制制度仅是一种缺乏反馈机制的开环系统，其控制功能的发挥受到极大的制约。只有具有反馈机制的闭环控制系统，才是一种有效的控制系统。20 世纪 40 年代初期，内部审计的工作重心开始从审查财务收支的错弊，转向审查和评价管理活动的效率、效果，其中一个重要方面，就是对内部牵制制度运行的有效性进行审查和评价，并将评审的结果及时反馈给管理当局，从而使管理当局（控制主体）及时对内部牵制制度不完善或执行不当的情况进行改进和调整。从而，使内部牵制制度的控制功能得以充分的发挥。这样内部审计成为企业内部控制系统的一个重要组成部分。标志着现代内部控制系统最终形成。

内部控制系统向管理领域的延伸和发展。20 世纪 40 年代以后，随着现代管理科学的发展和现代控制论的出现，作为管理重要职能之一的控制的科学方法日益增多。内部控制系统的控制对象也从原来的保证会计记录正确性和财产物资安全等领域逐步向管理活动本身延伸，于是形成了内部控制系统的新领域——内部管理控制。对管理活动的控制是一项较为复杂的过程，需要几代人的努力方能取得成效。近年来，美国在这方面已取得了初步的成果，如对内部控制的认识已从内部控制制度，发展到内部控制结构及现在的内部控制框架。主要从深度广度方面拓宽了对内部控制的认识，同时在控制方法、措施方面也有一定的发展。

## 二、内部控制的整体框架

美国始终重视内部控制，在理论上不断研究并在实践上持续探索。20 世纪 80 年代以来，美国资本市场上虚假财务报告案频频发生。为此，1985 年美国成立了全国舞弊性财务报告委员会（National Commission on Fraudulent Financial Reporting，即 Treadway 委员会），该委员会所探讨的问题之一就是舞弊性财务报告产生的原因，其中包括内部控制不健全问题。其目的在于对防止和揭发舞弊财务报告的措施提出建议，并强调经营者对财务报告的责任。为监督其建议的实施，该委员会还设立了监管执行委员会和后援委员会（Committee of Sponsouring Organization of the Treadway Commission，COSO）。COSO 在《审计准则文告第 55 号》发布后进行了近 4 年的研究，于 1992 年 9 月公布了由概念、框架、对外部关系者的报告及内部控制的评价手段等四部分构成的研究报告——《内部控制整体框架》。COSO 认定内部控制是为了达到业务的有效性和效率性，财务报告的可靠性以及相关的法律和规章的遵从性等三个方面的目的，旨在提供合理的保证，而由单位的董事会、经营者及其他成员实施的一种过程。

COSO 认为内部控制的构成要素应来源于管理阶层经营企业的方式，并与管理过程相结合，包括控制环境、风险评估过程、控制活动、信息系统与沟通、对控制的监督。其中，控制环境包括治理职能和管理职能，以及治理层和管理层对内部控制及其重要性的态度、认识和措施。风险评估过程包括识别与财务报告相关的经营风险，以及针对这些风险所采取的措施。控制活动是指有助于确保管理层的指令得以执行的政策和程序,包括与授权、业绩评价、信息处理、实物控制及职责分离等相关的活动。信息系统与沟通是指与财务报告相关的信息系统和沟通,前者包括用以生成、记录、处理和报告交易、事项和情况,对相关资产、负债和所有者权益履行经营管理责任的程序和记录,后者包括使员工了解各自在与财务报告有关的内部控制方面的角色和职责、员工之间的工作联系以及向适当级别的管理层报告例外事项的方式。对控制的监督是指被审计单位评价内部控制在一段时间内运行有效性的过程,该过程包括及时评价控制的设计和运行,以及根据情况的变化采取必要的纠正措施。这五项要素是紧密联系的。环境的适宜性是控制有效性的重要条件。控制的有效性在相当大程度上还有赖于风险评估的恰当性、信息的可靠性、沟通的及时性以及对控制的监督的效率性与适当性。它们互相影响,互相支持。

2006 年我国颁布的《中国注册会计师审计准则第 1211 号——了解被审计单位及其环境并评估重大错报风险》中把内部控制分为控制环境、风险评估过程、与财务报告相关的信息系统与沟通、控制活动和对内部控制的监督五个因素,这种划分也体现了"内部控制整体框架"的思想。

## 三、内部控制的概念

上面已提及内部控制有一个产生和发展的历史过程,因此,人们对内部控制的认识及观念的总结——定义也有一个发展过程,以下分别介绍国内外一些有代表性的定义。

(1) 美国职业会计协会在 1949 年发表的题为《内部控制》(*Internal Control*)的小册子中指出:"内部控制是企业为保护财产、检查会计数据的正确性和可靠性,提高经营效率,促进贯彻执行既定的管理政策,而在内部所采取的组织规划和一系列相互协调的方法和措施。"这是最早的对现代内部控制的一种权威性提法。它在相当长的一段时间内被人们所引用。

(2) 最高审计机关国际组织第 12 届国际会议的《总声明》中对内部控制的表述是:"内部控制是指完整的财务和其他控制体系,包括组织结构、方法、程序和内部审计。目的在于帮助企业的经营活动的合理化,且有经济性、效率性和效果性;保证管理决策的正确性;维护资产的安全;保证会计记录的准确和完整,并提供及时可靠的财务和管理信息。"

(3) 1995 年,国际内部审计师协会在《内部审计标准说明》中指出,内部控制是指在一个组织内部设计的管理控制程序,对实现资料的可靠性和完整性,对政策、计划、程序、法律和规定的遵守,对资产的保护、经济有效地使用资源,以及完成所制定的经营或计划的任务和目标等提供合理的保证。

(4) COSO 委员会在其 1994 年修改的《内部控制——整体框架》中对内部控制的定义为:"企业内部控制是由董事会、管理当局和其他员工实施的,目的在于取得经营效果和效率、财务报告的可靠性、遵循适当的法规等目标而提供合理保证的一种过程,应由控制环境、风险评估、控制活动、信息沟通、监督五个方面的内容构成。"这是目前国际上对内部控制概念的权威性提法。

(5)《中国注册会计师审计准则第 1211 号——了解被审计单位及其环境并评估重大错报风险》将内部控制定义为:"内部控制是被审计单位为了合理保证财务报告的可靠性、经营的效率和效果以及对法律法规的遵循,由治理当局、管理当局和其他人员设计和执行的政策和程序”。这是目前国内较具权威的提法。

从上面介绍的几个定义看,人们对内部控制的定义大致包括两方面的内容,一是目的(目标),二是控制手段(或内容)。从控制目标来看,基本上没有大的变化;但从控制手段来看,却发生了较大的变化,反映了人们对内部控制内部结构从简单到复杂的认识过程,标志着人们对内部控制构成内容认识的深化。

## 四、内部控制的目标、构成和要素

### (一) 内部控制的目标

根据我国有关规范及国外有关定义,现代内部控制的目标大致包括以下几个方面:

(1) 规范单位会计行为,保证会计资料真实、完整。

(2) 堵塞漏洞,消除隐患,防止并及时发现纠正错误及舞弊行为,保护单位资产的安全、完整。

(3) 确保国家有关法律、法规和单位内部规章制度的贯彻执行。

(4) 保证业务活动有效进行,并提高经营效果和效率。

以上四个方面,(1)~(3)是企业内部会计控制应实现的目标。我国财政部2001年6月颁发的《内部会计控制规范——基本规范(试行)》对内部会计控制的目标就是这样规定的。(3)及(4)是内部管理控制应实现的目标。可见,会计控制与管理控制二者是密切相关的。

### (二) 内部控制的构成

内部控制的构成从其控制对象的范围分可分为内部会计控制和内部管理控制。

内部会计控制按财政部基本规范的定义是指单位为了提高会计信息质量、保护资产安全、完整,确保有关法律法规制度的贯彻执行等而制定和实施的一种控制方法、措施和程序。可见内部会计控制的控制对象大致包括会计信息系统、财产物资管理系统以及相关业务活动有关的法律法规制定的执行情况。

内部管理控制是指在内部会计控制的基础上,为保证经营业务活动的有效进行并提高经营效果和效率,以及确保适当地执行或遵循与经营管理活动相关的法律、法规、政策、制度规范等而制定和实施的一系列控制方法、措施和程序。

内部会计控制和内部管理控制既有区别又有联系,有时是密切结合在一起的。例如,一项经营业务相关的经营活动,既有会计控制的内容又有管理控制的内容。一般说来,内部会计控制是内部管理控制的基础,只有搞好了内部会计控制,才有可能在此基础上实施管理控制。从我国企业的实际情况看,当前首先要建立和完善内部会计控制,然后才有可能实施和推进管理控制。

内部控制结构从控制手段本身的内容看,按新颁布的《中国注册会计师审计准则》的规定包括控制环境、风险评估过程、与财务报告相关的信息系统与沟通、控制活动和对内部控制的监督五个方面。

### (三) 内部控制的要素

内部控制要素是指内部控制为实现控制目标而采用的一系列方法、手段和措施的具体内容。如前所述它包括控制环境、风险评估、控制活动、信息与沟通和监控五个方面。

**1. 控制环境**(control environment) 是指影响一个单位内部控制的建立、完善与正常动作,从而影响到内部控制有效性的各种因素。任何企业的控制都存在于一定的控制环境之中。控制环境的好坏直接影响到会计系统和控制程序的有效性。如果管理当局高度重视内部控制,对任何背离内部控制的行为及时采取纠正措施,员工就会感知到这一点,并做出反应,尽职尽责遵守企业的各项规章制度。如果员工明白管理当局只是口头说说而已,背离内部控制的情况就会经常发生。具体来说,控制环境包括:管理当局的经营管理观念、方式和风格;单位管理的模式;管理组织结构;划分职责与权力的方法;管理当局用以监督和协调业务经营活动相关的其他外部因素。

**2. 风险评估**(risk assessment) 是指企业为达到目标而对相关的风险进行确认和分析,以构成风险管理的基础。企业风险是指由于外部和内部的因素或压力使得企业目标无法实现,并最终影响企业生存和赢利性的风险。按其对控制目标的影响,可分为影响经营控制目标的风险和影响财务报告目标的风险。前者包括新技术、客户需求或预期的改变、竞争、新法规、自然灾害、经济环境的变化等,后者包括信息处理系统的改变、会计人员的变动、内部审计人员的减少等。

**3. 控制活动**(control activities) 是保证管理当局指令被执行的政策和程序,它们有助于保证已经采取了必要的行动或措施以关注影响企业实现其目标的相关风险。用于防止和发现会计数据错误或舞弊的控制活动有助于会计信息系统编制出可靠的财务报告,这类控制活动一般可归结为以下几种:不相容职责的分离,适当的交易授权,文档记录、批准、验证,对账控制、报告控制、资产保护控制。

**4. 信息与沟通**(information and communication) 指管理当局通过所建立的对经济活动数据进行加工处理的信息系统为经营管理提供信息,并通过该系统实现信息传递的内部控制措施。与审计人员相关的信息系统就是会计信息系统。财务报告控制要求向负责履行控制程序的人员清楚传达具体的职责,每位相关的人员都必须知道控制如何进行、各自在系统中的作用和责任以及以一贯和高效的态度履行其职责的重要性。

**5. 监控**(monitoring) 是管理当局对内部控制质量进行持续的或定期的评价,以确定各项控制是否按照意图运行,是否针对情况变化进行修正。监控可以有多种渠道,如对现有内部控制的专门调查、内部审计人员的报告、控制活动的例外报告、操作人员的反馈、顾客的投诉等。

这五个要素间有着严密的逻辑关系,即以控制环境为基础,风险评估为依据,控制活动为手段,信息与沟通为载体,监控为保证,从而使内部控制成为一个有机的整体框架。

## 第 2 节　调查和描述内部控制

审计人员对客户内部控制的研究和评价,一般通过三个步骤进行:第一,调查了解和描述内部控制;第二,实施控制测试程序,证实有关内部控制设计的合理性和实际执行的效果;第三,评价内部控制的风险、确定对内部控制的可信赖程度,确定内部控制的薄弱环节及其应扩展的审计程序,以降低审计风险。可见,调查了解并描述内部控制是研究和评价内部控制的重要环节。通常对内部控制的研究和评价是先将企业经济业务划分为若干业务循环,然而分别调查了解和描述各业务循环的内部控制。

## 一、业务循环及其划分

业务循环法是20世纪70年代提出和运用的调查了解和评价企业内部控制的一种方法。业务循环法也称切块审计法,是指将企业经济业务中密切相关的交易种类或账户余额划作一个业务循环,并以此次来组织安排审计工作的方法。其优点是能够避免按业务种类调查和评价造成的不必要的重复,从而提高审计效率。在实务中不同类型的企业,业务循环的划分应有所区别。以下以制造企业为例,说明业务循环的划分。

制造业企业的业务循环,大致可以划分为四个:

**1. 销售与收款循环**　此循环包括以下几个环节:向顾客接受订购单或签订供货合同,核准购货方的信用,发运商品、开具销货发票,记录现金收入或应收账款,记录应收账款的收回。

**2. 购货与付款循环**　此循环包括以下几个环节。购买存货及其他资产或接受劳务;发出订货单、验收货物,记录应付账款、核准付款、支付款项和记录现金支出等程序。

**3. 生产循环**　此循环包括领取各种原材料及其他物料用品,并交付生产使用、分摊有关费用、计算生产成本、核算销售成本等程序。还包括员工的雇佣、辞退、工资标准的确定、员工出勤的考核、工资的计算、发放及其记录等程序。

**4. 投资理财循环**　此循环包括授权、批准、执行和记录资金筹集的相关业务,如银行贷款、发行公司债、发行新股等,和对外投资(包括短期投资和长期投资等事项)。

必须指出,业务循环如何划分,取决于企业的业务性质和经营规模。如商业企业没有生产环节,就无生产循环这一循环。此外,不同的注册会计师也可以按照自己的习惯或判断来划分业务循环。但不论怎样划分业务循环,审计人员在内控制度的研究和评价中,必须将主要精力集中在那些对会计报表的真实、可靠性影响较大的内部控制程序上。

## 二、调查了解内部控制

调查了解内部控制是审计人员采用一定的审计程序,了解企业究竟实施(或存在)哪些内部控制程序,以使对企业所设置的内部控制是否健全进行评价。在调查了解阶段,审计人员应当注意:应将所有了解的内部控制程序与审计风险(主要是固定风险和控制风险)的评价结合起来,以便正确判断所调查项目的风险水平。

### (一)了解内部控制的程序和方法

首先,审计师应当查阅被审单位以前的审计文档。审计人员在审阅这些审计文档时应考虑以下几个因素:①被审单位经营业务的规模和业务复杂程度;②被审单位数据处理系统类型及复杂程度;③审计的重要性;④相关内部控制的类型;⑤相关内部控制的记录方式;⑥固有风险的评估结果等。

其次,对重要的内部控制还应进一步实施以下程序:

(1) 询问被审单位有关经办人员,并查阅相关内部控制的文件。

(2) 检查内部控制生成的文件和记录。

(3) 观察被审单位业务活动和内部控制运行情况。

(4) 选择若干有代表性的交易和事项进行“穿行测试”以证实该项交易内部控制是否确实存在。所谓穿行测试是指选择一二笔交易按企业规定的业务程序从头到尾核查一遍;以证实内部控制的相关程序是否存在的检查方法。

审计师通过对以前年度审计档案的查阅,可以了解以往审计中所发现的会计报表重要错报或漏报的种类及其原因。如以前年度审计工作底稿可提供存在的错报或漏报是否因为:①回避既定的控制;②缺少适当的控制;③有关人员故意不遵守适当控制或无经验人员无意地未遵守控制。根据所了解到的情况,审计师可以进一步通过询问管理当局或其他适当人员了解这些错报或漏报是否在当时已得到改正。在连续审计中,审计师也可以将内部控制的强弱点记录下来,这种记录帮助审计师就以审计后发生变化的情况向有关人员询问。

通过询问,审计师可以了解到新的情况。为保证了解到的情况的可靠性,审计师还可以到相关业务执行的现场观察内部控制相关程序的执行情况,以证实其是否确实存在。

### (二) 调查了解的内容

**1. 了解控制环境** 控制环境对会计系统及控制程序的运行关系极大,因此,审计师首先要对控制环境进行充分的了解,目的是评价和判断被审单位管理当局及员工对内部控制及其重要性的认识态度和所采用的措施。

**2. 了解信息系统与沟通** 了解被审计单位信息系统的基本要求是,审计师通过对会计系统的了解,应能够识别和理解以下事项:

(1) 被审单位交易和事项的主要类别。

(2) 各类主要交易和事项的发生过程。

(3) 重要的会计凭证账簿记录及会计报表。

(4) 重大交易和事项的会计处理程序。

**3. 了解控制活动** 了解控制活动的基本要求是:①了解与授权有关的控制活动,包括一般授权和特别授权;②了解与业绩评价有关的控制活动;③了解与信息处理有关的控制活动;④了解实物控制;⑤了解职责分离。

在了解控制活动时,审计人员应重点关注:①交易授权;②职责划分与不相容职务分离;③凭证与记录控制;④资产接触与记录使用;⑤独立稽核。

**4. 了解风险评估过程** 了解风险评估过程的基本要求是:审计人员应当了解被审计单位的风险评估过程和结果;在评价被审计单位风险评估过程的设计和执行时,审计人员应当确定管理层如何识别与财务报告相关的经营风险;如何评估该风险的重要性;如何评估风险发生的可能性;以及如何采取措施管理这些风险。审计人员应当询问管理层识别出的经营风险,并考虑这些风险是否可能导致重大错报。

**5. 了解对控制的监督** 了解对控制的监督的基本要求是:审计人员应当了解被审计单

位对与财务报告相关的内部控制的监督活动,并了解如何采取纠正措施;应当了解被审计单位对控制的持续监督活动和专门的评价活动;应当了解与被审计单位监督活动相关的信息来源,以及管理层认为信息具有可靠性的依据。

内部审计是内部控制的重要组成部分,它担负着对本单位内部控制进行检查评价的职能。因此,审计师在了解内部控制时应考虑内部审计工作结果的利用问题。在考虑是否利用和如何利用内部审计的工作结果时,审计师应对内部审计工作质量进行研究和评价。应重点关注的问题是:

(1) 内部审计人员的独立性。

(2) 内部审计人员的经验和能力。

(3) 内部审计程序的性质、时间和范围。

(4) 内部审计所获取的审计证据的充分性和适当性。

(5) 管理当局对内部审计的重视程度。

## 三、内部控制的描述

内部控制的描述是将审计师在调查了解过程中了解到的被审计单位内部控制的情况采用适当的方法记录下来以便进一步研究和评价并为控制测试奠定基础的过程。常用的内部控制描述方法有三种,即文字表述法、调查表法和流程图法。

**1. 文字表述法** 是指用文字叙述的方法把所了解的内部控制的设置情况描述出来的方法。一般应按业务循环分别描述,应写明各业务循环的业务处理程序,各项业务工作的负责人和经办人员,以及他们完成各项工作应编制的文件凭证及其相关的手续(如在凭证上签名以示负责等),现举例如图7-1。

**光明有限公司**

材料采购内部控制制度

光明有限公司采用实际成本法进行材料核算,不设"材料采购"账户。材料采购由供应处负责。采购有两种情况:①各车间填写请购单一式两联:第二联存根,留车间备查;第一联送供应处,审核批准后据以复写订购单。订购单一式三联:第一联送材料供应商订货;第二联通知仓库准备收料;第三联存供应处备查。②仓库发现库存量达到订购点时,填写订购单一式三联;第一、第三联存供应处备查;第二联存仓库准备收料。供应商将材料发来时,直接由仓库根据对方寄来的发票、提货单和本公司订购单,核对验收数量、规格和质量,并填写收料单一式三联:第一联由保管员据以登记材料卡和材料明细账,并存材料仓库;第二联送供应处通知材料已收到;第三联送财务处据以登记总账并付款。

审计员:×××

年 月 日

图7-1 内部控制制度文字表述

文字表述法适用于内部控制程序比较简单,较容易用文字说明的小企业。其优点是简单易行,且便于对调查对象做出较深入和具体的描述。其缺点是有时很难用简明的语言来描述内控制度的细节,对于内部控制程序复杂的大中型企业来说,用文字描述法必然造成文字冗赘,不便于审计师的阅读和分析。

**2. 调查表法** 是审计师将所拟调查了解的业务循环(或循环中某一重要环节)列作调查对象,并将所拟了解的该业务环节应设置的内部控制的各个环节及措施逐项提出问题,制成标准化的调查表,交由企业有关人员填写或由审计师根据调查结果自行填写的描述方法。调查表一般采用问答式,其目的是便于被调查人回答。调查表法的优点是:①能对所调查的项目提供一个简单概括的说明,便于审计师分析和评价;②调查表集调查与描述为一体,因而省时省力。其缺点是调查表必须按项目分别设置,因此,往往难以提供对被审企业内部控制的整体的看法。此外,标准问题调查表对小企业来讲不适用。

调查表的基本格式见图 7-2。

**内部控制调查表**

编号 7

被审单位:××机器制造厂　　调查时间:1998 年 3 月 20 日

调查内容:材料发出的内部控制　　调查人:仓库、供销科、财会科

| 调查的问题 | 回答结果 | | | | 回答“是”后,记录控制测试表的编号 | 回答“否”记录控制分析表的编号 |
|---|---|---|---|---|---|---|
| | 是 | 否 | | 不合适 | | |
| | | 较轻 | 较重 | | | |
| 1. 领料时是否根据领导批准的限额填发料单(关键控制) | √ | | | | 12 | |
| 2. 仓库是否根据领料单发料,并及时登记材料卡 | √ | | | | 12 | |
| 3. 仓库发料后是否将领料单退回领料部门 | √ | | | | | |
| 4. 领料部门、供销部门是否按时将领料单送财会部门进行核对? | | | √ | | | 3 |
| 5. 财会科是否定期核对领发料单据(关键)? | | | √ | | | 3 |
| 6. 财会科是否定期核对领发出汇总表,并与材料收发存月报核对? | √ | | | | | |
| 7. 材料明细账是否由保管员以外的专人记账,与仓库材料卡定期核对? | √ | | | | 12 | |
| 8. 材料是否定期盘点并进行对账?(关键) | √ | | | | 12 | |

审计员　×××

图 7-2　内部控制调查

**3. 流程图法**　是指用特定的语言符号和图形，将被审计单位的组织结构、职责分工、权限范围、文件编制及顺序、会计记录、业务处理流程、会计档案的种类及存放地点等内部控制情况，以图解的形式直观、形象地加以描述的一种方法。这种用特定的语言符号，将内部控制中的业务处理手续，以及文件或会计记录的传递流程描述出来的图解形式，即是流程图。

流程图能够直观地、清晰地反映被审单位内部控制的概况，便于审计师判断、评价被审单位内部控制是否符合控制原理的要求及其健全性。

流程图通常按经济业务的类别绘制，图中应标明现有的作业点和关键控制点。所谓关键控制点是指如果没有这项控制内部控制将会失效，且无法挽回其造成的损失。如材料采购的验收、付款等环节。

流程图的优点是一目了然，便于表达内部控制的特征，且便于修改；缺点是绘制流程图需具备较娴熟的技术和花费较多的时间；此外，对内部控制的弱点有时很难在图上明确地表现出来。流程图的基本格式见图7-3。

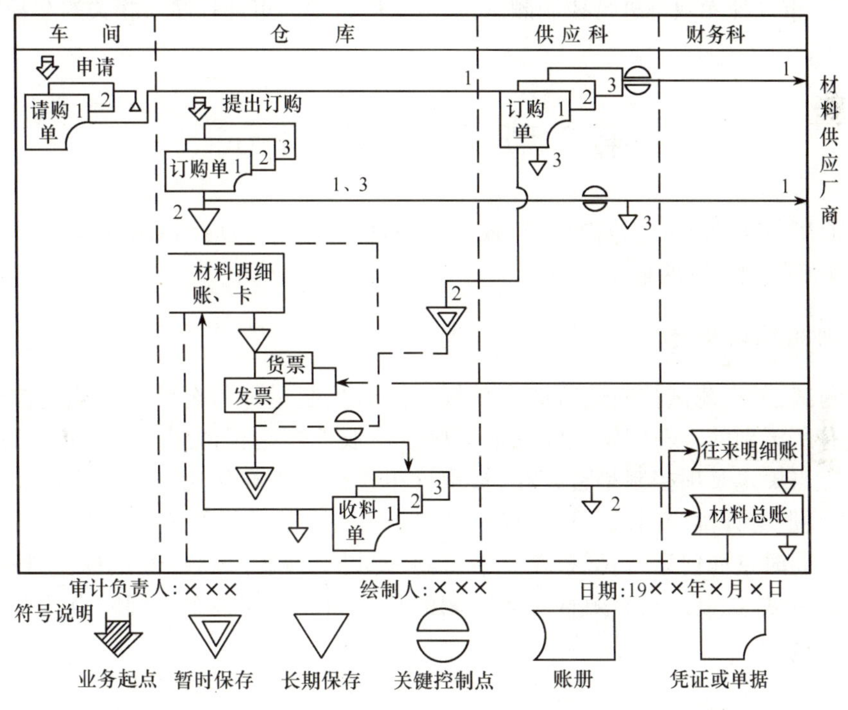


图7-3　光明有限公司材料采购内控制度流程图

内部控制描述的三种方式各有优缺点，在实务中，审计师可以根据实际情况、结合使用实现优势互补的功能。例如在用流程图表述内部控制时，对某些图表表述不清晰的地方、用简短的文字表述加以弥补，可取得事半功倍的效果。

## 四、内部控制设计健全性的初步评价

审计师在完成内部控制调查了解和描述后，应当对被审计企业内部控制设计的健全性做出初步评价,据以做出被审单位内部控制是否能信赖的初步判断,从而决定是否要进行控制测试。应当指出,内部控制健全性的评价,主要是指内部控制设计本身是否健全,是否能有效地发挥其控制的功能,而不是对内部控制制度实际执行情况的评价。

内部控制设计健全性的评价包括两个阶段:首先对各交易循环的内部控制设计的健全性进行评价;然后,在此基础上对被审单位内部控制的设计做出全面综合的评价。评价时,主要评价其控制风险的高低,一般可以用内部控制的原理来进行评价,也可以以内部控制设计比较完善的同类企业的内部控制制度作为标准,来判定被审单位内部控制设计的完善程度及其风险高低。

通常在出现下列情况之一时,审计师应将所评价的内部控制的部分或全部,评估为高水平:①企业内部控制基本不存在;②企业内部控制设计极不合理,基本上不能发挥控制功能;③难以对内部控制的有效性做出评价。除此之外,则将控制风险评估为低水平。对控制风险为低水平的内部控制应按计划进入下一个评审程序——控制测试。对控制风险为高水平的内部控制,审计师无须再进行控制测试,而应采取特别的审计程序对相关的交易和账簿余额进行审计。

## 第3节 控制测试

审计师在完成对被审单位内部控制健全性的初步评价后,应当对控制风险为低水平的内部控制实施控制测试的审计程序。

### (一) 控制测试的概念

控制测试,是指测试控制运行的有效性。测试控制运行的有效性与确定控制是否得到执行是有所区别的。在实施风险评估程序以获取控制是否得到执行的审计证据时,注册会计师应当确定某项控制是否存在,被审计单位是否正在使用。而在测试控制运行的有效性时,注册会计师应当从下列方面获取关于是否有效运行的审计证据:①控制在所审计期间的不同时点如何运行;②控制是否得到一贯执行;③控制由谁执行;④控制以何种方式运行。可见,控制运行有效性更多强调的是控制能够在各个不同时点按照既定设计得以一贯执行。

### (二) 控制测试程序

**1. 控制测试的性质的含义** 控制测试的性质是指控制测试所使用的审计程序的类型及其组合。

计划从控制测试中获取的保证水平是决定控制测试性质的主要因素之一。注册会计师应当选择适当类型的审计程序以获取有关控制运行有效性的保证。计划的保证水平越高,对有关控制运行有效性的审计证据的可靠性要求越高。当准备实施的进一步审计程序主要以控制测试为主,尤其是仅实施实质性程序获取的审计证据无法将认定层次重大错报风险降至可接受的低水平时,注册会计师应当获取有关控制运行有效性的更高的保证水平。

**2. 确定控制测试的性质时的要求**

(1) 考虑特定控制的性质:注册会计师应当根据特定控制的性质选择所需实施审计程序的类型。如注册会计师可以采取检查某些反映控制运行有效性的文件记录,可以采用询问和观察的方法检查不存在文件记录的控制活动。

(2) 考虑测试与认定直接相关和间接相关的控制:在设计控制测试时,注册会计师不仅应当考虑与认定直接相关的控制,还应当考虑这些控制所依赖的与认定间接相关的控制。

**3. 控制测试的方法**

控制测试的方法可以从不同的角度加以分类,现分述如下:

(1) 询问:注册会计师可以向被审计单位适当员工询问,获取与内部控制运行情况相关的信息。但是,仅仅通过询问不能为控制运行的有效性提供充分的证据,注册会计师通常需要印证被询问者的答复。在询问过程中,注册会计师应当保持职业怀疑态度。

(2) 观察:是测试不留下书面记录的控制(如职责分离)的运行情况的有效方法。通常注册会计师通过观察直接获取的证据比间接获取的证据更可靠。如查看空白支票是否妥善保管。

(3) 检查:适用于对运行情况留有书面证据的控制。如销售发票有无复核人员签字等。

(4) 重新执行:通常只有当询问、观察和检查程序结合在一起仍无法获得充分的证据时,注册会计师才考虑通过重新执行来证实控制是否有效运行。

(5) 穿行测试:是通过追踪交易在财务报告信息系统中的处理过程,来证实注册会计师对控制的了解、评价控制设计的有效性以及确定控制是否得到执行。在执行穿行测试时,注册会计师可能会获取部分控制运行有效性的审计证据。

### (三) 控制测试的范围

控制测试的范围,主要是指某项控制活动的测试次数。在设计控制测试范围时,注册会计师主要应考虑以下几方面的因素:

(1) 在整个审计期间,被审计单位执行控制的频率。控制执行的频率越高,控制测试的范围越大。

(2) 在所审计期间,注册会计师拟信赖控制运行有效性的时间长度。拟信赖期间越长,控制测试的范围越大。

(3) 为证实控制能够防止或发现并纠正认定层次重大错报,所需获取审计证据的相关性和可靠性。对审计证据的相关性和可靠性要求越高,控制测试的范围越大。

(4) 通过测试与认定相关的其他控制获取的审计证据的范围。当针对其他控制获取审计证据的充分性和适当性较高时,测试该控制的范围可适当缩小。

(5) 在风险评估时拟信赖控制运行有效性的程度。注册会计师在风险评估时对控制运行有效性的拟信赖程度越高,需要实施控制测试的范围越大。

(6) 控制的预期偏差。预期偏差可以用控制未得到执行的预期次数占控制应当得到执行次数的比率加以衡量。如果控制的预期偏差率过高,注册会计师应当考虑控制可能不足以将认定层次的重大错报风险降至可接受的低水平,从而针对某一认定实施的控制测试可能是无效的。

### （四）控制测试的时间

控制测试的时间包括两层含义：一是何时实施控制测试；二是测试所针对的控制适用的时点或期间。如果测试特定时点的控制，注册会计师仅需得到该时点控制运行有效性的审计证据；如果测试某一期间的控制，注册会计师可获取控制在该期间有效运行的审计证据。

如果注册会计师已获取有关控制在期中运行有效性的审计证据，仍需考虑如何能够将控制在期中运行有效性的审计证据合理延伸至期末，注册会计师需要考虑的是针对期中至期末这段剩余期间获取充分、适当的审计证据。因此，如果已获取有关控制在期中运行有效性的审计证据，并准备利用该证据，注册会计师应当实施下列审计程序：①获取这些控制在剩余期间变化情况的审计证据；②确定针对剩余期间还需获取的补充审计证据。

注册会计师在考虑以前审计获取的有关控制运行有效性的审计证据时，一方面由于内部控制中的诸多因素对于被审计单位往往是相对稳定的，因此注册会计师在本期审计时还是可以适当考虑利用以前审计获取的有关控制运行有效性的审计证据；另一方面，内部控制在不同期间可能发生重大变化，注册会计师在利用以前审计获取的有关控制运行有效性的审计证据时应充分考虑各种影响因素。

### （五）控制测试中利用内部审计人员的工作

在有很多部门或者很多分公司的大公司里，通常都雇用了内部审计人员。只要被审计单位有内部审计人员，注册会计师就可以与内部审计人员协调工作，并在审计中使用内部审计人员所提供的直接支持。

**1. 同内部审计人员协调审计工作**　通常，内部审计人员的工作职责之一，就是对每个部门或每个分公司的内部控制进行监控，这些监控措施中就可能包括了定期复核。在这种情况下，注册会计师可以同内部审计人员协调工作，有选择地对某些部门或分公司执行控制测试，而不必对所有部门或分公司执行控制测试。在同内部审计人员协调工作中，注册会计师应做好以下工作：①定期同内部审计人员会谈；②复核他们的工作计划表；③取得内部审计人员的审计工作底稿；④复核内部审计报告。值得注意的是，注册会计师在协调工作时，应侧重评价内部审计人员工作的质量和有效性。

在具体评价中，注册会计师应测试内部审计人员的工作，以弄清：①工作范围对实现特定目标来说是否适当；②审计方案是否适当；③工作底稿是否充分记录了所执行的工作，包括监督和复核的证据；④对有关情况的结论是否适当；⑤审计报告与所执行的工作是否一致。

**2. 直接支持**　注册会计师可要求内部审计人员在执行控制测试中提供直接的支持。注册会计师要求内部审计人员直接提供帮助时，应注意做好以下工作：①考虑内部审计人员的胜任能力和客观性，并监督、复核、评价和测试他们所执行的工作；②明确告诉内部审计人员他们所负的责任和执行有关程序的目标，以及其他可能影响测试的性质、时间和范围的事项；③明确告诉内部审计人员，应将他们工作中发现的所有重大会计和审计问题，提请注册会计师注意。

### (六) 双重目的测试

控制测试的目的是评价控制是否有效运行;细节测试的目的是发现认定层次的重大错报。虽然二者目的不同,但注册会计师可以针对同一交易同时实施控制测试。比如,注册会计师在检查销售发票是否经过授权人员的签字,以独立验证这些凭证的正确性的同时,也可以列表反映这些发票上的错误金额。我们把这类测试称为双重目的测试。

注册会计师在执行双重目的测试时,必须小心谨慎地设计测试程序,以确保能取得有关控制的有效性和报表中的重要错报或漏报这两个方面的证据。此外,还应谨慎地评价所取得的证据。

## 第4节　重大错报风险的评估

重大错报风险是指财务报表在审计前存在重大错报的可能性,对重大错报风险的识别、评估和应对是现代审计的主线。为了评价被审计单位会计报表总体层次和认定层次的重大错报风险,审计人员应当执行风险评估程序,了解被审计单位及其环境。了解被审计单位及其环境的方法有:询问被审计单位有关人员,实施分析程序,检查内部控制生成的文件和记录,观察被审计单位的业务活动和内部控制的运行情况,选择若干具有代表性的交易或事项进行"穿刺测试"。

在了解被审计单位及其环境的基础上,审计人员在设计和实施审计测试前必须适当地评估重大错报风险。评估财务报表的重大错报风险是审计工作的起点和导向,风险评价的结果将影响实质性测试审计程序的性质、时间和范围。

### (一) 重大错报风险的评估过程

重大错报风险的评估过程是识别和评估财务报表层次以及各类交易、账户余额、列报与披露认定层次的重大错报风险的过程。重大错报风险的评估是以了解被审计单位及其环境为基础的,具体评估过程分为三步:首先,通过风险评估程序,了解被审计单位及其环境,目的是初步评估财务报表总体层次和认定层次的重大错报风险;其次,如果审计人员通过对认定层次重大错报风险的评估认为预期控制的运行是有效的,则必须执行控制测试,目的是测试内部控制在防止、发现和纠正认定层次重大错报方面的有效性,并据此进一步评估认定层次的重大错报风险,以支持初步评估结果;最后,实施实质性测试,目的是检查认定层次的重大错报风险。图7-4概括了重大错报风险的评价过程。

**1. 执行风险评估程序——识别和评估财务报表层次和认定层次的重大错报风险**　审计师完成控制测试后,应对财务报表层次和认定层次分别识别和评估重大错报风险,并应当实施下列审计程序:

(1) 了解被审计单位及其环境并初步评估重大错报风险。审计人员在了解被审计单位并实施风险评估基础上初步评估重大错报风险。审计人员应当确定评估结果,确定实施进一步审计程序的性质、时间和范围,并确定识别的重大错报风险是与特定的某类交易、账户余额、列报与披露的认定相关,还是与财务报表整体广泛相关。

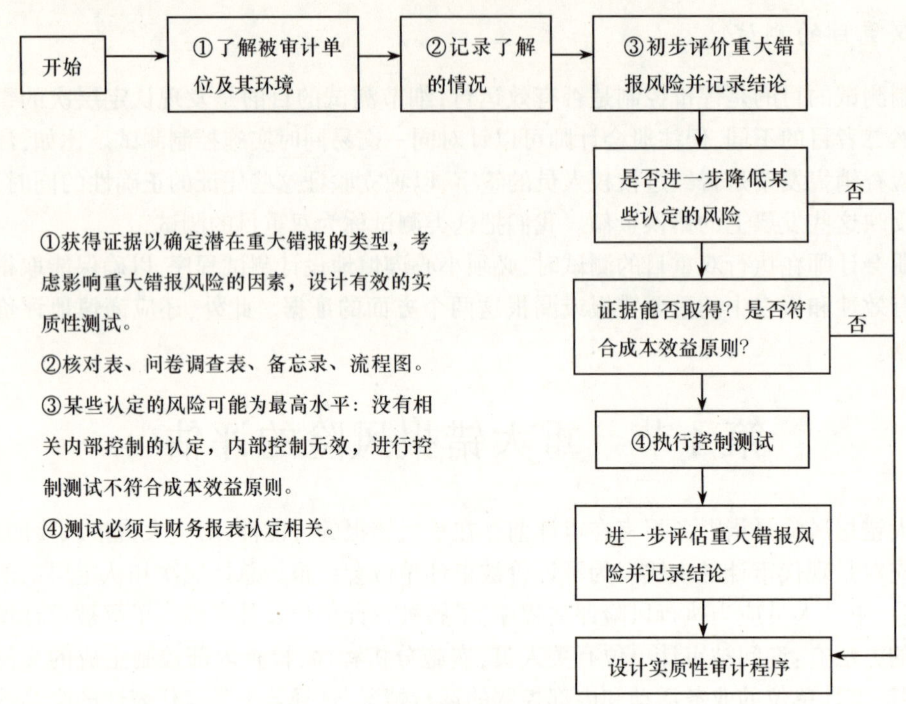


图 7-4 重大错报风险的评价过程示意图

审计人员在初步评估风险时应注意:①识别的风险与认定层次可能发生错报的领域相联系。例如,销售困难使产品市场价格下降,可能导致年末存货成本高于其可变现净值而需要计提存货跌价准备,这显示存货的计价认定可能发生错报;识别的风险是否重大。如产品市场价格下降,导致产品销售收入不能补偿成本,毛利率为负,则年末存货跌价问题严重,存货计价认定发生错报的风险重大;②识别的风险导致财务报表发生重大错报的可能性。例如,考虑存货的账面余额是否重大,是否已适当计提存货跌价准备。

如果通过对内部控制的了解时发现下列情况,并对财务报表局部或整体的可审计性产生疑问,审计人员应当考虑发表保留意见或无法表示意见,必要时解除业务约定:①被审计单位会计记录的状况和可靠性存在重大问题,不能获得充分、适当的审计证据以发表无保留意见;②审计人员对管理层的诚实和正直存在严重疑虑。

(2) 评估过程中需要特别考虑的重大风险。审计人员应当运用职业判断,确定识别的风险哪些是需要特别考虑的重大风险。在确定风险的性质时,审计人员应当考虑下列事项:①风险是否属于舞弊风险;②风险是否与近期经济环境、会计核算和其他方面的重大变化有关;③交易的复杂程度;④风险是否涉及重大的关联方交易;⑤财务信息计量的主观程度,特别是对不确定事项的计量存在较大区间;⑥风险是否涉及异常或超出正常经营过程的重大交易。

(3) 仅通过实质性程序无法应对的重大错报风险,如果认为仅通过实质性程序获取的审计证据无法将认定层次的重大错报风险降至可接受的低水平,审计人员应当评价被审计单位针对这些风险设计的控制,并确定其执行情况。如果认为仅通过实施实质性程序不能获取充分、适当的审计证据,那么审计人员应当考虑所依赖的相关控制的有效性。

**2. 执行控制测试——进一步评估认定层次的重大错报风险**　当存在下列情形时,审计人员应当实施控制测试,再次评估认定层次的重大错报风险:①在评估认定层次重大错报风险时,预期控制的运行是有效的;②仅实施实质性程序不足以提供认定层次充分、适当的审计证据。如果在评估认定层次重大错报风险时预期控制的运行是有效的,审计人员应当实施控制测试,就控制运行的有效性获取充分、适当的审计证据。如果认为仅实施实质性程序获取的审计证据无法将认定层次的重大错报风险降至可接受的低水平,则审计人员应当实施相关的控制测试,以获取被审计单位的内部控制,记录了解结果,并对其进行评价。

(1) 了解内部控制:《中国注册会计师审计准则第1211号——了解被审计单位及其环境并评估重大错报风险》规定,审计人员应当了解与审计相关的内部控制以识别潜在的错报的类型,考虑导致重大错报的风险因素,以及设计和实施进一步审计程序的性质、时间和范围。

审计人员在了解被审计单位内部控制的过程中,可以对内部控制的某些方面进行评价,包括:①管理当局对内部控制的重视程度;②内部审计人员的胜任能力及其客观性;③不相容职责的分离;④执行会计职能和控制程序人员的胜任能力;⑤资产和权力的限制性接触。

(2) 记录所了解的情况:在对内部控制进行了解之后,应该把了解的结果记录在工作底稿上,以供下一步的控制测试及重大错报风险评价之用,也是以后年度审计的重要参考。

**3. 进一步评价认定层次的重大错报风险并记录结论**　认定层次重大错报风险的进一步评价,是指重大错报风险的估计水平,即审计人员据以确定财务报表认定所接受的检查风险水平的重大错报风险水平。审计人员对重大错报风险的评价是在对内部控制初步了解的基础上,审计人员可以通过控制测试降低认定层次重大错报风险的估计水平,进而可以进一步缩小影响交易循环和认定的实质性测试的范围。比如,如果公司的内部控制较强,审计人员可以进行控制测试以限制实质性测试的范围。

审计人员执行完控制测试后,应根据控制测试的结果重新评价相关认定的重大错报风险,并将评价的过程和结论记录在工作底稿中。

对认定层次的重大错报风险的评价,是为了确定完成审计工作所需执行的实质性测试的性质、时间和范围。重大错报风险评价的适当与否,直接影响到实质性测试的适当性。如果重大错报风险评价偏低,将使得审计人员可能没有执行足够的实质性测试,进而导致审计无效;相反,如果重大错报风险评价偏高,审计人员将执行过多的实质性测试,进而导致审计效率较低。因此,审计人员应当根据对内部控制的了解以及控制测试的结果,进一步评价认定层次的重大错报风险,以便确定适当的实质性测试的性质、时间和范围。

### (二) 针对重大错报风险的评价

**1. 审计风险评价总结**　图7-5概括了重大错报风险评价的全过程。审计人员应当通过执行风险评估程序,了解被审计单位财务报表层次和认定层次的重大错报风险。重大错报风险的评价决定了财务报表重大错报或漏报的可能性,从而有助于审计人员确定可接受的检查风险,进而设计适当的实质性审计程序。

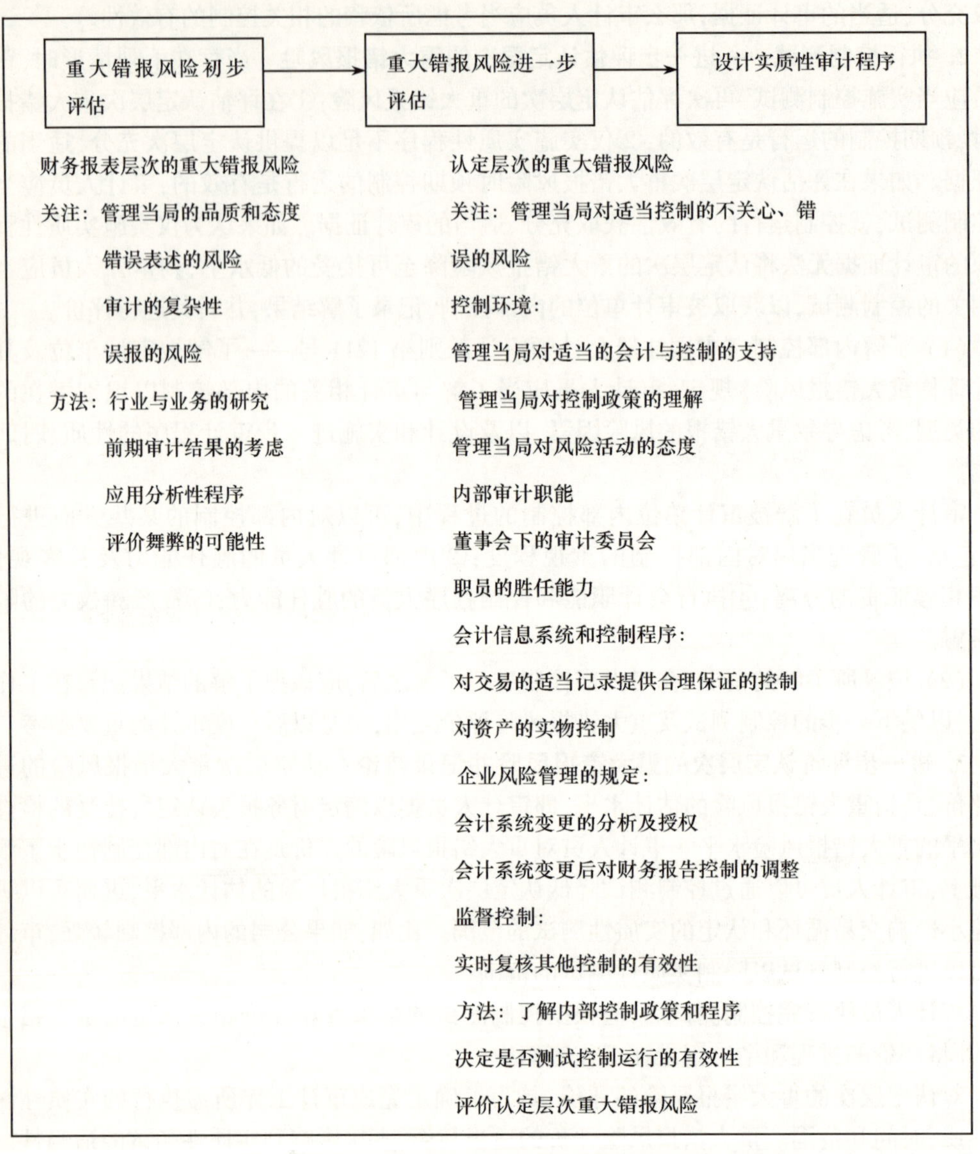


图 7-5　重大错报风险评价全过程

**2. 在风险分析的基础上调整重要性水平**　在风险评价和考虑重要性水平之后，审计人员通常需要修改初步审计计划中实质性审计程序的性质、时间和范围。在进行必要的修改时，审计人员可以采用定性的方法，也可以采用定量的方法。

假定审计人员初步评价内部控制是令人满意的，并分别将收入的汇总和单项重要性水平定为10 000元和100 000元。这时，等于或大于100 000元的差错将是重要的且应当进行审计调整，而在10 000元和100 000元之间的差错将在工作底稿中记录以便日后审计调整时予以考虑，而小于10 000元的差错一般忽略不计。进一步假定审计人员在对内部控制进行了解并执行了控制测试后，对内部控制的评价从令人满意降到了较弱。提高重大错报风险的评估水平的结果意味着需要降低汇总重要性水平,因为内部控制较弱,则差错发生的可能性更高。因此,审计人员应当考虑按照预期可能发生的差错数量降低汇总重要性水平。

**3. 在风险分析的基础上设计实质性审计程序** 在对重大错报风险做出评价并调整了重要性水平之后,审计人员就获得了设计实质性审计程序所需要的信息。在设计程序时,审计人员应遵循以下规则:①根据审计人员对公司业务及其所处行业的研究、分析性复核、舞弊评价(重大错报风险评价)以及对内部控制的了解和评价(认定层次重大错报风险的再评价)的结果,大部分的审计资源应当投入到高风险的领域。②一般来说,应当对重要的账户余额和交易执行更多的实质性测试。③如果在对行业与业务进行了研究,应用了分析程序和舞弊评价后,审计人员怀疑公司高估盈余,则应当降低单项重要性水平,并更加重视获取外部证据而不是内部证据。④如果交易循环的内部控制较弱且预期将发生大量的差错,应当降低汇总重要性水平,即在审计工作底稿中记录以便日后审计调整时予以考虑的大量较小差错的重要性水平。其目的是降低忽视小差错的可能性,这些小差错累积起来就可能超过单项重要性水平。

## 本章小结

内部控制概念及其思想的发展经过了一个漫长的时期,是管理现代化的产物。内部控制的五个要素分别是内部环境、风险评估、控制活动、信息和沟通、监控。由于内部控制存在固有的局限性,因此,无论被审计单位的内部控制设计及运行得多么有效,审计人员在审计过程中都必须对财务报表的重要账户或交易类别执行最低限度的实质性测试。

重大错报风险是指财务报表在审计前存在重大错报的可能性,对重大错报风险的识别、评估和应对是当代审计的主线。评估重大错报风险具体分为三步:首先,通过风险评估程序,了解被审计单位及其环境,目的是初步评估财务报表总体层次和认定层次的重大错报风险;其次,如果审计人员对认定层次重大错报风险的评估包含了预期控制运行是有效的,则必须执行控制测试;最后,实施实质性测试,从而检查认定层次的重大错报风险。

## 案例

1995年2月,英国历史最悠久的巴林银行宣布破产。这一破产事件是由该行在新加坡的期货交易发生的巨额亏损引发的。1994年新加坡巴林银行期货公司开始从事金融期货交易,尼可身兼前台交易和后台结算主管,两个至关重要的岗位都由其一人掌控。尼可在被派遣到新加坡并成为新加坡国际货币交易所的交易员之前,由于两项总额达3000万英镑的于他不利的法院判决被曝光,巴林银行曾取消了他成为伦敦交易员的申请,但却又对此事保持沉默,通过了他成为新加坡交易员的申请。

在尼可成为新加坡巴林银行衍生产品交易的主管之前,他对衍生产品及其市场的经验甚少,参与交易的时间也较短。尼可以其前台首席交易员和后台结算主管的双重身份,开立了误差账户"88888",开户表格上注明该账户只能用于冲销错账,但他却用这个账户进行交易。通过假账调整,使实际亏损隐藏在该误差账户中,总行的其他账户却都反映为赢利。

1994年8月,一份新加坡巴林银行的内部审计报告曾指出,新加坡期货公司没有对交易和结算这两个重要岗位进行职务分离,但巴林银行集团高级管理人员对此漠然视之。更令人费解的是,在长达几年的时间里,内部审计部门始终未能及时发现尼可利用误差账户进行越权违规交易并发生严重亏损的问题,最终导致了巴林银行的轰然倒塌。请根据上述资料,分析并回答下列问题:

(1) 你认为巴林银行在岗位设置上存在什么问题?

(2) 你认为巴林银行在实施内部控制过程中存在什么问题?主要体现在哪些方面?

(3) 你认为巴林银行集团高级管理人员在破产事件中应负有什么责任?

## 思考题

1. 什么是内部控制?它的产生与发展对审计有什么作用?
2. 你认为 COSO 委员会关于内部控制的概念与我国独立审计准则关于内部控制的概念相比,有什么进步?
3. 内部控制要素有哪些?它们之间有什么关系?
4. 什么是环境控制,它包括哪些内容?
5. 什么是会计系统,它包括哪些内容?
6. 什么是程序控制,它包括哪些具体的控制手段?
7. 什么是业务循环,不同行业业务循环是否有区别,为什么?
8. 内部控制描述的方法有哪些?在审计实务中如何灵活地选用这些方法?
9. 什么是控制测试?控制测试的主要目的是什么?
10. 控制测试的方法有哪些?
11. 怎么合理地确定控制测试的范围?
12. 什么是控制风险估计水平?应如何合理地确定控制风险估计水平?
13. 内部控制风险评价的结果对实质性测试有什么影响?
14. 重大错报风险的评估过程是什么?

## 练习题

### 一、判断题

1. 现代审计与内部控制系统存在着密切的联系。(　　)
2. 为了提高工作效率,减少工作环节,会计与出纳应由一人承担。(　　)
3. 定期进行结账、对账,定期进行财产清查、核对账实,定期交换人员工作等,都属于内部控制系统。(　　)
4. 建立内部控制系统,必须对某些不相容职务进行分离,应分别由两人以上担任,以便相互核对、相互牵制,防止舞弊。(　　)
5. 当内部控制系统健全时,即使执行无效,会计信息的可靠程度仍然很高。(　　)
6. 在对被审计单位的内部控制系统进行控制测试的基础上,应进一步对被审计事项进行实质性测试。(　　)
7. 一般来说,风险水平越高,可信赖程度越低;风险水平越低,可信赖程度越高。(　　)
8. 内部控制系统是高信赖程度,审计人员可以较多地信赖、利用被审计单位的内部控制系统,在实施审计时可相应减少实质性测试的数量和范围。(　　)

### 二、单选题

1. 下列属于不相容职务的是(　　)。

A. 经理和董事长　　B. 采购员与供销科长

C. 保管员与车间主任　　D. 记录日记账和总账的人员

2. 未加控制就容易产生错弊的环节,称为(　　)。

A. 不相容职务　　B. 内部牵制

C. 关键控制点　　D. 内部审计

3. 在对被审计单位的内部控制系统进行控制测试的基础上,应进一步对被审计事项进行(　　)。

A. 抽查　　B. 详查

C. 合规性测试　　D. 实质性测试

4. 被审计单位具有健全、科学的内部控制系统,并且均能有效地发挥作用,应将其评为(　　)。

A. 低信赖程度　　B. 中信赖程度

C. 高信赖程度　　D. 良好的信赖程度

## 三、多选题

1. 内部控制系统按工作范围分类,可以分为(　　)。

A. 内部管理控制系统　　B. 内部经营控制系统

C. 内部生产控制系统　　D. 内部销售控制系统

E. 内部会计控制系统

2. 内部控制系统按建立的目的分类,可以分为(　　)。

A. 保护财产物资的内部控制系统

B. 确保会计资料可靠性的内部控制系统

C. 确保会计资料正确性的内部控制系统

D. 保证经济活动合法性的内部控制系统

E. 保证经济活动效益性的内部控制系统

3. 内部控制系统的内容主要包括(　　)。

A. 合格、合法性控制　　B. 授权、分权控制

C. 不相容职务控制　　D. 业务程序标准化控制

E. 复查核对和人员素质控制

4. 常见的内部控制系统描述方法有(　　)。

A. 观察法　　B. 规划法

C. 文字表述法　　D. 调查表法

E. 流程图法

5. 审计人员评审内部控制系统的最终目的,在于确定内部控制系统的(　　)。

A. 健全性　　B. 有效性

C. 风险水平　　D. 科学性

E. 经济性

6. 评估被审计单位的重大错报风险时,审计人员应着重考虑(　　)。

A. 行业环境发生变化　　B. 重大的关联方交易

C. 会计计量过程复杂　　D. 内部控制薄弱

E. 存在未决诉讼和或有负债

# 第8章 审计证据与审计工作底稿

学习目的

通过本章的学习,应理解和掌握以下内容:审计证据的基本概念、特征、种类以及获取审计证据的审计程序;审计工作底稿的含义、内容、要素、分类、格式;工作底稿的编制。

## 第1节 审计证据

### (一) 审计证据的含义

《中国注册会计师审计准则第1301号——审计证据》对审计证据的含义进行了规定。审计证据是指注册会计师为了得出审计结论、形成审计意见而使用的所有信息,包括财务报表依据的会计记录中含有的信息和其他信息。本章主要以注册会计师审计为例。

依据会计记录编制财务报表是被审计单位管理层的责任,注册会计师应当测试会计记录以获取审计证据。财务报表依据的会计记录一般包括对初始分录的记录和支持性记录,如支票、电子资金转账记录、发票、合同、总账、明细账、记账凭证和未在记账凭证中反映的对财务报表的其他调整,以及支持成本分配、计算、调节和披露的手工计算表和电子数据表。上述会计记录是编制财务报表的基础,构成注册会计师执行财务报表审计业务所需获取的审计证据的重要部分。

会计记录中含有的信息本身并不足以提供充分的审计证据作为对财务报表发表审计意见的基础,注册会计师还应当获取用作审计证据的其他信息。

可用做审计证据的其他信息包括注册会计师从被审计单位内部或外部获取的会计记录以外的信息,如被审计单位会议记录、内部控制手册、询证函的回函、分析师的报告、与竞争者的比较数据等;通过询问、观察和检查等审计程序获取的信息,如通过检查存货获取存货存在性的证据等;以及自身编制或获取的可以通过合理推断得出结论的信息,如注册会计师编制的各种计算表、分析表等。

财务报表依据的会计记录中包含的信息和其他信息共同构成了审计证据,两者缺一不可。如果没有前者,审计工作将无法进行;如果没有后者,可能无法识别重大错报风险。只有将两者结合在一起,才能将审计风险降至可接受的低水平,为注册会计师发表审计意见提供合理基础。审计凭证据"说话"。收集和评价审计证据是注册会计师得出审计结论、支撑审计意见的基础。对注册会计师获取审计证据的总体要求是:注册会计师应当获取充分、适当的审计证据,以得出合理的审计结论,作为形成审计意见的基础。

## (二) 审计证据的特性

**1. 注册会计师审计对审计证据特性的要求**　注册会计师应当保持职业怀疑态度,运用职业判断,评价审计证据的充分性和适当性。

(1) 审计证据的充分性:审计证据的充分性是对审计证据数量的衡量,主要与注册会计师确定的样本量有关。例如,对某个审计项目实施某一选定的审计程序,从200个样本中获得的证据要比从100个样本中获得的证据更充分。

注册会计师需要获取的审计证据的数量受错报风险的影响。错报风险越大,需要的审计证据可能越多。具体来说,在可接受的审计风险水平一定的情况下,重大错报风险越大,注册会计师就应实施越多的测试工作,将检查风险降至可接受水平,以将审计风险控制在可接受的低水平范围内。

例如,注册会计师对某电脑公司进行审计,经过分析认为,受被审计单位行业性质的影响,存货陈旧的可能性相当高,存货计价的错报可能性就比较大。为此,注册会计师在审计中,就要选取更多的存货样本进行测试,以确定存货陈旧的程度,从而确认存货的价值是否被高估。

(2) 审计证据的适当性

1) 审计证据的适当性的含义。审计证据的适当性是对审计证据质量的衡量,即审计证据在支持各类交易、账户余额、列报(包括披露,下同)的相关认定,或发现其中存在错报方面具有相关性和可靠性。相关性和可靠性是审计证据适当性的核心内容,只有相关且可靠的审计证据才是高质量的。

2) 审计证据的相关性。审计证据要有证明力,必须与注册会计师的审计目标相关。例如,注册会计师在审计过程中怀疑被审计单位发出存货却没有给顾客开票,需要确认销售是否完整。注册会计师应当从发货单中选取样本,追查与每张发货单相应的销售发票副本,以确定是否每张发货单均已开具发票。如果注册会计师从销售发票副本中选取样本,并追查至与每张发票相应的发货单,由此所获得的证据与完整性目标就不相关。

审计证据是否相关必须结合具体审计目标来考虑。在确定审计证据的相关性时,注册会计师应当考虑:

A. 特定的审计程序可能只为某些认定提供相关的审计证据,而与其他认定无关。例如,检查期后应收账款收回的记录和文件可以提供有关存在和计价的审计证据,但是不一定与期末截止是否适当相关。

B. 针对同一项认定可以从不同来源获取审计证据或获取不同性质的审计证据。例如,注册会计师可以分析应收账款的账龄和应收账款的期后收款情况,以获取与坏账准备计价有关的审计证据。

C. 只与特定认定相关的审计证据并不能替代与其他认定相关的审计证据。例如,有关存货实物存在的审计证据并不能够替代与存货计价相关的审计证据。

3）审计证据的可靠性。审计证据的可靠性是指证据的可信程度。例如，注册会计师亲自检查存货所获得的证据，就比被审计单位管理层提供给注册会计师的存货数据更可靠。

审计证据的可靠性受其来源和性质的影响，并取决于获取审计证据的具体环境。注册会计师在判断审计证据的可靠性时，通常会考虑下列原则：

A. 从外部独立来源获取的审计证据比从其他来源获取的审计证据更可靠。从外部独立来源获取的审计证据由完全独立于被审计单位以外的机构或人士编制并提供，未经被审计单位有关职员之手，从而减少了伪造、更改凭证或业务记录的可能性，因而其证明力最强。此类证据如银行询证函回函、应收账款询证函回函、保险公司等机构出具的证明等。相反，从其他来源获取的审计证据，由于证据提供者与被审计单位存在经济或行政关系等原因，其可靠性应受到质疑。此类证据如被审计单位内部的会计记录、会议记录等。

B. 内部控制有效时内部生成的审计证据比内部控制薄弱时内部生成的审计证据更可靠。如果被审计单位有着健全的内部控制且在日常管理中得到一贯地执行，会计记录的可信赖程度将会增加。如果被审计单位的内部控制薄弱，甚至不存在任何内部控制，被审计单位内部凭证记录的可靠性就大为降低。例如，如果与销售业务相关的内部控制有效，注册会计师就能从销售发票和发货单中取得比内部控制不健全时更加可靠的审计证据。

C. 直接获取的审计证据比间接获取或推论得出的审计证据更可靠。例如，注册会计师观察某项控制的运行得到的证据比询问被审计单位某项内部控制的运行得到的证据更可靠。间接获取的证据有被涂改及伪造的可能性，降低了可信赖程度。推论得出的审计证据，其主观性较强，人为因素较多，可信赖程度也受到影响。

D. 以文件、记录形式（无论是纸质、电子或其他介质）存在的审计证据比口头形式的审计证据更可靠。例如，会议的同步书面记录比对讨论事项事后的口头表述更可靠。口头证据本身并不足以证明事实的真相，仅仅提供一些重要线索，为进一步调查确认所用。如注册会计师在对应收账款进行账龄分析后，可以向应收账款负责人询问逾期应收账款收回的可能性。如果该负责人的意见与注册会计师自行估计的坏账损失基本一致，则这一口头证据就可成为证实注册会计师对有关坏账损失的判断的重要证据。但在一般情况下，口头证据往往需要得到其他相应证据的支持。

E. 从原件获取的审计证据比从传真件或复印件获取的审计证据更可靠。注册会计师可审查原件是否有被涂改或伪造的迹象，排除伪证，提高证据的可信赖程度。而传真件或复印件容易是变造或伪造的结果，可靠性较低。

注册会计师在按照上述原则评价审计证据的可靠性时，还应当注意可能出现的重要例外情况。例如，审计证据虽是从独立的外部来源获得，但如果该证据是由不知情者或不具备资格者提供，审计证据也可能是不可靠的。同样，如果注册会计师不具备评价证据的专业能力，那么即使是直接获取的证据，也可能不可靠。例如，如果注册会计师无法区分人造玉石与天然玉石，那么他对天然玉石存货的检查就不可能提供有关天然玉石是否实际存在的可靠证据。

4）充分性和适当性之间的关系。充分性和适当性是审计证据的两个重要特征，两者缺一不可，只有充分且适当的审计证据才是有证明力的。

注册会计师需要获取的审计证据的数量也受审计证据质量的影响。审计证据质量越高，需要的审计证据数量可能越少。也就是说，审计证据的适当性会影响审计证据的充分性。例如,被审计单位内部控制健全时生成的审计证据更可靠,注册会计师只需获取适量的审计证据,就可以为发表审计意见提供合理的基础。

需要注意的是,尽管审计证据的充分性和适当性相关,但如果审计证据的质量存在缺陷,那么注册会计师仅靠获取更多的审计证据可能无法弥补其质量上的缺陷。例如,注册会计师应当获取与销售收入完整性相关的证据,实际获取到的却是有关销售收入真实性的证据,审计证据与完整性目标不相关,即使获取的证据再多,也证明不了收入的完整性。同样地,如果注册会计师获取的证据不可靠,那么证据数量再多也难以起到证明作用。

5）评价充分性和适当性时的特殊考虑。

A. 对文件记录可靠性的考虑。审计工作通常不涉及鉴定文件记录的真伪,注册会计师也不是鉴定文件记录真伪的专家,但应当考虑用作审计证据的信息的可靠性,并考虑与这些信息生成与维护相关的控制的有效性。

如果在审计过程中识别出的情况使其认为文件记录可能是伪造的,或文件记录中的某些条款已发生变动,注册会计师应当作出进一步调查,包括直接向第三方询证,或考虑利用专家的工作以评价文件记录的真伪。例如,如发现某银行询证函回函有伪造或篡改的迹象,注册会计师应当作进一步的调查,并考虑是否存在舞弊的可能性。必要时,应当通过适当方式聘请专家予以鉴定。

B. 使用被审计单位生成信息时的考虑。如果在实施审计程序时使用被审计单位生成的信息,注册会计师应当就这些信息的准确性和完整性获取审计证据。例如,在审计收入项目时,注册会计师应当考虑价格信息的准确性以及销售量数据的完整性和准确性。在某些情况下,注册会计师可能需要确定实施额外的审计程序,如利用计算机辅助审计技术(CAATs)来重新计算这些信息,测试与信息生成有关的控制等。

C. 证据相互矛盾时的考虑。如果针对某项认定从不同来源获取的审计证据或获取的不同性质的审计证据能够相互印证,与该项认定相关的审计证据则具有更强的说服力。例如,注册会计师通过检查委托加工协议发现被审计单位有委托加工材料,且委托加工材料占存货比重较大,经发函询证后证实委托加工材料确实存在。委托加工协议和询证函回函这两个不同来源的审计证据互相印证,证明委托加工材料真实存在。

如果从不同来源获取的审计证据或获取的不同性质的审计证据不一致,表明某项审计证据可能不可靠,注册会计师应当追加必要的审计程序。上例中,如果注册会计师发函询证后证实委托加工材料已加工完成并返回被审计单位。委托加工协议和询证函回函这两个不同来源的证据不一致,委托加工材料是否真实存在受到质疑。这时,注册会计师应追加审计程序,确认委托加工材料收回后是否未入库或被审计单位收回后予以销售而未入账。

D. 获取审计证据时对成本的考虑。注册会计师可以考虑获取审计证据的成本与所获取信息的有用性之间的关系,但不应以获取审计证据的困难和成本为由减少不可替代的审计程序。

在保证获取充分、适当的审计证据的前提下,控制审计成本也是会计师事务所增强竞争能力和获利能力所必需的。但为了保证得出的审计结论、形成的审计意见是恰当的,注册会计师不应将获取审计证据的成本高低和难易程度作为减少不可替代的审计程序的理由。例如,在某些情况下,存货监盘是证实存货存在性认定的不可替代的审计程序,注册会计师在审计中不得以检查成本高和难以实施为由而不执行该程序。

**2. 政府审计和内部审计对审计证据特性的要求**

(1) 政府审计对审计证据特性的要求:政府审计人员收集的审计证据,必须具备客观性、相关性、充分性和合法性。客观性是指审计证据必须是客观存在的事实材料。相关性是指审计证据与审计事项之间有实质性联系。充分性是指审计证据足以证明审计事项并形成审计结论。合法性是指审计证据必须符合法定种类,并依照法定程序取得。

(2) 内部审计对审计证据特性的要求:内部审计人员获取的审计证据应当具备充分性、相关性和可靠性。充分性是指证据数量足以证实审计事项,作出审计结论和建议;相关性是指证据和审计目标相关联,所反映的内容能够支持审计结论和建议;可靠性是指证据能够反映审计事项的客观事实。审计项目的各级复核人应在各自责任范围内对审计证据的充分性、相关性和可靠性予以复核。

## (三) 审计证据的分类

审计证据的种类很多,可以从不同的角度对其进行分类,现介绍几种主要的分类:

**1. 按审计证据与被证明的审计事项的相关程度划分** 按审计证据与被证明的审计事项的相关程度,可分为直接证据和间接证据。

(1) 直接证据:也称基本证据,是指与被证明的审计事项直接相关,能直接证明被审事项客观事实的证据,如验证存货库存时的实物盘存资料,验证银行存款余额时的银行对账单,审核成本计算时的成本计算单,审查材料采购业务时的购货发票、实物验收单等,均是直接证据。

(2) 间接证据:也称佐证证据,是指与被审事项间接相关,能间接地证明被审事项的客观事实,对直接证据有加强和支持作用的审计证据。如审计过程中收集到的有关被审事项的口头证据,内部控制评审时获得的有关被审事项的内部控制的评审资料等,均为间接证据。

直接证据的证明能力比间接证据强。因此,在审计工作中应尽可能收集到直接证据,以增强审计证据的证明力。由于间接证据对直接证据有加强和支持作用,因此,在审计工作中也应注意到间接证据的收集。尤其在直接证据数量少,甚至收集不到时,更应注重间接证据的收集,一般地说,这时就需要较多数量的间接证据。此外,在直接证据收集较为困难的情况下,间接证据的收集还有助于发现直接证据。

**2. 按审计证据的形态划分** 按审计证据的形态,可分为实物证据、书面证据、口头证据和环境证据。

(1) 实物证据:是指通过盘查各种具有实物形态的资产时取得的证据。实物证据是实物资产实际情况的真实反映。因此,有较强的证明能力。

(2) 书面证据:是指通过审计会计记录及其他经济记录等书面资料时得到的证据。如审查会计凭证时发现的有涂改痕迹的发票;函证时收到的被函证单位的回函;审计调查时取得的有关书面材料等。书面证据是有关经济事项的真实记录,通常也有较强的证明能力。由于审计主要是对过去经济事实的审查,能取得实物证据的情况很少,大量的是取得书面证据。因此,书面证据是审计证据的基本形态,也是审计人员据以形成审计结论发表审计意见的主要依据。

(3) 口头证据:是指与被审事项有关的内部人员就审计人员提出的问题所作的口头说

明或答复。有关人员主动向审计人员口头反映情况也是口头证据。鉴于口头证据常常夹杂提供者的个人观点、情感和倾向,加上"口说无凭",因此,其证明能力较弱。但口头证据常可以为审计人员提供进一步审计的线索。因此,在审计工作中不能因口头证据的证明能力弱而忽视它的收集工作。

(4) 环境证据:是指对被审事项产生影响的情况和环境的证据。如被审事项的内部控制制度、被审计单位所处的经营环境、业务经办人员过去的行为、财产物资保管的安全措施等,均为环境证据。环境证据既能加强和支持实物证据、书面证据的证明力,又能为进一步发现实物证据提供有用的线索。因此,在审计工作中也应重视环境证据的收集。

**3. 按审计证据收集的渠道划分** 按审计证据收集的渠道,可分为内部证据和外部证据。

(1) 外部证据:是被审单位外部有关单位或个人向审计人员提供的证据。包括外来凭证、外部单位或人员的书面证明材料和口头陈述。外部单位和个人由于与被审单位的经济利益无直接关系,因此,提供的证据较为客观,其证明力也较强。

(2) 内部证据:是指审计人员从被审单位内部取得的证据。包括内部书面资料和内部人员提供的书面证明材料和口头陈述。由于被审单位内部人员与被审单位的经济利益直接相关,因此,在提供证据时常常有某种偏向,其证明能力相对减弱。

**4. 按审计证据形成与审计人员的关系划分** 按审计证据形成与审计人员的关系可分为现成证据和加工证据。

(1) 现成证据:是指审计人员在审计过程中收集到的能够直接作为审计证据的证据。

(2) 加工证据:是指审计人员在审计过程中根据收集到的被审单位的有关资料,按审计目标的要求,加工而成的审计证据。加工证据的基本形式是分析、计算证据。

了解和掌握审计证据的基本分类,有利于审计人员根据被审事项的特点和审计目标的要求,正确地选择和收集适当的证据。

### (四) 获取审计证据的审计程序

**1. 审计程序的目的** 按审计程序的目的可将注册会计师为获取充分、适当的审计证据而实施的审计程序分为风险评估程序、控制测试(必要时或决定测试时)和实质性程序。

注册会计师应当通过实施风险评估程序、控制测试(必要时或决定测试时)和实质性程序,获取充分、适当的审计证据,得出合理的审计结论,作为形成审计意见的基础。

(1) 风险评估程序:注册会计师应当实施风险评估程序,以此作为评估财务报表层次和认定层次重大错报风险的基础。

风险评估程序为注册会计师确定重要性水平、识别需要特别考虑的领域、设计和实施进一步审计程序等工作提供了重要基础,有助于注册会计师合理分配审计资源,获取充分、适当的审计证据。

需要注意的是,风险评估程序并不能识别出所有的重大错报风险,虽然它可作为评估财务报表层次和认定层次重大错报风险的基础,但并不能为发表审计意见提供充分、适当的审计证据。为了获取充分、适当的审计证据,注册会计师还需要实施进一步程序,包括实施控制测试(必要时或决定测试时)和实质性程序。

(2) 控制测试:当存在下列情形之一时,控制测试是必要的:

1）在评估认定层次重大错报风险时，预期控制的运行是有效的，注册会计师应当实施控制测试以支持评估结果。

2）仅实施实质性程序不足以提供有关认定层次的充分、适当的审计证据，注册会计师应当实施控制测试，以获取内部控制运行有效性的审计证据。

实施控制测试的目的是测试内部控制在防止、发现并纠正认定层次重大错报方面的运行有效性，从而支持或修正重大错报风险的评估结果，据以确定实质性程序的性质、时间和范围。

（3）实质性程序：注册会计师应当计划和实施实质性程序，以应对评估的重大错报风险。

实质性程序包括对各类交易、账户余额、列报的细节测试以及实质性分析程序。

注册会计师对重大错报风险的评估是一种判断，可能无法充分识别所有的重大错报风险，并且由于内部控制存在固有局限性，无论对重大错报风险的评估结果如何，注册会计师都应当针对所有重大的各类交易、账户余额、列报实施实质性程序。可见，注册会计师应当执行实质性程序，以获取充分、适当的审计证据。

**2. 审计程序的类型** 注册会计师可以采用检查记录或文件、检查有形资产、观察、询问、函证、重新计算、重新执行和分析程序等具体审计程序来获取审计证据。

在实施风险评估程序、控制测试或实质性程序时，注册会计师可根据需要单独或综合运用上述程序，以获取充分、适当的审计证据。

（1）检查记录或文件：是指注册会计师对被审计单位内部或外部生成的，以纸质、电子或其他介质形式存在的记录或文件进行审查。

检查记录或文件的目的是对财务报表所包含或应包含的信息进行验证。例如，被审计单位通常对每一笔销售交易都保留一份顾客订单、一张发货单和一份销售发票副本。这些凭证对于注册会计师验证被审计单位记录的销售交易的正确性是有用的证据。

检查记录或文件可提供可靠程度不同的审计证据，审计证据的可靠性取决于记录或文件的来源和性质。外部记录或文件通常被认为比内部记录或文件可靠，因为外部凭证经被审计单位的客户出具，又经被审计单位认可，表明交易双方对凭证上记录的信息和条款达成一致意见。另外，某些外部凭证编制过程非常谨慎，通常由律师或其他有资格的专家进行复核，因而具有较高的可靠性，如土地使用权证、保险单、契约和合同等文件。

（2）检查有形资产：是指注册会计师对资产实物进行审查。检查有形资产程序主要适用于存货和现金，也适用于有价证券、应收票据和固定资产等。

检查有形资产可为其存在性提供可靠的审计证据，但不一定能够为权利和义务或计价认定提供可靠的审计证据。检查存货项目前，可先对客户实施的存货盘点进行观察。

（3）观察：是指注册会计师察看相关人员正在从事的活动或执行的程序。例如，对客户执行的存货盘点或控制活动进行观察。

观察提供的审计证据仅限于观察发生的时点，并且在相关人员已知被观察时，相关人员从事活动或执行程序可能与日常的做法不同，从而会影响注册会计师对真实情况的了解。因此，注册会计师有必要获取其他类型的佐证证据。

（4）询问：是指注册会计师以书面或口头方式，向被审计单位内部或外部的知情人员获取财务信息和非财务信息，并对答复进行评价的过程。

知情人员对询问的答复可能为注册会计师提供尚未获悉的信息或佐证证据,也可能提供与已获悉信息存在重大差异的信息,注册会计师应当根据询问结果考虑修改审计程序或实施追加的审计程序。询问本身不足以发现认定层次存在的重大错报,也不足以测试内部控制运行的有效性,注册会计师还应当实施其他审计程序以获取充分、适当的审计证据。

(5) 函证:是指注册会计师为了获取影响财务报表或相关披露认定的项目的信息,通过直接来自第三方的对有关信息和现存状况的声明,获取和评价审计证据的过程。例如对应收账款余额或银行存款的函证。通过函证获取的证据可靠性较高,因此,函证是受到高度重视并经常被使用的一种重要程序。

(6) 重新计算:是指注册会计师以人工方式或使用计算机辅助审计技术,对记录或文件中的数据计算的准确性进行核对。重新计算通常包括计算销售发票和存货的总金额,加总日记账和明细账,检查折旧费用和预付费用的计算,检查应纳税额的计算等。

(7) 重新执行:是指注册会计师以人工方式或使用计算机辅助审计技术,重新独立执行作为被审计单位内部控制组成部分的程序或控制。例如,注册会计师利用被审计单位的银行存款日记账和银行对账单,重新编制银行存款余额调节表,并与被审计单位编制的银行存款余额调节表进行比较。

(8) 分析程序:是指注册会计师通过研究不同财务数据之间以及财务数据与非财务数据之间的内在关系,对财务信息作出评价。分析程序还包括调查识别出的、与其他相关信息不一致或与预期数据严重偏离的波动和关系。

**3. 信息生成和储存方式对审计程序的影响**　审计程序的性质和时间可能受会计数据和其他相关信息的生成和储存方式的影响,注册会计师应当提请被审计单位保存某些信息以供查阅,或在可获得该信息的期间执行审计程序。

某些会计数据和其他信息只能以电子形式存在,或只能在某一时点或某一期间得到,注册会计师应当考虑这些特点对审计程序的性质和时间的影响。

随着信息化的发展,可获得的被审计单位各种有关记录大部分是电子形式的记录。例如,在电子商务中,被审计单位及其顾客或供应商使用通过公共网络(如因特网)连接的计算机进行商业活动,采购、运输、开具账单、现金收讫和现金支出交易通常全部以电子处理的方式完成。在图像处理系统中,文件可以被扫描和转换成电子图像以便于存储和检索,而原始凭证可能在转换后未被保存。某些电子信息可能只存在于特定的时点,注册会计师应当考虑会计数据和其他相关信息的生成和储存方式对实施审计程序的影响。

当信息以电子形式存在时,注册会计师可以通过使用计算机辅助审计技术实施某些审计程序。

## 第2节　审计工作底稿

### (一) 审计工作底稿的含义和编制目的

**1. 审计工作底稿的含义**　审计工作底稿,是指注册会计师对制定的审计计划、实施的审计程序、获取的相关审计证据,以及得出的审计结论作出的记录。审计工作底稿是审计证据的载体,是注册会计师在审计过程中形成的审计工作记录和获取的资料。它形成于审计过程,也反映整个审计过程。

**2. 审计工作底稿的编制目的** 注册会计师应当及时编制审计工作底稿,以实现下列目的:

(1) 提供充分、适当的记录,作为审计报告的基础。

(2) 提供证据,证明其按照中国注册会计师审计准则(以下简称审计准则)的规定执行了审计工作。

审计工作底稿是注册会计师形成审计结论,发表审计意见的直接依据。在会计师事务所因执业质量而涉及诉讼或有关监管机构进行执业质量检查时,审计工作底稿能够提供证据,证明会计师事务所是否按照审计准则的规定执行了审计工作。

及时编制审计工作底稿有助于提高审计工作的质量,便于在出具审计报告之前,对取得的审计证据和得出的审计结论进行有效复核和评价。如果时间拖延过久,注册会计师可能会遗忘某些事项,使得审计工作底稿的记录不能全面地反映注册会计师所执行的审计工作。一般情况下,在审计工作执行过程中编制的审计工作底稿比事后编制的审计工作底稿更准确。

**3. 编制审计工作底稿使用的文字** 编制审计工作底稿的文字应当使用中文。少数民族自治地区可以同时使用少数民族文字。中国境内的中外合作会计师事务所、国际会计公司成员所和联系所可以同时使用某种外国文字。会计师事务所执行涉外业务时可以同时使用某种外国文字。

**4. 审计工作底稿的编制程序** 会计师事务所应当按照《会计师事务所质量控制准则第5101号——业务质量控制》的规定,对审计工作底稿实施适当的控制程序,以满足下列要求:

(1) 安全保管审计工作底稿并对审计工作底稿保密。

(2) 保证审计工作底稿的完整性。

(3) 便于对审计工作底稿的使用和检索。

(4) 按照规定的期限保存审计工作底稿。

为了保证审计工作底稿的完整性,注册会计师不得对其进行不当删除、废弃和改动。

### (二) 审计工作底稿的性质

**1. 审计工作底稿的存在形式和内容**

(1) 审计工作底稿的存在形式:审计工作底稿可以以纸质、电子或其他介质形式存在。

随着信息技术的广泛运用,审计工作底稿的形式从传统的纸质形式扩展到电子或其他介质形式。但无论审计工作底稿以哪种形式存在,会计师事务所都应当针对审计工作底稿设计和实施适当的控制,以实现下列目的;

1)使审计工作底稿清晰地显示其生成、修改及复核的时间和人员。

2) 在审计业务的所有阶段,尤其是在项目组成员共享信息或通过互联网将信息传递给其他人员时,保护信息的完整性和安全性。

3) 防止未经授权改动审计工作底稿。

4) 允许项目组和其他经授权的人员为适当履行职责而接触审计工作底稿。

在实务中,为便于会计师事务所内部进行质量控制和外部执业质量检查或调查,以电子或其他介质形式存在的审计工作底稿,应与其他纸质形式的审计工作底稿一并归档,并应能通过打印等方式,转换成纸质形式的审计工作底稿。

(2) 审计工作底稿通常包括的内容:通常包括总体审计策略、具体审计计划、分析表、问题备忘录、重大事项概要、询证函回函、管理层声明书、核对表、有关重大事项的往来信件(包括电子邮件),以及对被审计单位文件记录的摘要或复印件等。

此外,审计工作底稿通常还包括业务约定书、管理建议书、项目组内部或项目组与被审计单位举行的会议记录、与其他人士(如其他注册会计师、律师、专家等)的沟通文件及错报汇总表等。

一般情况下,分析表主要是指对被审计单位财务信息执行分析程序的记录。例如,记录对被审计单位本年各月收入与上一年度的同期数据进行比较的情况,记录对差异的分析等。

问题备忘录一般是指对某一事项或问题的概要的汇总记录。在问题备忘录中,注册会计师通常记录该事项或问题的基本情况、执行的审计程序或具体审计步骤,以及得出的审计结论。例如,有关存货监盘审计程序或审计过程中发现问题的备忘录。

核对表一般是指会计师事务所内部使用的、为便于核对某些特定审计工作或程序的完成情况的表格。例如,特定项目(如财务报表列报)审计程序核对表、审计工作完成情况核对表等。它通常以列举的方式列出审计过程中注册会计师应当进行的审计工作或程序以及特别需要提醒注意的问题,并在适当情况下索引至其他审计工作底稿,便于注册会计师核对是否已按照审计准则的规定进行审计。

在实务中,会计师事务所通常采取以下方法从整体上提高工作(包括复核工作)效率及工作质量,并进行统一质量管理:

1) 会计师事务所基于审计准则及在实务中的经验等,统一制定某些格式、索引及涵盖内容等方面相对固定的审计工作底稿模板和范例,如核对表、审计计划及业务约定书范例等,某些重要的或不可删减的工作会在这些模板或范例中予以特别标识。

2) 在此基础上,注册会计师再根据各具体业务的特点加以必要的修改,制定适用于具体项目的审计工作底稿。

(3) 审计工作底稿通常不包括的内容:审计工作底稿通常不包括已被取代的审计工作底稿的草稿或财务报表的草稿、对不全面或初步思考的记录、存在印刷错误或其他错误而作废的文本,以及重复的文件记录等。由于这些草稿、错误的文本或重复的文件记录不直接构成审计结论和审计意见的支持性证据,因此,注册会计师通常无需保留这些记录。

**2. 审计工作底稿的归整**　对每项具体审计业务,注册会计师应当将审计工作底稿归整为审计档案。

在实务中,审计档案可以分为永久性档案和当期档案。这一分类主要是基于具体实务中对审计档案使用的时间而划分的。

(1) 永久性档案:是指那些记录内容相对稳定,具有长期使用价值,并对以后审计工作具有重要影响和直接作用的审计档案。例如,被审计单位的组织结构、批准证书、营业执照、章程、重要资产的所有权或使用权的证明文件复印件等。若永久性档案中的某些内容已发生变化,注册会计师应当及时予以更新。为保持资料的完整性以便满足日后查阅历史资料的需要,永久性档案中被替换下的资料一般也需保留。例如,被审计单位因增加注册资本而变更了营业执照等法律文件,被替换的旧营业执照等文件,可以汇总在一起,与其他有效的资料分开,作为单独部分归整在永久性档案中。

(2) 当期档案:是指那些记录内容经常变化,主要供当期和下期审计使用的审计档案。例如,总体审计策略和具体审计计划。

## (三) 审计工作底稿的格式、内容和范围

### 1. 总体要求

(1) 编制审计工作底稿应达到的要求:注册会计师编制的审计工作底稿,应当使得未曾接触该项审计工作的有经验的专业人士清楚地了解:

1) 按照审计准则的规定实施的审计程序的性质、时间和范围。

2) 实施审计程序的结果和获取的审计证据。

3) 就重大事项得出的结论。

有经验的专业人士,是指对下列方面有合理了解的人士:

1) 审计过程。

2) 相关法律法规和审计准则的规定。

3) 被审计单位所处的经营环境。

4) 与被审计单位所处行业相关的会计和审计问题。

(2) 确定审计工作底稿的格式、内容和范围时应考虑的因素

1) 实施审计程序的性质。通常,不同的审计程序会使得注册会计师获取不同性质的审计证据,由此注册会计师可能会编制不同格式、内容和范围的审计工作底稿。例如,注册会计师编制的有关函证程序的审计工作底稿(包括询证函及回函、有关不符事项的分析等)和存货监盘程序的审计工作底稿(包括盘点表、注册会计师对存货的测试记录等)在内容、格式及范围方面是不同的。

2) 已识别的重大错报风险。识别和评估的重大错报风险水平的不同可能导致注册会计师实施的审计程序和获取的审计证据不尽相同。例如,如果注册会计师识别出应收账款存在较高的重大错报风险,而其他应收款的重大错报风险较低,则注册会计师可能对应收账款实施较多的审计程序并获取较多的审计证据,因而对测试应收账款的记录会比针对测试其他应收款记录的内容多且范围广。

3) 在执行审计工作和评价审计结果时需要作出判断的范围。审计程序的选择和实施及审计结果的评价通常需要不同程度的职业判断。例如,运用非统计抽样的方法选取样本进行应收账款函证程序时,注册会计师可能基于应收账款账龄、以前的审计经验及是否为关联方欠款等因素,考虑哪些应收账款存在较高的重大错报风险,并运用职业判断在总体中选取样本,并对作出职业判断时的考虑事项进行适当的记录。因此,在作出职业判断时所考虑的因素及范围可能使注册会计师作出不同的内容和范围的记录。

4) 已获取审计证据的重要程度。注册会计师通过执行多项审计程序可能会获取不同的审计证据,有些审计证据的相关性和可靠性较高,有些质量则较差,注册会计师可能区分不同的审计证据进行有选择性的记录,因此,审计证据的重要程度也会影响审计工作底稿的格式、内容和范围。

5) 已识别的例外事项的性质和范围。有时注册会计师在执行审计程序时会发现例外事项,由此可能导致审计工作底稿在格式、内容和范围方面的不同。例如,某个函证的回函

表明存在不符事项，如果在实施恰当的追查后发现该例外事项并未构成错报，注册会计师可能只在审计工作底稿中解释发生该例外事项的原因及影响。反之，如果该例外事项构成错报，注册会计师可能需要执行额外的审计程序并获取更多的审计证据，由此编制的审计工作底稿在内容和范围方面可能有很大不同。

6）当从已执行审计工作或获取审计证据的记录中不易确定结论或结论的基础时，记录结论或结论基础的必要性。在某些情况下，特别是在涉及复杂的事项时，注册会计师仅将已执行的审计工作或获取的审计证据记录下来，并不容易使其他有经验的注册会计师通过合理的分析，得出审计结论或结论的基础。此时注册会计师应当考虑是否需要进一步说明并记录得出结论的基础（即得出结论的过程）及该事项的结论。

7）使用的审计方法和工具。使用的审计方法和工具可能影响审计工作底稿的格式、内容和范围。例如，如果使用计算机辅助审计技术对应收账款的账龄进行重新计算时，通常可以针对总体进行测试，而采用人工方式重新计算时，则可能会针对样本进行测试，由此形成的审计工作底稿会在格式、内容和范围方面有所不同。

考虑以上因素有助于注册会计师确定审计工作底稿的格式、内容和范围是否恰当。注册会计师在考虑以上因素时需注意，根据不同情况确定审计工作底稿的格式、内容和范围均是为达到编制审计工作底稿的目的，特别是提供证据的目的。例如，细节测试和实质性分析程序的审计工作底稿所记录的审计程序有所不同，但两类审计工作底稿都应当充分、适当地反映注册会计师执行的审计程序。

**2. 审计工作底稿的内容和范围**　通常，审计工作底稿包括下列全部或部分要素：

(1) 被审计单位名称。

(2) 审计项目名称。

(3) 审计项目时点或期间。

(4) 审计过程记录。

(5) 审计结论。

(6) 审计标识及其说明。

(7) 索引号及编号。

(8) 编制者姓名及编制日期。

(9) 复核者姓名及复核日期。

(10) 其他应说明事项。

下面分别对以上所述要素中的第(4)、(5)、(6)、(7)、(8)、(9)项进行说明。

**3. 审计过程记录**

(1) 记录特定项目或事项的识别特征：在记录实施审计程序的性质、时间和范围时，注册会计师应当记录测试的特定项目或事项的识别特征。记录特定项目或事项的识别特征可以实现多种目的。例如，便于对例外事项或不符事项进行检查，以及对测试的项目或事项进行复核。

识别特征是指被测试的项目或事项表现出的征象或标志。识别特征因审计程序的性质和所测试的项目或事项不同而不同。

对某一个具体项目或事项而言，其识别特征通常具有唯一性，这种特性可以使其他人员根据识别特征在总体中识别该项目或事项并重新执行该测试。为帮助理解，以下列举部分审计程序中所测试的样本的识别特征：

1）如在对被审计单位生成的订购单进行细节测试时，注册会计师可能以订购单的日期或编号作为测试订购单的识别特征。需要注意的是，在以日期或编号作为识别特征时，注册会计师需要同时考虑被审计单位对订购单编号的方式，例如，若被审计单位按年对订购单依次编号，则识别特征是××年的××号；若被审计单位仅以序列号进行编号，则可以直接将该号码作为识别特征。

2）对于需要选取或复核既定总体内一定金额以下的所有项目的审计程序，注册会计师可能会以实施审计程序的范围作为识别特征，例如，总账中一定金额以上的所有会计分录。

3）对于需要系统化抽样的审计程序，注册会计师可能会通过记录样本的来源、抽样的起点及抽样间隔来识别已选取的样本，例如，若被审计单位对发运单顺序编号，测试的发运单的识别特征可以是，对 4 月 1 日至 9 月 30 日的发运台账，从第 12345 号发运单开始每隔 125 号系统抽取发运单。

4）对于需要询问被审计单位中特定人员的审计程序，注册会计师可能会以询问的时间、被询问人的姓名及职位作为识别特征。

5）对于观察程序，注册会计师可能会以观察的对象或观察过程、观察的地点和时间作为识别特征。

(2) 重大事项：注册会计师应当根据具体情况判断某一事项是否属于重大事项。重大事项通常包括：

1）引起特别风险的事项。

2）实施审计程序的结果，该结果表明财务信息可能存在重大错报，或需要修正以前对重大错报风险的评估和针对这些风险拟采取的应对措施。

3）导致注册会计师难以实施必要审计程序的情形。

4）导致出具非标准审计报告的事项。

注册会计师应当及时记录与管理层、治理层和其他人员对重大事项的讨论，包括讨论的内容、时间、地点和参加人员。

有关重大事项的记录可能分散在审计工作底稿的不同部分。将这些分散在审计工作底稿中的有关重大事项的记录汇总在重大事项概要中，不仅可以帮助注册会计师集中考虑重大事项对审计工作的影响，还便于审计工作的复核人员全面、快速地了解重大事项，从而提高复核工作的效率。对于大型、复杂的审计项目，重大事项概要的作用尤为重要。因此注册会计师应当考虑编制重大事项概要，将其作为审计工作底稿的组成部分，以有效地复核和检查审计工作底稿，并评价重大事项的影响。

重大事项概要包括审计过程中识别的重大事项及其如何得到解决，或对其他支持性审计工作底稿的交叉索引。

(3) 记录针对重大事项如何处理矛盾或不一致的情况：如果识别出的信息与针对某重大事项得出的最终结论相矛盾或不一致，注册会计师应当记录形成最终结论时如何处理该矛盾或不一致的情况。

上述情况包括但不限于注册会计师针对该信息执行的审计程序、项目组成员对某事项的职业判断不同而向专业技术部门的咨询情况，以及项目组成员和被咨询人员不同意见（如项目组与专业技术部门的不同意见）的解决情况。

记录如何处理识别出的信息与针对重大事项得出的结论相矛盾或不一致的情况是非常必要的，它有助于注册会计师关注这些矛盾或不一致，并对此执行必要的审计程序以恰当地解决这些矛盾或不一致。

但是，对如何解决这些矛盾或不一致的记录要求并不意味着注册会计师需要保留不正确的或被取代的资料。例如，某些信息初步显示与针对某重大事项得出的最终结论相矛盾或不一致，注册会计师发现这些信息是错误的或不完整的，并且初步显示的矛盾或不一致可以通过获取正确或完整的信息得到满意的解决，则注册会计师无需保留这些错误或不完整的信息。此外，对于职业判断的差异，若初步的判断意见是基于不完整的资料或数据，则注册会计师也无需保留这些初步的判断意见。

(4) 其他准则中相关记录要求：注册会计师编制审计工作底稿，不仅要遵守《中国注册会计师审计准则1131号——审计工作底稿》的规定，还要遵守其他准则中关于审计工作记录的相关规定。

**4. 审计结论**　注册会计师恰当地记录审计结论非常重要，注册会计师需要根据所实施的审计程序及获取的审计证据得出结论，并以此作为对财务报表形成审计意见的基础。在记录审计结论时需注意，在审计工作底稿中记录的审计程序和审计证据是否足以支持所得出的审计结论。

**5. 审计标识及其说明**　审计工作底稿中可使用各种审计标识，但应说明其含义，并保持前后一致。以下是注册会计师在审计工作底稿中列明标识并说明其含义的例子，供参考。在实务中，注册会计师也可以依据实际情况运用更多的审计标识。

∧：纵加核对

<：横加核对

B：与上年结转数核对一致

T：与原始凭证核对一致

G：与总分类账核对一致

S：与明细账核对一致

T/B：与试算平衡表核对一致

C：已发询证函

C\：已收回询证函

**6. 索引号及编号**　通常，审计工作底稿需要注明索引号及顺序编号，相关审计工作底稿之间需要保持清晰的勾稽关系。在实务中，注册会计师可以按照所记录的审计工作的内容层次进行编号。例如，固定资产汇总表的编号为C1，按类别列示的固定资产明细表的编号为C1-1，以及列示单个固定资产原值及累计折旧的明细表编号，包括房屋建筑物（编号为C1-1-1）、机器设备（编号为C1-1-2）、运输工具（编号为C1-1-3）及其他设备（编号为C1-1-4）。相互引用时，需要在审计工作底稿中交叉注明索引号。

以下是不同审计工作底稿之间相互索引的例子，供参考。

例如，固定资产的原值、累计折旧及净值的总额应分别与固定资产明细表的数字互相勾稽。以下是从固定资产汇总表工作底稿（表8-1）及固定资产明细表工作底稿（表8-2）中节选的部分，以作相互索引的示范。

表 8-1　固定资产汇总表(工作底稿索引号:C1)(节选)

| 工作底稿索引号 | 固定资产 | 20×2 年 12 月 31 日 | 20×1 年 12 月 31 日 |
|---|---|---|---|
| C1-1 | 原值 | ××× | ××× |
| C1-1 | 累计折旧 | ××× | ××× |
| | 净值 | ×××T/B∧ | ×××B∧ |

表 8-2　固定资产明细表(工作底稿索引号:C1-1)(节选)

| 工作底稿索引号 | 固定资产 | 期初余额 | 本期增加 | 本期减少 | 期末余额 |
|---|---|---|---|---|---|
| | 原值 | | | | |
| C1-1-1 | 1. 房屋建筑物 | ××× | | ××× | ×××S |
| C1-1-2 | 2. 机器设备 | ××× | ××× | | ×××S |
| C1-1-3 | 3. 运输工具 | ××× | | | ×××S |
| C1-1-4 | 4. 其他设备 | ××× | | | ×××S |
| | 小 计 | ×××B∧ | ×××∧ | ×××∧ | ×××<C1∧ |
| | | | | | |
| | 累计折旧 | | | | |
| C1-1-1 | 1. 房屋建筑物 | ××× | | | ×××S |
| C1-1-2 | 2. 机器设备 | ××× | ××× | | ×××S |
| C1-1-3 | 3. 运输工具 | ××× | | | ×××S |
| C1-1-4 | 4. 其他设备 | ××× | | | ×××S |
| | 小 计 | ×××B∧ | ×××∧ | ×××∧ | ×××<C1∧ |
| | 净 值 | ×××B∧ | | | ×××C1∧ |

**7. 编制人员和复核人员及日期**　在记录实施审计程序的性质、时间和范围时,注册会计师应当记录:

(1) 审计工作的执行人员及完成该项审计工作的日期。

(2) 审计工作的复核人员及复核的日期和范围。

在需要项目质量控制复核的情况下,还需要注明项目质量控制复核人员及复核的日期。

通常,需要在每一张审计工作底稿上注明执行审计工作的人员和复核人员、完成该项审计工作的日期以及完成复核的日期。

在实务中,如果若干页的审计工作底稿记录同一性质的具体审计程序或事项,并且编制在同一个索引号中,此时可以仅在审计工作底稿的第一页上记录审计工作的执行人员和复核人员并注明日期。例如,应收账款函证核对表的索引号为 L3-1-1/21,相对应的询证函回函共有 20 份,每一份应收账款询证函回函索引号以 L3-1-2/21、L3-1-3/21……L3-1-21/21 表示,对于这种情况,就可以仅在应收账款函证核对表上记录审计工作的执行人员和复核人员并注明日期。

### (四) 审计工作底稿的管理

**1. 审计工作底稿归档**　会计师事务所在出具业务报告后,及时将工作底稿归整为最终业务档案,不仅有利于保证业务工作底稿的安全完整性,还便于使用和检索业务工作底稿。会计师事务所应当制定政策和程序,以使项目组在出具业务报告后及时将工作底稿归整为最终业务档案。

(1) 审计工作底稿归档的期限:注册会计师应当按照会计师事务所质量控制政策和程序的规定,及时将审计工作底稿归整为最终审计档案。审计工作底稿的归档期限为审计报告日后六十天内。如果注册会计师未能完成审计业务,审计工作底稿的归档期限为审计业务中止后的六十天内。

如果针对客户的同一财务信息执行不同的委托业务,出具两个或多个不同的报告,会计师事务所应当将其视为不同的业务,根据会计师事务所内部制定的政策和程序,在规定的归档期限内分别将审计工作底稿归整为最终审计档案。

(2) 审计工作底稿归档的性质:在出具审计报告前,注册会计师应完成所有必要的审计程序,取得充分、适当的审计证据并得出适当的审计结论。由此,在审计报告日后将审计工作底稿归整为最终审计档案是一项事务性的工作、不涉及实施新的审计程序或得出新的结论。

如果在归档期间对审计工作底稿作出的变动属于事务性的,注册会计师可以作出变动,主要包括:

1) 删除或废弃被取代的审计工作底稿。

2) 对审计工作底稿进行分类、整理和交叉索引。

3) 对审计档案归整工作的完成核对表签字认可。

4) 记录在审计报告日前获取的、与审计项目组相关成员进行讨论并取得一致意见的审计证据。

(3) 审计工作底稿归档后的变动

1) 修改或增加审计工作底稿时的记录要求。在完成最终审计档案的归整工作后,如果发现有必要修改现有审计工作底稿或增加新的审计工作底稿,无论修改或增加的性质如何,注册会计师均应当记录下列事项:

A. 修改或增加审计工作底稿的时间和人员,以及复核的时间和人员;

B. 修改或增加审计工作底稿的具体理由;

C. 修改或增加审计工作底稿对审计结论产生的影响。

修改现有审计工作底稿主要是指在保持原审计工作底稿中所记录的信息,即对原记录信息不予删除(包括涂改、覆盖等方式)的前提下,采用增加新信息的方式予以修改。例如,原审计工作底稿中列明存货余额为100万元,现改为120万元,注册会计师可以采用在原工作底稿中增加新的注释的方式予以修改。

一般情况下,在审计报告归档之后不需要对审计工作底稿进行修改或增加。注册会计师发现有必要修改现有审计工作底稿或增加新的审计工作底稿的情形主要有以下两种:

A. 注册会计师已实施了必要的审计程序,取得了充分、适当的审计证据并得出了恰当的审计结论,但审计工作底稿的记录不够充分。

B. 审计报告日后,发现例外情况要求注册会计师实施新的或追加审计程序,或导致注册会计师得出新的结论。

2) 不得在规定的保存期届满前删除或废弃审计工作底稿。在完成最终审计档案的归整工作后,注册会计师不得在规定的保存期届满前删除或废弃审计工作底稿。

删除审计工作底稿主要是指删除整张原审计工作底稿,或以涂改、覆盖等方式删减原审计工作底稿中的全部或部分记录内容。

废弃审计工作底稿主要是指将原审计工作底稿从审计档案中抽取出来,使审计档案中不再包含原来的底稿。

(4) 审计工作底稿的保密:除下列情况外,会计师事务所应当对业务工作底稿包含的信息予以保密:

1) 取得客户的授权。

2) 根据法律法规的规定,会计师事务所为法律诉讼准备文件或提供证据,以及向监管机构报告发现的违反法规行为。

3) 接受注册会计师协会和监管机构依法进行的质量检查。

(5) 审计工作底稿的完整性、使用与检索:无论审计工作底稿存在于纸质、电子还是其他介质,会计师事务所都应当针对审计工作底稿设计和实施适当的控制,以实现下列目的:

1) 使业务工作底稿清晰地显示其生成、修改及复核的时间和人员。

2) 在业务的所有阶段,尤其是在项目组成员共享信息或通过互联网将信息传递给其他人员时,保护信息的完整性。

3) 防止未经授权改动业务工作底稿。

4) 允许项目组和其他经授权的人员为适当履行职责而接触业务工作底稿。

如果原纸质记录经电子扫描后存入业务档案,会计师事务所应当实施适当的控制程序,以保证:

1) 生成与原纸质记录的形式和内容完全相同的扫描复制件,包括人工签名、交叉索引和有关注释。

2) 将扫描复制件,包括必要时对扫描复制件的索引和签字,归整到业务档案中。

3) 能够检索和打印扫描复制件。

会计师事务所应当保留已扫描的原纸质记录。

(6) 审计工作底稿的保存期限:会计师事务所应当制定政策和程序,以使业务工作底稿保存期限满足法律法规的规定和会计师事务所的需要。

会计师事务所应当自审计报告日起,对审计工作底稿至少保存十年。如果注册会计师未能完成审计业务,会计师事务所应当自审计业务中止日起,对审计工作底稿至少保存十年。

值得注意的是,对于连续审计的情况,当期归整的永久性档案虽然包括以前年度获取的资料(有可能是十年以前),但由于其作为本期档案的一部分,并作为支持审计结论的基础。因此,注册会计师对于这些对当期有效的档案,应视为当期取得并保存十年。如果这些资料在某个审计期间被替换,被替换资料可以从被替换的年度起至少保存十年。

(7) 审计工作底稿的所有权:审计工作底稿的所有权属于会计师事务所。会计师事务所可自主决定允许客户获取审计工作底稿部分内容,或摘录部分工作底稿,但披露这些信息不得损害会计师事务所执行业务的有效性。对鉴证业务，披露这些信息不得损害会计师事务所及其人员的独立性。

### (五) 审计报告日后对审计工作底稿的变动

在审计报告日后，如果发现例外情况要求注册会计师实施新的或追加的审计程序，或导致注册会计师得出新的结论，注册会计师应当记录：

(1) 遇到的例外情况。

(2) 实施的新的或追加的审计程序，获取的审计证据以及得出的结论。

(3) 对审计工作底稿作出变动及其复核的时间和人员。

例外情况主要是指审计报告日后发现与已审计财务信息相关，且在审计报告日已经存在的事实，该事实如果被注册会计师在审计报告日前获知，可能影响审计报告。例如，注册会计师在审计报告日后才获知法院在审计报告日前已对被审计单位的诉讼、索赔事项作出最终判决结果。

例外情况可能在审计报告日后发现，也可能在财务报表报出日后发现，注册会计师应当按照《中国注册会计师审计准则第 1332 号——期后事项》第四章"财务报表报出后发现的事实"的相关规定，对例外事项实施新的或追加的审计程序。

另外，发现例外情况对审计工作底稿作出的变动可能会发生在归整工作结束前，在这种情况下，无论是否出具新的审计报告，原审计工作底稿中的内容均构成了原审计报告的支持性证据。

## 本章小结

本章讲述的具体内容是在具体审计工作中所涉及的审计证据和审计工作底稿的相关内容。它直接关系到审计报告的意见类型和审计工作质量，因此，审计必须重视审计证据和审计工作底稿。

获取审计证据是审计工作中的主要工作，可以说全部审计工作都是围绕着审计证据的收集、辨别而进行的。注册会计师应该以职业怀疑态度计划和执行鉴证业务，获取有关鉴证对象是否不存在重大错报的充分、适当的审计证据。

充分性和适当性是审计证据两个非常重要的概念。审计证据的充分性是对证据数量的衡量，主要与注册会计师确定的样本量有关。注册会计师所需要的审计证据的数量受鉴证对象信息重大错报风险的影响，即审计风险越大，可能需要的审计证据数量越多。审计证据的适当性是对审计证据质量的衡量，即证据的相关性和可靠性。在考虑审计证据适当性的时候，可靠性往往是人们考虑的重点。注册会计师通常按照下列原则考虑审计证据的可靠性：从外部独立来源获取的审计证据比从其他来源获取的审计证据更可靠；内部控制有效时内部生成的审计证据比内部控制薄弱时内部生成的审计证据更可靠；直接获取的审计证据比间接获取或推论得出的审计证据更可靠；以文件、记录形式（无论是纸质、电子或其他介质）存在的审计证据比口头形式的审计证据更可靠；从原件获取的审计证据比从传真件或复印件获取的审计证据更可靠。

注册会计师应当通过实施风险评估程序、控制测试(必要时或决定测试时)和实质性程序,获取充分、适当的审计证据,得出合理的审计结论,作为形成审计意见的基础。

审计工作底稿是指注册会计师对制定的审计计划、实施的审计程序、获取的相关审计证据,以及得出的审计结论作出的记录。审计工作底稿是重要的审计档案,同时也是审计质量控制的重要手段。审计工作底稿是记录审计工作轨迹的文档。审计工作底稿可以以纸质、电子或其他介质形式存在。审计工作底稿通常包括总体审计策略、具体审计计划、分析表、问题备忘录、重大事项概要、询证函回函、管理层声明书、核对表、有关重大事项的往来信件(包括电子邮件),以及对被审计单位文件记录的摘要或复印件等。对每项具体审计业务,注册会计师应当将审计工作底稿归整为审计档案,审计档案可以分为永久性档案和当期档案。审计工作底稿的所有权属于会计师事务所。

## 案例

1. 基本资料

(1) 2002 年 3 月 20 日注册会计师对某厂 A 材料进行实地盘存,查明 A 材料实际盘存 1000 公斤,计价 1200 元(实物证据)。

(2) 该企业 2001 年 12 月 31 日账面结存 540 公斤,计价 648 元(A 材料明细账为书面证据)。

(3) 自 2001 年 12 月 31 日至 2002 年 3 月 20 日止(即结账日至盘存日),A 材料入库数为 800 公斤,计价 960 元;出库数为 500 公斤,计价 600 元(书面证据)。

(4) 仓库保管员陈述:50 公斤库存损耗,尚未办理报损手续,其余短缺原因不明(口头证据)。

2. 分析要点

(1) 调节计算确定 2001 年 12 月 31 日 A 材料应结存数 = 1000 − 800 + 500 = 700(公斤)

(2) 计算 2001 年末 A 材料应结存数与账面结存数之间的差异 = 700 − 540 = 160(公斤)

(3) 审计工作底稿如下表所示:

材料盘点调节表

编号:7

| 被审计单位 | 某企业 | 被审事项 | A 材料数量正确性 | | |
|---|---|---|---|---|---|
| 会计期间或截止日 | 2002 年 3 月 20 日 | | | 签名 | 日期 |
| | | | 编制人 | 李× | 2002 年 3 月 20 日 |
| | | | 复核人 | 王× | 2002 年 3 月 22 日 |
| 计算:差异 = 160kg | | | | | |
| 审计结论: 该企业仓库管理混乱,保管不善,内控不严,材料短缺,损耗严重。 | | | | | |

## 思考题

1. 什么是审计证据?它具有哪些特征?
2. 审计证据有哪几种分类方法?
3. 获取审计证据的审计程序有哪些?

4. 进行审计证据决策时为何要考虑证据成本？何种情况下又要放弃这一考虑？
5. 什么是审计证据的充分性、适当性？如何评价审计证据的充分性、适当性？
6. 什么是审计证据的可靠性、相关性？如何评价审计证据的可靠性、相关性？
7. 审计工作底稿有哪几种分类方法？每类审计工作底稿又包括哪些项目？
8. 审计工作底稿的基本内容有哪些？编制的基本要求有哪些？
9. 审计档案分为哪两类？分别包括哪些内容？
10. 试说明审计证据同审计工作底稿的关系。

## 练习题

### 一、判断题

1. 当期档案是指那些记录内容经常变化，只供当期审计使用的审计档案。(　　)
2. 注册会计师将从被审计单位或其他第三者获取的资料形成审计工作底稿时，除应注明资料来源外，还应实施必要的审计程序，形成相应的审计记录。(　　)
3. 注册会计师获取审计证据时，不应将审计成本的高低或获取审计证据的难易程度作为减少必要审计程序的理由。(　　)
4. A 会计师事务所原负责审计档案管理的 B 职员调离岗位，C 职员自 2004 年 2 月起继任。C 职员在工作中遇到一系列问题。A 会计师事务所相关负责人予以了解答。根据独立审计准则和质量控制准则的相关要求，请判断相关解答是否正确。

(1) G 公司 2002 年度，2003 年度会计报表审计业务均由 M 注册会计师负责。在审计 G 公司 2003 年度会计报表时，M 注册会计师调阅了 2002 年度的有关审计工作底稿。2004 年 5 月 M 注册会计师将 2002 年度底稿退还时，C 职员发现某些底稿页中存有修改痕迹。C 职员将相关事项报告 A 会计师事务所相关负责人，该负责人指示 C 职员，应要求 M 注册会计师书面说明修改理由，并对 2002 年度审计工作底稿修改内容予以恢复后归档。(　　)

(2) N 注册会计师将 T 公司 2003 度会计报表审计工作底稿于 2004 年 4 月归档，2004 年 5 月初，N 注册会计师要求用刚收到的一张 T 公司应付账款询证函回函原件，更换已归档底稿中有 N 注册会计师直接接收的应付账款回函传真件。C 职员检查了原件和传真件，未发现内容差异，但仍作了请示。A 会计师事务所相关负责人指示 C 职员，同意 N 注册会计师更换，但应在相关审计工作底稿中说明此更换事项。(　　)

(3) 2004 年 6 月 C 职员在清理审计档案时发现，1990 年 2 月至 1992 年 2 月期间归档的审计 S 公司的一批审计档案，包括审计报告书副本、已审计会计报表以及相关审计测试工作底稿等。1992 年 2 月后 A 会计事务所除在 1995 年 5 月向 S 公司提供一项内部控制设计服务外，未向其提供任何其他服务。C 职员请示该批审计档案能否销毁。A 会计师事务所相关负责人指示，在经主任会计师批准，并按规定履行相关手续后可以全部销毁。(　　)

### 二、单选题

1. A 注册会计师负责对甲公司 20×7 年度财务报表进行审计。在获取和评价审计证据时，A 注册会计师遇到下列事项，请代为做出正确的专业判断。

(1) A 注册会计师负责对甲公司 20×7 年度财务报表进行审计。在获取的下列审计证据中，可靠性最强的通常是(　　)。

A. 甲公司连续编号的采购订单　　B. 甲公司编制的成本分配计算表
C. 甲公司提供的银行对账单　　D. 甲公司管理层提供的声明书

(2) 下列各项中，为获取适当审计证据所实施的审计程序与审计目标最相关的是(　　)。

A. 从甲公司销售发票中选取样本，追查至对应的发货单，以确定销售的完整性

B. 实地观察甲公司固定资产,以确定固定资产的所有权

C. 对已盘点的甲公司存货进行检查,将检查结果与盘点记录相核对,以确定存货的计价正确性

D. 复核甲公司编制的银行存款余额调节表,以确定银行存款余额的正确性

(3) 在对资产存在性认定获取审计证据时,正确的测试方向是(　　)。

A. 从财务报表到尚未记录的项目　　B. 从尚未记录的项目到财务报表

C. 从会计记录到支持性证据　　D. 从支持性证据到会计记录

(4) 下列与审计证据相关的表述中,正确的是(　　)。

A. 如果审计证据数据足够,就可以弥补审计证据的质量缺陷

B. 审计工作通常不涉及鉴定文件的真伪,对用作审计证据的文件记录,只需考虑相关内容控制的有效性

C. 不应考虑获取审计证据的成本与获取信息的有用性之间的关系

D. 会计记录中含有的信息本身不足以提供充分的审计证据作为对财务报表发表审计意见的基础

2. B 注册会计师负责对乙公司 20×7 年度财务报表进行审计。在编制和归整审计工作底稿时,B 注册会计师遇到下列事项,请代为做出正确的专业判断。

(1) 下列有关审计工作底稿归档期限的表述中,正确的是(　　)。

A. 如果完成审计业务,归档期限为审计报告日后六十天内

B. 如果完成审计业务,归档期限为外勤审计工作结束日后六十天内

C. 如果未能完成审计业务,归档期限为外勤审计工作中止日后三十天内

D. 如果未能完成审计业务,归档期限为审计业务中止日后三十天内

(2) B 注册会计师对乙公司 20×7 年度财务报表出具审计报告的日期为 20×8 年 2 月 15 日,乙公司对外报出财务报表的日期为 20×8 年 2 月 20 日。在完成审计档案的归整工作后,可以变动审计工作底稿的是(　　)。

A. 20×8 年 5 月 5 日,乙公司发生火灾,烧毁一生产车间,导致生产全部停工

B. 20×8 年 5 月 10 日,法院对乙公司涉讼的专利侵权案作出最终判决,乙公司赔偿原告 2000 万元。20×7 年 12 月 31 日,该案件尚在审理过程中,由于无法合理估计赔偿金额,乙公司在 20×7 年度财务报表中对这一事项作了充分披露,未确认预计负债

C. 20×8 年 5 月 15 日,B 注册会计师知悉乙公司 20×7 年 12 月 31 日已存在的、可能导致修改审计报告的舞弊行为

D. 20×8 年 5 月 20 日,乙公司收回一笔 20×6 年已经注销的应收账款,金额为 1000 万元

3. A 注册会计师负责对生产型企业甲公司 2005 年度会计报表进行审计。在实施分析程序时,A 注册会计师遇到以下事项,请代为做出正确的专业判断。

(1) 在分析资产负债表项目之间的关系时,最常用的分析程序方法是(　　)。

A. 趋势分析法　　B. 回归分析法

C. 比率分析法　　D. 绝对额比较法

(2) 以下审计程序中,不属于分析程序的是(　　)。

A. 根据增值税申报表估算全年主营业务收入

B. 分析样本误差后,根据抽样发现的误差推断审计对象总体误差

C. 将购入的存货数量与耗用或销售的存货数量进行比较

D. 将关联方交易与非关联方交易的价格、毛利率进行对比,判断关联方交易的总体合理性

(3) 在审计结束或临近结束时,使用分析程序对会计报表进行总体复核的目的是(　　)。

A. 针对自上年以来尚未发生变化的账户余额收集证据

B. 再次测试认为有效的内部控制,评估控制风险

C. 确定以前尚未识别的异常或未预期到的关系

D. 确定实质性分析程序对特定认定的适用性

(4) 甲公司 2005 年度的存货周转率为 2.7,与 2004 年度相比有所下降。甲公司提供的以下理由中,不能解释存货周转率变动趋势的是(　　)。

A. 由于主要原材料价格比 2004 年度下降了 10%,甲公司从 2005 年 1 月开始将主要原材料的日常储备量增加了 20%

B. 甲公司主要产品在 2005 年度市场需求稳定且赢利,但平均销售价格与 2004 年度相比有所下降,并且甲公司预期销售价格将继续下降

C. 甲公司在 2005 年第 4 季度接到了一笔巨额订单,订货数量相当于甲公司月产能的 120%,交货日期为 2006 年 1 月 1 日

D. 从 2005 年 6 月开始,甲公司将部分产品针对主要销售客户的营销方式由原先的买断模式改为代销模式

(5) 甲公司 2005 年度的借款规模、存款规模分别与 2004 年度基本持平,但财务费用比 2004 年度有所下降。甲公司提供的以下理由中,不能解释财务费用变动趋势的是(　　)。

A. 甲公司于 2004 年 1 月初借入 3 年期的工程项目专门借款 10 000 000 元,该工程项目于 2005 年 1 月开工建设,预计在 2006 年 6 月完工

B. 甲公司在 2005 年度以美元结算的货币性负债的金额一直大于以美元结算的货币性资产的金额。人民币对美元的汇率在 2005 年上半年保持稳定,从 2005 年下半年开始有较大上升

C. 为了缓解流动资金紧张的压力,甲公司从 2005 年 4 月起增加了银行承兑汇票的贴现规模

D. 根据甲公司与开户银行签订的存款协议,从 2005 年 7 月 1 日起,甲公司在开户银行的存款余额超过 1 000 000 元的部分所适用的银行存款利率上浮 0.5%

(6) 甲公司 2005 年度固定资产原值的变动如下:

| 固定资产原值 | 金　额 |
|---|---|
| 年初余额 | 75000 万元 |
| 本年增加 | 20000 万元 |
| 本年减少 | 8000 万元 |
| 年末余额 | 87000 万元 |

甲公司 2004 年 12 月 31 日经审计的固定资产原值中,房屋建筑物和机器设备约各占 50%。甲公司房屋建筑物和机器设备的折旧年限分别为 30 年 和 10 年,预计净残值为零。A 注册会计师注意到,甲公司 2005 年新增固定资产是 9 月份达到预定可使用状态的机器设备,2005 年减少的固定资产是 6 月份拆除的房屋建筑物。假定不考虑其他因素,估算的甲公司 2005 年度折旧费用与以下数额最接近的是(　　)。

A. 5344 万元　　B. 5367 万元

C. 5511 万元　　D. 5534 万元

4. 甲会计师事务所于 2002 年 2 月 15 日对 A 公司 2001 年度会计报表出具了审计报告,该审计报告副本作为审计档案应当(　　)。

A. 至少保存至 2003 年 2 月 15 日　　B. 至少保存至 2007 年 2 月 15 日

C. 至少保存至 2012 年 2 月 15 日　　D. 长期保存

5. 下列各项中,能帮助注册会计师判断审计证据是否充分、适当的因素是(　　)。

A. 控制程序　　B. 控制测试的时间

C. 审计过程中是否发现错误或舞弊　　D. 控制系统

6. 注册会计师执行会计报表审计业务获取的下列审计证据中,可靠性最强的是( )。

A. 购货发票　　B. 销货发票

C. 采购订货单副本　　D. 应收账款函证回函

## 三、多选题

1. 下列各项审计证据中,属于内部证据的有( )。

A. 被审计单位已对外报送的会计报表

B. 被审计单位提供的销售合同

C. 被审计单位提供的供应商开具的发票

D. 被审计单位管理当局声明书

2. 外部证据是由被审计单位以外的组织机构或人士所编制的书面证据,其中包括( )。

A. 应收账款函证的回函

B. 收到的支票

C. 购货发票

D. 审计人员根据被审计单位相关资料编制的审计差异调整表

3. 下列文件通常应作为审计工作底稿保存的有( )。

A. 重大事项概要　　B. 财务报表草表

C. 有关重大事项的往来信件　　D. 对被审计单位文件记录的复印件

4. 项目经理在审计报告日后,将审计工作底稿准备归档,其做法违反规定的是( )。

A. 在审计报告日后,收到函件的回函原件,注册会计师核对一致后,将原底稿中的复印件替换

B. 发现以前工作底稿有计算错误,注册会计师进行涂改修正,但不影响原所做的结论

C. 有一张工作底稿字迹潦草,重抄一份,将原底稿销毁

D. 注册会计师A编制的工作底稿没有签名,项目经理安排助理人员补签

5. 评价审计证据适当性时,注册会计师一般考虑( )。

A. 审计证据的相关性　　B. 审计证据的充分性

C. 审计证据的来源和及时性　　D. 审计证据的客观性

## 四、简答题

1. W注册会计师在对F公司2007年度会计报表进行审计时,收集到以下六组审计证据,试分析下列每组证据中哪项证据较为可靠,并简要说明理由。

(1) 收料单与购货发票;

(2) 销货发票副本与产品出库单;

(3) 领料单与材料成本计算表;

(4) 工资计算单与工资发放单;

(5) 存货盘点表与存货监盘记录;

(6) 银行询证函回函与银行对账单。

2. ABC会计师事务所的注册会计师A和B连续几年受雇于X公司进行年度审计。由于该公司控制结构改革,解除了与注册会计师A和B的聘约,并改聘其他会计师事务所。因此,他们要求注册会计师A和B递交他们为公司所作的所有工作底稿,注册会计师A和B以工作底稿是ABC会计师事务所的财产为由拒绝了X公司的要求。公司拟采取法律手段取回工作底稿。该公司是否能胜诉?简述法律上会计师事务所对工作底稿的所有权。

# 第9章 审计方法

## 学习目的

通过本章的学习,应理解和掌握以下内容:审计方法的内容、特点及其适用范围;审计抽样的内容,包括:抽样风险与非抽样风险,统计抽样与非统计抽样,样本的设计与选取,对样本实施审计程序、样本结果评价;控制测试和实质性程序中抽样技术的运用方法。

## 第1节 审计方法概述

审计方法是审计人员完成审计任务,实现审计目标的手段。了解并掌握审计方法,对审计人员在审计工作中,根据审计目标和被审计对象的特点,灵活地选用适当的审计方法,不断提高审计效率和审计质量有重要意义。

### (一) 审计方法模式

一百多年来,虽然审计的根本目标没有发生重大变化,但审计环境却发生了很大的变化。审计人员为了实现审计目标,一直随着审计环境的变化调整着审计方法。审计方法从账项基础审计发展到风险导向审计,都是审计人员为了适应审计环境的变化而做出的调整。

**1. 账项基础审计** 在审计发展的早期(19 世纪以前),由于企业组织结构简单,业务性质单一,审计人员审计主要是为了满足财产所有者对会计核算进行独立检查的要求,促使受托人(通常为经理或下属)在授权经营过程中做出诚实、可靠的行为。审计人员审计的重心在资产负债表,旨在发现和防止错误与舞弊,审计方法是详细审计。详细审计又称账项基础审计,由于早期获取审计证据的方法比较简单,审计人员将大部分精力投向会计凭证和账簿的详细检查。根据有关文献记载,当时的审计人员在整个审计过程中约四分之三的时间花费在合计和过账上。从方法论的角度上讲,这种审计方法就是账项基础审计方法(accounting number-based audit approach)。

**2. 制度基础审计** 19 世纪即将结束时,会计和审计步入了快速发展时期。审计人员审计的重点从检查受托责任人对资产的有效使用转向检查企业的资产负债表和利润表,判断企业的财务状况、经营成果是否真实和公允。由于企业规模的日益扩大,经济活动和交易事项内容不断丰富、复杂,审计人员的审计工作量迅速增大,而需要的审计技术日益复杂,使得详细审计难以实施,企业对审计费用难以承受。为了进一步提高审计效率,审计人员将审计的视角转向企业的管理制度,特别是会计信息赖以生成的内部控制,从而将内部控制与抽样审计结合起来。因此职业界逐渐认识到,设计合理并且执行有效的内部控制可以保证财务报表的可靠性,防止重大错误和舞弊的发生。从20世纪50年代起,以控制测试为基础的抽样审计在西方国家得到广泛应用,从方法论的角度上讲,该种方法称作制度基础审计方法(system-based audit approach)。

**3. 风险导向审计** 由于审计风险受到企业固有风险因素的影响,如管理人员的品行和能力、行业所处环境、业务性质、容易产生错报的财务报表项目、容易遭受损失或被挪用的资产等导致的风险,又受到内部控制风险因素的影响,即账户余额或各类交易存在错报,内部控制未能防止、发现或纠正的风险。此外,还受到审计人员实施审计程序未能发现账户余额或各类交易存在错报风险的影响,职业界很快开发出了审计风险模型。审计风险模型的出现,从理论上解决了审计人员以制度为基础采用抽样审计的随意性,又解决了审计资源的分配问题,要求审计人员将审计资源分配到最容易导致财务报表出现重大错报的领域。从方法论的角度,审计人员以审计风险模型为基础进行的审计,称为风险导向审计方法(risk-oriented audit approach)。

### (二) 审计方法体系

基于审计对象的复杂性,为了实现审计目标,审计人员要运用大量的审计方法和技术。在长期的审计实践中,审计人员创造、积累了一系列的审计方法和技术,并且日益形成了一套科学的方法体系。

审计方法体系由审计基本方法和技术方法两大部分构成。审计基本方法适用于所有的审计类别,对审计技术方法起到统驭和指导作用。审计技术方法是审计基本方法的具体表现形式,是审计基本方法赖以发挥作用的手段。两者关系十分密切。

**1. 审计基本方法** 是指审计人员在执行审计任务时,为实现审计目标而采用的最一般的审计方法。

审计的基本方法具有以下两个鲜明的特点:

(1) 它是审计特有的方法,即它具有其他学科没有的特征,它体现了审计的本质特征,是审计的基本属性之一。因此,我们不赞成把唯物辩证法说成是审计的一般方法。毫无疑问,在审计工作中,要广泛应用唯物辩证法的观点来指导审计人员的行为,但唯物辩证法是放之四海而皆准的哲学方法,它是所有学科、所有工作的指南,它不能代替某一学科的具体的方法。

(2) 是所有审计种类、审计对象都适用的方法。它是从不同的审计技术方法中抽象出来的,反映所有审计技术方法共性的方法。

审计基本方法的具体构成内容如下:

$$\text{审计计划(方案)}\xrightarrow{\text{实施}}\left\{\begin{array}{l}\text{收集审计凭证}\\ \text{选用审计客体标准}\end{array}\right\}\xrightarrow{\text{对比}}\text{审计结论和意见}$$

上述审计基本方法的结构模式科学地反映了审计工作实现审计目标的一般方法。即在审计工作开始时,审计人员必须根据审计种类、审计目标,对审计工作进行全面的规划,以保证审计工作的顺利进行。然后,审计人员就要按计划的要求收集各种不同的审计证据,并根据审计事项的具体内容选用各种不同的审计评价标准,与所收集到的审计证据进行对比,以判断被审单位的行为是否合规、合法、真实、正确。最后在此基础上形成审计结论和意见。这一方法体现了实现审计目标的最一般方法,是任何审计种类、目标都适用的方法,同时它又体现了审计学科的特点。

**2. 审计技术方法** 是审计基本方法的具体化,是指在审计过程中,根据审计事项的具体情况和特定目标而采用的各种具体方法和技术。它是实现某一具体审计目标的直接手段,是审计基本方法实现审计目标的具体手段。

### (三) 审计技术方法的分类

如前所述,审计基本方法体现了审计本质特征,是相对稳定的理论框架。而审计技术方法则是基本方法在不同情况下的具体表现,是随着审计工作的发展而不断地发展、变化。在长期的审计实践中,随着审计业务的不断扩展,深化,审计技术方法亦随之不断完善和发展。因此,审计技术方法的种类、内容十分丰富,为在不同情况下,合理地选用审计技术方法,必须以科学的方法对其进行分类,以使审计人员熟练地掌握并合理地运用到各项审计业务中去。审计技术方法可按不同的标志对其进行分类,现将常用的分类方法介绍如下。

**1. 根据审计的目的分**

(1) 审查书面资料的方法。包括审计查账方法和审计分析方法。审计查账方法又可分为审阅法、复核法、核对法、调节法、调整法等,审计分析方法又可分为账户分析法及各种经济分析方法。

(2) 证实客观实际的方法。包括审计盘存方法和审计调查方法。审计盘点方法包括突击性盘存、直接盘存和监督盘存等方法;审计调查方法包括观察法、查询法、函证法、专题调查法等。

**2. 根据审计对象的内容分**

(1) 财务审计方法,即在财务审计中运用的审计技术方法。

(2) 经济效益审计方法,即在经济效益审计中运用的方法。

一般地说,财务审计中更多地运用查账方法、账户分析法、盘存法和函询法等。而经济效益审计中则更多地运用经济分析和专题调查法。

**3. 按审查会计资料的顺序分**

(1) 顺查法,是指审查会计资料的顺序与会计资料加工顺序相一致的方法,即从凭证开始,依次审查账簿、报表的方法。

(2) 逆查法,是指审查会计资料的顺序与会计资料加工顺序相反的方法,即从审查分析会计报表入手具有重点地审查账簿、凭证的方法。

通常认为,会计资料加工的特征是综合,而审计的特征是分析,因此,逆查法更能体现审计的特征。顺查法费时、费力,且无重点,带有一定的盲目法,故审计的效率不高,效果亦不佳。而逆查法从报表分析入手,有重点地审查相关账簿资料和会计凭证,目的性明确,针对性强,不但可以提高审计效率,而且可以提高审计质量。故在现代审计中,除非不得已,一般均采用逆查法。

**4. 按审查的范围分**

(1) 详查法,也可称为全面检查。是指审计人员对被审单位的会计资料包括每一张会计凭证逐一详细地进行审查的方法。

(2) 抽样法,也称抽查或审计抽样。是指从被审查总体中抽取一部分样本,对样本进行详细地审查,并以样本审查的结果来推断总体特征的审计方法。抽样法又可分为任意抽样、判断抽样和统计抽样。

详查法是早期审计采用的方法,由于其效率低,且无明确的目的性,故现代审计中,基本上不再使用这种方法,只有在小企业审计中,由于其内部控制不完善,不得已才采用的方法。抽样法是现代审计的主要方法,特别是统计抽样法能够极大地提高审计效率,故在内部控制较为完善的大中型企业的审计中,被广泛地应用。

## 第2节 审查书面资料和证实客观实际的方法

### (一) 审查书面资料的审计技术方法

审查书面资料的审计技术是指审计人员为取得书面证据而采用的审计技术,如前所述它包括两大类:一是审计查账技术;二是审计分析方法。以下分别介绍之。

**1. 审计查账技术** 是指审计人员对会计资料进行审查以取得书面证据所采用的审计技术方法。

(1) 审阅法:是指审计人员运用专业知识和经验对会计资料(包括会计凭证、账簿、会计报表以及相关的文件及原始业务记录等)进行详细的检视和研究,以取得审计证据或发现审计线索的审计技术。运用审阅法,一是要求审计人员具有扎实的知识和丰富的实践经验;二是要求态度认真和细致,方能取得理想的效果。

审阅法的重点是对会计凭证的审阅,审阅的内容包括两个方面:

1) 一是形式技术的审阅。主要审阅会计凭证的编制是否合理,以便查明会计凭证是否合规、合法、有无伪造、弄虚作假现象的存在。审阅时主要注意以下几点:①会计凭证所必备的要素是否完备。②会计凭证所填写的文字、数字是否清晰完整,更正方法是否合规,有无涂改、增添和污损现象。③会计凭证应办理的有关手续是否合规,相关人员是否正式签章,应有收讫、付讫戳记的凭证是否盖有收讫、付讫章。④会计凭证的使用、保管是否合规。⑤自制原始凭证、记账凭证是否连续编号,有无缺号、漏号的现象等。

2) 实质内容的审阅。主要是对会计凭证所反映的经济业务内容的真实性、合理性和合法性进行实质性的审查。其审查的内容要点包括:①经济业务的摘要是否真实、清晰和明确。②经济业务是否按规定办理合法的手续,并有合法的原始凭证为依据。③经济业务是否遵守有关法规制度。④会计科目的运用是否正确、合规。⑤会计分录是否正确,是否与所拟反映的经济业务内容相一致。⑥有无利用会计分录进行舞弊行为等。

对会计账簿、报表的审阅也可仿照会计凭证的审阅,从形式和实质内容两个方面进行审阅。

(2) 复核法:是对会计记录中通过计算取得的数据,按正确的计算方法重新计算一遍,以验证相关数据正确性的一种审计技术。如发票中的数量乘单价、合计数、大写和小写;记账凭证中的合计数、借方总计与贷方总计的平衡；账簿记录中的月计、累计、余额；会计报表中的小计与总计数等均可用复核法验证其计算的正确性。通过复核如果发现计算错误，应进一步查明其原因，以确定其性质。

（3）核对法：是指对会计记录加工过程中相互连接的有关数据相互对照，以确定会计资料有关数据正确性的一种审计技术。其目的在于查明证证、账证、账账、账表、表表之间是否相符，以便从中发现错账、漏账、重账现象，披露弄虚作假、营私舞弊的行为，所取得的证据，可以证实会计报表所反映的财务状况和财务成果是否真实可靠。

1）凭证之间的核对，其内容包括：

A. 原始凭证与相关凭证的核对。如商品验收单与购货发票的商品品种、规格、数量、单价和金额是否一致。必要时还应核对其他原始资料，如合同、订购单、运单、出车记录等。

B. 原始凭证与原始凭证汇总表的核对。如材料收入汇总表、材料发出汇总表、工资汇总表与相关原始凭证的核对。

C. 记账凭证与所附原始凭证的核对。主要核对原始凭证的数量与记账凭证上注明的张数是否一致，原始凭证合计金额与记账凭证的金额是否一致等。

D. 记账凭证与科目汇总表或汇总记账凭证的数据是否一致。

2）记账凭证和账簿记录的核对。账簿记录是根据记账凭证记录的，因而两者必须一致。故其核对的主要目的在于验证过账的正确性。核对的重点是相关数字是否一致，记账的方向（借或贷）是否一致，以及账簿上相关的摘要内容与记账凭证记录的经济业务是否一致等。

3）账簿与账簿之间的核对。主要是将总分类账户的数据与相关的明细分类账的合计数进行核对。根据总分类账和明细分类账平衡登记的原则，总分类账户借方、贷方发生额合计数及期末余额应与其所属明细分类账相关数据的合计数相等。核对时应根据这一原则，以核实其正确性。

4）账簿与报表的核对。会计报表是根据账簿记录加工汇总而成，因此，会计报表中各项目的数据与有关账簿记录的数据存在着一定的勾稽关系。这种勾稽关系在有关的会计制度中有明确的规定。核对时应按照会计制度规定的勾稽关系核对会计报表有关项目数据的正确性。

5）报表与报表之间的核对。会计报表是一个完整的指标体系，各报表中有关指标之间存在着固有的勾稽关系，这种关系均由会计制度明确规定。核对时可以根据会计制度规定的勾稽关系，将各报表中相关数据进行核对，以验证会计报表数据的准确性。如资产负债表中未分配利润期末数应与利润分配表中的期末未分配利润核对相符，现金流量表中的净利润应与损益表中的净利润核对相符等。

（4）调节法：是指某些数据因客观原因难以直接验证其正确性，必须经过必要的调整方能验证其正确性而采用的审计技术。如银行存款余额的正确性，直接用银行对账单的余额不能验证其正确性，必须编制银行存款余额调节表方能验证其正确性。又如审计人员在审计日取得存货盘点余额，不能直接验证年度报告存货项目的正确性，必须剔除报告日至审计日存货增减变动因素后，方能验证其正确性。

**例：**审计人员在验证某企业主要原料 A 材料时获得以下数据：

A 材料期末账面结存数：2650 吨；

审计盘点日盘点实存数:2470 吨。

期末至审计日 A 材料收发情况如下:

收到:1600 吨; 发出:1850 吨。

现以调节法计算 A 材料期末实存数如下:

A 材料期末实存数=审计盘点日实存数+期末至审计日 A 材料发出数-期末至审计日 A 材料增加数

A 材料期末实存数=2470 吨+1850 吨-1600 吨=2720 吨

调整后的数据可与账面结存数直接核对,以验证账面数据的正确。本例中 A 材料账面结存比实际应结存数少 70 吨,应进一步查明短缺的原因。

(5) 调整法:是指更正查账中所发现的错误账项的一种方法,也称调账,是落实查账结果的重要手段之一。审计人员应将审计中发现的所有错误账项,编制调整表,交由被审计单位财会人员负责调账。审计差异调整表如表 9-1 所示。错误账项调整后,如涉及上年利润数的应在审计报告中提出补交所得税的建议。

**表 9-1 审计差异调整表——审计调整分录汇总表**

被审计单位名称:DW　　编制人:BZR　日期:BZRQ　　索引号:B-4.1　　页次:

会计期间或截止日:JZRQ　　复核人:　　日期:

| 序号 | 工作底稿索引号 | 调整分录说明 | 调整科目名称 | 资产负债表 | | 利润及利润分配表 | | 被审计单位调整情况及未调整原因 |
|---|---|---|---|---|---|---|---|---|
| | | | | 借方 | 贷方 | 借方 | 贷方 | |
| | | | | | | | | |
| | | | | | | | | |
| | | | | | | | | |
| | | | | | | | | |
| | | | | | | | | |
| | | | | | | | | |
| | | | | | | | | |
| | | | | | | | | |
| | | | | | | | | |
| | | | | | | | | |
| | | | | | | | | |
| | | | | | | | | |
| | | | | | | | | |
| | | | | | | | | |
| | | | | | | | | |
| | | | | | | | | |

**2. 审计分析方法** 也可称为审计分析性程序,是指审计师应用分析技术对被审单位会计资料表中重要比率或趋势进行分析评价,借以取得审计线索的技术方法,包括调查异常变动、重要比率或趋势、预期数额和其他相关信息的差异。财务报表审计中常用的审计分析方法有比较法、比率法和账户分析法。而在经济效益审计中则可以广泛地运用各种经济分析

方法,以下重点介绍财务报表审计中常用的分析方法。

(1) 账户分析法:是指利用账户对应关系原理及其账户记录的变动状况,检查账户对应关系是否合规、相关的记录是否合理、进而分析该账户所记录的经济业务是否存在问题的一种审计方法。账户分析法的分析要点包括两个方面:一是通过账户对应关系分析相关经济业务记录的合理性,借以分析其中可能存在的问题,如销售业务涉及"主营业务收入"、"应收账款"、"应收票据"、"银行存款"以及"主营业务成本"、"营业费用"等账户。通过上述各账务对应关系的分析,可以发现企业在销售业务会计处理上的正确性和合规性。二是通过某一重点账户记录的内容及其金额变动的情况分析,可以发现有无不合规的记录和异常变动的情况,进而可以分析相关经济业务中可能存在的问题。例如对管理费用的分类、序时分析,如果发现某项费用在某一阶段突然异常增加,则可以作为进一步审查的重点。又如对应收账款的分析,如果发现有较多长期(如一年以上)未收回的应收账款,则应进一步审查其发生坏账的可能性。

(2) 比较法:是指审计人员对不同时期或不同情况下同一指标的对比,借以找出差异和问题,研究差异产生的原因及其影响,以发现审计线索的分析方法。例如,将实际数与计划数比较,以检查计划完成情况;将本期实际数与上期实际数相比,以了解变动趋势,并进一步分析其合理性;将本单位实际数与先进单位实际数进行对比,以找出差距,并进一步分析其原因等。比较法是审计人员对被审项目进行预备调查和评价被审单位经济效益中常用的方法。

(3) 比率法:是指审计人员对审计事项涉及的两个或两个以上经济指标的比例关系,进行比率数值分析的一种方法。通过不同比率关系的分析,审计人员可以评价判断其合理性,进而确定进一步审计的重点。常用的比率分析法有结构比率分析法、动态比率分析法和相关比率分析法。

1) 结构比率分析法,是指通过计算某一综合指标的各组成部分占总体的比重来分析评价其合理性的方法。其分析步骤为:确定某一综合指标各组成部分占总体的比重,观察其构成内容、变化趋势及其合理性,进而确定下一步审计的重点。例如,将成本指标分解为各成本项目,计算各成本项目在全部成本中的比重,并将其中比重较大的项目或者认为不合理的项目作为审计重点。

2) 动态比率分析法。是指将同一经济指标各期的数值进行对比,并计算其比例关系,再进行比较,以确定其变动情况及发展趋势的一种方法。一般可分为环比比率分析法和定基比率分析法两类。环比比率分析法是将分析期各时期的数据都与上一期进行对比,计算其增减比率;定基比率分析法是以某些时期的数据为基期,将分析期各个期间的数据均与基期数据进行对比,计算其增减比率的方法。

3) 相关比率分析法,是指对两个性质不同但又有内在联系的指标进行对比分析的一种审计技术方法。例如,将利润与成本进行对比,计算成本利润率,将流动资产与流动负债进行对比,计算其流动比率。

### (二) 证实客观实际的方法

证实客观实际的方法是指审计人员为证实账面资料的真实性而采用的审计技术,主要有盘点法、查询法、观察法和鉴定法等。

**1. 盘点法** 是指通过对实物资产进行实地盘点以证实某一资产账面结存数真实性的一种审计技术。盘点法按审计人员参与程度不同可分为直接盘点和监督盘点；按是否事前通知被审计单位可分为通知盘点和突击性盘点。

直接盘点，是指由审计人员根据需要对某些重要的实物资产亲自参加盘点，以确保证据可靠性的一种盘点方式。通常适用于某些重要的财产物资或容易出现舞弊行为的物资，如现金、贵重物品等。

监督盘点又称会同盘点，是由被审计单位自行组织盘点工作，审计人员赴盘点现场监督盘点工作的盘点方式。为确保盘点工作的质量，审计人员应参与事前的盘点工作计划，共同选择盘点日期、确定参加盘点的人员、设计盘点程序和有关的准备工作。在盘点过程中，审计人员认为必要时，可以对清点过的物品进行复点，以提高盘点工作结果的可靠性。

突击性盘点，是指事前不通知被审单位，审计人员于盘点日直接赴财产物资保管地进行盘点的审计方法。其目的是防止经办人员事前采取掩盖措施改变库存财产数量的现象发生，一般适用于现金、贵重物资及可能存在严重问题的物资的盘点。

通知盘点是指审计人员事前通知被审计单位具体盘点时间，然后再进行盘点的方式。一般情况下，财产物资的盘点均采用通知盘点的方式。

审计人员在盘点时，在重视财产物资数量真实性的同时，还必须注意财产物资的质量是否完好，计价是否合理、正确，以及财产物资的所有权归属。盘点时，必须有被审单位主管部门负责人和物资经营人员在场，认真做好盘点记录，并由被审单位主管人员、经办人员和审计人员共同签字。盘点清单是重要的审计证据，又是审计工作底稿的重要组成部分，必须妥善保存。

**2. 查询法** 是指审计人员根据需要，通过书面或口头形式向有关单位或个人调查了解有关事项的实际情况，以核实相关经济业务资料真实性的审计方法。查询法可分为面询和函询两种。

面询又称询问，是指审计人员对审计工作中发现的审计线索，根据已初步了解到的情况，向被审计单位或其他有关单位的当事人当面进行询问，以了解该事项真实情况的审计技术。采用面询法时，审计人员事前应作好充分准备，拟定询问提纲，同时应估计可能出现情况，讲求询问策略，以保证询问的实际效果。询问时应做好书面记录，询问结束后，应要求被询问人在记录上签字。

函询又称函证，是指审计人员通过信函方式，向被审计单位有关的经济业务关系人询问，以证实某一经济业务或账户余额真实性、正确性的一种审计技术。函询法常用于应收账款余额真实性的查询。函询法又可分为积极函询和消极函询。积极函询是指无论应收账款余额是否正确，均要求被函询单位答复的函询方法。对重要的应收账款余额，应采用积极函询的方法。消极函询是指只有当被询问的应收账款余额不符时，方要求被函询单位答复的函询方法。对一般的、不重要的应收账款余额可采用消极函询法。无论哪一种函询，均应将有关经济业务发生的日期、凭证号以及金额写清楚，以便对方核查，同时，应注明回函的收件人。另外，在银行存款审计中也常采用函询法。

**3. 观察法** 是指审计人员亲临经济业务发生的现场，进行实地观察，借以了解经济业务执行的真实情况，取得相关证据的审计技术。此法可用于监督盘点，也可用于内部控制制度执行情况的审查。

运用此法时,可根据需要,并告知被审计单位管理当局,采取摄影、录像、录音等手段取得更有效的审计证据。

**4. 鉴定法** 是指对某些被审事项相关性质的鉴别所需的技能超出一般审计人员的能力,而聘请有关专家运用专门技术以鉴定相关事项的有关性质的审计技术。如对产品性能、质量、价值的鉴定,基本建设工程质量的鉴定及书面资料真伪的鉴定等,通常都需要有专门技术的人员来进行。运用此法时,对聘请的专门技术人员,应注意必须能保持独立的地位。鉴定完毕后,应由专业人员出具鉴定报告,并在报告上签字,以明确责任。

### (三) 审计方法的运用

审计人员运用审计方法的基本目的是为了搜集审计证据,完成对审计目标的评价。而审计方法是审计人员实现审计目标的手段,凡是有助于审计人员取证的方法,都可视为审计方法。随着审计实践的发展和审计理论的丰富,审计方法也得到了丰富和发展。尤其是审计进入经济效益和管理审计领域以后,许多管理的方法、数量经济的方法、统计分析的方法和工程技术的方法等,都被审计人员用来取证和评价。这就要求审计人员在选用审计方法时,应注意选用的方法是否恰当,是否适用审计目的。因此,如何选用审计方法就成为一个值得研究的问题。

**1. 审计方法的选用** 审计方法是从长期审计实践中总结和积累起来的,是随着审计领域的不断拓展而逐渐丰富起来的。随着审计领域的拓展,审计的方法越来越多,而有些审计方法的产生和完善,是与新的审计领域的开拓密不可分的,只能在特定情况下采用。例如,许多管理方法、数量经济方法、统计分析方法等,只能在管理审计或经济效益审计领域内使用。

审计方法的选用是否恰当,对整个审计工作进程和审计结论的正确性有十分重要的影响。审计方法选用得当,审计工作效率便能得到提高;反之就会浪费人力物力,并有可能导致错误的审计意见和结论,延误审计工作和审计目标的完成。因此,审计人员在选用审计方法时应注意以下几点:①审计方法的选用要适应审计的目的。②审计方法的选用要适合审计方式。③审计方法的选用要联系被审计单位的实际。

**2. 审计方法之间的相互关系** 审计方法很多,它们都有各自的使用目的和适用性。许多方法不是相互排斥的,而是存在密切的关系,常表现为你中有我,我中有你,有时使用某一种方法时必须依赖于另一种审计方法。例如,在审计中,可以采用顺查的方法或逆查的方法,采用顺查法时,局部常常采用逆查法;采用逆查法时,局部常常采用顺查法。而且,顺查时可以进行详查,也可以进行抽查;逆查时可以进行详查,也可以进行抽查。当然,从方法特点上看,顺查更适合采用详查法,逆查更适合采用抽查法。而详查和抽查也是密不可分的,抽查往往会与详查相结合。

审计查账的共用方法与技术方法和审计分析等方法之间也存在密切关系。如顺查时必须同时使用审阅法和核对法等方法;逆查时必须同时使用分析法和审阅法等方法;盘点时常与数据调节法相结合;等等。

审计的技术方法之间也存在密切关系,如采用审阅法时,往往是核对法和复核法结合使用。

由此可见,审计人员在审计中一定要注意审计方法之间的内在联系,注意它们之间的相互关系,这样才能恰当地运用审计方法,提高审计效率和质量。

**3. 审计方法和审计种类之间的相互关系** 审计按不同的标志可以分为许多类型,同样,审计方法按不同的标志也可分为许多种类。由于不同的审计类型具有不同的审计目的和特点,因而要求审计人员选用的审计方法要能够适应不同审计类型的目的和特点。例如,进行财政、财务审计时,必须采用审阅、核对、盘点等方法,但这些方法不一定适用经济效益审计;审计盘点只适合就地审计,而不适合报送审计;等等。

不同的审计种类要求审计人员选用的审计方法不同,只有根据审计的目的和要求获取审计证据的需要,综合、灵活地运用各种审计方法,才能达到较好的审计效果。

**4. 审计方法、审计证据和审计目标之间的关系** 审计类型不同,审计目标不同,所要求的审计证据也不同,而不同的审计方法获取的审计证据也不同。因此,在运用审计方法时一定要注意审计方法和审计证据性质的一致性。如为了获取实物证据就必须采用盘点法,为了获得外部证据就必须采用函证法等。

有时一种方法可以收集多种证据;有时一种证据需用多种方法收集。审计人员应考虑成本与效益以及审计项目的重要性,选用更为有效的方法。

## 第3节 审计抽样

### (一) 审计抽样概述

在设计审计程序时,审计人员应当确定选取测试项目的适当方法。审计人员可以使用的方法,包括选取全部项目、选取特定项目和审计抽样。

**1. 选取全部项目** 是指对总体中的全部项目进行检查。对全部项目进行检查,通常更适用于细节测试,而不适合控制测试。实施细节测试时,在某些情况下,基于重要性水平或风险的考虑,审计人员可能认为需要测试总体中的全部项目。总体可以包括构成某类交易或账户余额的所有项目,也可以是其中的一层,同一层中的项目具有某一共同特征。例如,在截止性测试中,审计人员通常对截止日前后一段时期的所有交易进行检查。

当存在下列情形之一时,审计人员应当考虑选取全部项目进行测试:

(1) 总体由少量的大额项目构成。某类交易或账户余额中的所有项目的单个金额都较大时,审计人员可能需要测试所有项目。

(2) 存在特别风险且其他方法未提供充分、适当的审计证据。某类交易或账户余额中所有项目可能单个金额不大但存在特别风险,则审计人员也可能需要测试所有项目。存在特别风险的项目主要包括:①管理层高度参与的,或错报可能性较大的交易事项或账户余额;②非常规的交易事项或账户余额,特别是与关联方有关的交易或余额;③长期不变的账户余额,如滞销的存货余额或账龄较长的应收账款余额;④可疑的或非正常的项目,或明显不规范的项目;⑤以前发生过错误的项目;⑥期末人为调整的项目;⑦其他存在特别风险的项目。

(3) 由于信息系统自动执行的计算或其他程序具有重复性,对全部项目进行检查符合成本效益原则。审计人员可运用计算机辅助审计技术选取全部项目进行测试。

**2. 选取特定项目** 是指对总体中的特定项目进行针对性测试。根据对被审计单位的了解、评估的重大错报风险以及所测试总体的特征等，审计人员可以确定从总体中选取特定项目进行测试。选取的特定项目可能包括：①大额或关键项目；②超过某一金额的全部项目；③被用于获取某些信息的项目；④被用于测试控制活动的项目。

选取特定项目时，审计人员只对审计对象总体中的部分项目进行测试。审计人员通常按照覆盖率或风险因素选取测试项目，或将这两种方法结合使用。按照覆盖率选取测试项目是指选取数量较少、金额较大的项目进行测试，从而使测试项目的金额占审计对象总体金额很大的百分比。例如，如果 8 个金额较大的项目占审计对象总体金额的 85%，则通过测试这 8 个项目就可对审计对象总体的存在性和准确性获得较高程度保证。审计人员也可以决定抽取超过某一设定金额的所有项目，从而验证某类交易或账户余额的大部分金额。按照风险因素选取测试项目是指选取那些具有某种较高风险特征的项目进行测试。例如，可疑的项目、异常的项目、特别具有风险倾向的项目，或者以前发生过错误的项目等。

另外，审计人员还可能选择某些项目进行检查，以获取与被审计单位的性质、交易的性质以及内部控制等事项有关的信息，或确定某一控制活动是否得到执行。对这些项目进行测试实际上属于风险评估程序，主要是为了提供与被审计单位及其环境有关的信息。

选取特定项目实施检查，通常是获取审计证据的有效手段，但并不构成审计抽样。对按照这种方法所选取的项目实施审计程序的结果，不能推断至整个总体。其原因在于，虽然选取特定项目也是对某类交易或账户余额中低于百分之百的项目实施审计程序，但与审计抽样不同的是，并非所有抽样单元都有被选取的机会。不符合审计人员选择标准的项目将没有机会被选取。因为选取的特定项目不能代表总体或某一子总体中全部项目的特征。因此，与审计抽样不同，选取特定项目进行测试不能根据所测试项目中发现的误差推断审计对象总体的误差。

**3. 审计抽样** 是指审计人员对某类交易或账户余额中低于百分之百的项目实施审计程序，使所有抽样单元都有被选取的机会。审计抽样使审计人员能够获取和评价与被选取项目的某些特征有关的审计证据，以形成或帮助形成对从中抽取样本的总体结论。其中，抽样单元是指构成总体的个体项目；总体是指审计人员从中选取样本并据此得出结论的整套数据。总体可分为多个层或子总体。每一层或子总体可分别予以检查。

审计抽样应当具备三个基本特征：①对某类交易或账户余额中低于百分之百的项目实施审计程序；②所有抽样单元都有被选取的机会；③审计测试的目的是为了评价该账户余额或交易类型的某一特征。

审计人员获取审计证据时可能使用三种目的的审计程序：①风险评估程序；②控制测试（必要时或决定测试时）；③实质性程序。有些审计程序可以使用审计抽样，有些审计程序则不宜使用审计抽样。

风险评估程序通常不涉及使用审计抽样和其他选取测试项目的方法。但如果审计人员在了解控制的设计和确定其是否得到执行时，一并计划和实施控制测试，则会涉及审计抽样和其他选取测试项目的方法。

当控制的运行留下轨迹时，审计人员可以考虑使用审计抽样和其他选取测试项目的方法实施控制测试。对这些未留下运行轨迹的控制实施测试时，审计人员应当考虑实施询问、观察等审计程序，以获取有关控制运行有效性的审计证据，此时不涉及审计抽样和其他选取测试项目的方法。

实质性程序包括对各类交易、账户余额、列报的细节测试，以及实质性分析程序；在实施细节测试时，审计人员可以使用审计抽样和其他选取测试项目的方法获取审计证据，以验证有关财务报表金额的一项或多项认定（如应收账款的存在性），或对某些金额作出独立估计（如陈旧存货的价值）。在实施实质性分析程序时，审计人员不宜使用审计抽样和其他选取测试项目的方法。

选取测试项目旨在帮助审计人员确定实施审计程序的范围。审计程序的范围是指实施审计程序的数量，包括抽取的样本量，对某项控制活动的观察次数等。审计人员可以根据具体情况，单独或综合使用选取测试项目的方法，但所使用的方法应当能够有效地提供充分、适当的审计证据，以实现审计程序的目标。在确定适当的选取测试项目的方法时，审计人员应当考虑与所测试认定有关的重大错报风险和审计效率。

## （二）审计抽样

**1. 抽样风险和非抽样风险** 在获取审计证据时，审计人员应当运用职业判断，评估重大错报风险，并设计进一步审计程序，以确保将审计风险降至可接受的低水平。使用审计抽样时，审计风险可能受到抽样风险和非抽样风险的影响。

（1）抽样风险：是指审计人员根据样本得出的结论，与对总体全部项目实施与样本同样的审计程序得出的结论存在差异的可能性。

抽样风险分为下列两种类型：

1）在实施控制测试时，审计人员推断的控制有效性高于其实际有效性的风险；或在实施细节测试时，审计人员推断某一重大错报不存在而实际上存在的风险。此类风险影响审计的效果，并可能导致审计人员发表不恰当的审计意见。

2）在实施控制测试时，审计人员推断的控制有效性低于其实际有效性的风险；或在实施细节测试时，审计人员推断某一重大错报存在而实际上不存在的风险。此类风险影响审计的效率。

也就是说，无论在控制测试还是在细节测试中，抽样风险都可以分为两种类型：一类是影响审计效果的抽样风险，另一类是影响审计效率的抽样风险。但在控制测试和细节测试中，这两类抽样风险的表现形式有所不同。

在实施控制测试时，审计人员要关注的两类抽样风险是信赖过度风险和信赖不足风险。信赖过度风险是指推断的控制有效性高于其实际有效性的风险。信赖过度风险与审计的效果有关。如果审计人员评估的控制有效性高于其实际有效性，从而导致评估的重大错报风险水平偏低，审计人员可能不适当地减少从实质性程序中获取的证据，因此审计的有效性下降。对于审计人员而言，信赖过度风险更容易导致审计人员发表不恰当的审计意见，因而更应予以关注。相反，信赖不足风险是指推断的控制有效性低于其实际有效性的风险。信赖不足风险与审计的效率有关。当审计人员评估的控制有效性低于其实际有效性时，评估的重大错报风险水平偏高。为了弥补审计人员根据评估的控制有效性而对重大错报风险评估的高水平，审计人员可能会增加不必要的实质性程序。在这种情况下，审计效率可能降低。

在实施细节测试时，审计人员也要关注两类抽样风险：误受风险和误拒风险。误受风险是指审计人员推断某一重大错报不存在而实际上存在的风险。如果账面金额实际上存在重大错报而审计人员认为其没有存在重大错报，审计人员通常会停止对该账面金额继续进行测试,并根据样本结果得出账面金额无重大错报的结论。与信赖过度风险类似,误受风险影响审计效果,容易导致审计人员发表不恰当的审计意见,因此审计人员更应予以关注。误拒风险是指审计人员推断某一重大错报存在而实际上不存在的风险。与信赖不足风险类似,误拒风险影响审计效率。如果账面金额不存在重大错报而审计人员认为其存在重大错报,审计人员会扩大细节测试的范围并考虑获取其他审计证据,最终审计人员会得出恰当的结论。在这种情况下,审计效率可能降低。

只要使用了审计抽样,抽样风险就总会存在。在使用统计抽样时,审计人员可以准确地计量和控制抽样风险。在使用非统计抽样时,审计人员无法量化抽样风险,只能根据职业判断对其进行定性的评价和控制。对特定样本而言,抽样风险与样本规模反方向变动:样本规模越小,抽样风险越大;样本规模越大,抽样风险越小。既然抽样风险只与被检查项目的数量有关,那么控制抽样风险的唯一途径就是控制样本规模。无论是控制测试还是细节测试,审计人员都可以通过扩大样本规模降低抽样风险。如果对总体中的所有项目都实施检查,就不存在抽样风险,此时审计风险完全由非抽样风险产生。

(2) 非抽样风险:是指由于某些与样本规模无关的因素而导致审计人员得出错误结论的可能性。非抽样风险包括审计风险中不是由抽样所导致的所有风险。审计人员即使对某类交易或账户余额的所有项目实施某种审计程序,也可能仍未能发现重大错报或控制失效。

在审计过程中,可能导致非抽样风险的原因包括下列情况:

1) 审计人员选择的总体不适合于测试目标。

2) 审计人员未能适当地定义控制偏差或错报,导致审计人员未能发现样本中存在的偏差或错报。

3) 审计人员选择了不适于实现特定目标的审计程序。例如,审计人员依赖应收账款函证来揭露未入账的应收账款。

4) 审计人员未能适当地评价审计发现的情况。例如,审计人员错误解读审计证据导致没有发现误差;对所发现误差的重要性的判断有误,从而忽略了性质十分重要的误差,也可能导致得出不恰当的结论。

5) 其他原因。

非抽样风险是由人为错误造成的,因而可以降低、消除或防范。虽然在任何一种抽样方法中审计人员都不能量化非抽样风险,但通过采取适当的质量控制政策和程序,对审计工作进行适当的指导、监督与复核,以及对审计人员实务的适当改进,可以将非抽样风险降至可以接受的水平。审计人员也可以通过仔细设计审计程序尽量降低非抽样风险。如果可以从两种审计程序中加以选择,且两种程序均以大致相同的成本提供相同程度的保证,审计人员应选择非抽样风险水平较低的程序。

**2. 统计抽样与非统计抽样** 在对某类交易或账户余额使用审计抽样时,审计人员可以使用统计抽样方法,也可以使用非统计抽样方法。统计抽样是指同时具备下列特征的抽样方法:①随机选取样本;②运用概率论评价样本结果,包括计量抽样风险。

统计抽样的样本必须具有这两个特征,不同时具备上述两个特征的抽样方法为非统计抽样。一方面,即使审计人员严格按照随机原则选取样本,如果没有对样本结果进行统计评估,就不能认为使用了统计抽样。另一方面,基于非随机选样的统计评估也是无效的。

审计人员应当根据具体情况并运用职业判断,确定使用统计抽样或非统计抽样方法,以最有效率地获取审计证据。例如，在控制测试中，与仅仅对偏差的发生进行定量分析相比，对偏差的性质和原因进行定性分析通常更为重要。在这种情况下，使用非统计抽样可能更为适当。

审计人员在统计抽样与非统计抽样方法之间进行选择时主要考虑成本效益。统计抽样的优点在于能够客观地计量抽样风险，并通过调整样本规模精确地控制风险，这是与非统计抽样最重要的区别。另外，统计抽样还有助于审计人员高效地设计样本，计量所获取证据的充分性，以及定量评价样本结果。但统计抽样又可能发生额外的成本。首先，统计抽样需要特殊的专业技能，因此使用统计抽样需要增加额外的支出培训审计人员。其次，统计抽样要求单个样本项目符合统计要求，这些也可能需要支出额外的费用。非统计抽样如果设计适当，也能提供与设计适当的统计抽样方法同样有效的结果。审计人员使用非统计抽样时，必须考虑抽样风险并将其降至可接受水平，但不能精确地测定出抽样风险。

不管统计抽样还是非统计抽样，两种方法都要求审计人员在设计、实施抽样和评价样本时运用职业判断。另外，使用的抽样方法通常也不影响对选取的样本项目实施的审计程序。

统计抽样时利用概率法则来量化控制抽样风险；非统计抽样中，审计人员全凭主观标准和个人经验确定样本规模和评价样本结果。统计抽样与非统计抽样的区别见表 9-2。

**表 9-2　统计抽样与非统计抽样的区别**

| | 统计抽样 | 非统计抽样 |
|---|---|---|
| 样本规模的确定 | 运用模型并明确承认相关因素 | 运用判断并且不明确承认相关因素 |
| 样本选取 | 随机选取 | 判断选取 |
| 评价样本结果 | 运用统计法则和职业判断 | 运用判断 |

**3. 样本设计**

(1) 基本要求：在设计审计样本时，审计人员应当考虑审计程序的目标和抽样总体的属性。换言之，审计人员首先应考虑拟实现的具体目标，并根据目标和总体的特点确定能够最好地实现该目标的审计程序组合，以及如何在实施审计程序时运用审计抽样。

(2) 总体：在实施抽样之前，审计人员必须仔细定义总体，确定抽样总体的范围。总体可以包括构成某类交易或账户余额的所有项目，也可以只包括某类交易或账户余额中的部分项目。例如，如果应收账款中没有个别重大项目，审计人员直接对应收账款账面余额进行抽样，则总体包括构成应收账款期末余额的所有项目。如果审计人员已使用选取特定项目的方法将应收账款中的个别重大项目挑选出来单独测试，只对剩余的应收账款余额进行抽样，则总体只包括构成应收账款期末余额的部分项目。

审计人员应当确保总体的适当性和完整性。也就是说，审计人员所定义的总体应具备下列两个特征：

1) 适当性。审计人员应确定总体适合于特定的审计目标，包括适合于测试的方向。例如，在控制测试中，如果要测试用以保证所有发运商品都已开单的控制是否有效运行，审计人员从已开单的项目中抽取样本不能发现误差，因为该总体不包含那些已发运但未开单的项目。为发现这种误差，将所有已发运的项目作为总体通常比较适当。又如，在细节测试中，如果审计人员的目标是测试应付账款的高估，总体可以定义为应付账款清单。但在测试应付账款的低估时,总体就不是应付账款清单,而是后来支付的证明、未付款的发票、供货商的对账单、没有销售发票对应的收货报告,或能提供低估应付账款的审计证据的其他总体。

2) 完整性。审计人员应当从总体项目内容和涉及时间等方面确定总体的完整性。例如,如果审计人员从档案中选取付款证明,除非确信所有的付款证明都已归档,否则审计人员不能对该期间的所有付款证明作出结论。又如,如果审计人员对某一控制活动在财务报告期间是否有效运行作出结论,总体应包括来自整个报告期间的所有相关项目。审计人员也可采用其他方法,如对总体进行分层,然后只对一年中前10个月的控制活动使用审计抽样作出结论,对剩余的两个月则使用替代审计程序或单独选取样本。

审计人员通常从代表总体的实物中选取样本项目。例如,如果审计人员将总体定义为特定日期的所有应收账款余额,代表总体的实物就是打印的该日客户应收账款余额明细表。又如,如果总体是某一测试期间的销售收入,代表总体的实物就可能是记录在销售日记账中的销售交易,也可能是销售发票。由于审计人员实际上是从该实物中选取样本,所有根据样本得出的结论只与该实物有关。如果代表总体的实物和总体不一致,审计人员可能对总体做出错误的结论。因此,审计人员必须详细了解代表总体的实物,确定代表总体的实物是否包括整个总体。审计人员通常通过加总或计算来完成这一工作。例如,审计人员可将发票金额总数与已记入总账的销售收入金额总数进行核对。如果审计人员将选择的实物和总体比较之后,认为代表总体的实物遗漏了应包含在最终评价中的总体项目,审计人员应选择新的实物,或对被排除在实物之外的项目实施替代程序。

(3) 分层:如果总体项目存在重大的变异性,审计人员应当考虑分层。分层是指将一个总体划分为多个子总体的过程,每个子总体由一组具有相同特征(通常为货币金额)的抽样单元组成。分层可以降低每一层中项目的变异性,从而在抽样风险没有成比例增加的前提下减小样本规模。审计人员可以考虑将总体分为若干个离散的具有识别特征的子总体(层),以提高审计效率。审计人员应当仔细界定子总体,以使每一抽样单元只能属于一个层。

当实施细节测试时,审计人员通常按照货币金额对某类交易或账户余额进行分层,以将更多的审计资源投入到大额项目中。例如,在对被审计单位的财务报表进行审计时,为了函证应收账款,审计人员可以将应收账款账户按其金额大小分为三层,即账户金额在10 000元以上的,账户金额为5000~10 000元的,账户金额在5000元以下的。然后,根据各层的重要性分别采取不同的选样方法。对于金额在10 000元以上的应收账款账户,应进行全部函证;对于金额在5000~10 000元以及5000元以下的应收账款账户,则可采用适当的选样方法选取进行函证的样本。审计人员也可以按照显示较高误差风险的某一特定特征对总体进行分层。例如,在测试应收账款坏账准备时,余额可以根据账龄分层。

对某一层中的样本项目实施审计程序的结果,只能用于推断构成该层的项目。如果对整个总体作出结论,审计人员应当考虑与构成整个总体的其他层有关的重大错报风险。例如,在对某一账户余额进行测试时,占总体数量20%的项目,其金额可能占该账户余额的90%。审计人员只能根据该样本的结果推断至上述90%的金额。对于剩余10%的金额,审计人员可以抽取另一个样本或使用其他收集审计证据的方法,单独作出结论,或者认为其不重要而不实施审计程序。

(4) 样本规模:是指从总体中选取样本项目的数量。在确定样本规模时,审计人员应当考虑能否将抽样风险降至可接受的低水平。

在审计抽样中,如果样本规模过小,就不能反映出总体的特征,审计人员就无法获取充分的审计证据,其审计结论的可靠性就会大打折扣,甚至可能得出错误的审计结论;相反,如果样本规模过大,则会增加审计工作量,造成不必要的时间和人力的浪费,降低审计效率,失去审计抽样的意义。审计人员确定样本规模受到多种因素的影响,且在控制测试和细节测试中有所不同。影响样本规模的因素包括:

1) 可接受的抽样风险。样本规模受审计人员可接受的抽样风险水平的影响;可接受的风险水平越低,需要的样本规模越大。审计人员愿意接受的信赖过度风险越高,样本规模越小。

2) 可容忍误差。可容忍误差是指审计人员能够容忍的最大误差。在其他因素既定的条件下,可容忍误差越大,所需的样本规模越小。

3) 预计总体误差。预计总体误差即审计人员预期在审计过程中发现的误差。在控制测试中,预计总体误差是指预计总体偏差率。预计总体误差越大,可容忍误差也应当越大。在既定的可容忍误差下,当预计总体误差增加时,所需的样本规模更大。

4) 总体变异性。总体变异性是指总体的某一特征(如金额)在各项目之间的差异程度。在控制测试中,审计人员在确定样本规模时一般不考虑总体变异性。在细节测试中,审计人员确定适当的样本规模时要考虑特征的变异性。总体项目的变异性越低,通常样本规模越小。审计人员可以通过分层,将总体分为相对同质的组,以尽可能降低每一组中变异性的影响,从而减小样本规模。未分层总体具有高度变异性,其样本规模通常很大。最有效率的方法是根据预期会降低变异性的总体项目特征进行分层。在实质性测试中分层的依据通常包括项目的账面金额,与项目处理有关的控制的性质,或与特定项目(如更可能包含错报的那部分总体项目)有关的特殊考虑等。分组后的每一组总体被称为一层,每层分别独立选取样本。

5) 总体规模。除非总体非常小,一般而言总体规模对样本规模的影响几乎为零。审计人员通常将抽样单元超过5000个的总体视为大规模总体。对大规模总体而言,总体的实际容量对样本规模几乎没有影响。对小规模总体而言,审计抽样比其他选择测试项目的方法的效率低。

表9-3列出了审计抽样中影响样本规模的因素,并分别说明了这些影响因素在控制测试和细节测试中的表现形式。

**表 9-3 影响样本规模的因素**

| 影响因素 | 控制测试 | 细节测试 | 与样本规模的关系 |
|---|---|---|---|
| 可接受的抽样风险 | 可接受的信赖过度风险 | 可接受的误受风险 | 反向变动 |
| 可容忍误差 | 可容忍偏差率 | 可容忍错报 | 反向变动 |
| 预计总体误差 | 预计总体偏差率 | 预计总体错报 | 同向变动 |
| 总体变异性 | — | 总体变异性 | 同向变动 |
| 总体规模 | 总体规模 | 总体规模 | 影响很小 |

使用统计抽样方法时,审计人员必须对影响样本规模的因素进行量化,并利用根据统计

公式开发的专门的计算机程序或专门的样本量表来确定样本规模。在非统计抽样中,审计人员可以只对影响样本规模的因素进行定性的估计,并运用职业判断确定样本规模。

**4. 选取样本**

(1) 选取样本的总体要求:在选取样本项目时,审计人员应当使总体中的所有抽样单元均有被选取的机会。使所有抽样单元都有被选取的机会是审计抽样的基本特征之一。因此,不管使用统计抽样或非统计抽样方法,所有的审计抽样均要求审计人员选取的样本对总体来讲具有代表性。否则,就无法根据样本结果推断总体。

(2) 选取样本的基本方法:包括使用随机数表或计算机辅助审计技术选样、系统选样和随意选样。

1) 使用随机数表或计算机辅助审计技术选样。使用随机数表或计算机辅助审计技术选样又称随机数选样。使用随机数选样需以总体中的每一项目都有不同的编号为前提。审计人员可以使用计算机生成的随机数,如电子表格程序、随机数码生成程序、通用审计软件程序等计算机程序产生的随机数,也可以使用随机数表获得所需的随机数。

随机数是一组从长期来看出现概率相同的数码,且不会产生可识别的模式。随机数表也称乱数表,它是由随机生成的从0~9十个数字所组成的数表,每个数字在表中出现的次数是大致相同的,它们出现在表上的顺序是随机的。表9-4就是五位随机数表的一部分。应用随机数表选样的步骤如下:

表9-4 随机数表

| | 1 | 2 | 3 | 4 | 5 | 6 | 7 | 8 | 9 | 10 |
|---|---|---|---|---|---|---|---|---|---|---|
| 1 | 32044 | 69037 | 29655 | 92114 | 81034 | 40582 | 01584 | 77184 | 85762 | 46505 |
| 2 | 23821 | 96070 | 82592 | 81642 | 08971 | 07411 | 09037 | 81530 | 56195 | 98425 |
| 3 | 82383 | 94987 | 66441 | 28677 | 95961 | 78346 | 37916 | 09416 | 42438 | 48432 |
| 4 | 68310 | 21792 | 71635 | 86089 | 38157 | 95620 | 96718 | 79554 | 50209 | 17705 |
| 5 | 94856 | 76940 | 22165 | 01414 | 01413 | 37231 | 05509 | 37489 | 56459 | 52983 |
| 6 | 95000 | 61958 | 83430 | 98250 | 70030 | 05436 | 74814 | 45978 | 09277 | 13827 |
| 7 | 20764 | 64638 | 11359 | 32556 | 89822 | 02713 | 81293 | 52970 | 25080 | 33555 |
| 8 | 71401 | 17964 | 50940 | 95753 | 34905 | 93566 | 36318 | 79530 | 51105 | 26952 |
| 9 | 38464 | 75707 | 16750 | 61371 | 01523 | 69205 | 32122 | 03436 | 14489 | 02086 |
| 10 | 59442 | 59247 | 74955 | 82835 | 98378 | 83513 | 47870 | 20795 | 01352 | 89906 |

A. 对总体项目进行编号,建立总体中的项目与表中数字的一一对应关系。一般情况下,编号可利用总体项目中原有的某些编号,如凭证号、支票号、发票号等。在没有事先编号的情况下,审计人员需按一定的方法进行编号。如由40页、每页50行组成的应收账款明细表,可采用四位数字编号,前两位由01到40的整数组成,表示该记录在明细表中的页数,后两位数字由01到50的整数组成,表示该记录的行次。这样,编号0534表示第5页第34行的记录。所需使用的随机数的位数一般由总体项目数或编号位数决定。如前例中可采用4位随机数表,也可以使用5位随机数表的前4位数字或后4位数字。

B. 确定连续选取随机数的方法。即从随机数表中选择一个随机起点和一个选号路线，随机起点和选号路线可以任意选择，但一经选定就不得改变。从随机数表中任选一行或任何一栏开始，按照一定的方向（上下左右均可）依次查找，符合总体项目编号要求的数字，即为选中的号码，与此号码相对应的总体项目即为选取的样本项目，一直到选足所需的样本量为止。例如，从前述应收账款明细表的 2000 个记录中选择 10 个样本，总体编号规则如前所述，即前两位数字不能超过 40，后两位数字不能超过 50。如从表 9-4 第一行第一列开始，使用前四位随机数，逐行向右查找，则选中的样本为编号 3204、0741、0903、0941、3815、2216、0141、3723、0550、3748 的 10 个记录。

随机数选样不仅使总体中每个抽样单元被选取的概率相等，而且使相同数量的抽样单元组成的每种组合被选取的概率相等。这种方法在统计抽样和非统计抽样中均适用。由于统计抽样要求审计人员能够计量实际样本被选取的概率，这种方法尤其适合于统计抽样。

2）系统选样。系统选样也称等距选样，是指按照相同的间隔从审计对象总体中等距离地选取样本的一种选样方法。采用系统选样法，首先要计算选样间距，确定选样起点，然后再根据间距顺序地选取样本。选样间距的计算公式如下：

选样间距＝总体规模÷样本规模

例如，如果销售发票的总体范围是 652～3151，设定的样本量是 125，那么选样间距为 20［（3152-652）÷125］。审计人员必须从 0 到 19 中选取一个随机数作为抽样起点。如果随机选择的数码是 9，那么第一个样本项目是发票号码为 661（652+9）的那一张，其余的 124 个项目是 681（661+20），701（681+20）……依此类推直至第 3141 号。

系统选样方法的主要优点是使用方便，比其他选样方法节省时间，并可用于无限总体。此外，使用这种方法时，对总体中的项目不需要编号，审计人员只要简单数出每一个间距即可。但是，使用系统选样方法要求总体必须是随机排列的，否则容易发生较大的偏差，造成非随机的、不具代表性的样本。如果测试项目的特征在总体内的分布具有某种规律性，则选择的样本的代表性就可能较差。例如，应收账款明细表每页的记录均以账龄的长短按先后次序排列，则选中的 200 个样本可能多数是账龄相同的记录。

为克服系统选样法的这一缺点，可采用两种办法，一是增加随机起点的个数；二是在确定选样方法之前对总体特征的分布进行观察。如发现总体特征的分布呈随机分布，则采用系统选样法；否则，可考虑使用其他选样方法。

系统选样可以在非统计抽样中使用，在总体随机分布时也可适用于统计抽样。

3）随意选样。随意选样也叫任意选样，是指审计人员不带任何偏见地选取样本，即审计人员不考虑样本项目的性质、大小、外观、位置或其他特征而选取总体项目。随意选样的主要缺点在于很难完全无偏见地选取样本项目，即这种方法难以彻底排除审计人员的个人偏好对选取样本的影响，因而很可能使样本失去代表性。由于文化背景和所受训练等的不同，每个审计人员都可能无意识地带有某种偏好。例如，从发票柜中取发票时，某些审计人员可能倾向于抽取柜子中间位置的发票，这样就会使柜子上面部分和下面部分的发票缺乏相等的选取机会。因此，在运用随意选样方法时，审计人员要避免由于项目性质、大小、外观和位置等的不同所引起的偏见，尽量使所选取的样本具有代表性。

三种基本方法均可选出代表性样本。但随机数选样和系统选样属于随机基础选样方法，即对总体的所有项目按随机规则选取样本，因而可以在统计抽样中使用，当然也可以在非统计抽样中使用。而随意选样虽然也可以选出代表性样本,但它属于非随机基础选样方法,因而不能在统计抽样中使用,只能在非统计抽样中使用。

**5. 对样本实施审计程序** 审计人员应当针对选取的每个项目,实施适合于具体审计目标的审计程序。对选取的样本项目实施审计程序旨在发现并记录样本中存在的误差。

如果选取的项目不适合实施审计程序,审计人员通常使用替代项目。例如,审计人员在测试付款是否得到授权时选取的付款单据中可能包括一个空白的付款单。如果审计人员确信该空白付款单是合理的且不构成误差,可以适当选择一个替代项目进行检查。

如果因凭证缺失等原因导致审计人员无法对所选取的项目实施已设计的审计程序,且不能针对该项目实施适当的替代审计程序,审计人员通常考虑将该项目视作误差。

审计人员通常对每一样本项目实施适合于特定审计目标的审计程序。有时,审计人员可能无法对选取的抽样单元实施计划的审计程序(如由于原始单据丢失等原因)。审计人员对未检查项目的处理取决于未检查项目对评价样本结果的影响。如果审计人员对样本结果的评价不会因为未检查项目可能存在错报而改变,就不需对这些项目进行检查。如果未检查项目可能存在的错报会导致该类交易或账户余额存在重大错报,审计人员就要考虑实施替代程序,为形成结论提供充分的证据。例如,对应收账款的积极式函证没有收到回函时,审计人员必须审查期后收款的情况,以证实应收账款的余额。审计人员也要考虑无法对这些项目实施检查的原因是否会影响计划的重大错报风险评估水平或对舞弊风险的评估。如果审计人员无法或者没有执行替代审计程序,则应将该项目视为一项误差。

**6. 评价样本结果**

(1) 分析样本误差:审计人员应当考虑样本的结果、已识别的所有误差的性质和原因,及其对具体审计目标和审计的其他方面可能产生的影响。

无论是统计抽样还是非统计抽样,对样本结果的定性评估和定量评估一样重要。即使样本的统计评价结果在可以接受的范围内,审计人员也应对样本中的所有误差(包括控制测试中的控制偏差和细节测试中的金额错报)进行定性分析。

(2) 推断总体误差:在实施控制测试时,由于样本的误差率就是整个总体的推断误差率,审计人员无需推断总体误差率。在控制测试中,审计人员将样本中发现的偏差数量除以样本规模,就计算出样本偏差率。无论使用统计抽样或非统计抽样方法,样本偏差率都是审计人员对总体偏差率的最佳估计,但审计人员必须考虑抽样风险。

当实施细节测试时,审计人员应当根据样本中发现的误差金额推断总体误差金额,并考虑推断误差对特定审计目标及审计的其他方面的影响。

(3) 形成审计结论:审计人员应当评价样本结果,以确定对总体相关特征的评估是否得到证实或需要修正。

1) 控制测试中样本结果评价。在控制测试中,审计人员应当将总体偏差率与可容忍偏差率比较,但必须考虑抽样风险。

A. 统计抽样。在统计抽样中,审计人员通常使用表格或计算机程序计算抽样风险。经量化的抽样风险被称为抽样风险允许限度,它代表抽样风险对样本评价结果的影响,用来对推断的总体误差进行调整。在控制测试中,抽样风险允许限度用百分数表示。用以评价抽样结果的大多数计算机程序都能根据样本规模、样本结果,计算在审计人员确定的信赖过度风险条件下可能发生的偏差率上限的估计值。该偏差率上限的估计值即总体偏差率与抽样风险允许限度之和。

如果估计的总体偏差率上限低于可容忍偏差率，则总体可以接受。这时审计人员对总体作出结论，样本结果支持计划评估的控制有效性，从而支持计划的重大错报风险评估水平。

如果估计的总体偏差率上限大于或等于可容忍偏差率，则总体不能接受。这时审计人员对总体作出结论，样本结果不支持计划评估的控制有效性，从而不支持计划的重大错报风险评估水平。审计人员应当修正重大错报风险评估水平，并增加实质性程序的数量。审计人员也可以对影响重大错报风险评估水平的其他控制进行测试，以支持计划的重大错报风险评估水平。

如果推断误差总额与异常误差之和低于但接近可容忍误差，审计人员应当根据其他审计程序考虑样本结果的说服力，并考虑是否需要获取更多的审计证据。在控制测试中，如果估计的总体偏差率上限低于但接近可容忍偏差率，审计人员应当结合其他审计程序的结果，考虑是否接受总体，并考虑是否需要扩大测试范围，以进一步证实计划评估的控制有效性和重大错报风险水平。

B. 非统计抽样。在非统计抽样中，抽样风险无法直接计量。审计人员通常将样本偏差率（即估计的总体偏差率）与可容忍偏差率相比较，以判断总体是否可以接受。

如果样本偏差率大于可容忍偏差率，则总体不能接受。这时审计人员对总体作出结论，样本结果不支持计划评估的控制有效性，从而不支持计划的重大错报风险评估水平。因此，审计人员应当修正重大错报风险评估水平，并增加实质性程序的数量。审计人员也可以对影响重大错报风险评估水平的其他控制进行测试，以支持计划的重大错报风险评估水平。

如果样本偏差率低于总体的可容忍偏差率，审计人员要考虑即使总体实际偏差率高于可容忍偏差率时仍出现这种结果的风险。如果样本偏差率大大低于可容忍偏差率，审计人员通常认为总体可以接受。如果样本偏差率虽然低于可容忍偏差率，但两者很接近，审计人员通常认为总体实际偏差率高于可容忍偏差率的抽样风险很高，因而总体不可接受。如果样本偏差率与可容忍偏差率之间的差额不是很大也不是很小，以至于不能认定总体是否可以接受时，审计人员则要考虑扩大样本规模，以进一步收集证据。

2）细节测试中样本结果评价。在细节测试中，审计人员首先必须根据样本中发现的实际错报要求被审计单位调整账面记录金额。将被审计单位已更正的错报从推断的总体错报金额中减掉后，审计人员应当将调整后的推断总体错报与该类交易或账户余额的可容忍错报相比较，但必须考虑抽样风险。

A. 统计抽样。在统计抽样中，审计人员利用计算机程序或数学公式计算出总体错报上限，并将计算的总体错报上限与可容忍错报比较。计算的总体错报上限等于推断的总体错报（调整后）与抽样风险允许限度之和。

如果计算的总体错报上限低于可容忍错报，则总体可以接受。这时审计人员对总体作出结论，所测试的交易或账户余额不存在重大错报。

如果计算的总体错报上限大于或等于可容忍错报，则总体不能接受。这时审计人员对总体作出结论，所测试的交易或账户余额存在重大错报。在评价财务报表整体是否存在重大错报时，审计人员应将该类交易或账户余额的错报与其他审计证据一起考虑。通常，审计人员会建议被审计单位对错报进行调查，且在必要时调整账面记录。

B. 非统计抽样。在非统计抽样中,审计人员运用其经验和职业判断评价抽样结果。如果调整后的总体错报大于可容忍错报,或虽小于可容忍错报但两者很接近,审计人员通常作出总体实际错报大于可容忍错报的结论。也就是说,该类交易或账户余额存在重大错报,因而总体不能接受。如果对样本结果的评价显示,对总体相关特征的评估需要修正,审计人员可以单独或综合采取下列措施:提请管理层对已识别的误差和存在更多误差的可能性进行调查,并在必要时予以调整;修改进一步审计程序的性质、时间和范围;考虑对审计报告的影响。

如果调整后的总体错报远远小于可容忍错报,审计人员可以作出总体实际错报小于可容忍错报的结论,即该类交易或账户余额不存在重大错报,因而总体可以接受。

如果调整后的总体错报小于可容忍错报但两者之间的差距很接近(既不很小又不很大),审计人员必须特别仔细的考虑,总体实际错报超过可容忍错报的风险是否能够接受,并考虑是否需要扩大细节测试的范围,以获取进一步的证据。

### (三)控制测试中抽样技术的运用

**1. 抽样的基本概念在控制测试中的具体表现** 审计抽样所涉及的基本概念在控制测试和细节测试中有不同的表现方式。

可接受的抽样风险在控制测试中主要指可接受的信赖过度风险。可接受的信赖过度风险与样本规模成反比。审计人员愿意接受的信赖过度风险越低,样本规模通常越大。审计人员愿意接受的信赖过度风险越高,样本规模越小。控制测试中选取的样本旨在提供关于控制运行有效性的证据。由于控制测试是控制是否有效运行的主要证据来源,因此,可接受的信赖过度风险应确定在相对较低的水平上。通常,相对较低的水平在数量上是指5%~10%的信赖过度风险。在实务中,一般的测试是将信赖过度风险确定为10%。

可容忍误差在控制测试中表现为可容忍偏差率。可容忍偏差率是指审计人员在不改变其计划评估的控制有效性,从而不改变其计划评估的重大错报风险水平的前提下,愿意接受的对于设定控制的最大偏差率。在确定可容忍偏差率时,审计人员应考虑计划评估的控制有效性。计划评估的控制有效性越低,审计人员确定的可容忍偏差率通常越高,所需的样本规模就越小。一个很高的可容忍偏差率通常意味着,控制的运行不会大大降低相关实质性测试的程度。在这种情况下,由于审计人员预期控制运行的有效性很低,特定的控制测试可能不需进行。反之,如果审计人员在评估认定层次重大错报风险时预期控制的运行是有效的,审计人员必须实施控制测试。换言之,审计人员在风险评估时越依赖控制运行的有效性,确定的可容忍偏差率越低,进行控制测试的范围越大,因而样本规模增加。

在控制测试中,预计总体误差是指预计总体偏差率。

**2. 在控制测试中常用的抽样方法** 实施控制测试时,审计人员可能使用统计抽样方法,也可能使用非统计抽样方法。审计人员在统计抽样中通常使用的抽样方法有三种:固定样本量抽样、停走抽样和发现抽样。

(1)固定样本量抽样:在固定样本量抽样中,审计人员对一个确定规模的样本实施检查,且等到某一确定规模的样本全部选取、审查完以后,才作出审计结论。

1)确定样本规模。

A. 使用统计公式计算样本规模。在基于泊松分布的统计模型中,样本量的计算公式如下：

$$样本量(n)=\frac{可接受的信赖过度风险系数(R)}{可容忍偏差率(TR)}$$

其中，"可接受的信赖过度风险系数"取决于特定的信赖过度风险和预期将出现的偏差的个数，它可在泊松分布表中查得。表 9-5 列示了在控制测试中常用的风险系数。

在本例中，审计人员确定的可容忍信赖过度风险为 10%，可容忍偏差率 7%，并预期至多发现一例偏差。应用公式可计算出所需的样本量为 56，计算如下：

$$N=R/TR=可接受的信赖过度风险系数/可容忍偏差率=3.9/0.07=56$$

其中的风险系数 3.9 是根据预期的偏差 1，信赖过度风险 10%，从表 9-5 中查得的。

**表 9-5　控制测试中常用的风险系数表**

| 预期发生偏差的数量 | 信赖过度风险 | |
|---|---|---|
| | 5% | 10% |
| 0 | 3.0 | 2.3 |
| 1 | 4.8 | 3.9 |
| 2 | 6.3 | 5.3 |
| 3 | 7.8 | 6.7 |
| 4 | 9.2 | 8.0 |
| 5 | 10.5 | 9.3 |
| 6 | 11.9 | 10.6 |
| 7 | 13.2 | 11.8 |
| 8 | 14.5 | 13.0 |
| 9 | 15.7 | 14.2 |
| 10 | 17.0 | 15.4 |

B. 使用样本量表确定样本规模。表 9-6 和表 9-7 分别提供了在控制测试中确定的可接受信赖过度风险为 5% 和 10% 时所使用的样本量表。如果审计人员需要其他信赖过度风险水平的抽样规模，必须使用其他统计抽样参考资料中的表格或计算机程序。

**表 9-6　控制测试中统计抽样样本规模——信赖过度风险 5%**

（括号内是可接受的偏差数）

| 预计总体偏差率 | 可容忍偏差率 | | | | | | | | | | |
|---|---|---|---|---|---|---|---|---|---|---|---|
| | 2% | 3% | 4% | 5% | 6% | 7% | 8% | 9% | 10% | 15% | 20% |
| 0.00% | 149(0) | 99(0) | 74(0) | 59(0) | 49(0) | 42(0) | 36(0) | 32(0) | 29(0) | 19(0) | 14(0) |
| 0.25 | 236(1) | 157(1) | 117(1) | 93(1) | 78(1) | 66(1) | 58(1) | 51(1) | 46(1) | 30(1) | 22(1) |
| 0.50 | * | 157(1) | 117(1) | 93(1) | 78(1) | 66(1) | 58(1) | 51(1) | 46(1) | 30(1) | 22(1) |
| 0.75 | * | 208(2) | 117(1) | 93(1) | 78(1) | 66(1) | 58(1) | 51(1) | 46(1) | 30(1) | 22(1) |
| 1.00 | * | * | 156(2) | 93(1) | 78(1) | 66(1) | 58(1) | 51(1) | 46(1) | 30(1) | 22(1) |
| 1.25 | * | * | 156(2) | 124(2) | 78(1) | 66(1) | 58(1) | 51(1) | 46(1) | 30(1) | 22(1) |

续表

| 预计总体偏差率 | 可容忍偏差率 | | | | | | | | | | |
|---|---|---|---|---|---|---|---|---|---|---|---|
| | 2% | 3% | 4% | 5% | 6% | 7% | 8% | 9% | 10% | 15% | 20% |
| 1.50 | * | * | 192(3) | 124(2) | 103(2) | 66(1) | 58(1) | 51(1) | 46(1) | 30(1) | 22(1) |
| 1.75 | * | * | 227(4) | 153(3) | 103(2) | 88(2) | 77(2) | 51(1) | 46(1) | 30(1) | 22(1) |
| 2.00 | * | * | * | 181(4) | 127(3) | 88(2) | 77(2) | 68(2) | 46(1) | 30(1) | 22(1) |
| 2.25 | * | * | * | 208(5) | 127(3) | 88(2) | 77(2) | 68(2) | 61(2) | 30(1) | 22(1) |
| 2.50 | * | * | * | * | 150(4) | 109(3) | 77(2) | 68(2) | 61(2) | 30(1) | 22(1) |
| 2.75 | * | * | * | * | 173(5) | 109(3) | 95(3) | 68(2) | 61(2) | 30(1) | 22(1) |
| 3.00 | * | * | * | * | 195(6) | 129(4) | 95(3) | 84(3) | 61(2) | 30(1) | 22(1) |
| 3.25 | * | * | * | * | * | 148(5) | 112(4) | 84(3) | 61(2) | 30(1) | 22(1) |
| 3.50 | * | * | * | * | * | 167(6) | 112(4) | 84(3) | 76(3) | 40(2) | 22(1) |
| 3.75 | * | * | * | * | * | 185(7) | 129(5) | 100(4) | 76(3) | 40(2) | 22(1) |
| 4.00 | * | * | * | * | * | * | 146(6) | 100(4) | 89(4) | 40(2) | 22(1) |
| 5.00 | * | * | * | * | * | * | * | 158(8) | 116(6) | 40(2) | 30(2) |
| 6.00 | * | * | * | * | * | * | * | * | 179(11) | 50(3) | 30(2) |
| 7.00 | * | * | * | * | * | * | * | * | * | 68(5) | 37(3) |

注:本表假设总体为大总体。* 样本规模太大,因而在多数情况下不符合成本效益原则。

来源:AICPA Audit and Accounting Guide: Audit Sampling(2005)。

审计人员根据可接受的信赖过度风险选择相应的抽样规模表,然后读取预计总体偏差率栏找到适当的比率。接下来审计人员确定与可容忍偏差率对应的列。可容忍偏差率所在列与预计总体偏差率所在行的交点就是所需的样本规模。本例中,如前所述,审计人员确定的可接受信赖过度风险为10%,可容忍偏差率为7%,预计总体偏差率为1.75%。在信赖过度风险为10%时所使用的表9-7中,7%可容忍偏差率与1.75%预计总体偏差率的交叉处为55,即所需的样本规模为55,约等于前面利用公式所计算的56。

**表 9-7 控制测试中统计抽样样本规模——信赖过度风险 10 %**

(括号内是可接受的偏差数)

| 预计总体偏差率 | 2% | 3% | 4% | 5% | 6% | 7% | 8% | 9% | 10% | 15% | 20% |
|---|---|---|---|---|---|---|---|---|---|---|---|
| 0.00% | 114(0) | 76(0) | 57(0) | 45(0) | 38(0) | 32(0) | 28(0) | 25(0) | 22(0) | 15(0) | 11(0) |
| 0.25 | 194(1) | 129(1) | 96(1) | 77(1) | 64(1) | 55(1) | 48(1) | 42(1) | 38(1) | 25(1) | 18(1) |
| 0.50 | 194(1) | 129(1) | 96(1) | 77(1) | 64(1) | 55(1) | 48(1) | 42(1) | 38(1) | 25(1) | 18(1) |
| 0.75 | 265(2) | 129(1) | 96(1) | 77(1) | 64(1) | 55(1) | 48(1) | 42(1) | 38(1) | 25(1) | 18(1) |
| 1.00 | * | 176(2) | 96(1) | 77(1) | 64(1) | 55(1) | 48(1) | 42(1) | 38(1) | 25(1) | 18(1) |
| 1.25 | * | 221(3) | 132(2) | 77(1) | 64(1) | 55(1) | 48(1) | 42(1) | 38(1) | 25(1) | 18(1) |
| 1.50 | * | * | 132(2) | 105(2) | 64(1) | 55(1) | 48(1) | 42(1) | 38(1) | 25(1) | 18(1) |
| 1.75 | * | * | 166(3) | 105(2) | 88(2) | 55(1) | 48(1) | 42(1) | 38(1) | 25(1) | 18(1) |

续表

| 预计总体偏差率 | 2% | 3% | 4% | 5% | 6% | 7% | 8% | 9% | 10% | 15% | 20% |
|---|---|---|---|---|---|---|---|---|---|---|---|
| 2.00 | * | * | 198(4) | 132(3) | 88(2) | 75(2) | 48(1) | 42(1) | 38(1) | 25(1) | 18(1) |
| 2.25 | * | * | * | 132(3) | 88(2) | 75(2) | 65(2) | 42(2) | 38(2) | 25(1) | 18(1) |
| 2.50 | * | * | * | 158(4) | 110(3) | 75(2) | 65(2) | 58(2) | 38(2) | 25(1) | 18(1) |
| 2.75 | * | * | * | 209(6) | 132(4) | 94(3) | 65(2) | 58(2) | 52(2) | 25(1) | 18(1) |
| 3.00 | * | * | * | * | 132(4) | 94(3) | 65(2) | 58(2) | 52(2) | 25(1) | 18(1) |
| 3.25 | * | * | * | * | 153(5) | 113(4) | 82(3) | 58(2) | 52(2) | 25(1) | 18(1) |
| 3.50 | * | * | * | * | 194(7) | 113(4) | 82(3) | 73(3) | 52(2) | 25(1) | 18(1) |
| 3.75 | * | * | * | * | * | 131(5) | 98(4) | 73(3) | 52(2) | 25(1) | 18(1) |
| 4.00 | * | * | * | * | * | 149(6) | 98(4) | 73(3) | 65(3) | 25(1) | 18(1) |
| 5.00 | * | * | * | * | * | * | 160(8) | 115(6) | 78(4) | 34(2) | 18(1) |
| 6.00 | * | * | * | * | * | * | * | 182(11) | 16(7) | 43(3) | 25(2) |
| 7.00 | * | * | * | * | * | * | * | * | 199(14) | 52(4) | 25(2) |

注：本表假设总体为大总体。*样本规模太大，因而在多数情况下不符合成本效益原则。

来源：AICPA Audit and Accounting Guide: Audit Sampling(2005)。

2）推断总体误差。

A. 计算总体偏差率。将样本中发现的偏差数量除以样本规模，就计算出样本偏差率。样本偏差率就是审计人员对总体偏差率的最佳估计，因而在控制测试中无需另外推断总体偏差率。但审计人员还必须考虑抽样风险。

B. 考虑抽样风险。在实务中，审计人员使用统计抽样方法时通常使用公式、表格或计算机程序直接计算在确定的信赖过度风险水平下可能发生的偏差率上限，即估计的总体偏差率与抽样风险允许限度之和。

a. 使用统计公式评价样本结果。假定本例中，审计人员对56个项目实施了既定的审计程序，且未发现偏差，则在既定的可接受信赖过度风险下，根据样本结果计算总体最大偏差率如下：

总体偏差率上限($MDR$) = $R/n$ = 风险系数/样本量 = 2.3/56 = 4.1%

其中的风险系数根据可接受的信赖过度风险为10%，且偏差数量为0，在表9-5中查得为2.3。

这意味着，如果样本量为56且无一例偏差，总体实际偏差率超过4.1%的风险为10%，即有90%的把握保证总体实际偏差率不超过4.1%。由于审计人员确定的可容忍偏差率为7%，因此可以得出结论，总体的实际偏差率超过可容忍偏差率的风险很小，总体可以接受。也就是说，样本结果证实审计人员对控制运行有效性的估计和评估的重大错报风险水平是适当的。

如果在56个样本中有两个偏差，则在既定的可接受信赖过度风险下，按照公式计算的总体偏差率上限如下：

总体偏差率上限($MDR$) = $R/n$ = 风险系数/样本量 = 5.3/56 = 9.5%

这意味着，如果样本量为56且有两个偏差，总体实际偏差率超过9.5%的风险为10%。在可容忍偏差率为7%的情况下，审计人员可以作出结论，总体的实际偏差率超过可容忍偏差率的风险很大，因而不能接受总体。也就是说，样本结果不支持审计人员对控制运行有效性的估计和评估的重大错报风险水平。审计人员应当扩大控制测试范围，以证实初步评估结果，或提高重大错报风险评估水平，并增加实质性程序的数量，或者对影响重大错报风险评估水平的其他控制进行测试，以支持计划的重大错报风险评估水平。

b. 使用样本结果评价表。审计人员也可以使用样本结果评价表评价统计抽样的结果。表9-8和表9-9分别列示了可接受的信赖过度风险为5%和10%时的总体偏差率上限。

**表9-8 控制测试中统计抽样结果评价——信赖过度风险5%时的偏差率上限**

| 样本规模 | 实际发现的偏差数 | | | | | | | | | | |
|---|---|---|---|---|---|---|---|---|---|---|---|
| | 0 | 1 | 2 | 3 | 4 | 5 | 6 | 7 | 8 | 9 | 10 |
| 25 | 11.3 | 17.6 | * | * | * | * | * | * | * | * | * |
| 30 | 9.5 | 14.9 | 19.6 | * | * | * | * | * | * | * | * |
| 35 | 8.3 | 12.9 | 17.0 | * | * | * | * | * | * | * | * |
| 40 | 7.3 | 11.4 | 15.0 | 18.3 | * | * | * | * | * | * | * |
| 45 | 6.5 | 10.2 | 13.4 | 16.4 | 19.2 | * | * | * | * | * | * |
| 50 | 5.9 | 9.2 | 12.1 | 14.8 | 17.4 | 19.9 | * | * | * | * | * |
| 55 | 5.4 | 8.4 | 11.1 | 13.5 | 15.9 | 18.2 | * | * | * | * | * |
| 60 | 4.9 | 7.7 | 10.2 | 12.5 | 14.7 | 16.8 | 18.8 | * | * | * | * |
| 65 | 4.6 | 7.1 | 9.4 | 11.5 | 13.6 | 15.5 | 17.4 | 19.3 | * | * | * |
| 70 | 4.2 | 6.6 | 8.8 | 10.8 | 12.6 | 14.5 | 16.3 | 18.0 | 19.7 | * | * |
| 75 | 4.0 | 6.2 | 8.2 | 10.1 | 11.8 | 13.6 | 15.2 | 16.9 | 18.5 | 20.0 | * |
| 80 | 3.7 | 5.8 | 7.7 | 9.5 | 11.1 | 12.7 | 14.3 | 15.9 | 17.4 | 18.9 | * |
| 90 | 3.3 | 5.2 | 6.9 | 8.4 | 9.9 | 11.4 | 12.8 | 14.2 | 15.5 | 16.8 | 18.2 |
| 100 | 3.0 | 4.7 | 6.2 | 7.6 | 9.0 | 10.3 | 11.5 | 12.8 | 14.0 | 15.2 | 16.4 |
| 125 | 2.4 | 3.8 | 5.0 | 6.1 | 7.2 | 8.3 | 9.3 | 10.3 | 11.3 | 12.3 | 13.2 |
| 150 | 2.0 | 3.2 | 4.2 | 5.1 | 6.0 | 6.9 | 7.8 | 8.6 | 9.5 | 10.3 | 11.1 |
| 200 | 1.5 | 2.4 | 3.2 | 3.9 | 4.6 | 5.2 | 5.9 | 6.5 | 7.2 | 7.8 | 8.4 |

注：本表以百分比表示偏差率上限。本表假设总体足够大。*超过20%。

**表9-9 控制测试中统计抽样结果评价——信赖过度风险10%时的偏差率上限**

| 样本规模 | 实际发现的偏差数 | | | | | | | | | | |
|---|---|---|---|---|---|---|---|---|---|---|---|
| | 0 | 1 | 2 | 3 | 4 | 5 | 6 | 7 | 8 | 9 | 10 |
| 20 | 10.9 | 18.1 | * | * | * | * | * | * | * | * | * |
| 25 | 8.8 | 14.7 | 19.9 | * | * | * | * | * | * | * | * |
| 30 | 7.4 | 12.4 | 16.8 | * | * | * | * | * | * | * | * |
| 35 | 6.4 | 10.7 | 14.5 | 18.1 | * | * | * | * | * | * | * |

续表

| 样本规模 | 实际发现的偏差数 0 | 1 | 2 | 3 | 4 | 5 | 6 | 7 | 8 | 9 | 10 |
|---|---|---|---|---|---|---|---|---|---|---|---|
| 40 | 5.6 | 9.4 | 12.8 | 16.0 | 19.0 | * | * | * | * | * | * |
| 45 | 5.0 | 8.4 | 11.4 | 14.3 | 17.0 | 19.7 | * | * | * | * | * |
| 50 | 4.6 | 7.6 | 10.3 | 12.9 | 15.4 | 17.8 | * | * | * | * | * |
| 55 | 4.1 | 6.9 | 9.4 | 11.8 | 14.1 | 16.3 | 18.4 | * | * | * | * |
| 60 | 3.8 | 6.4 | 8.7 | 10.8 | 12.9 | 15.0 | 16.9 | 18.9 | * | * | * |
| 70 | 3.3 | 5.5 | 7.5 | 9.3 | 11.1 | 12.9 | 14.6 | 16.3 | 17.9 | 19.6 | * |
| 80 | 2.9 | 4.8 | 6.6 | 8.2 | 9.8 | 11.3 | 12.8 | 14.3 | 15.8 | 17.2 | 18.6 |
| 90 | 2.6 | 4.3 | 5.9 | 7.3 | 8.7 | 10.1 | 11.5 | 12.8 | 14.1 | 15.4 | 16.6 |
| 100 | 2.3 | 3.9 | 5.3 | 6.6 | 7.9 | 9.1 | 10.3 | 11.5 | 12.7 | 13.9 | 15.0 |
| 120 | 2.0 | 3.3 | 4.4 | 5.5 | 6.6 | 7.6 | 8.7 | 9.7 | 10.7 | 11.6 | 12.6 |
| 160 | 1.5 | 2.5 | 3.3 | 4.2 | 5.0 | 5.8 | 6.5 | 7.3 | 8.0 | 8.8 | 9.5 |
| 200 | 1.2 | 2.0 | 2.7 | 3.4 | 4.0 | 4.6 | 5.3 | 5.9 | 6.5 | 7.1 | 7.6 |

注:本表以百分比表示偏差率上限。本表假设总体足够大。*超过 20%。

本例中,审计人员应当选择可接受的信赖过度风险为 10% 的表(即表 9-9)评价样本结果。样本规模为 56,审计人员可以选择样本规模为 55 的那一行。当样本中未发现偏差时,应选择偏差数为 0 的那一列,两者交叉处的 4.1% 即为总体的偏差率上限,与利用公式计算的结果 4.1% 相等。此时,由于总体偏差率上限小于本例中的可容忍偏差率 7%,总体可以接受。也就是说,样本结果证实审计人员对控制运行有效性的估计和评估的重大错报风险水平是适当的。

当样本中发现两个偏差时,应选择偏差数为 2 的那一列,两者交叉处的 9.4% 即为总体的偏差率上限,与利用公式计算的结果 9.5% 相近。此时,总体偏差率上限大于可容忍偏差率,因此不能接受总体。也就是说,样本结果不支持审计人员对控制运行有效性的估计和评估的重大错报风险水平。审计人员应当扩大控制测试范围,以证实初步评估结果,或提高重大错报风险评估水平,并增加实质性程序的数量,或者对影响重大错报风险评估水平的其他控制进行测试,以支持计划的重大错报风险评估水平。

C. 考虑偏差的性质和原因。除了评价偏差发生的频率之外,审计人员还要对偏差进行定性分析,包括考虑偏差的性质和原因。

(2) 停-走抽样:是固定样本量抽样的一种特殊形式。采用固定样本量抽样时,如果预计总体偏差率大大高于实际偏差率,其结果将是选取了过多的样本,降低了审计工作效率。停-走抽样从预计总体偏差率为零开始,通过边抽样边评估来完成审计工作。审计人员先抽取一定量的样本进行审查,如果结果可以接受,就停止抽样得出结论,如果结果不能接受,就扩大样本量继续审查直至得出结论。

停-走抽样通常由 2 到 4 组抽样单元组成。审计人员根据既定的信赖过度风险、可容忍偏差率和预计总体偏差率,确定每组抽样单元的规模(通常使用计算机程序或表格)。审计人员首先对第一组抽样单元实施检查,然后根据检查结果确定是在不扩大检查范围的情况下接受计划的重大错报风险评估水平,还是不扩大检查范围而提高计划的重大错报风险评估水平,或者因为没有获取充分的信息确定计划的重大错报风险水平是否有保证而决定扩大检查范围。

假定可容忍偏差率为5%,信赖过度风险为10%,预计总体偏差率为0.5%。表9-10列示了一个四步的停-走抽样计划。

**表9-10 四步停-走抽样计划**

| 组 | 抽样单元数量 | 累计抽样单元数量 | 如果累计偏差为下列数量,则 | | |
|---|---|---|---|---|---|
| | | | 接受重大错报风险计划评估水平 | 继续抽样(转入下一步) | 提高重大错报风险计划评估水平 |
| 1 | 50 | 50 | 0 | 1-3 | 4 |
| 2 | 51 | 101 | 1 | 2-3 | 4 |
| 3 | 51 | 152 | 2 | 3 | 4 |
| 4 | 51 | 203 | 3 | 不适用 | 4 |

在本例中,如果审计人员发现4个偏差,就停止检查抽样单元,并提高计划的重大错报风险评估水平。如果在第一组50个抽样单元中没有发现偏差,审计人员就不需检查更多的样本单元,认为样本支持计划的控制信赖程度和重大错报风险评估水平。如果第一组抽样单元中存在1个、2个或3个偏差,审计人员就应当对下一组的抽样单元进行检查。审计人员继续对后面组中的抽样单元进行检查,直到样本结果支持或不支持计划的重大错报风险评估水平。例如,如果第一组存在3个偏差,后面的三组抽样单元必须在检查后没有发现额外的偏差,才能支持计划的重大错报风险评估水平。

停-走抽样使审计人员在预计总体偏差率较低时可以尽量减小样本规模。但审计人员可能发现,如果在停-走抽样中需要对所有抽样单元进行检查,其审计成本可能大于控制测试所减少的实质性程序的成本。因此,有时审计人员在完成所有步骤之前决定停止停-走抽样。例如,在表9-10的四步停-走抽样中,如果第二组中发现了2个或3个偏差,审计人员可能决定停止检查。在这种情况下,审计人员可能认为,所减少的实质性程序可能难以补偿对最多可达102个的抽样单元进行额外检查所增加的审计成本。

(3) 发现抽样:是固定样本量抽样的另一种特殊形式,与固定样本量抽样的不同之处在于发现抽样将预计总体偏差率直接定为0%,并根据可接受信赖过度风险和可容忍偏差率一起确定样本量。在对选出的样本进行审查时,一旦发现一个偏差就立即停止抽样。如果在样本中没有发现偏差,则可以得出总体可以接受的结论。发现抽样适合于查找重大舞弊或非法行为。

### (四) 实质性程序中抽样技术的运用

**1. 抽样的基本概念在实质性程序中的具体表现** 在实质性程序中,审计抽样只能在实施细节测试中使用。在细节测试中,可接受的抽样风险主要是指抽样风险中的误受风险,有时也包括误拒风险。在确定可接受的误受风险水平时,审计人员需要考虑下列因素:①审计人员愿意接受的审计风险水平;②评估的重大错报风险水平;③针对同一审计目标(财务报表认定)的其他实质性程序的检查风险,包括分析程序。

在细节测试中,可容忍误差是指可容忍错报。可容忍错报是指在不导致财务报表存在重大错报的情况下,审计人员对各类交易、账户余额、列报确定的可接受的最大错报金额。可容忍错报的确定是以审计人员对财务报表层次重要性水平的初步评估为基础。某账户的可容忍错报实际上就是该账户的重要性水平。它是该账户的错报与其他账户的错报汇总起来不会引起财务报表整体重大错报的最大金额。对特定的账户而言,当抽样风险一定时,如果审计人员确定的可容忍错报降低,所需的样本规模就增加。

在细节测试中,预计总体误差是指预计总体错报额,即预计总体发生错报的金额。

**2. 在实质性程序中常用的抽样方法** 实施细节测试时,审计人员可以使用统计抽样方法,也可以使用非统计抽样方法。审计人员在细节测试中使用的统计抽样方法主要包括传统的变量抽样法和概率比例规模抽样法(以下简称 PPS 抽样)。

(1) 传统变量抽样:主要包括三种具体的方法:均值估计抽样、差额估计抽样和比率估计抽样。每种方法推断总体错报的方法各不相同。

1) 均值估计抽样。均值估计抽样是指通过抽样审查确定样本的平均值,再根据样本平均值推断总体的平均值和总值的一种变量抽样方法。使用这种方法时,审计人员先计算样本中所有项目审定金额的平均值,然后用这个样本平均值乘以总体规模,得出总体金额的估计值。总体估计金额和总体账面金额之间的差额就是推断的总体错报。例如,审计人员从总体规模为1000、账面金额为1 000 000元的存货项目中选择了200个项目作为样本。在确定了正确的采购价格并重新计算了价格与数量的乘积之后,审计人员将200个样本项目的审定金额加总后除以200,确定样本项目的平均审定金额为980元。然后计算估计的存货余额为980 000元(980元×1000)。推断的总体错报就是20 000元(1 000 000元-980 000元)。

2) 差额估计抽样。差额估计抽样是以样本实际金额与账面金额的平均差额来估计总体实际金额与账面金额的平均差额,然后再以这个平均差额乘以总体规模,从而求出总体的实际金额与账面金额的差额(即总体错报)的一种方法。差额估计抽样的计算公式如下:

平均错报=样本实际金额与账面金额的差额÷样本规模

推断的总体错报=平均错报×总体规模

使用这种方法时,审计人员先计算样本项目的平均错报,然后根据这个样本平均错报推断总体。例如,审计人员从总体规模为1000的存货项目中选取了200个项目进行检查。总体的账面金额总额为1 040 000元。审计人员逐一比较200个样本项目的审定金额和账面金额并将账面金额(208 000元)和审定金额(196 000元)之间的差异加总,本例中为12 000元。12 000元的差额除以样本项目个数200,得到样本平均错报60元。然后审计人员用这个平均错报乘以总体规模,计算出总体错报为60 000元(60元×1000)。

3) 比率估计抽样。比率估计抽样是指以样本的实际金额与账面金额之间的比率关系来估计总体实际金额与账面金额之间的比率关系,然后再以这个比率去乘总体的账面金额,从而求出估计的总体实际金额的一种抽样方法。比率估计抽样法的计算公式如下:

比率=样本审定金额÷样本账面金额

估计的总体实际金额=总体账面金额×比率

推断的总体错报=估计的总体实际金额-总体账面金额

如果上例中审计人员使用比率估计抽样,样本审定金额合计与样本账面金额的比例则为0.94(196 000元÷208 000元)。审计人员用总体的账面金额乘以该比例0.94,得到估计的存货余额977 600元(1 040 000元×0.94)。推断的总体错报则为62 400元(1 040 000元-977 600元)。

如果未对总体进行分层,审计人员通常不使用均值估计抽样,因为此时所需的样本规模可能太大,以至于对一般的审计而言不符合成本效益原则。比率估计抽样和差额估计抽样都要求样本项目存在错报。如果样本项目的审定金额和账面金额之间没有差异,这两种方法使用的公式所隐含的机理就会导致错误的结论。如果审计人员决定使用统计抽样,且预计只发现少量差异,就不应使用比率估计抽样和差额估计抽样,而考虑使用其他的替代方法,如均值估计抽样或PPS抽样。

设计传统变量抽样所需的数学计算,包括样本规模的计算,对于手工应用来说显得复杂且困难。审计人员在使用传统变量抽样时通常运用计算机程序确定样本规模,一般不需懂得这些方法所用的数学公式。审计人员在确定样本规模时要考虑可容忍错报和误受风险,有时也需要考虑误拒风险。

(2) 概率比例规模抽样法(PPS):细节测试中运用的两种统计抽样方法,即传统变量抽样和PPS抽样,都能为审计人员实现审计目标提供充分的证据。但在有些情况下,PPS抽样比传统变量抽样更实用。PPS抽样是一种运用属性抽样原理对货币金额而不是对发生率得出结论的统计抽样方法。

PPS抽样是以货币单位作为抽样单元进行选样的一种方法,有时也被称为金额加权抽样、货币单位抽样、累计货币金额抽样,以及综合属性变量抽样等。在该方法下总体中的每个货币单位被选中的机会相同,所以总体中某一项目被选中的概率等于该项目的金额与总体金额的比率。项目金额越大,被选中的概率越大。但实际上审计人员并不是对总体中的货币单位实施检查,而是对包含被选取货币单位的余额或交易实施检查。审计人员检查的余额或交易被称为逻辑单元。

PPS抽样有助于审计人员将审计重点放在较大的余额或交易。此抽样方法之所以得名,是因为总体中每一余额或交易被先取的概率与其账面金额(规模)成比例。

1) PPS抽样的优点

A. PPS抽样一般比传统变量抽样更易于使用。由于PPS抽样以属性抽样原理为基础,审计人员可以很方便地计算样本规模,并手工或使用量表评价样本结果。样本的选取可以在计算机程序或计算器的协助下进行。

B. PPS抽样的样本规模不需考虑所审计金额的预计变异性。而计算传统变量抽样的样本规模首先需要估计总体项目共有特征的变异性或标准差的基础上计算的。

C. PPS抽样中项目被选取的概率与其货币金额大小成比例,因而生成的样本自动分层。如果使用传统变量抽样,审计人员通常需要对总体进行分层,以减小样本规模。

D. PPS抽样中如果项目金额超过选样间距,PPS系统选样自动识别所有单个重大项目。

E. 如果审计人员预计没有错报,PPS抽样的样本规模通常比传统变量抽样方法更小。

F. PPS抽样的样本更容易设计,且可在能够获得完整的总体之前开始选取样本。

2）PPS 抽样的缺点

A. 使用 PPS 抽样时通常假设抽样单元的审定金额大于账面金额或不小于零。如果审计人员预计存在低估或审定金额小于零的情况,在设计 PPS 抽样方法时就需要特别考虑。

B. 如果审计人员在 PPS 抽样的样本中发现低估,在评价样本时需要特别考虑。

C. 对零余额或负余额的选取需要在设计时特别考虑。例如,如果准备对应收账款进行抽样,审计人员可能需要将贷方余额分离出去,作为一个单独的总体。如果检查零余额的项目对审计目标非常重要,审计人员需要单独对其进行测试,因为零余额在 PPS 抽样中不会被选取。

D. 当发现错报时,如果风险水平一定,PPS 抽样在评价样本时可能高估抽样风险的影响,从而导致审计人员更可能拒绝一个可接受的总体账面金额。

E. 在 PPS 抽样中审计人员通常需要逐个累计总体金额。但这不需要额外增加大量的审计成本,因为相关的会计数据一般会以电子形式储存。

F. 当预计总体错报金额增加时,PPS 抽样所需的样本规模也会增加。在这些情况下,PPS 抽样的样本规模可能大于传统变量抽样的相应规模。

## 本章小结

审计方法是审计人员为取得充分、适当的审计证据,与审计评价标准进行对比,形成审计结论,实现审计目标的一切手段。凡是有助于审计人员取证的方法,都可视为审计方法。常用的审计方法主要有顺查法和逆查法、详查法和抽查法、审阅法、核对法、函证法、盘点法等。审计进入经济效益和管理审计领域后,许多管理的方法、数量经济的方法、统计分析的方法和工程技术的方法等,都被审计人员用来取证和评价。审计方法呈现多样化的特征。

审计人员在选用审计方法时应注意以下几点:①审计方法的选用要适应审计的目的;②审计方法的选用要适合审计方式;③审计方法的选用要联系被审计单位的实际。

众多的审计方法都有各自的使用目的和适用性,但是许多方法不是相互排斥,而是存在密切的关系,常表现为你中有我,我中有你,有时使用某一种方法时必须依赖另一种审计方法。

审计抽样是指审计人员对某类交易或账户余额中低于百分之百的项目实施审计程序,使所有抽样单元都有被选取的机会。使用审计抽样时,审计风险可能受到抽样风险和非抽样风险的影响。在对某类交易或账户余额使用审计抽样时,审计人员可以使用统计抽样方法,也可以使用非统计抽样方法。影响样本规模的因素包括:可接受的抽样风险、可容忍误差、预计总体误差、总体变异性、总体规模。选取样本的基本方法,包括使用随机数表或计算机辅助审计技术选样、系统选样和随意选样。实施控制测试时,审计人员可能使用统计抽样方法,也可能使用非统计抽样方法。审计人员在统计抽样中通常使用的抽样方法有三种:固定样本量抽样、停—走抽样和发现抽样。实施细节测试时,审计人员可以使用统计抽样方法,也可以使用非统计抽样方法。审计人员在细节测试中使用的统计抽样方法主要包括传统的变量抽样法(均值估计抽样、差额估计抽样和比率估计抽样)和概率比例规模抽样法(以下简称 PPS 抽样)。

## 案例

假设某工业企业有应收货款 1200 户(户名金额从略),该 1200 户中有本市国有企业、本市乡镇企业、本市集体企业、外地国有企业、外地乡镇企业、外地集体企业;若以欠款时间划分,则 70% 的户数在 3 个月内,20%的户数在3个月至1年,另有10%的户数在1年以上,至今未还。若以销售内容划分,则产成品销售约占80%,受托加工、材料销售约20%;各户金额也大小不等。请问:如何运用审计方法进行审计?

分析:

客户企业发生的1200户应收账款,是因销售产成品、材料、受托加工等业务,应向购货单位或接受劳务单位收取的款项。为了达到审计预期目的和提高审计效率,可以运用审计的常用方法,确定本案审查4个重点和1个不可忽视。

(1) 从审计对象分析,应以外地乡镇企业、外地集体企业为重点。相对于本市企业和国有企业而言,外地乡镇企业情况比较复杂,往往催款难度较大,催讨时间会长,收账成本也会较高。

(2) 从欠款时间分析,应以1年以上(占10%欠款),依次是3个月至1年(占20%)为重点。拖欠时间一长,可能发生错误和舞弊,或是产生经济纠葛和坏账损失。收账风险和欠款时间成正比。

(3) 从欠款金额分析,应以欠款金额大的为重点。不论何种原因被对方占用货币资金,对企业生产经营和流动资金周转的影响是较大的。

(4) 从列作应收账款的经济事项的内容分析,应以不合法、不真实、不合理关联交易事项为重点,还要分析客户与被审计单位在业务上是否相关联系,有无非法的私下交易。

(5) 从欠款的销售内容分析,受托加工、材料销售(占20%)不可忽视。相比较而言,受托加工、材料销售单位往往是临时的、非固定紧密型的。对于合作的新客户,业务合作财务信誉难以说清。

根据上述不同情况,应分别采用不同的审计技术和方法。

(1) 对列作重点和不可忽视的户头,主要采用审阅法。即认真仔细审查应收账款明细账、经济合同及其他有关业务资料,与具体业务结合起来,查明应收账款的发生原因、数额是否正确、真实、合理合法。特别要审查是否属于与本企业正常的业务往来,这种业务的发生是否正常,是否存在违反国家法令法规的情况;审查是否存在错误和舞弊。

(2) 对审查中发现的疑点、异处,主要采用核对法和分析法。核对法主要核对证证、证账、账账、账表、表表之间是否勾稽相符,有无不相符。分析法主要采用账户分析法、账龄分析法、分析性复核等,来做进一步审查。

(3) 对账龄1年以上的应收账款,主要采用查询法,如函询法。如未得到答复或审计人员认为必要,可进一步采取派员外调,亲自寻清事实真相,或采用替代程序来取得审计证据。

## 思考题

1. 试述审计方法体系的构成要素及各要素之间的相互关系。
2. 审计技术方法有哪几种分类方法?试述各种分类方法包括的内容。
3. 试述审阅法的内容要点。要使审阅法获得较好的效果,对审计人员有什么要求?
4. 什么是调节法,其主要用途是什么?
5. 什么是审计分析法,它包括哪些方法?它们在审计工作中的主要作用是什么?
6. 盘点法有哪几种类型,它们各自适用于什么情况下的审计?
7. 什么是查询法?它包括哪些具体方法?函证法采用积极函证和消极函证的主要依据是什么?
8. 什么是审计抽样?现代审计中为什么必须采用审计抽样?
9. 什么是误受风险?什么是误拒风险?什么是信赖不足风险?什么是信赖过度风险?
10. 试探讨以下抽样风险对审计效率、审计效果的影响:误受风险、误拒风险、信赖不足风险、信赖过度风险。
11. 统计抽样与非统计抽样有何异同?实务中如何决策统计抽样和非统计抽样方法?
12. 试述概率比例规模抽样法的优缺点。
13. 确定样本规模的要素有哪些?它们与样本规模有什么关系?

## 练习题

### 一、判断题

1. 审计人员不论选用统计抽样还是非统计抽样，只要运用得当，都能获取充分、适当的审计证据。(　　)
2. A审计人员是R公司2004年度会计报表审计的项目经理，在运用审计抽样确定应收账款函证的样本量时，注意到R公司2004年12月31日应收账款余额为150 000 000元，由2000户顾客构成。假定计划抽样误差为70 000元，考虑到内部控制及抽样风险的可接受水平，A审计人员确定可信赖程度为90%，可信赖程度系数为1.65，估计总体标准离差为180元。A审计人员在审计工作底稿中记录有以下事项，请分别判断其是否正确。

(1) A审计人员确定的样本量为72户。(　　)

(2) 采取随机选样选取样本，不考虑其金额大小，也不考虑是否为关联方余额。(　　)

(3) 抽样审计结果表明样本平均值为500 000元，样本标准离差为300元，因此估计的总体金额为150 000 000元。(　　)

3. J审计人员负责对D公司2005年度会计报表进行审计。在审计过程中J审计人员遇到以下与抽样相关的事项，请代为做出正确的专业判断。

(1) 如果推断总体误差超过可容忍误差，经重估后的抽样风险不可接受，应增加样本量或执行替代审计程序。(　　)

(2) 统计抽样和非统计抽样的根本区别在于是否利用概率法则来量化、控制抽样风险。(　　)

(3) 如果抽样结果有95%的可信赖程度，则抽样结果有5%的可容忍误差。(　　)

### 二、单选题

1. D审计人员负责对丁公司20×7年度财务报表进行审计。在运用审计抽样时，D审计人员遇到下列问题，请代为做出正确的专业判断。

(1) 在未对总体进行分层的情况下，D审计人员不宜使用的抽样方法是(　　)。

A. 均值估计抽样　　B. 比率估计抽样

C. 差额估计抽样　　D. 概率比例规模抽样

(2) D审计人员从总体规模为1000个、账面价值为300 000元的存货项目中选取200个项目(账面价值50 000元)进行检查，确定其审定金额为50 500元。如果采用比率估计抽样，D审计人员推断的存货总体错报为(　　)。

A. 500元　　B. 2500元

C. 3000元　　D. 47 500元

(3) 下列有关概率比例规模抽样的表述中，正确的是(　　)。

A. 抽样分布应当近似于正态分布

B. 与低估的账户相比，高估的账户被抽取的可能性更小

C. 每个账户被选中的机会相同

D. 余额为零的账户没有被选中的机会

2. 有关审计抽样的下列表述中，正确的是(　　)。

A. 审计人员可采用统计抽样或非统计抽样方法选取样本，只要运用得当，均可获得充分、适当的审计证据

B. 审计抽样适用于控制测试和实质性程序中的所有审计程序

C. 统计抽样和非统计抽样方法的选用，影响运用于样本的审计程序的选择

D. 信赖过度风险和误受风险影响审计效率

3. 审计人员运用分层抽样方法的主要目的是为了(　　)。

A. 减少样本的非抽样风险　　B. 决定审计对象总体特征的正确发生率

C. 审计可能有较大错误的项目,并减少样本量　　D. 无偏见地选取样本项目

4. 下列各项风险中,对审计工作的效率和效果都产生影响的是(　　)。

A. 信赖过度风险　　B. 信赖不足风险

C. 误受风险　　D. 非抽样风险

## 三、多选题

1. 下列各项中,与审计人员设计样本时所确定的样本量存在反向变动关系的有(　　)。

A. 抽样风险　　B. 可信赖程度

C. 可容忍误差　　D. 预期总体误差

2. 在进行控制性测试时,审计人员如认为抽样结果无法达到其对所测试的内部控制的预期信赖程度,应当考虑(　　)。

A. 增加样本量　　B. 执行替代审计程序

C. 修改实质性程序　　D. 发表保留意见或否定意见

3. 在编制审计计划时,需考虑影响样本量大小的有关事项,对审计抽样工作进行规划。以下各项表述中,正确的有(　　)。

A. 可信赖程度要求越高,需选取的样本量越大　　B. 划分的次数总体越多,需选取的样本量越大

C. 可容忍误差越小,需选取的样本量越大　　D. 预期误差越小,需选取的样本量越大

## 四、简答题

1. 某企业 2000 年 12 月 31 日账面结存现金 7500 元,通过审阅和核对没有发现错误。2001 年 1 月 1 日到 20 日期间收入现金 12 600 元,1 月 1 日到 20 日期间支出现金 9750 元,1 月 1 日期初余额均经核对、审阅和复算无误,2001 年 1 月 20 日下班监督盘存现金实存额为 12 000 元。

要求:确定 2000 年末现金账面结存额的真实性,并加以说明。

2. Y 公司系公开发行 A 股的上市公司,主要经营计算机硬件的开发、集成与销售,其主要业务流程通常为:向客户提供技术建议书—签署销售合同—结合库存情况备货—委托货运公司送货—安装验收—根据安装验收报告开具发票并确认收入。审计人员于 2003 年初对 Y 公司 2002 年度会计报表进行审计。经初步了解,Y 公司 2002 年度的经营形势、管理及经营机构与 2001 年度比较未发生重大变化,且未发生重大重组行为。

其他相关资料如下(金额单位:万元)。

审计人员在编制审计计划时,准备在 Y 公司 2002 年度所开具的全部发票中,采用固定样本量抽样法随机抽取若干发票进行控制测试,检查样本发票是否有对应的安装验收报告。审计人员确定的预期总体误差率为 1%,可容忍误差率为 4%,信赖过度风险为 5%,在 95% 的可信赖程度下,控制测试的样本量表如下:

| 预期总体误差(%) | 可容忍误差率 | | | |
|---|---|---|---|---|
| | 3% | 4% | 5% | 6% |
| 0.75 | 208(1) | 117(1) | 93(1) | 78(1) |
| 1 | | 156(1) | 93(1) | 78(1) |
| 1.25 | | 156(1) | 124(2) | 78(1) |
| 1.5 | | 192(3) | 124(2) | 103(2) |

要求:针对检查样本发票是否有对应的安装验收报告这项控制测试,根据上述资料中列示的各项条件,请定义“误差”,确定样本量,并根据以下两种情况评价抽样结果:①抽样查出的误差数为 1,且没有发现舞弊或逃避内部控制的情况;②抽样查出的误差数为 3,且没有发现舞弊或逃避内部控制的情况。

# 第10章 计算机信息系统环境下的审计

## 学习目的

本章主要讲述计算机信息系统环境对审计的影响以及如何在信息系统下对内部控制进行测试。通过本章学习,应当掌握以下内容:计算机审计的基本特点;计算机信息系统对审计产生了哪些影响;如何对计算机信息系统实施控制测试;计算机信息系统环境下存在的其他因素。

## 第1节 计算机信息系统对审计的影响

21世纪,随着计算机技术和现代信息技术迅猛发展,企业信息系统(包括会计信息系统)的性质也随之改变,传统的手工会计处理系统转变为以计算机为基础的信息系统,以满足企业对信息的范围、程度、含量以及信息及时性的需求。同时,这一转变使得审计人员越来越需要借助计算机、网络和现代通信技术来完成审计工作和提高审计效率,导致了审计对象和审计技术与方法的巨大变化。

### (一) 计算机审计的基本特点

计算机信息系统是以计算机为处理手段的信息系统,而计算机审计是利用计算机及其网络进行辅助审计,因此,计算机审计存在以下主要特点:

**1. 审计范围的广泛性** 由于计算机信息系统中,系统的合法性、效益性、系统输出结果的真实性不仅取决于输入数据、操作系统的工作人员,还取决于计算机的硬件和软件等,因此,计算机审计中不仅要对输入数据、操作系统的工作人员及其打印输出的资料进行审查,还要对计算机的硬件、系统软件、应用程序和机内的数据文件进行审查,而这些内容在传统的手工审计中是没有的。

**2. 审计线索的隐蔽性** 计算机审计需要跟踪的审计线索大部分存储在磁性介质上,这些线索是肉眼不可见的,容易被篡改、隐匿,也容易被转移、销毁或伪造。在审计中,如果操作不当,可能会破坏系统的数据文件和程序,从而毁坏了重要的审计线索。

**3. 审计取证的实时性和动态性** 计算机审计工作往往是在系统运行过程中进行审计

取证，审计人员一方面要及时完成审计任务，又不能干扰被审计单位计算机信息系统的正常运行，这就给审计工作带来了一定难度。

**4. 审计技术的复杂性**　由于审计人员在审计过程中，要和计算机硬件和系统软件打交道，这些不同势必会增加审计技术的复杂性。其次，由于不同单位的业务规模和性质不同，所采用的数据处理和存储方式也不同。因此，审计时所采用的方法和技术也不同。

### （二）计算机信息系统对审计的影响

在计算机信息系统下，审计的一些基本原则是保持不变的，比如：①审计目标不变。独立审计的总目标依然是对财务报表发表审计意见，在此总目标之下的各个项目的具体目标、管理当局的认定也不会因计算机信息系统环境而改变；②审计依据不变。审计人员执行审计程序的标准是审计准则，无论在什么环境下，审计准则都是审计的依据；③对审计证据的要求不变。无论在什么环境下，审计人员发表审计意见都要以数量充分且具有一定证明力的适当的审计证据为基础。

但是，由于计算机信息系统的特殊性，使审计人员在审计过程中也会遇到特殊的问题。计算机信息系统对审计的影响主要表现在以下几个方面：

**1. 对审计风险的影响**　由于计算机信息系统下交易的直接输入、文件和数据的内部储存以及缺乏交易文件的书面拷贝，使审计人员面临的风险增加。无纸化减少了书面文档，同时在数据传输过程中存在数据丢失的风险，增加了交易和金额实质性测试的难度，这些都增加了审计的风险。

**2. 对审计内容的影响**　计算机信息系统的特点和其固有的风险决定了审计的内容不但要包括传统方式下对系统输出结果（包括财务报表及相关信息）的审计，而且包括对信息系统本身的审计，比如系统控制审计、数据完整性审计、系统开发过程审计、应用程序的审计等。

**3. 对审计技术的影响**　由于审计的内容扩大到信息系统本身，使得审计人员必须采用计算机辅助审计技术，用日益先进的计算机审计软件去对付单机、网络、多用户等各种信息系统。

**4. 对收集与评价审计证据的影响**　在计算机信息处理环境下，某些审计证据的取得往往较手工方式复杂得多，必须借助于计算机辅助审计技术。而目前审计软件的开发往往比较滞后，使得审计人员取证工作遇到很大困难。并且，审计人员不得妨碍和干扰被审单位系统的正常工作，这也给审计采集证据带来了一定难度。

**5. 对审计人员的影响**　计算机信息系统对审计人员的素质提出了极高的要求，审计人员不仅要具有丰富的会计、财务、审计知识和技能，还应当掌握计算机知识及其应用技术，掌握数据处理和管理技术。

**6. 对审计标准和准则的影响**　由于采用计算机信息系统，审计的对象有了重大变化，审计线索、审计方法以及审计技术手段等方面发生了一系列的变化，过去审计标准和准则中的某些部分已不再适用，而又缺乏与新情况相适应的新的审计标准与准则。

**7. 对审计计划的影响**　审计计划是对重点审计领域、重要性与审计风险、审计证据的数量与质量以及初步审计策略等所做出的规划，因此，计算机信息系统的应用对上述审计内容所产生的影响必然影响到审计计划的制订。在制定审计计划时，要具体考虑计算机信息系统的使用范围、复杂程度、组织结构、审计人员所能获取的资料、计算机辅助审计技术的应用以及是否需要计算机专家协助等诸多因素。

## 第2节 计算机信息系统下的内部控制及测试

### (一) 计算机信息系统的内部控制特点

在计算机系统中,内部控制的目标仍然是保护资产的安全性、数据资料的准确性和可靠性,提高经营效率及保证管理方针的实现,但其控制的重点、方式、内容和范围有所不同。

**1. 系统开发阶段的控制是其他控制有效发挥作用的前提** 系统开发阶段必须实行强有力的控制,及时发现和修正错误,并在系统中建立必要的程序控制,在系统设计时,注意留下审计线索或嵌入审计程序,以保证开发出来的系统能满足用户的需求以及今后审计的需要。

**2. 控制的重点转向电子数据处理部门** 实现会计电算化后,大量的工作集中到电子数据处理部门,一些职能部门往往只负责原始数据的生成、审核、以及分析处理计算机输出的报告。原始数据从输入计算机到记账、报表输出都由计算机自动处理,全部的责任与数据都高度集中于电子数据处理部门,因此,内部控制的重点也必须转移到电子数据处理部门。

**3. 控制的范围扩大** 由于电算化系统建立与运行的复杂性,要求内部控制的范围相应较大,其中包括一些手工控制系统中没有的控制内容,如对系统开发过程的控制。

**4. 控制方式和手段由手工控制转为手工控制和程序化控制相结合** 一般来说,电算化程度越高,采用的程序化控制也要求越多。电算化系统中手工控制与各类程序化控制相结合的特点,反映了电算化系统控制技术的复杂性。

### (二) 计算机信息系统的控制测试

通常,计算机信息系统内部控制可分为一般控制、应用控制和用户控制。一般控制适用于较宽范围的风险,这些风险系统地威胁到信息系统环境下所有应用程序的完整性。具体是指与许多应用程序有关的政策与程序,通常包括数据中心和网络运行控制,系统软件的购置、修改及维护控制,接触或访问权限控制,应用系统的购置、开发与维护。

应用控制是控制特定应用系统的风险(如工资、应收账款和采购应用系统等),其风险来源于信息系统中应用系统本身的漏洞,直接威胁到数据的安全、准确。具体是指在业务流程层次运行的人工或自动化程序,与用于生成、记录、处理、报告交易或其他财务数据的程序相关,通常包括检查数据计算准确性,审核账户和试算平衡表,设置对输入数据和数字序号的自动检查,以及对例外报告进行人工干预。

用户控制是指除了数据处理部门以外,通过具体使用计算机信息系统进行交易处理的部门建立的控制。用户控制最主要的措施是总额控制。总额控制是在数据处理之前先计算总额,而后再与计算机输出结果相比较,从而对数据处理的正确性加以验证。

为了评价运用计算机信息系统的被审计单位的重大错报风险,审计人员首先应当充分了解被审计单位的计算机信息系统,确定其重要的会计应用和基本的财务报告控制特征。在获得对被审计单位的计算机信息系统的了解之后,审计人员应确定要加以测试的一般控制、应用控制、用户控制,以评估与控制相关的重大错报风险,在此基础上设计实质性审计程序。

**1. 了解计算机信息系统的内部控制** 调查了解计算机信息系统环境的内部控制,可以采用传统的审计技术,包括询问、检查、观察等。审计人员可以通过观察系统、询问被审计单位的员工、研究系统和程序文档而了解基本的会计和控制系统的组织结构、权责划分、控制活动等。

**2. 测试计算机信息系统的内部控制**

(1) 一般控制的测试

1) 对被审计单位信息系统背景信息评审。主要评审内容有:被审计单位信息系统的规模;硬件和网络的技术复杂性;被审计单位信息系统会计核算和业务系统等应用软件取得的方式;系统的管理情况;被审计单位信息系统处理业务流程等。

2) 对被审计单位信息系统控制环境评审。评审的主要内容包括计算机操作、数据管理、系统维护等控制措施。

对信息系统控制环境的评审,主要目的是确定被审计单位信息系统总体控制环境中控制的健全性、合理性和有效性及其存在的风险。

(2) 应用控制的测试:应用控制的测试目的是检查存在于各具体应用程序中的输入控制、处理控制和输出控制情况。

测试的主要内容有:输入控制是否能保证由原始凭证触发的(批处理)或由人工直接输入的(实时处理)数据合法、准确和完整。输出控制是否能够确保系统的输出没有被丢失、误导、破坏以及数据不被非法侵犯。处理控制是否确保合法的输入经过准确无误的系统处理后输出符合要求的结果。

(3) 用户控制的测试:在测试用户控制和评估重大错报风险时,审计人员应确定用户部门内的职责分离是否充分,确定对输入输出加以核对的控制,了解必要的核对是否得到令人满意的执行。一般而言,可以通过观察、询问和测试核对记录样本而实现上述目的。

**3. 计算机信息系统内部控制测试方法** 在信息系统环境下,审计人员对信息系统的内部控制测试可以通过下列方法实现上述步骤:

(1) 调阅被审计单位的关于计算机信息系统的各项管理制度和相关文件,对内部控制的健全性和合理性初步了解。

(2) 通过与被审计单位相关人员座谈和实地观察,了解硬件配置、软件运行及维护、相关人员操作经验等计算机信息系统使用环境。

(3) 检查被审计单位内部控制过程中形成的文件和记录,包括各种操作日志、软件修改记录、灾难恢复记录等。

以上方法适用于对信息系统内部控制的一般控制进行评审。审计人员也可以将上述有关内容设计成调查问卷,交由被审计单位据实填写,再进行检查核实,完成测评工作。

(4) 通过计算机对计算机系统应用控制的输入控制、处理控制和输出控制进行测试。测试的是被审计单位应用软件内部每种操作是否符合要求。

### (三) 评价内部控制评审结果以确定实质性测试范围

在实施完对信息系统内部控制评审后,审计人员要对内部控制做出评价,以确定内部控制是否真正发挥作用。如果认为内部控制没有得到执行,或执行表明内部控制存在重大隐患,此时,审计人员应提出审计中是否依赖已有的控制。另外,审计人员应当提出一个概括反映信息系统内部控制弱点的属性和程度的总结报告,并将报告列入审计底稿。对报告可以从以下三个方面加以利用:一是确定实质性审计的范围、重点和措施;二是将被审计单位信息系统的控制弱点纳入审计意见,以便其改进工作;三是为确定具体使用何种计算机辅助审计技术提供依据。

## 第3节　计算机信息系统环境下的其他因素

**1. 微机辅助审计技术**　微机辅助审计技术关键在于微机所配置的软件。目前审计人员在微机上可以运行多种软件,可以根据审计业务的不同情况而提供不同的帮助。实务中一般采用组合软件、商务通用软件、专门用途软件和特制程序等类型的软件。组合软件中最著名的产品是 Lotus Notes,它可以使许多人利用应用程序同时进行工作,相互协调,共享数据和文件。商务通用软件主要是一些电子制表软件和文字处理软件,目前应用得较为广泛的有 Microsoft Excel、Word 和 Lotus 等。专门用途软件是由一些机构或会计师事务所基于商业目的而开发的应用于微机的审计软件。

**2. 专家系统**　是指在计算机中建立的一套存放许多专家的知识与经验的数据库。专家系统属于人工智能系统,由于其系统的复杂性和对技术的高要求,其开发尚在起步阶段。专家系统是经过特殊设计的软件,具有以下功能:可以针对系统使用者的问题,提出解答或建议;可以协助审计人员进行审计判断,做出较好的具有一贯性的审计决策;可以帮助审计人员按照审计风险的不同情况设计不同的审计程序。专家系统需要高水平的人工智能,要归集大量的审计专家的知识与经验,才能提供高质量的服务,因此专家系统的开发需要花费大量成本。尽管目前专家系统的开发有一些困难,但其未来的发展潜力是非常大的。

**3. 计算机舞弊**　计算机舞弊是科技发展后在舞弊中出现的一种新形式。计算机舞弊从广义上称作计算机滥用,从狭义上称作计算机欺诈。前者是指为了自身利益损坏他人利益的任何与计算机有关的事件,后者是指与电子数据处理系统有关的任何欺诈及其掩饰行为。

计算机舞弊包括许多行为,审计人员特别关注的是与财务报表相关的计算机舞弊。在这种情况下,舞弊者往往利用对电子数据处理系统程序的修改以达到资产私占或提供舞弊性财务报告的目的。

防范计算机舞弊。主要应从以下三个方面着手:①加强计算机犯罪的法制建设;②完善计算机信息系统的内部控制;③发挥审计人员的作用。审计人员在计算机舞弊防范方面的作用表现在两个方面:其一,在审计过程中直接发现计算机舞弊;其二,在了解与测试客户计算机信息系统的内部控制时发现重大控制弱点,提请客户注意与改进。

## 本章小结

计算机信息审计具备以下特点：审计范围的广泛性、审计线索的隐蔽性、审计取证的实时性和动态性、审计技术的复杂性。

计算机信息系统对审计技术、收集与评价审计证据、审计人员、审计标准和准则、审计计划都产生了不同程度的影响。

计算机信息系统应具备的控制分为三种类型：一般控制、应用控制和用户控制。针对计算机信息系统的控制测试程序有：①了解计算机信息系统的内部控制；②测试计算机信息系统的内部控制。

在计算机信息系统环境下，存在微机辅助审计技术、专家系统以及计算机舞弊等因素。

## 案例

### 审查贷款利息计息计算的正确性

1. 发现审计线索。审计人员在浏览某办事处对公系统的“计收贷款利息表”时，发现“积数调整”一项不断出现负金额，却没有发现正金额的调整数。依据审计经验，调整计息积数就相当于少计或多计利息收支，因此这种大量调减计息积数，就有可能会少计利息收入。

2. 估计影响大小。在运用计算机辅助审计发现了线索后，应该有一个估计影响大小的步骤。经分析和计算，按影响大小和严重程度对已发现的线索进行排序，选择影响大或较严重的优先落实。对上述线索，审计人员利用通用审计软件的查找功能以“调整税数不为零并且利率不为零”为条件列出全部记录，结果共有139条记录，调整积数总金额达3亿多元、按现有利率计算，对利息收入的影响只有数万元，不能作为重要事项，但考虑到计算机运算具有连续性和高效性，有可能是一个全辖甚至是全省的问题，因此有必要证实是否确实存在。

3. 核实电子数据的真实性。在着手进一步开展审计之前，有必要先核实电子数据是否真实。电子数据经过导出、转入等转换过程，难免出现一些差错，因此从电子数据中分析出的线索，应与纸质账表核对证实其真实性。审计人员查找了一笔2.1亿元金额的调整数，再查阅当日记账凭证，证实电子数据反映的业务记录是真实的。考虑到取得的电子数据可能没有完全包含1999年度全部情况，审计人员调阅全年贷款利息计息表。核实了3亿多元的调整数全部存在，进一步证实了电子数据的真实性和准确性。

4. 了解大量调整积数的原因。依经验，贷款积数调整一般应该很少调整，这种大量调整应该有原因的。经询问，1996年中国农业银行河北省分行要求对1996年前后发生的贷款用两个会计科目分开进行核算，以明确划分领导人的责任。1999年11月省分行又要求将两个会计科目合并核算，因此需要结转贷款余额。在结转过程中，对公系统要求同时输入计息积数的调整天数，否则不能进行结转。因此产生了大量的计息积数调整金额。审计人员通过关联查询，证实绝大多数调整金额是因此而发生的。

5. 核实利息计算是否准确。经询问银行人员，审计人员掌握了该办事处是按月计收贷款利息、按季计支存款利息的信息，再进一步询问进行这样的调整是否少计了一天利息？为什么只见调减计息积数，不见调增计息积数？银行人员回答这个账号调减的积数在那个账号补足，没有因此而少计利息收入。审计人员随即对11月18日调减2.1亿元积数的账号进行核实，发现10月21日至11月20日的计息期银行只计了30天积数，而实际应计算31天的积数。经复核，银行人员确认了少算一天积数的基本事实。

6. 落实涉及面的大小。审计人员向对公系统管理人员询问：整个分行是否都使用这套系统？管理人员证实不仅分行都使用这套成都开发的系统,而且全省都是使用同一套系统。审计人员即对全市所辖办事处进行报送审查,发现绝大多数的分支机构都存在这一问题,只是工作人员及时发现后用手工补记了利息收入。这样审计人员就掌握了系统在此方面确实存在一个问题。

7. 分析产生的原因。经分析,是由于操作人员在进行冲账操作时,只进行了红字冲账操作减少了积数,没有进行蓝字记账操作增加积数,而把蓝字记账操作当作正常业务处理,形成了上述结果。产生这样的问题一方面是操作人员的培训没有到位,另一方面,审计人员认为对于冲账这类重要操作,系统没有要求将红字蓝字处理完整后才能退出,应是系统设计上的一个疏漏。由此还可能产生其他类型的差错。在核实另一个办事处的积数调整过程中,就发现有调减全额积数、调增部分积数而重复计息的现象,只是工作人员及时发现而手工纠正了。虽然手工纠正了错误,但已严重影响了系统的可依赖性。

试分析:在本案例中,运用计算机审计与传统的手工审计相比,增加了哪些程序?为什么需要增加这些程序?

## 思考题

1. 计算机审计有哪些特点?它对审计产生了哪些影响?
2. 计算机信息系统应具备的必要控制可分为哪几种类型,分别包括哪些控制内容?
3. 对计算机信息系统的内部控制进行测试时,应进行哪些必要的审计程序?
4. 计算机信息系统环境下的其他因素主要有哪些?

## 练习题

### 一、判断题

1. 计算机信息系统环境下的审计,审计风险将会降低。(　　)
2. 由于计算机计算更便捷、更准确,可以更多地信赖内部控制。(　　)

### 二、多选题

计算机信息系统应具备的必要控制分为(　　)

A. 一般控制　　B. 管理控制
C. 应用控制　　D. 用户控制
E. 会计控制

# 第11章　销售与收款循环审计

## 学习目的

通过本章的学习，应理解销售与收款循环的基本特征，并掌握以下内容：销售与收款循环的审计目标、重要性和审计风险；销售与收款循环的内部控制、控制测试和交易的实质性程序；主营业务收入和应收账款的实质性程序。

在本章中，我们将通过业务循环审计来介绍如何对财务报表项目进行审计测试。一般而言，在财务报表审计中可以将被审计单位的所有交易和账户余额划分为4个、5个、6个甚至更多的循环。由于各被审计单位的业务性质和规模不同，其业务循环的划分也有所不同。在本书中，我们将交易和账户余额划分为销售与收款循环、购货与付款循环、生产与工资循环、筹资与投资循环，分章阐述各业务循环的审计。由于货币资金和上述各循环关系密切，并且货币资金的业务和内部控制又与其他业务循环不相同，因此将货币资金审计单独安排在第十五章。

在审计过程中，交易和账户余额的实质性测试既可以按照财务报表项目进行，也可以按照业务循环进行。按照财务报表项目进行的称为分项审计，按照业务循环进行的称为业务循环审计。一般而言，分项审计具有操作方便的优点，因为它与多数被审计单位的账户设置体系及财务报表格式相吻合，但是它与按业务循环进行的内部控制测试严重脱节，导致控制测试和实质性测试相背离；而业务循环审计不仅可以与按业务循环进行的内部控制测试直接联系，加深注册会计师对被审计单位业务的理解，而且便于注册会计师的合理分工，将特定业务循环所涉及的财务报表项目分配给一个或者几个注册会计师，以提高审计效率和效果。

以《企业会计准则》等有关规定为依据，按照财务报表各项目和业务循环的相关程度，可以建立起各业务循环与其所涉及的主要财务报表项目之间的对应关系，见表11-1所示。

表 11-1 业务循环与主要财务报表项目对照表

| 业务循环 | 资产负债表项目 | 利润表项目 |
| --- | --- | --- |
| 销售与收款循环 | 应收款项、应收票据、预收款项、应交税费、长期应收款 | 营业收入、营业税金及附加、销售费用 |
| 购货与付款循环 | 预付款项、固定资产、在建工程、工程物资、累计折旧、固定资产清理、无形资产、开发支出、商誉、长期待摊费用、应付账款、应付票据、长期应付款 | 管理费用 |
| 生产与工资循环 | 存货(包括材料采购或在途物资、原材料、材料成本差异、库存商品、发出商品、商品进销差价、委托加工物资、周转材料、存货跌价准备、生产成本、制造费用、劳务成本等)、应付职工薪酬 | 营业成本 |
| 筹资与投资循环 | 交易性金融资产、应收股利、应收利息、其他应收款、持有至到期投资、可供出售金融资产、长期股权投资、投资性房地产、递延所得税资产、短期借款、交易性金融负债、应付股利、应付利息、其他应付款、长期借款、应付债券、专项应付款、预计负债、递延所得税负债、实收资本(或股本)、资本公积、盈余公积、未分配利润 | 财务费用、资产减值损失、公允价值变动收益、投资收益、营业外收入、营业外支出、所得税费用 |

# 第 1 节 销售与收款循环概述

销售是企业的主要经营业务之一,是决定企业经营收入的重要环节。企业销售商品是为了取得收入,按照与生产经营活动不同,收入可分为主营业务收入和其他业务收入。企业的销售与收款循环通常由提供商品、收款等业务构成。企业的性质不同,销售与收款循环的具体环节也略有差异。

销售和收款循环概述主要包括两方面的内容:一是本循环涉及的主要凭证;二是本循环中的主要业务活动。

## (一) 主要业务活动

要对销售和收款循环进行审计,我们十分有必要了解该循环的主要业务活动。下面我们简单介绍该循环涉及的主要业务活动。

**1. 接受顾客订单** 顾客提出购货要求是整个销售和收款循环的起点。订单管理部门应该特别注意赊购订单,赊购订单只有在符合企业管理当局的授权标准时,才可以接受。企业管理当局一般都列出了已准予赊销的顾客的名单,订单管理部门的员工在决定是否统一接受某顾客的订单时,应该查看该客户是否已经列入该名单,如果没有列入,则通常要由订单管理部门的主管来决定是否统一销售。

接受订单后通常应编制一式多联的销售单。销售单是证明管理当局对有关销售交易的“发生”认定的凭据,也是此笔销售的交易轨迹的起点。

**2. 批准赊销信用** 对于赊销业务,赊销批准是由信用管理部门根据管理当局的赊销政策,以及对每个顾客的已授权的信用额度来进行的。信用管理部门的员工在收到订单管理部门的销售单后,应将销售单的金额与该顾客已授权的赊销信用额度扣除其尚欠的账款余额加以比较。

企业应对每个新顾客进行信用调查,包括获取信用评审机构对顾客信用等级的评定报告。无论是否批准赊销,都要求被授权的信用管理部门人员在销售单上签署意见,然后将已经签署意见的销售单送回订单管理部门。

设计信用批准控制的目的是为了降低坏账风险,因此,这些控制与应收账款账面余额的"计价或分摊"认定有关。

**3. 按销售单供货** 企业管理当局通常要求仓库只有在收到经过批准的销售单时才能供货。设立这项控制程序的目的是为了防止仓库在未经授权的情况下擅自发货。因此,已批准销售单的一联通常应送达仓库,作为仓库按销售单供货和发货给装运部门的授权依据。

**4. 按销售单装运货物** 将按经批准的销售单供货与按销售单装运货物职责相分离,有助于避免装运职员在未经授权的情况下装运产品。发运部门员工在装运之前,还必须进行独立验证,以确定从仓库收到的商品都附有已批准的销售单,并且所发运商品与销售单相符。

装运凭证是指一式多联、连续编号的提货单。装运凭证提供了商品确实已经装运的证据,因此,它是证明有关销售交易的"发生"认定的另一凭据。定期检查以确定在编制装运凭证后都已附有相应的销售发票,也有助于保证销售交易"完整性"认定的正确性。

**5. 向顾客开具账单** 开具账单包括编制和向顾客寄送事先连续编号的销售发票。这项功能所针对的主要问题是:①是否对所有装运的货物都开了账单(即"完整性"认定问题);②是否只对实际装运的货物才开账单,有无重复开单或虚构交易情况发生(即"发生"认定问题);③是否按已授权批准的商品价目表所列价格计价开单(即"准确性"认定问题)。

为了降低开单过程中出现遗漏、重复、错误计价或其他差错的风险,应设立以下的控制程序:

(1) 开单部门职员在编制每张销售发票之前,应独立检查是否存在装运凭证和相应的经批准的销售单。

(2) 应依据已授权批准的商品价目表编制销售发票。

(3) 独立检查销售发票计价和计算的正确性。

(4) 将装运凭证上的商品总数与相对应的销售发票上的商品总数进行比较。

上述的控制程序有助于确保销售发票的正确性,因此,这些控制与销售交易的"发生"、"完整性"、"准确性"认定有关。

**6. 记录销售** 在手工会计系统中,记录销售的过程包括区分赊销、现销,按销售发票编制转账凭证或收款凭证,再据以登记销售明细账和应收账款明细账或库存现金、银行存款日记账。

记录销售的控制程序包括以下内容:

(1) 只依据附有有效装运凭证和销售单的销售发票记录销售。这些装运凭证和销售单应能证明销货交易的发生及其发生的日期。

(2) 控制所有事先连续编号的销售发票。

(3) 独立检查已处理销售发票上的销售金额同会计记录金额的一致性。

(4) 记录销售的职责应与前面说明的处理销货交易的其他功能相分离。

(5) 对记录过程中所涉及的有关记录的接触予以限制,以减少未经授权批准的记录的发生。

(6) 定期独立检查应收账款的明细账同总账的一致性。

(7) 定期向顾客寄送对账单,并要求顾客将任何例外情况直接向指定的未涉及执行或记录销货交易循环的会计主管报告。

以上这些控制和"发生"、"完整性"、"准确性"以及"计价和分摊"认定有关。

对于这项职能,注册会计师主要考虑的问题是销售发票是否记录正确,并归属适当的会计期间。

**7. 办理和记录现金、银行存款收入** 这项功能涉及的是有关货款收回,现金、银行存款增加以及应收账款减少的活动。在办理和记录现金、银行存款收入时,应该注意货币资金的失窃可能性。货币资金失窃可能发生在货币资金收入登记入账之前或之后。处理货币资金收入时最重要的是要保证全部货币资金都必须如数、及时地记入库存现金、银行存款日记账或应收账款明细账,并如数、及时地将现金存入银行。在这个方面,汇款通知单发挥着非常重要的作用。

**8. 办理和记录销货退回、销货折扣与折让** 顾客如果对商品不满意,销售企业一般会同意接受其退货,或给予一定的销售折让;顾客如果提前支付货款,销售方可能会给予一定的销售折扣。这类事项发生时,必须经授权批准,并确保与办理此事有关的部门和员工各司其职,分别控制实物流和会计处理。这时,严格使用贷项通知单非常关键。

**9. 注销坏账** 任何企业都有可能因为顾客宣告破产、死亡等原因收不回货款。企业如果认为某项货款再也无法收回,就必须注销这笔货款。对这些坏账,应该获取货款无法收回的确凿证据,经适当审批后及时作会计调整。

**10. 提取坏账准备** 坏账准备提取的数额必须能够抵补企业以后无法收回的销货款。

### (二) 主要凭证及会计记录

在内部控制比较健全的企业,处理销售和收款业务通常需要很多凭证和会计记录。涉及的主要凭证有以下几种:

**1. 顾客订货单** 是顾客提出的书面购货要求。企业可以通过销售人员或者其他途径,如采用电话、信函以及向现有的和潜在的顾客发送订货单的方式接受订货,取得顾客订货单。

**2. 销售单** 是列示顾客所订商品的名称、规格、数量以及其他与顾客订货单有关信息的凭证,作为销售方内部处理顾客订货单的依据。

**3. 发运凭证** 是在发运货物时编制的,用以反映发出商品的规格、数量和其他有关内容的凭据。发运凭证的一联给顾客,其余联由企业保存。这种凭证可用于向顾客开具账单的依据。

**4. 销售发票** 是一种用来表明已销售商品的规格、数量、价格、销售金额、运费和保险费、开票日期、付款条件等内容的凭证。销售发票的一联给顾客,其余联由企业保存。销售发票也是在会计账簿中登记销售业务的基本凭证。

**5. 商品价目表** 是列示已经授权批准的、可供销售的各种商品的价格清单。

**6. 贷项通知单** 是一种用来表示由于销货退回或经批准的折让而引起的应收销货款减少的凭证。这种凭证的格式通常与销售发票的格式相同,但是它不是用来证明应收账款的增加,而是用来证明应收账款的减少。

**7. 应收账款明细账** 是用来记录每个顾客各项赊购、还款、销售退回和折让的明细账。

各应收账款明细账的余额合计数应该等于应收账款总账的余额。

**8. 主营业务收入明细账** 是用来记录销售业务的明细账,它通常记载和反映不同类别产品或劳务的销售总额。

**9. 折扣与折让明细账** 是一种用来核算企业销售商品时,按销售合同的规定为了及早收回货款而给予顾客的销货折扣和因商品品种、质量等原因而给予顾客的销货折让情况的明细账。

**10. 汇款通知书** 是一种与销售发票一起寄给顾客,由顾客在付款时再寄回销货单位的凭证。这种凭证注明顾客的姓名、销售发票号码、销售单位开户银行账号以及金额等内容。如果顾客没有将汇款通知书随同货款一并寄回,一般应由收受邮件的人员在开拆邮件时再代编一份汇款通知书。采用汇款通知书能使现金立即存入银行,可以改善资产保管的控制。

**11. 库存现金日记账和银行存款日记账** 是用来记录应收账款的收回或现销收入以及其他各种现金、银行存款收入和支出的日记账。

**12. 坏账审批表** 是一种用来批准将某些应收款项注销为坏账的,仅在企业内部使用的凭证。

**13. 顾客月末对账单** 是一种按月定期寄送给顾客的用于购销双方定期核对账目的凭证。顾客月末对账单上应注明应收账款的月初余额、本月各项销售交易的金额、本月已经收到的货款、各贷项通知单的数额以及月末余额等内容。

**14. 转账凭证** 是指记录转账业务的记账凭证,它是根据有关转账业务(即不涉及现金和银行存款收付的业务)的原始凭证编制的。

**15. 收款凭证** 是指记录现金和银行存款收款业务的记账凭证。

### (三) 销售和收款循环的审计目标

**1. 存在或发生** 确认是否:

(1) 已记录的应收款项代表企业在资产负债表日的债权。

(2) 已记录的销售交易是被审期间内真实发生的销售业务。

**2. 完整性** 确认是否:

(1) 应收款项包括企业在资产负债表日客户所欠的所有货款。

(2) 已记录的销售和收款交易包括该期间内发生的所有交易。

**3. 权利和义务** 确认企业在资产负债表日是否对应收款项拥有权利。

**4. 准确性、计价和分摊** 确认是否:

(1) 所记录的销售交易估价正确。

(2) 销售交易被正确记入主营业务收入和应收账款等相关的总账和明细账中,并被正确汇总。

**5. 截止** 确认销售业务是否按正确的日期记录。

**6. 分类与披露** 确认是否对应收款项和主营业务收入等在会计报表中进行适当的披露和分类。

### (四) 重要性和审计风险

**1. 销售和收款循环的重要性** 销售和收款循环涉及的业务环节较多,并且企业为了控制利润,通常采用虚增或虚减销售,通过主营业务收入来调控利润。因此,销售和收款循环交易是财务报表重要错报的重要来源。具体地说,销售和收款循环交易的重要性体现在以下几个方面:

(1) 销售业务中每次赊销是否有恰当的授权。未授权的赊销应查明是否存在重大的差错舞弊行为。

(2) 计入应收账款的所有款项是否都正确、合理。应检查有关的原始凭证和销售合同的合理、有效性。

(3) 各项收入的分类是否恰当。确认本期收入计算的正确性,所有的收入是否恰当记录。通过调控收入来控制利润是企业操纵其财务报表的常见手法,因此,注册会计师应特别关注收入的情况。

**2. 销售和收款循环的审计风险** 销售和收款循环是一个发生重大错报可能性较大的循环,企业中许多重大的错报漏报甚至舞弊在本循环中经常发生。因此,注册会计师在审计销售和收款循环时,必须依靠风险评估程序评估可能发生的重大差错和违法违规行为,在实质性测试中尽可能地降低会计报表严重错报的审计风险。

# 第2节 内部控制、控制测试和交易的实质性程序

## (一) 销售交易的内部控制、控制测试和交易的实质性程序

销售交易的内部控制、控制测试和交易实质性程序见表11-2。其中,内部控制目标列示了企业设立销售交易内部控制的目标,也是实施相应控制测试和交易实质性程序所要达到的审计目标,关键内部控制列示了与内部控制目标相对应的主要内部控制,常用的控制测试列示了针对关键内部控制所实施的控制测试程序。交易实质性程序的目的在于确定交易中与内部控制目标有关的金额是否有错误,交易的实质性程序和控制测试常常结合在一起进行,统称为交易测试。

**表11-2 销售交易的内部控制、控制测试和交易实质性程序**

| 内部控制目标 | 关键内部控制 | 常用的控制测试 | 常用的交易实质性程序 |
|---|---|---|---|
| 所记录的销售确实已经发货给真实的客户(发生) | 销售交易是以经过审核的发运凭证及经过批准的顾客订货单为依据登记入账的;<br>在发货前,顾客的赊购已经被授权审批;<br>销售发票均经过事先连续编号并已经恰当地登记入账;<br>每月向顾客寄送对账单,对顾客提出的意见做专门的调查 | 检查销售发票副联是否附有发运凭证和顾客订货单;<br>检查顾客的赊购是否已经授权审批;<br>检查销售发票是否经过事先连续编号;<br>检查是否向顾客寄送对账单并检查顾客回函情况 | 复核主营业务收入明细账、总账及应收账款明细账,注意是否有大额或不正常的金额;<br>核对发运凭证与存货永续记录中的发运分录;<br>追查主营业务收入明细账中的分录至销售单、销售发票副联及发运凭证;<br>核对主营业务收入明细账中的分录与销售单中的赊销审批和发运审批 |

续表

| 内部控制目标 | 关键内部控制 | 常用的控制测试 | 常用的交易实质性程序 |
|---|---|---|---|
| 已发生的所有的销售交易均已记录(完整性) | 发运凭证均经预先编号并已登记入账<br>销售发票均经预先编号并已登记入账 | 检查发运凭证连续编号的完整性<br>检查销售发票连续编号的完整性 | 核对发运凭证与相关的销售发票和主营业务收入明细账及应收账款明细账中的分录 |
| 登记入账的销售数量确系已经发货的数量,已正确开具账单并登记入账(准确性、计价和分摊) | 销售价格、付款条件、运费和折扣等的确定都已经经过适当的授权批准<br>由独立人员对销售发票的编制作内部稽核 | 检查内部核查的标记,检查批准销售价格付款条件、运费和折扣等的标记 | 将销售发票上的详细信息与发运凭证、经批准的商品价目表和顾客订货单等其他证明文件比较<br>复算销售发票的数据<br>追查主营业务收入明细账中的分录至销售单 |
| 销售交易的分类正确(分类) | 采用适当的会计科目表<br>分类的内部核查 | 检查会计科目表,检查有关凭证上内部核查的标记 | 检查证明销售交易的分类正确的有关证据 |
| 销售交易按正确的日期记录(截止) | 采用尽量能在销售发生时开具收款账单和登记入账的控制方法<br>内部核查 | 检查尚未开具收款账单的发货和尚未登记入账的销售交易<br>检查内部核查的标记 | 将销售交易登记入账的日期与发运凭证的日期进行比较 |
| 销售交易被正确记入有关明细账中,并被正确汇总(准确性、计价和分摊) | 每月定期向顾客寄送对账单<br>由独立人员对应收账款明细账作内部稽核<br>比较应收账款明细账余额合计数与其总账合计数 | 观察对账单是否已经寄出<br>检查内部核查的标记<br>检查比较应收账款明细账余额合计数与其总账合计数的标记 | 通过加计主营业务收入明细账,追查过入其总账的正确性 |

注册会计师通常利用在了解被审计单位内部控制中所获取的资料来评价控制风险。下面结合表11-2详细讨论销售与收款循环的内部控制和控制测试。

**1. 适当的职责分离** 适当的职责分离有助于防止各种有意或无意的错误。例如,接受顾客订单、编制销售单、批准赊销、发运货物、结算开票、收取货款、会计记录及账目核对等,都必须由不同的职能部门或人员负责办理。

财政部于2002年12月23日发布的财会[2002]21号《内部会计控制规范——销售与收款(试行)》规定,单位应当将办理销售、发货、收款三项业务的部门(或岗位)分别设立;单位在销售合同订立前,应当指定专门人员就销售价格、信用政策、发货及收款方式等具体事项与客户进行谈判。谈判人员至少应有两人以上,并与订立合同的人员相分离;编制销售发票通知单的人员与开具销售发票的人员应相互分离;销售人员应当避免接触销售现款;单位应收票据的取得和贴现必须经由保管票据以外的主管人员的书面批准。

注册会计师通常通过观察有关人员的活动,以及与这些人员进行交谈来实施职责分离的控制测试。

**2. 正确的授权审批** 对于授权审批问题,注册会计师应当关注以下四个关键点的审批程序:第一,在销货发生之前,赊销业务已经正确审批;第二,非经正当审批,不得发出货物;第三,销售价格、销售条件、运费、折扣等必须经过审批;第四,审批人应当在授权范围内审批，不得越权审批。在销售和收款循环中涉及授权审批的业务主要有：销售发票和发货单须经企业有关负责部门和人员审批；顾客的赊销要经过授权审批；销售价格、付款条件、运费和销售退回、折让与折扣等的确定要经过适当的授权审批；对确实无法收回的应收账款，按规定程序批准后，方可作为坏账处理等。

通过检查有关凭证在上述四个关键点上是否经过审批，注册会计师很容易测试出被审计单位授权审批方面的情况。

**3. 充分的凭证和记录** 对内部控制来说，只有具备充分的记账手续、充分的凭证和记录才有可能实现其各项控制目标。例如，有的企业在收到顾客订货单后，就立即编制一份预先连续编号的一式多联的销售单，分别用于批准赊销、审批发货、记录发货数量以及向顾客开具账单等。在这种制度下，只要定期清点销售发票，漏开账单的情形几乎就不太会发生。相反，有的企业只有在发货后才开具账单，如果没有其他控制措施，这种制度下漏开账单的情况就很可能会发生。

另外，凭证应预先编号，目的在于防止销货以后忘记向顾客开具账单或登记入账，也要防止重复开具账单或重复记账。

注册会计师可以通过清点各种凭证来对这种控制作测试。

**4. 定期核对控制** 应收账款总账、明细账、主营业务收入总账、明细账等应定期核对。应收账款要有核对催收制度，每月有独立的人员负责向客户寄送对账单，并定期检查账龄较长的欠款，必要情况下，要考虑调整这类客户的信用限额。

**5. 按月寄出对账单** 由不负责现金出纳和销售及应收账款记账的人员按月向顾客寄送对账单，能促使顾客在发现应付账款余额不正确后及时反馈信息，因此这是一项有效的控制。并且为了使这项控制更加有效，最好对账户余额中出现的所有核对不符的账项，指定一位不掌管货币资金、也不记载主营业务收入和应收账款账目的主管人员处理。

注册会计师通过观察指定人员寄送对账单和检查顾客复函档案来完成控制测试。

**6. 内部核查程序** 由内部审计人员或其他独立人员核查销货业务的处理和记录，是实现内部控制目标所不可缺少的一项控制措施。表 11-3 所列程序是针对相应控制目标的典型的内部核查程序。

**表 11-3 内部核查程序**

| 内部控制目标 | 内部核查程序举例 |
|---|---|
| 登记入账的销货业务是真实的 | 检查销售发票的连续性并检查所附的佐证凭证 |
| 销售交易均经过适当审批 | 了解顾客的信用情况，确定是否符合企业的赊销政策 |
| 所有销售交易均已登记入账 | 检查发运凭证的连续性，并将其与主营业务收入明细账核对 |
| 登记入账的销售交易均经过正确估价 | 将销售发票上的数量与发运凭证上的记录进行核对 |
| 登记入账的销售交易分类恰当 | 将登记入账的销售交易的原始凭证与会计科目表比较核对 |
| 销售交易的记录及时 | 检查开票员所保管的未开票发运凭证，确定是否包括所有应开票的发运凭证在内 |
| 销售交易已经正确地记入明细账并经正确汇总 | 从发运凭证追查至主营业务收入明细账和总账 |

注册会计师可以通过检查内部审计人员的报告或其他独立人员在他们核查的凭证上的签字来实施控制测试。

财政部发布的《内部会计控制规范——销售与收款(试行)》中,明确规定了单位应当建立对销售和收款内部控制的监督检查制度,并规定了销售和收款内部控制的监督检查的主要内容,包括:

(1) 销售与收款业务相关岗位及人员的设置情况。重点检查是否存在销售与收款业务不相容职务混岗的现象。

(2) 销售与收款业务授权批准制度的执行情况。重点检查授权批准手续是否健全,是否存在越权审批行为。

(3) 销售的管理情况。重点检查信用政策、销售政策的执行是否符合规定。

(4) 收款的管理情况。重点检查单位销售收入是否及时入账,应收账款的催收是否有效,坏账核销和应收票据的管理是否符合规定。

(5) 销售退回的管理情况。重点检查销售退回手续是否齐全、退回货物是否及时入库。

### (二) 收款交易的内部控制、控制测试和实质性程序

销售与收款循环包括销售与收款两个方面,在内部控制健全的企业,与销售相关的收款交易同样有其内部控制目标和内部控制。

根据财政部发布的《内部会计控制规范——销售与收款(试行)》中规定,以下与收款交易相关的内部控制内容是应当共同遵循的:

(1) 单位应当按照《现金管理暂行条例》、《支付结算办法》和《内部会计控制规范——货币资金(试行)》等规定,及时办理销售收款业务。

(2) 单位应将销售收入及时入账,不得账外设账,不得擅自坐支现金。销售人员应当避免接触销售现款。

(3) 单位应当建立应收账款账龄分析制度和逾期应收账款催收制度。销售部门应当负责应收账款的催收,财会部门应当督促销售部门加紧催收。对催收无效的逾期应收账款可通过法律程序予以解决。

(4) 单位应当按客户设置应收账款台账,及时登记每一位客户应收账款余额增减变动情况和信用额度使用情况。对长期往来客户应当建立起完善的客户资料,并对客户资料实行动态管理,及时更新。

(5) 单位对于可能成为坏账的应收账款应当报告有关决策机构,由其进行审查,确定是否确认为坏账。单位发生的各项坏账,应查明原因,明确责任,并在履行规定的审批程序后做出会计处理。

(6) 单位注销的坏账应当进行备查登记,做到账销案存。已注销的坏账又收回时应当及时入账,防止形成账外款。

(7) 单位应收票据的取得和贴现必须经由保管票据以外的主管人员的书面批准。应有专人保管应收票据,对于即将到期的应收票据,应及时向付款人提示付款;已贴现票据应在备查簿中登记,以便日后追踪管理;并应制定逾期票票的冲销管理程序和逾期票据追踪监控制度。

(8) 单位应当定期与往来客户通过函证等方式核对应收账款、应收票据、预收款项等往来款项。如有不符,应查明原因,及时处理。

注册会计师应针对每个具体的内部控制目标确定关键的内部控制,并对其实施相应的控制测试和交易的实质性程序。与销售交易测试一样,收款交易中的控制测试的性质取决

于内部控制的性质，而收款交易的实质性程序的范围，在一定程度上要取决于关键控制是否存在以及控制测试的结果。由于销信与收款交易同属一个循环，在经济活动中密切相连，因此，收款交易的一部分测试可与销售交易的测试一并执行，但收款交易的特殊性又决定了其另一部分测试仍需单独实施。

# 第3节 营业收入审计

## (一) 营业收入的审计目标

营业收入核算企业在销售商品、提供劳务等主营业务活动中所产生的收入，以及企业确认的除主营业务活动以外的其他经营活动实现的收入，包括出租固定资产、出租无形资产、出租包装物和商品、销售材料或债务重组等实现的收入。

营业收入的审计目标一般包括：确定记录的营业收入是否已经发生，且与被审计单位有关；确定营业收入的记录是否完整；确定与营业收入有关的金额及其他数据是否已经恰当记录，包括对销售退回、销售折扣和折让的会计处理是否恰当；确定营业收入是否记录在恰当的会计期间；确定营业收入的内容是否正确；确定营业收入的披露是否恰当。

## (二) 营业收入的实质性测试

**1. 主营业务收入的实质性测试** 主营业务收入是单位完成其主要经营活动而取得的收益。不同性质和不同行业的企业，其收入的具体内容有所不同，在工业企业，主营业务收入是指产品销售收入。产品销售收入的实质性测试包括以下内容：

(1) 获取或编制主营业务收入明细表：审计人员应首先获取或编制主营业务收入明细表，并复核其加计是否正确。然后跟总账数和明细账合计数核对相符；同时，结合其他业务收入数额，与报表数核对相符。

(2) 实施分析程序：审计人员应根据主营业务收入明细表编制销售收入分析表，并作比较分析，检查主营业务收入是否有异常变动和重大波动，从而在总体上对主营业务收入的真实性作出初步判断。审计人员可以选择运用以下分析程序：

1) 将本期的主营业务收入与上期主营业务收入进行比较，分析产品销售的结构、销售价格的变动是否正常，并分析异常的原因。

2) 比较本期各月主营业务收入的变动情况，分析其变动趋势是否正常，若有重大波动，则应查明原因。

3) 计算本期和各月重要产品的销售利润率，并与历史数据和行业平均水平比较，注意有无重大差异。

4) 计算重要客户的销售额及其产品毛利率，分析比较本期和上期有无异常变化。

(3) 验证收入确认的合法性：主要是查明收入确认原则、方法是否符合《企业会计准则》所规定的收入实现条件。根据我国《企业会计准则第14号——收入》的规定，销售商品收入同时满足下列条件的，才能予以确认：①企业已将商品所有权上的主要风险和报酬转移给购货方；②企业既没有保留通常与所有权相联系的继续管理权，也没有对已售出的商品实施有效控制；③收入的金额能够可靠地计量；④相关的经济利益很可能流入企业；⑤相关的

已发生或将发生的成本能够可靠地计量。具体来说,应考虑如下几点:

1）采用交款提货销售方式,在收到货款或取得收取货款的权利,并将发票账单和提货单交给买方后确认收入。审计人员应审查被审计单位是否收到货款或取得收取货款的权利,并已经将发票账单和提货单交给买方。应注意有无扣压凭证,将当期收入转入下期入账,或者虚记收入、开假发票,虚列购货单位,将当期未实现的收入虚转为收入记账,在下期再予以冲销的现象。

2）分期收款销售方式,按合同规定的收款日期确认收入。应注意收款日期与合同约定收款日期的核对,审查是否存在提前确认收入或收入不入账、少入账的现象。

3）预收货款销售方式,应在商品、产品发出时确认收入。

4）委托代销方式,委托方在收到受托方的代销清单时确认收入。

5）托收承付结算方式,在商品、产品已发出,劳务已提供,并将发票账单提交银行办妥托收手续后确认收入。

验证收入确认的合法性,从具体审计技术来说,就是实施销售的截止测试。其目的主要在于确定被审单位产品销售收入的会计记录归属期是否正确。

在审查时,审计人员应注意把握与主营业务收入确认有着密切关系的三个日期:发票开具日期或收款日期、记账日期和发货日期。检查三者是否归属于同一会计期间是主营业务收入截止测试的关键所在。

围绕上述三个重要日期,审计人员可以考虑选择三条审计路线实施主营业务收入的截止测试。

A. 以账簿记录为起点。从报表日前后若干天的账簿记录查到记账凭证、发票存根、发运凭证,目的是证实已入账收入是否在同一期间已开具发票并发货,检查有无多记收入的现象。

B. 以销售发票为起点。从报表日前后若干天的发票存根查到发运凭证、账簿记录,目的是证实已开具发票的货物是否已发货且在同一会计期间确认收入。具体做法是抽取在报表日前后使用的若干张发票存根,追查至装运凭证和账簿记录,查明有无漏记现象。使用该方法时应注意两点:①相应的装运凭证是否齐全,特别应注意有无报告期内已作收入而下期期初用红字冲回,并且无发货、收货记录,以此来调节前后期会计利润的情况;②被审计单位的发票存根是否已全部提供,有无隐瞒。为此,应查看被审计单位发票领购单的使用情况。使用这种方法主要是为了防止低估收入。

C. 以发运凭证为起点。从报表日前后若干天的发运凭证查到发票开具、账簿记录,目的是证实收入是否已记入相应的会计期间。

上述三种审计路线在实务中运用并不是孤立的,注册会计师可以考虑在同一被审计单位会计报表审计中并用这三条路线,甚至可以在同一主营业务收入项目审计中并用。实际上,由于被审计单位的具体情况各异,管理当局意图也不一定相同,所以他们对待主营业务收入计算的态度也不一样。因此,为提高审计效率,注册会计师应当凭专业经验和所掌握的信息、资料做出正确判断,选择其中的一条或两条审计路线实施更有效的主营业务收入截止测试。

(4) 检查主营业务收入会计处理的正确性:为了进一步核实企业主营业务收入业务的真实性,审计人员应对其会计处理的正确性予以审查。其要点是:

1）将产品销售收入明细账与总账和其他相关账簿、损益表和其附表相核对,审查是否账账相符、账表相符、表表相符。

2）抽查销售业务的原始凭证（发票、出库单等），并追查到相应的记账凭证、产品销售收入明细账，核对其记录、记账、加总是否正确。

3）从销售收入明细账中抽查若干收入记录，与相应的销售发票、出库单和货运文件核对，验算其金额的一致性；同时查核收入实现的确认情况。

（5）检查销售退回与折让的正确性：企业在销售过程中，往往会因为产品品种不合要求以及结算方面的原因发生销售退回、折让和销售折扣业务，直接影响收入的确认和计量。审计人员必须对其加以审核。审计时，应注意以下几点：

1）检查销售退回、折让的原因和条件是否合规、真实，审批手续是否完整和规范，有无越权乱批，擅自折让的情形。

2）检查销售退回的商品是否已验收入库并登记入账，有无形成账外物资的情况；销售折让和折扣有无虚设中介，转移收入，私设账外"小金库"的情形。

3）检查折扣和折让的会计处理是否正确。

审查时，审计人员应根据销售合同的具体规定，审阅有关收入明细账和存货明细账，然后抽查有关会计凭证加以验证。

（6）审查以外币结算的主营业务收入的折算方法是否正确：包括汇率的选择原则是否具有一贯性、计算过程是否正确等。

（7）审查对特殊销售业务的处理是否正确：如果被审单位存在委托代销、分期收款销售、售后回购等特殊销售业务，审计人员应确定恰当的审计程序进行审核。

1）对委托代销业务，应确定被审单位是否在收到委托方的代销清单后才确认收入。

2）对分期收款销售，应确定是否按合同约定的日期分期确认收入。

3）对售后回购，应分析特定业务的实质。售后回购一般有三种情况：一是卖方在销售商品后的一定时间内必须回购；二是买方有要求卖方回购的选择权。售后回购是否确认收入，应视商品所有权上的主要风险的报酬是否转移及是否放弃对商品的控制而定。审计人员应根据不同的回购协议进行具体分析，判断其是属于真正的销货交易，还是属于融资行为。

4）对出口销售，应确定对不同的成交方式，收入的确认时点和金额是否正确。

（8）检查主营业务收入的列报是否恰当：审计人员应审查利润表上的主营业务收入项目，其数字是否与审定的数额相符；销售收入确认所采用的会计政策是否已在会计报表附注中恰当披露。

**2. 其他业务收入的实质性测试** 其他业务收入的实质性程序一般包括以下内容：

（1）获取或编制其他业务收入明细表

1）复核加计正确，并与总账数和明细账合计数核对相符；

2）注意其他业务收入是否有相应的成本；

3）检查是否存在技术转让等免税收益，如有，应调整应纳税所得额。

（2）计算本期其他业务收入与其他业务成本的比率，并与上期该比率比较，检查是否有重大波动，如有，应查明原因。

（3）检查其他业务收入内容是否真实、合法，收入确认原则及会计处理是否符合规定，抽查原始凭证予以核实。

（4）对异常项目，应追查入账依据及有关法律文件是否充分。

（5）抽查资产负债表日前后一定数量的记账凭证，实施截止测试，追踪到发票、收据等，确定入账时间是否正确,对于重大跨期事项作必要的调整建议。

(6) 检查其他业务收入的列报是否恰当。

# 第 4 节　应收账款审计

应收账款是企业因销售商品、产品或提供劳务而应向购货单位收取的款项。是企业在信用活动中所形成的债权性资产。企业的应收账款是在销货业务中产生的,审计时应结合销货业务来进行。

## (一) 应收账款的审计目标

应收账款的审计目标主要包括:确定应收账款是否已经存在;确定应收账款是否归被审计单位所有;确定应收账款及其坏账准备的记录是否完整;确定应收账款是否可以收回,坏账准备的计提方法和比例是否恰当,计提是否充分;确定应收账款及其坏账准备期末余额是否正确;确定应收账款的列报是否恰当。

## (二) 应收账款的实质性测试

应收账款的审查要点包括:

**1. 取得或编制应收账款明细表**　若该表由被审计单位提供,则注册会计师需对该表加以独立的审查。注册会计师应对明细表中所列的应收账款实施必要的抽查,并与相关的明细分类账进行核对,以查明二者是否一致;如不相符,注册会计师应予调查并做出适当调整。在验证该表编制正确的前提下,再从中审查是否存在异常项目。

**2. 分析应收账款账龄**　应收账款账龄是指资产负债表中的应收账款从实现销售、产生应收账款之日起,至资产负债表日止所经历的时间。审查时,可通过编制应收账款账龄分析表(表 11-4),有重点地审阅应收账款明细账,并抽取部分记录与有关凭证核对。

编制应收账款账龄分析表时,可以选择重要的顾客及其余额列示,将不重要的或余额较小的汇总列示。

**表 11-4　应收账款账龄分析表**

年　　月　　日　　　　　　货币单位:

| 顾客名称 | 期末余额 | 账龄 | | | |
|---|---|---|---|---|---|
| | | 1 年之内 | 1~2 年 | 2~3 年 | 3 年以上 |
| | | | | | |
| 合计 | | | | | |

**3. 对应收账款实施实质性分析程序**

(1) 复核应收账款借方累计发生额与主营业务收入是否配比,如存在不匹配的情况应查明原因。

（2）在明细表上标注重要客户，并编制对重要客户的应收账款增减变动表，与上期比较分析是否发生变动，必要时收集客户资料分析其变动合理性。

（3）计算应收账款周转率、应收账款周转天数等指标，并与被审计单位上年指标、同行业同期相关指标对比分析，检查是否存在重大异常。

**4. 向债务人函证应收账款** 审计人员在审查应收账款账户记录数额是否正确的基础上，应进一步对应收账款的数额进行函证。应收账款函证就是直接发函给被审计单位的债务人，要求核实被审计单位应收账款的记录是否正确的一种审计方法。通过函证应收账款，可以比较有效地证明被询证者（即债务人）的存在和被审计单位记录的可靠性。

注册会计师应当考虑被审计单位的经营、内部控制的有效性、应收账款账户的性质、被询证者处理询证函的习惯做法及回函的可能性等，以确定应收账款函证的范围、对象、方式和时间。

（1）函证的范围和对象：除非有充分证据表明应收账款对被审计单位财务报表而言是不重要的，或者函证很可能是无效的，否则，注册会计师应当对应收账款进行函证。如果注册会计师不对应收账款进行函证，应当在工作底稿中说明理由。如果认为函证很可能是无效的，注册会计师应当实施替代程序，获取充分、适当的审计证据。

审计人员不需要对被审单位所有的应收账款全部进行函证，而是选择部分客户进行函证。函证数量的多少、范围是由诸多因素决定的，一般情况下，选择以下项目：金额大或账龄较长的项目；与债务人发生纠纷的项目；关联方项目；主要客户项目等。除此之外，还需综合考虑以下因素以决定函证范围的大小：①应收账款在资产中所占的比重。如果应收账款在全部资产中所占比重较大，函证范围应相应大一些；②被审计单位内部控制的强弱。如果内部控制制度健全，则可以减少函证量；反之，则应相应扩大函证范围；③以前年度的函证结果，若以前年度函证中发现过重大差错或欠款纠纷较多，则函证范围适当扩大；④选用的函证方式。若采用肯定式函证则可以减少函证量；若采用否定式函证，则要相应增加函证量。

（2）函证方式：分为肯定式函证和否定式函证两种。注册会计师可采用肯定的或否定的函证方式实施函证，也可将两种方式结合使用。

1）肯定式函证，又称积极式函证。这种方式是向债务人发出询证函，要求债务人证实所函证的欠款是否正确，无论正确与否都要求复函予以答复。确认询证函所列示信息是否正确，或填列询证函的回复能够提供可靠的审计证据。但是，其缺点是被询证者可能对所列示信息没有加以验证就予以回函确认。为了避免这种风险，注册会计师可以采用另外一种询证函，在询证函中不列明账户余额或其他信息，要求被询证者填写有关信息或提供进一步信息。由于这种询证函要求被询证者做出更多的努力，可能会导致回函率极低，进而导致注册会计师执行更多的替代程序。

在采用积极的函证方式时，只有注册会计师收到回函，才能为财务报表认定提供审计证据。注册会计师没有收到回函，可能是由于被询证者根本不存在，或是由于被询证者没有收到询证函，也可能是由于询证者没有理会询证函，因此，无法证明所函证信息是否正确。

根据《〈中国注册会计师审计准则第1312号——函证〉指南》，积极式询证函的格式有以下两种。

积极式询证函(格式一)

**企业询证函**

编号:

××(公司):

本公司聘请的××会计师事务所正在对本公司××年度财务报表进行审计,按照中国注册会计师审计准则的要求,应当询证本公司与贵公司的往来账项等事项。下列数据出自本公司账簿记录,如与贵公司记录相符,请在本函下端“信息证明无误”处签章证明;如有不符,请在“信息不符”处列明不符金额。回函请直接寄至××会计师事务所。

回函地址:

邮编: 电话: 传真: 联系人:

1. 本公司与贵公司的往来账项列示如下:

单位:元

| 截止日期 | 贵公司欠 | 欠贵公司 | 备注 |
|---|---|---|---|
| | | | |

2. 其他事项。

本函仅为复核账目之用,并非催款结算。若款项在上述日期之后已经付清,仍请及时函复为盼。

(公司盖章)

年 月 日

结论:1. 信息证明无误。

(公司盖章)

年 月 日

经办人:

2. 信息不符,请列明不符的详细情况:

(公司盖章)

年 月 日

经办人:

积极式询证函(格式二)

**企业询证函**

编号:

××(公司):

本公司聘请的××会计师事务所正在对本公司××年度财务报表进行审计,按照中国注册会计师审计准则的要求,应当询证本公司与贵公司的往来账项等事项。请列示截止××年×月×日贵公司与本公司往来款项余额。回函请直接寄至××会计师事务所。

回函地址:

邮编: 电话: 传真: 联系人:

本回函仅为复核账目之用,并非催款结算。若款项在上述日期之后已经付清,仍请及时函复为盼。

(公司盖章)

年 月 日

1. 贵公司与本公司的往来账项列示如下：

单位:元

| 截止日期 | 贵公司欠 | 欠贵公司 | 备注 |
|---|---|---|---|
| | | | |

2. 其他事项。

(公司盖章)
年 月 日
经办人：

2）否定式函证,又称消极式函证。这种方式是向债务人发出询证函,只有所函证的款项与债务人的记录不符时,才要求债务人予以复函。

在采用消极的函证方式时,如果收到回函,能够为财务报表认定提供说服力强的审计证据。未收到回函可能是因为被询证者根本就没有收到询证函。因此,积极的函证方式通常比消极的函证方式提供的审计证据可靠。因而在采用消极的方式函证时,注册会计师通常还需辅之以其他审计程序。

根据《〈中国注册会计师审计准则第 1312 号——函证〉指南》,消极式询证函的格式如下所示：

消极式询证函格式

**企业询证函**

编号：

××(公司)：

本公司聘请的××会计师事务所正在对本公司××年度财务报表进行审计,按照中国注册会计师审计准则的要求,应当询证本公司与贵公司的往来账项等事项。下列数据出自本公司账簿记录,如与贵公司记录相符,则无需回复;如有不符,请直接通知会计师事务所,并请在空白处列明贵公司认为是正确的信息。回函请直接寄至××会计师事务所。

回函地址：

邮编： 电话： 传真： 联系人：

1. 本公司与贵公司的往来账项列示如下：

单位:元

| 截止日期 | 贵公司欠 | 欠贵公司 | 备注 |
|---|---|---|---|
| | | | |

2. 其他事项。

本函仅为复核账目之用,并非催款结算。若款项在上述日期之后已经付清,仍请及时函复为盼。

(公司盖章)
年 月 日

××会计师事务所：

上面的信息不正确，差异如下：

(公司盖章)
年　月　日
经办人：

采用哪种函证方式比较适宜，审计人员可根据以下情况作出选择：

当债务人符合下列情况时，可采用肯定式函证：①个别账户的欠款金额较大；②有理由相信欠款可能会存在争议、差错等问题。

当债务人符合以下情况时，可采用否定式函证：①相关的内部控制是有效的；②欠款余额小的债务人；③审计人员有理由确信大多数被函证者能认真对待询证函，并对不正确的情况予以反馈。

(3) 函证的控制：注册会计师通常利用被审计单位提供的应收账款明细账户名称及客户地址等资料据以编制询证函，但注册会计师应当对选择被询证者、设计询证函以及发出和收回询证函保持控制。出于掩盖舞弊的目的，被审计单位可能想方设法拦截或更改询证函及回函的内容。如果注册会计师对函证程序控制不严密，就可能给被审计单位造成可乘之机，导致函证结果发生偏差和函证程序失效。

注册会计师应当采取下列措施对函证实施过程进行控制：

1) 将被询证者的名称、地址与被审计单位有关记录核对。

2) 将询证函中列示的账户余额或其他信息与被审计单位有关资料核对。

3) 在询证函中指明直接向接受审计业务委托的会计师事务所回函。

4) 询证函经被审计单位盖章后，由注册会计师直接发出。

5) 将发出询证函的情况形成审计工作记录。

6) 将收到的回函形成审计工作记录，并汇总统计函证结果。

在审计实务中，注册会计师经常会遇到被询证者以传真、电子邮件等方式回函的情况。这些方式确实能使注册会计师及时得到回函信息，但由于这些方式易被截留、篡改或难以确定回函者的真实身份，因此，注册会计师应当直接接收，并要求被询证者及时寄回询证函原件。

在审计实务中，注册会计师还经常会遇到采用积极的函证方式实施函证而未能收到回函的情况。对此，注册会计师应当考虑与被询证者联系，要求对方做出回应或再次寄发询证含。如果未能得到被询证者的回应，注册会计师应当实施替代审计程序。所实施的替代程序因所涉及的账户和认定而异，但替代审计程序应当能够提供实施函证所能够提供的同样效果的审计证据。例如检查与销售有关的文件，包括销售合同或协议、销售订单、销售发票副本及发运凭证等，以验证这些应收账款的真实性。

注册会计师可通过函证结果汇总表的方式对询证函的收回情况加以控制。函证结果汇总表如表 11-5 所示。

表 11-5　应收账款函证结果汇总表

被审计单位名称：　　　　　　　　　　　　制表：　　　　　　　　日期：

结账日：　　年　月　日　　　　　　　　　复核：　　　　　　　　日期：

| 询证函编号 | 债务人名称 | 债务人地址及联系方式 | 账面金额 | 函证方式 | 函证日期 | | 回函日期 | 替代程序 | 确认余额 | 差异金额及说明 | 备注 |
|---|---|---|---|---|---|---|---|---|---|---|---|
| | | | | | 第一次 | 第二次 | | | | | |
| | | | | | | | | | | | |
| | | | | | | | | | | | |
| | | | | | | | | | | | |
| 合计 | | | | | | | | | | | |

(4) 对不符事项的处理：收回的询证函若有差异，即函证出现了不符事项，注册会计师应当首先提请被审计单位查明原因，并作进一步分析和核实。不符事项的原因可能是由于双方登记入账的时间不同，或是由于一方或双方记账错误，也可能是被审计单位的舞弊行为。对应收账款而言，登记入账的时间不同而产生的不符事项主要表现为：①询证函发出时，债务人已经付款，而被审计单位尚未收到货款；②询证函发出时，被审计单位的货物已经发出并已做销售记录，但货物仍在途中，债务人尚未收到货物；③债务人由于某种原因将货物退回，而被审计单位尚未收到；④债务人对收到的货物的数量、质量及价格等方面有异议而全部或部分拒付货款等。

如果不符事项构成错报，注册会计师应当重新考虑所实施审计程序的性质，时间和范围。

(5) 对函证结果的总结和评价：注册会计师应将函证的过程和情况记录在工作底稿中，并据以评价函证的可靠性。在评价函证的可靠性时，注册会计师应当考虑：①对询证函的设计，发出及收回的控制情况；②被询证者的胜任能力，独立性，授权回函情况，对函证项目的了解及其客观性；③被审计单位施加的限制或回函中的限制。

注册会计师对函证结果可进行如下评价：

1) 注册会计师应重新考虑：对内部控制的原有评价是否适当；控制测试的结果是否适当；分析程序的结果是否适当；相关的风险评价是否适当等。

2) 如果函证结果表明没有审计差异，则注册会计师可以合理地推论全部应收账款总体是正确的。

3) 如果函证结果表明存在审计差异，注册会计师则应当估算应收账款总额中可能出现的累计差错是多少，估算未被选中进行函证的应收账款的累计差错是多少。为取得对应收账款累计差错更加准确的估计，也可以进一步扩大函证范围。

**5. 审查和分析应收账款的明细账**　审查应收账款明细账，就是要查明每个客户所欠货款的状况及其记录的合法性和正确性。审查时，可通过编制应收账款账龄分析表，有重点地审阅应收账款明细账，并抽取部分记录与有关凭证核对。审查要求：

(1) 审查是否存在虚列应收账款的现象：应收账款明细账的科目名称，应是客户的名称，不应是产品名称或其他业务的名称。审查时落实客户是否确实存在；查明是否有假造客户的现象，可抽查应收账款明细账，并追查有关原始凭证，以查明是否有虚列销货款的情形。

(2) 审查是否存在不正常的应收账款记录:应收账款明细账的余额一般在借款。若发现出现贷方余额的情形,应查明原因。必要时,建议作重分类调整。同时,要关注长期挂账的应收账款。对资产负债表日后仍未收回的长期挂账应收账款,应提请被审计单位作适当处理。

**6. 审查未函证的应收账款**　对未发函询证的应收账款,审计人员应采用替代审计程序予以确认。替代审计程序包括抽查有关原始凭证、抽查应收账款的期后收回情况等。抽查原始凭证,包括销售合同、销售订单、发票副本、发运凭证、提货证明等。货款收回的同时就证明了应收账款的存在性和估价的正确性。对一项未回函的应收账款,如何确认账款是否已如数收回,应视被审单位的内部控制制度的有效性而定。如果现金收款的合法性和记录准确性的控制较好,审计人员可能只需追查至现金收款日记账;如果控制不足,审计人员可能有必要追查至汇款通知书。

**7. 检查坏账的确认和处理**　首先,注册会计师应检查有无债务人破产或者死亡的,以及破产或以遗产清偿后仍无法收回的,或者债务人长期未履行清偿义务的应收账款;其次,应检查被审计单位坏账的处理是否经授权批准,有关会计处理是否正确。

**8. 抽查有无不属于结算业务的债权**　不属于结算业务的债权,不应在应收账款中进行核算。因此,注册会计师应抽查应收账款明细账,并追查有关原始凭证,查证被审计单位有无不属于结算业务的债权。如有,应做记录或建议被审计单位做适当调整。

**9. 检查贴现、质押或出售**　检查应收账款是否业已用于贴现,判定应收账款贴现业务属质押还是出售,其会计处理是否正确。

企业以其按照销售商品,提供劳务的销售合同所产生的应收债权向银行等金融机构贴现,在进行会计核算时,应按照“实质重于形式”的原则,充分考虑交易的经济实质。对于有明确的证据表明有关交易事项满足销售确认条件,如与应收债权有关的风险,报酬实质上已经发生转移等,应按照出售应收债权处理,并确认相关损益。否则,应作为以应收债权为质押取得的借款进行会计处理。

**10. 确定应收账款的列报是否恰当**　如果被审计单位为上市公司,则其财务报表附注通常应披露期初、期末余额的账龄分析,期末欠款金额较大的单位账款,以及持有5%以上(含5%)股份的股东单位账款等情况。

## 第5节　坏账准备审计

我们知道,坏账是指企业无法收回或收回的可能性极小的应收款项(包括应收票据、应收账款、预付款项、其他应收款和长期应收款等)。由于发生坏账而产生的损失称为坏账损失。

企业通常应采用备抵法按期估计坏账损失,形成坏账准备。与直接转销法相比,备抵法将预计不能收回的应收款项作为坏账损失及时计入费用,能够避免企业虚增利润;在资产负债表上列示应收款项的净额,有助于财务报表使用者了解企业真实的财务状况;并且,使得应收款项实际占用资金更接近实际,消除了虚列的应收款项,比较准确地反映了企业资金周转情况。

在市场经济的社会信用制度尚未完善时期,企业间相互形成款项部分或全部无法收回的情形司空见惯。因此,企业应当定期或者至少于每年年度终了,对应收款项进行全面检查,预计各项应收款项可能发生的坏账,对于没有把握能够收回的应收款项,应当计提坏账准备。正因为如此,坏账准备通常是审计的重点领域,并且,由于坏账准备与应收账款的联系非常紧密,下面我们以应收账款相关的坏账准备为例,阐述坏账准备审计常用的实质性程序。

### (一) 坏账准备的审计目标

在上一节介绍应收账款审计目标时,我们提到了坏账准备的审计目标:确定坏账准备的记录是否完整;确定坏账准备的计提方法和比例是否恰当,计提是否充分;确定坏账准备期末余额是否正确;确定坏账准备的列报是否恰当。

### (二) 坏账准备的实质性程序

(1) 取得或编制坏账准备明细表,复核加计正确,与坏账准备总账数,明细账合计数核对相符。

(2) 将应收账款坏账准备本期计提数与资产减值损失相应明细项目的发生额核对相符。

(3) 检查应收账款坏账准备计提和核销的批准程序,评价坏账准备所依据的资料、假设及计提方法。

企业通常应采用备抵法核算坏账损失,计提坏账损失的具体方法由企业自行确定。企业应当列出目录,具体注明计提坏账准备的范围、提取方法、账龄的划分和提取比例,按照管理权限,经股东大会或董事会,或经理(厂长)会议或类似机构批准,并且按照法律、行政法规的规定报有关各方备案,同时备置于公司所在地,以供投资者查阅。坏账准备提取方法一经确定,不得随意变更。如需变更,仍然应按上述程序经批准后报经有关各方备案,并在财务报表附注中说明变更的内容和理由,变更的影响数等。

用备抵法核算坏账,首先要按期估计坏账损失。估计坏账损失主要有账龄分析法、余额百分比法等方法。采用账龄分析法计堤坏账准备时,收到债务单位当期偿还的部分债务后,剩余的应收账款,不应改变其账龄,仍应按原账龄加上本期应增加的账龄确定;在存在多笔应收账款,且各笔应收账款账龄不同的情况下,收到债务单位当期偿还的部分债务,应当逐笔认定收到的是哪一笔应收账款;如果确实无法认定的,按照先发生先收回的原则确定,剩余应收账款的账龄按上述同一原则确定。

在采用账龄分析法、余额百分比法等方法的时候,能否采用个别认定法应当视具体情况而定。如果某项应收账款的可收回性与其他各项应收账款存在明显的差别(例如,债务单位所处的特定地区等),导致该项应收账款如果按照与其他应收账款同样的方法计提坏账准备,将无法真实地反映其可收回金额款的实际可收回情况,合理计提坏账准备,不得多提或少提,否则应视为滥用会计估计,按照重大会计差错更正的方法进行会计处理。

在确定坏账准备的计提比例时,企业应当根据以往的经验,债务单位的实际财务状况和现金流量的情况,以及其他相关信息合理的估计。除有确凿证据表明该项应收账款不能收回,或收回的可能性不大时(如债务单位撤销、破产、资不抵债、现金流量严重不足、发生严重的自然灾害等导致停产而在短时间内无法偿付债务等,以及应收款项逾期3年以上),下列各种情况一般不能全额计提坏账准备：

1) 当年发生的应收账款,以及未到期的应收账款。

2) 计划对应收账款进行重组。

3) 与关联方发生的应收账款。

4) 其他已逾期,但无确凿证据证明不能收回的应收账款。

这一规定并不意味着企业对与关联方之间发生的应收账款可以不计提坏账准备。企业与关联方之间发生的应收账款与其他的应收账款一样,也应当在期末时分析其可收回性,并预计可能发生的坏账损失。对预计可能发生的坏账损失,计提相应的坏账准备。企业与关联方之间发生的应收账款一般不能全额计提坏账准备,但如果有确凿证据表明关联方(债务单位)已撤销、破产、资不抵债、现金流量严重不足等,并且不准备对应收账款进行重组或无其他收回方式的,则对预计无法收回的应收关联方的款项也可以全额计提坏账准备。

(4) 实际发生坏账损失的,检查转销依据是否符合有关规定,会计处理是否正确。对于被审计单位在被审期间内发生的坏账损失,注册会计师应检查其原因是否清楚,是否符合有关规定,有无授权批准,有无已做坏账处理后又重新收回的应收账款,相应的会计处理是否正确。对有确凿证据表明确实无法收回的应收账款,如债务单位已撤销、破产、资不抵债、现金流量严重不足等,企业应根据管理权限,经股东(大)会或董事会,或经理(厂长)办公会或类似机构批准作为坏账损失,冲销提取的坏账准备。

(5) 检查长期挂账应收账款。注册会计师应检查应收账款明细账及相关原始凭证,查找有无资产负债表日后仍未收回的长期挂账应收账款,如有,应提请被审计单位作适当处理。

(6) 检查函证结果。对债务人回函中反映的例外事项及存在争议的余额,注册会计师应查明原因并做记录。必要时,应建议被审计单位作相应的调整。

(7) 实施分析程序。通过计算坏账准备余额占应收账款余额的比例并和以前期间的相关比例比较,评价应收账款坏账准备计提合理确定应收账款坏账准备的披露是否恰当。企业应当在财务报表附注中清晰地说明坏账的确认标准,坏账准备的计提方法和计提比例。并且,上市公司还应在财务报表附注中分项披露如下事项：

1) 本期全额计提坏账准备,或计提坏账准备的计提方法的比例较大的(计提比例一般超过40%及以上的,下同),应说明计提的比例及理由；

2) 以前期间已全额计提坏账准备,或计提坏账准备的比例较大但在本期又全额或部分收回的,或通过重组等其他方式收回的,应说明其原因,原估计计提比例的理由以及原做计提比例的合理性；

3) 对某些金额较大的应收账款不计提坏账准备或计提坏账准备比例较低(一般为5%或低于5%)的理由；

4) 本期实际冲销的应收款项及其理由,其中,实际冲销的关联交易产生的应收账款应单独披露。

## 第6节 其他相关账户审计

在销售与收款循环中,除以上介绍的财务报表项目或会计科目之外,还有应收票据、长期应收款、预收款项、应交税费、营业税金及附加和销售费用等项目。本教材,对这些项目审计的阐述,一般只直接列示其审计目标和相应的实质性程序,仅对其中某些必须作解释的特殊的审计程序稍作解释。

## (一) 应收票据审计

如果企业销售实现时没有收到现款,而是收到了客户的商业票据,包括商业承兑汇票,便产生了应收票据。应收票据是以书面形式表现的债权资产,其款项具有一定的保证,经持有人背书后可以提交银行贴现,具有较大的灵活性。由于应收票据是在企业赊销业务中产生的,因此对应收票据的审计也必须结合赊销业务一起进行。

企业以收取客户商业汇票方式进行赊销时,一般要进行销货、收取票据、计息、贴现、收款等活动,在此过程中要涉及一些凭证和账簿,这些都是应收票据的审计范围。

**1. 应收票据的审计目标** 一般包括:确定应收票据是否存在;确定应收票据是否归被审计单位所有;确定应收票据及其坏账准备增减变动的记录是否完整;确定应收票据可否收回,坏账准备的计提方法和比例是否恰当,计提是否充分;检查应收票据及其坏账准备期末余额是否正确;确定应收票据及其坏账准备的披露是否恰当。

**2. 应收票据的实质性程序**

(1) 获取或编制应收票据明细表,复核加计正确,并与总账数和明细账合计数核对相符;结合坏账准备科目与报表数核对相符。

应收票据明细表通常包括出票人姓名、出票日、到期日、金额和利率等资料。在复核加计正确及与上述有关数额核对相符的基础上,注册会计师应抽查部分票据,并追查至相关文件资料,判断其内容是否正确,有无应转应收账款的逾期应收票据,以及虽未逾期但有确凿证据表明不能够收回或收回可能性不大的应收票据。

(2) 取得被审计单位"应收票据备查簿",核对其是否与账面记录一致。请被审计单位协助,在应收票据明细表上标出至审计时已兑现或已贴现的应收票据,作常规检查,如核对收款凭证等,以确认其在资产负债表日的真实性。

(3) 检查库存票据,注意票据的种类、号数、签收的日期、到期日、票面金额、合同交易号、付款人、承兑人、背书人姓名或单位名称,以及利率、贴现率、收款日期、收回金额等是否与应收票据登记簿的记录相符;关注是否对背书转让的票据负有连带责任;注意是否存在已作质押的票据和银行退回的票据。

(4) 必要时选取部分票据(特别关注有疑问的商业承兑汇票)向出票人函证,证实其存在性和可收回性,并编制函证结果汇总表。

(5) 对于大额票据,应取得相应销售合同或协议、销售发票和出库单等原始交易资料进行核对,以证实是否存在真实的交易。

(6) 复核带息票据的利息计算是否正确,注意逾期应收票据是否已按规定停止计提利息,并检查其会计处理是否正确。

如果注册会计师复算得出的应计利息金额与账面所列金额不符,应加以分析,特别要对"财务费用——利息收入"账户中那些与应收票据账户中所列任何票据均不相关的贷方金额加以注意,因为这些贷项可能代表据以收取利息的票据未曾入账。

(7) 对贴现的应收票据,复核其贴现息计算是否正确,会计处理是否正确。编制已贴现和已转让但未到期的商业承兑汇票清单，并检查是否存在贴现保证金。

企业以应收票据向银行等金融机构贴现，应比照应收账款等应收债权贴现的有关规定。即，根据实质重于形式的原则，如果与所贴现应收票据有关的风险和报酬并未转移，申请贴现的企业应按照以应收票据为质押取得借款的规定进行会计处理；如果有关的风险和报酬业已转移，应视同应收票据出售进行会计处理。

(8) 请被审计单位协助，在应收票据明细表上标出至外勤审计时已兑现已贴现的应收票据，核对收款凭证等资料，以确认其资产负债表日的真实性。

(9) 对以非记账本位币结算的应收票据，检查其采用的折算汇率是否正确。

(10) 对应收票据相关的坏账准备进行审计（审计程序参见与应收账款相关坏账准备的审计程序）。

(11) 确定应收票据的披露是否恰当。

注册会计师应检查被审计单位资产负债表中应收票据项目的数额是否与审定数相符，是否删除了有关的风险和报酬业已转移的已贴现票据。如果被审计单位是一般企业，其已贴现的商业承兑汇票应在报表下端补充资料内的“已贴现的商业承兑汇票”项目加以反映；如果被审计单位是上市公司，其财务报表附注通常应披露贴现或用作抵押的应收票据的情况和原因说明，以及持有其5%以上（含5%）股份的股东单位欠款情况。

### (二) 长期应收款审计

**1. 长期应收款的审计目标** 一般包括：确定长期应收款和未实现融资收益是否存在；确定长期应收款和未实现融资收益是否归被审计单位所有；确定长期应收款的发生、收回和未实现融资收益的入账、摊销的记录是否完整；确定长期应收款是否可收回，坏账准备的计提方法和比例是否恰当，计提是否充分，其坏账准备增减变动的记录是否完整；确定长期应收款及其坏账准备和未实现融资收益期末余额是否正确；确定长期应收款及其坏账准备和未实现融资收益的披露是否恰当。

**2. 长期应收款——账面余额实质性程序**

(1) 获取或编制长期应收款明细表。

1) 复核加计正确，并与总账数和明细账合计核对相符，结合未实现融资收益科目与报表数核对相符。

2) 检查长期应收款的内容，确定款项性质是否符合规定。

对于融资租赁产生的长期应收款项，取得相关的合同和契约，进行检查。

1) 关注租赁合同主要条款，检查是否满足企业会计准则对于融资租赁的相关规定，检查授权批准手续是否齐全。

2) 根据合同及协议，检查最低租赁收款额、每期租金、租赁期、担保余值和未担保余值等项目的金额是否正确；检查初始直接费用及其相关会计处理是否正确。

3) 检查租赁资产在租赁期开始日的公允价值，如与账面价值有差额，会计处理是否正确。

4) 检查应收租赁款项的收回情况，了解有无未能按合同规定收款或延期收款现象，并查明原因，检查坏账准备的计提是否恰当。

(2) 对于采用递延方式，有融资性质的销售形成的长期应收款项，取得相关的销售合同或协议进行检查：

1）根据合同及协议，检查是否已满足确认销售的条件；检查合同规定的售价，每期租金，收款期等要素；检查所销售资产在销售确认日的公允价值；检查会计处理是否正确。

2）检查应收款项的收回情况，了解有无未能按合同规定收款或延期收款现象，并查明原因。

3）如果应收款项的收回存在问题，检查相关坏账准备的计提是否恰当。

（3）向债务人函证重大的长期应收款。

（4）对长期应收款相关的坏账准备进行审计（审计程序参见与应收账款相关坏账准备的审计程序）。

（5）如果被审计单位为上市公司，应标明应收关联方［包括持股5%以上（含5%）股东］的款项，执行关联方及其交易审计程序，并注明合并报表时应予抵消的金额。

（6）对于以非记账本位币结算的长期应收款，检查其采用的折算汇率是否正确。

（7）确定长期应收款的披露是否恰当，注意一年内到期的长期应收款是否在编制报表时已重分类至一年内到期的非流动资产。

**3. 长期应收款——未实现融资收益实质性程序**

（1）获取或编制未实现融资收益明细表，复核加计正确，并与总账数和明细账合计数核对相符。

（2）对于融资租赁产生的未实现融资收益，根据合同，进行如下检查。

1）结合长期应收款科目，检查未实现融资收益的入账金额是否正确，摊销年限是否恰当，会计处理是否正确。

2）检查未实现融资收益本期是否按实际利率摊销，复核摊销金额是否正确，相关的会计处理是否正确。

3）检查期末租赁资产的未担保余值是否发生变动，若有证据表明未担保余值减少的，相应的租赁内含利率是否已作正确调整，并将由此引起的租赁投资净额的减少计入当期损益。

（3）对于有融资性质的销售形成的长期应收款项，取得相关的销售合同或协议，检查未实现融资收益的入账金额是否正确，其摊销年限的确定是否恰当，是否按实际利率摊销，复核摊销金额是否正确，相关会计处理是否正确。

（4）如果未实现融资收益对应的应收款项的收回存在问题，检查未实现融资收益的会计处理是否恰当。

（5）确定未实现融资收益的披露是否恰当。

## （三）预收款项审计

预收款项是在企业销售交易成立以前，预先收取的部分账款。由于预收款项是随着企业销售交易的发生而发生的，注册会计师应结合企业销售交易对预收款项进行审计。

**1. 预收款项审计目标** 一般包括：确定期末预收款项是否存在；确定期末预收款项是否为被审计单位应履行的偿还义务；确定预收款项的发生及偿还记录是否完整；确定预收款项的期末余额是否正确；确定预收款项的披露是否恰当。

**2. 预收款项的实质性程序**

（1）获取或编制预收款项明细表，并进行以下检查。

1）复核加计正确，并与报表数、总账数和明细账合计数核对相符。

2）以非计账本位币结算的预收款项，检查其采用的折算汇率及折算是否正确。

3）检查是否存在借方余额，必要是进行重分类调整。

4）检查是否存在应收、预收两方挂账的项目，必要时作出调整。

（2）请被审计单位协助，在预收款项明细表上标出截止审计日已转销的预收款项，对已转销金额较大的预收款项进行检查，核对记账凭证、仓库发货单、货运单据、销售发票等，并注意这些凭证日期的合理性。

（3）检查预收款项有关的销售合同或协议、仓库发货记录、货运单据和收款凭证，检查已实现销售的商品是否及时转销预收款项，确定预收款项期末余额的正确性和合理性。

（4）选择预收款项的若干重大项目函证，根据回函情况编制函证结果汇总表。

函证测试样本通常应考虑选择大额或账龄较长的项目、关联方项目以及主要客户项目。对于回函金额不符的，应查明原因并做出记录或建议作适当调整；对于未回函的，应再次函证或通过检查资产负债表日后已转销的预收款项是否与仓库发运凭证、销售发票相一致等替代程序，确定其是否真实、正确。

（5）检查账龄超过一年的预收款项为结转的原因并做出记录。

（6）对预收款项中按税法规定应预缴税费的预收销售款，结合应交税费项目，检查是否及时、足额缴纳有关税费。

（7）确定预收款项的披露是否恰当。

如果被审计单位是上市公司，其财务报表附注通常应披露持有其5%以上（含5%）股份的股东单位账款情况，并说明账龄超过1年的预收款项未结转的原因。

### （四）应交税费审计

企业在一定时期内取得的营业收入和实现的利润，要按规定向国家缴纳相应的税费。这些应交的税费通常应按权责发生制原则预提计入有关账户，在尚未缴纳前就形成了企业的一项负债。

**1. 应交税费审计目标**　一般包括：确定期末应交税费是否存在；确定期末应交税费是否为被审计单位应履行的义务；确定应计和已缴税费的记录是否完整；确定应交税费的期末余额是否正确；确定应交税费的披露是否恰当。

**2. 应交税费的实质性程序**

（1）取得或编制应交税费明细表，并进行以下检查。

1）复核加计正确，并与报表数、总账数和明细账合计数核对相符。

2）注意不需要预计应交数所交纳的税金有无误入应交税费。

3）核对年初应交税费与税务机关的认定数是否一致，做出记录，如有差额查明原因，必要时建议做适当调整。

（2）首次接受委托时，取得被审计单位的纳税鉴定、纳税通知、减免税批准文件等，了解被审计单位适用的税种、附加税费、计税（费）基础、税（费）率，及征、免、减税（费）的范围与期限。连续接受委托时，关注其变化情况。

（3）取得税务部门汇算清缴或其他确认文件、有关政府部门的专项检查报告、税务代理机构专业报告、被审计单位纳税申报资料等，分析其有效性，并与上述明细表及账面数据进行核对。必要时,向主管税务部门函证应交税费的本期应交数和期末未交数。对于超过法定期限的税费,应取得主管税务机关的批准文件。

(4) 检查被审计单位获得税费减免或返还时的会计处理是否正确,依据是否充分、合法和有效。

(5) 检查企业所得税

1) 结合所得税费用项目,确定应纳税所得额和企业所得税税率,复核本期应交所得税的计算是否正确,是否按规定进行了会计处理;

2) 抽查本期交纳所得税资料,确定本期已交数的正确性。

(6) 检查增值税

1) 获取或编制应交增值税明细表,复核其正确性,并与明细账核对相符。

2) 将"应交增值税明细表"与被审计单位增值税纳税申报表核对,检查进项税额、销项税额的入账与申报期间是否一致,金额是否相符,如不一致,应分析原因,并做出记录。

3) 进项税

A. 通过"原材料"等相关科目匡算进项税是否合理。

B. 检查一定期间的进项税抵扣汇总表,检查是否与应交增值税明细表总额一致,如有差异,查明差异原因并做适当处理。

C. 抽查一定数量的重要进项税发票,注意进口货物、购进的免税农产品、接受投资或捐赠、接受应税劳务等应计的进项税是否按规定进行了会计处理;因存货改变用途或发生非常损失等应计的进项税额转出数是否正确计算,会计处理是否正确。

4) 销项税

A. 检查适用税率是否符合税法规定。

B. 根据已审定的主营业务收入、其他业务收入及税法规定视同销售行为的有关记录,复核销项税额,并注意视同销售行为计税依据的确定是否正确。注意计税依据的确定:在将自产、委托加工的货物用于非应税项目集体福利、个人消费等视同销售情况下,税基计算是否正确;将自产、委托加工或外购的货物用于投资、捐赠时,是否分别按货物的合同价、不含税捐赠价计算;将自产、委托加工或外购的货物分配给股东或投资者及其他情况下是否按不含税销售额计算。

5) 取得出口退税申报材料及办理出口退税有关凭证,复核出口退税的正确性、合法性和及时性。

6) 经主管税务机关批准,实行核定征收率征收增值税的单位,应检查其是否按照有关规定正确执行。如果按照核定征收率计算的增值税金额大于申报增值税金额,应注意超过申报额部分的会计处理是否正确。

7) 抽查本期已交增值税纳税资料,确定已交数的正确性。

(7) 检查营业税

1) 结合营业税金及附加等项目,根据审定的当期营业收入,检查营业税的计税依据是否正确,适用税率是否符合税法,是否按规定进行了会计处理,并分项复核本期应交数。

2) 抽查本期已交营业税纳税资料,确定已交数的正确性。

(8) 检查消费税

1) 结合营业税金及附加等项目,根据审定的应税消费品销售额(或数量),检查消费税的计税依据是否正确,适用税率(或单位税额)是否符合税法,是否按规定进行了会计处理,并分项复核本期应交消费税税额。

2）抽查本期已交消费税纳税资料,确定已交数的正确性。

(9）检查土地增值税

1）根据审定的土地使用权及其地上物(或称房地产)转让收入与其规定的扣除金额,复核房地产转让增值额。

2）结合营业税金及附加等项目,根据房地产转让增值额和按规定适用的税率复核应交土地增值税税额。

3）抽查本期已交土地增值税纳税资料,确定已交数的正确性。

(10）检查城市维护建设税

1）结合营业税金和附加等项目,根据审定的计税基础和按规定适用的税率,复核本期应交城市维护建设税税额。

2）抽查本期已交城市维护建设税纳税资料,确定已交数的正确性。

(11）检查车船使用税和房产税

1）获取被审计单位自有车船数量、吨位(或座位)及自有房屋建筑面积、用途、造价(购入原价)、购建年月等资料,并与固定资产(含融资租入固定资产和投资性房地产)明细账复核一致。

2）了解其使用、停用时间及其原因等情况。

3）获取被审计单位本期内已交税金的完税凭证,审核其是否如实申报和按期缴纳,是否按规定进行了会计处理。

(12）检查其他税(费)项及代扣税(费)项

1）了解被审计单位按国家或当地政府的税制规定应交纳的其他税(费)项,并采用适当的程序作相应检查。

2）了解并获取被审计单位已发生的代扣税(费)项,如;代扣国外企业所得税(支付给在国内未设置机构的国外企业的工程费、管理服务费、手续费、佣金等);代扣个人所得税(分配股利;支付给国外企业来国内工作的专家、管理人员、技工的薪金、津贴、奖金、劳务费、佣金等)。

3）根据各项应纳税收入(所得)额,计算应纳税费,并与明细账核对。

4）审核支付凭证是否具有当地税务机关的统一发票(或缴款书),是否已自行申报缴纳。

5）获取有关的合同、协议、根据涉及上列税(费)项的条款,确定(或与税务机关联系)是否应由客户代扣;如客户属于扣缴义务人时,则应复核本年度的应纳税费,核对或调整其相关的债权、债务。

(13）确定应交税费的披露是否恰当。

如果被审计单位是上市公司,在其财务报表附注中应按税费种类分项列示应交税费金额,并说明本期执行的法定税(费)率。对于超过法定交纳期限的,应列示主管税务部门的批准文件。

### (五）销售费用审计

销售费用是指企业在销售产品、自制半成品、产成品和提供劳务过程中所发生的各项费

用以及专设销售机构的各项费用。例如:运输费、包装费、保险费、广告费、展览费和产品售后服务费等。销售费用实质性测试包括:

(1) 获取或编制销售费用明细表,复核其累计数是否正确,并与报表、总账、明细账合计数核对相符。

(2) 将本期销售费用与上期产品销售费用比较,将本期各月的产品销售费用比较,若有重大波动和异常情况应查明原因。

(3) 审查销售费用发生的合法性和会计处理的正确性。

审计人员应选择销售费用有关项目,检查其原始凭证,验证费用项目是否划清了销售费用与其他费用的界限;开支标准是否符合有关规定;销售费用的结转是否正确,有无多转、少转或不转的情况。

(4) 验明销售费用是否在会计报表上恰当披露。

审计人员应根据审查的结果,与利润表中的项目核对相符。

### (六) 营业税金及附加审计

营业税金及附加是指企业销售产品或提供工业性劳务而负担的销售税金及附加。包括消费税、营业税、城市维护建设税、资源税和教育费附加以及与投资性房地产相关的房产税、土地使用税等。其实质性测试包括:

(1) 查明企业应缴纳的税种。由于营业税金及附加是依据销售收入或销售数量来计交税金的,每一税种又有各自的征税范围。因此,审计人员应首先查明各自的计税依据、税率和减免税规定等,以核实其合法性。

(2) 账账相符。在查明税种的基础上,将"营业税金及附加"总账与明细账合计数和相关账户如"应交税费"等进行核对,以核实其计算和账簿记录是否正确。

(3) 复核各项税额计算是否正确。

(4) 查明营业税金及附加是否已在利润表上作恰当披露。

## 本章小结

企业的销售与收款循环通常由提供商品、收款等业务构成。销售是企业的主要经营业务之一,是决定企业经营收入的重要环节。

为了销售和收款循环的各个环节能够有序进行,并防止和减少错误和舞弊,保证有关记录的真实可靠,企业需要建立健全销售和收款循环的内部控制制度。注册会计师在了解内部控制的基础上,进行相关的控制测试,以评价内部控制的有效性。注册会计师利用风险评估程序的评估结果和对内部控制的评价结果,运用检查、观察、查询及函证、计算和分析性复核等方法,对被审计单位销售和收款循环的各个账户余额和交易种类进行实质性测试,以实现特定的审计目标。

销售和收款循环的实质性测试中,实施分析性复核程序和对应收账款进行函证是非常重要的。分析性复核程序使得审计更具有效率和效果,但是注册会计师应该谨慎判断分析性复核程序的可依赖程度。应收账款函证是一个必要的、有效的审计方法,对应收账款进行函证,要注意样本的选择,并且注册会计师要直接控制询证函的收发,以保证函证的真实性。当询证函没有回复的时候,注册会计师应当执行必要的替代程序。

## 案例

# 销售与收款循环审计

## 一、案 例 背 景

ABC 股份有限公司成立于 1995 年,由 A 投资公司、B 电器集团和 C 公司共同发起成立,注册资金为 30 亿元人民币。1999 年经中国证监会批准向社会公众发行 A 股,并于次年在深交所上市。主营业务为电视机的生产与销售;大型制冷设备生产加工、销售;高科技产业投资,高科技产品的研制、生产、经销及相关技术服务。

信达会计师事务所自 1999 年开始接受 ABC 股份有限公司董事会委托,对 ABC 股份有限公司进行年度会计报表审计。20×8 年 2 月 25 日至 3 月 16 日,信达会计师事务所派出以张山为项目经理,以高杨、郭雨、李晓、王明明为组员的审计小组,对该公司 20×7 的会计报表进行了审计。

在编制审计计划时,张山根据以往对该公司重要性水平的控制,对销售收入的重要性水平定为 10 万元。根据分工,李晓负责销售与收款的审计测试与取证工作。本案例主要反映销售与收款循环的内部控制测试、主营业务收入和应收账款的实质性测试过程。

## 二、案例内容与过程

### (一) 对销售与收款循环进行控制测试

根据审计计划的要求,李晓运用抽查凭证法、实地考察法等对销售与收款循环的内部控制进行了一定范围的控制测试。李晓抽取了一定数量的销售发票样本进行检查,在选取样本之前,首先检查了发票上的存根是否完整,并从发票日期判断是否按顺序开具发票。随机抽取发票进行检查,测试过程记录见表 11-6。

**表 11-6　测试过程表**

| 序号 | 测试过程记录 | 备　注 |
|---|---|---|
| 1 | 抽取 6 月份开出的所有销售发票,发现编号连续,无缺号,只有 2 张作废发票,均盖有“作废”印章。 | 附有 Y1——2 控制测试底稿 |
| 2 | 随机抽取 20×7 年开出的销售发票 200 份,与销售合同、销售通知单、商品价目表、销售收入明细账和应收账款明细账等进行核对,合同内容、销售数量、销售价格和金额相互之间相符率比较高,但发现有两张销售发票与销售合同、销售通知单金额不符。 | 附有 Y1——3 控制测试底稿 |
| 3 | 将发运单、装货单和销售发票核对,发现有已经开出销售发票,但无发运单和装货单的情形,误差比率为 3%。 | 附有 Y1——4 控制测试底稿 |
| 4 | 1~12 月份折让业务发生 3 笔,均由销售经理批准。有 14 笔销售退回业务,附有红字销售发票和仓库的退货验收报告,但有两笔无主管人员签字,有对方税务部门开具的有关证明,会计处理恰当。 | 附有 Y1——5 测试底稿 |

注:其他控制测试工作底稿略。

测试结论:该公司销售与收款循环内部控制得到了执行,但在内部控制制度中也存在一些问题,从内部控制调查表和控制测试中可以发现,该公司销售发票的开具与发运单、装货单的核对机制较弱,致使出现了销售发票与相关凭据不符的情形,为销售发票的虚开提供了可能;未能定期将应收账款与客户进行核对,应收账款的管理较为混乱。

## (二) 主营业务收入实质性测试

**1. 对销售收入进行分析性复核** ABC公司近三年部分主要财务指标,见表11-7。从该公司近三年的财务指标看,销售收入呈现一种下降趋势。毛利率20×6年比20×5年有所降低,但20×7年比20×6年呈现较高增长。销售费用变化不大;管理费用增加较多;应收账款近三年呈增长趋势,尤其20×6年比20×5年增加了850万元,增幅达到了68%,而同期销售收入的增幅为-3.4%,出现了相反的变化,而存货相对来说变化不大。应付账款增长幅度也较大。每股净利润变化不大;净资产收益率20×7年比2006年有较大幅度的增加。

**表11-7 ABC公司近三年部分主要财务指标** 单位:万元

| 项目 | 2005年(已审数) | 2006年(已审数) | 20×7年(未审数) | 备注 |
|---|---|---|---|---|
| 主营业务收入 | 56 302 | 53 200 | 51 400 | |
| 主营业务成本 | 48 900 | 47 600 | 43 000 | |
| 毛利率 | 13.0% | 10.5% | 16.3% | |
| 销售费用 | 1620 | 1750 | 1600 | |
| 管理费用 | 1960 | 2100 | 2200 | |
| 净利润 | 1240 | 1256 | 1623 | |
| 应收账款(未扣除坏账准备) | 1200 | 1250 | 2100 | |
| 存货 | 5600 | 6700 | 6100 | |
| 资产总额 | 87 000 | 92 000 | 99 000 | |
| 应付账款 | 400 | 520 | 780 | |
| 负债总额 | 55 000 | 56 000 | 63 000 | |
| 每股净利润 | 0.61 | 0.54 | 0.56 | |
| 净资产收益率 | 3.87% | 3.49% | 4.50% | |

根据对以上财务指标的综合分析,审计人员认为应将销售收入和应收账款作为审计重点,重点关注主营业务收入和应收账款是否高估。首先编制主营业务收入审定表,见表11-8。

**表11-8 主营业务收入审定表**

被审计单位:ABC股份有限公司　　编制人:李晓　　日期:20×8年2月28日　　索引号:
会计期间:20×7年度　　复核人:张山　　日期:20×8年3月5日　　页次:

| 月份 | 合计(万元) | 其中:主要产(商)品或大类 | | |
|---|---|---|---|---|
| | | 电视机 | 家用空调 | 制冷设备 |
| 1 | 6320 | 4300 | 1300 | 720 |
| 2 | 2770 | 1100 | 1200 | 470 |
| 3 | 2820 | 1400 | 1000 | 420 |
| 4 | 2820 | 1200 | 1300 | 320 |
| 5 | 2900 | 1400 | 1000 | 500 |
| 6 | 2840 | 1000 | 1300 | 540 |
| 7 | 3250 | 1100 | 1600 | 550 |
| 8 | 2620 | 1000 | 1000 | 620 |
| 9 | 3400 | 2100 | 1000 | 300 |
| 10 | 2320 | 1000 | 1000 | 320 |

续表

| 月份 | 合计(万元) | 其中:主要产(商)品或大类 | | |
|---|---|---|---|---|
| | | 电视机 | 家用空调 | 制冷设备 |
| 11 | 7170 | 2500 | 4000 | 670 |
| 12 | 12 170 | 6000 | 5300 | 870 |
| 未审数合计 | 51 400 | 24 100 | 21 000 | 6300 |
| 审定数 | | | | |
| 审计说明及结论: | | | | |

从审定表中列示的数据可见,电视机和家用空调 11~12 月份增幅较大,电视机年底出现旺销的情形可以理解,但空调和制冷设备在冬季一般销量会低于夏季,从分析可见,年底两种产品销售异动,应作为审计重点。

**2. 将主营业务收入的账簿记录与有关凭证进行核对**　李晓根据主营业务收入明细账的记录,分别抽查了 1 月份到 12 月份的记账凭证共 300 张,对 11 月份和 12 月份进行重点抽查,在凭证抽查中将记账凭证与销售发票、出库单,货运凭证、运费单据及销售合同分别进行核对,发现不符单据共 6 张。同时还对这些交易不符及金额较大、有一定疑问的应收账款进行函证(函证结果及分析详见后文应收账款实质性测试部分)。

**3. 实施销售截止测试**　为了确认 ABC 公司主营业务收入和应收账款的截止期是否正确,李晓对 12 月下旬和次年 1 月上旬的相关凭证进行抽查,抽查记录见审计工作底稿,如表 11-9 所示。

**表 11-9　主营业务收入截止性测试表**

被审计单位:ABC 股份有限公司　　编制人:李晓　　日期:20×8 年 2 月 28 日　　索引号:
会计期间:20×7 年度　　复核人:张山　　日期:20×8 年 3 月 5 日　　页次:

| 客户名称 | 发票内容 | | | 记账凭证 | | | 出库单 | 备注 |
|---|---|---|---|---|---|---|---|---|
| | 编号 | 日期 | 数量 | 销售额 | 日期 | 编号 | 日期 | |
| H 公司 | 1542 | 20×7. 12. 23 | 35 | 170 000 | 20×7. 12. 25 | 转字 124 | 20×7. 12. 25 | √,J |
| W 公司 | 1543 | 20×7. 12. 25 | 28 | 19 000 | 20×7. 12. 26 | 转字 126 | 20×7. 12. 27 | √,J |
| Q 公司 | 1544 | 20×7. 12. 29 | 30 | 40 000 | 20×7. 12. 30 | 转字 130 | 20×8. 1. 5 | J. 需调整 |
| J 公司 | 1545 | 20×7. 12. 30 | 80 | 60 000 | 20×7. 12. 31 | 转字 131 | 20×8. 1. 3 | J. 需调整 |
| K 公司 | 1546 | 20×8. 1. 2 | 58 | 58 000 | 20×8. 1. 3 | 银收 31 | 20×8. 1. 6 | √,J |
| H 公司 | 1547 | 20×8. 1. 5 | 35 | 170 000 | 20×8. 1. 6 | 转字 13 | 20×8. 1. 9 | 红字,系退货 |
| …… | | | | | | | | |

审计说明:1. 对 Q、J 公司的销售,经与销售合同核对,具体供货日期为 20×8 年 1 月份,但 ABC 公司将这两笔业务均记入了 20×7 年度,入账期间提前,应调入 20×8 年,调整分录为:

借:主营业务收入　　100 000
　　应交税费——应交增值税　　17 000
　　贷:应收账款——Q 公司　　46 800
　　　　——J 公司　　70 200

2. 20×7 年 12 月对 H 公司的销售因质量问题于 20×8 年 1 月份退货,企业将其记录在 20×8 年 1 月份的账中。根据对期后事项的处理规定,应冲回 20×7 年的主营业务收入 170 000 元,调整分录为:

借:主营业务收入　　170 000
　　应交税费——应交增值税　　28 900
　　贷:应收账款——H 公司　　198 900

√:与发货核对相符;J:正确过入明细账、总账。

（三）应收账款实质性测试

**1. 取得应收账款明细表** 审计人员首先取得了应收账款明细表(含账龄分析)，表 11-10 是其中部分内容。李晓对明细表进行了审核，复核加计数额正确，与明细账核对相符，审验账龄无误。但发现存在贷方余额的明细账户，且加计所有明细账户的借方总额与贷方总额的净额与总分类账项目总额相符。

**表 11-10 应收账款明细表**

| 序号 | 户名 | 业务内容摘要 | 年初余额 | 年末余额 | 账龄分析 | | | |
|---|---|---|---|---|---|---|---|---|
| | | | | | 1 年内 | 1~2 年 | 2~3 年 | 3 年以上 |
| 1 | L 公司 | 货款 | 650 000 | 1 500 000 | √ | | | |
| 2 | G 公司 | 同上 | 800 000 | 800 000 | | | | √ |
| 3 | P 公司 | 同上 | 50 200 | 45 000 | | √ | | |
| 4 | D 公司 | 同上 | 90 000 | 90 000 | | √ | | |
| 5 | E 公司 | 同上 | 1 000 000 | -500 000 | √ | | | |
| 6 | F 公司 | 同上 | 250 000 | 600 000 | √ | | | |
| 7 | I 公司 | 同上 | 1450 000 | 2 470 000 | √ | | | |
| 8 | J 公司 | 同上 | 100 000 | 150 000 | √ | | | |
| 9 | K 公司 | 同上 | 1 600 000 | 3 000 000 | √ | | | |
| 10 | H 公司 | 同上 | 580 000 | 980 000 | √ | | | |
| 11 | Y 公司 | 同上 | 0 | 2 340 000 | √ | | | |
| | …… | | | | …… | …… | …… | …… |
| 89 | M 公司 | 同上 | 0 | 1 170 000 | √ | | | |
| 合计 | | | 12 500 000 | 21 000 000 | 15 000 000 | 3 600 000 | 1 600 000 | 800 000 |

明细账显示的应收账款贷方余额 50 万，经查系 E 公司原预付货款余额，尚未按合同履行第二批供货。因此，根据规定应予重分类调整，即

借：应收账款——E 公司　　50 万

　　贷：预收账款——E 公司　　50 万

**2. 函证应收账款** 审计人员对在主营业务收入审计过程中发现有疑问的 Y、M 等几家公司，及期末金额较大或账龄较长的 30 家公司寄送了肯定式询证函，收到了其中 27 家的回函，未回函或回函差异情况如下：

(1) Y 和 M G 公司分别欠款 234 万和 117 万，虽已发出函证，但未收到回函。

(2) I 和 K 公司称 ABC 公司记录的债权数高于他们账上的记录，合计金额为 117 万元。

(3) J 公司欠款 15 万，收到对方询证回函称：已于 10 月份预付货款 25 万元，足以抵付欠款。

于是，审计人员又实施以下程序进行判断：

(1) 对于 Y 和 M 公司，进行再次函证。但是第二次函证仍未回函，让 ABC 公司提供其他联系方式，对方也予以拒绝，且无法查找到对方电话号码。李晓对这两个客户资料进行进一步整理，发现 ABC 公司的这两个客户为新的销售对象，11 月份到 12 月份的累积销售额分别为 200 万和 100 万元，均为赊销，款项未曾收回。经审计人员将相关信息与会计人员沟通后，会计人员承认对这两个客户的销售为虚构，客户根本不存在，合同也系伪造。对此，李晓要求如下调整(假设被审计单位属于一般纳税人，增值税率为 17%)：

借：主营业务收入　　300 万

　　应交税费——应交增值税　　51 万

贷:应收账款　　　　　351万

(2) 对于I和K公司反映的117万元债权差额,采用了替代审计程序。同时对存货明细账和期末结转主营业务成本的资料进行分析,发现成本结转的数量与销售数量有较大差距,11月份到12月份的销售额明显高于前几个月,但成本结转数却无明显变化,可能存在虚假出库单,经与该公司财务人员和销售人员调查核实,确实存在销售虚记,I和K公司的记录属实。对此,审计人员建议调整被审计单位20×7年会计报表中的有关项目,调整分录为:

借:主营业务收入　　　　　100万

应交税费——应交增值税(销项税额)　　17万

贷:应收账款　　　　　117万

(3) 对于J公司,李晓着重检查预收货款是否确实收到并已入账,同时检查是否能抵付。发现预收账款明细账中确有记载,并能抵付,于是建议如下调整:

借:预收账款　　　15万

贷:应收账款　　　15万

**3. 审查坏账的确认和处理**　ABC公司采用账龄分析法计提坏账准备,未经审核的坏账准备计提数(应收账款部分)为:

3年以上　　　80×20%=16万

2~3年　　　160×15%=24万

1~2年　　　360×10%=36万

1年内　　　1500×5%=75万

共　　　　　151万

根据上述销售截止测试调整、函证结果及贷方余额的重分类调整的影响,对坏账准备计提金额审计核定后应调整如下:

$$(-11.7-19.89+50-351-117-15)\times5\%=-23.2295\text{万}$$

借:坏账准备　　　232 295

贷:资产减值损失　　232 295

此外,审计人员还对应收账款的转销进行了审核,抽查了坏账准备转销的凭证,未见异常。

## 三、案例分析

**1. 进行分析性复核要关注多方面信息**　对主营业务收入进行分析性复核时,要关注多方面信息。如本案例所述,进行分析性复核时,要关注公司整体财务状况的变化,如赢利能力,偿债能力;对公司某一期间毛利率的大幅波动应分析其可能性,分析时不仅仅关注公司本身的数据,还应结合宏观环境进行分析,对销售收入和应收账款的同步增长应予以足够的关注。

在审计时不应仅满足于凭证、合同之间的数据相符,还应考虑可能存在虚假销售记录等问题。在销售数量上的审查应与成本的结转、本期存货的数量变化相联系,并结合企业的生产能力来考核其可能性。

**2. 审计人员在审计销售收入时,要关注被审计单位是否少计或多计销售收入,关注收入的舞弊行为**　在实际工作中,收入的舞弊可能存在多种动机。如为了完成上级下达的考核指标而虚增收入;为推迟或少交流转税,少计或不计收入;在税收优惠期间,虚增收入,少纳所得税;上市公司为掩饰恶化的财务状况和不佳的经营业绩,维持或抬高股价而虚增收入等。本案例中是属于多计销售收入,在许多企业中存在收入的隐瞒和转移行为,对于这些情况,审计人员应有足够的风险意识,要实施审计程序来查证,并提请被审计单位予以纠正。

**3. 对销售收入应进行截止测试**　对销售收入实施截止性测试的主要目的在于,确定被审计单位销售收入的会计记录归属期是否正确;应计入本期或下期的销售收入有否被推迟至下期或提前至本期。在实务中,与确定销售收入有密切关系的日期有:①发票开具日期或收款日期;②记账日期;③发货日期,因此,销售收入截止性测试的关键在于检查三个日期是否属于同一适当会计期间。如有跨年度的销售业务,对主营业务收入有较大影响,应提请被审计单位调整。

在实务中,提前或推迟收入的入账时间也是企业收入舞弊的一种途径,通过对销售收入实施截止测试,可以查证提前或推迟收入入账时间的事实。

**4. 应对资产负债表日后期间的主营业务收入中的退货事项予以充分关注** 资产负债表日后的退货事项如不进行调整,会使企业报表中的资产和收入高估;在实务中,这也是一些企业虚增报告期收入的舞弊手段之一。因此应对资产负债表日后的销售退回予以充分关注,如有属于被审计会计期间的主营业务收入,应提请被审计单位进行调整,并记录于相应审计工作底稿中。

**5. 应对应收账款回函结果进行分析** 对应收账款函证回函进行分析,并把情况记录于工作底稿,是函证程序必不可少的过程。造成函证回函的差异,可能是由于购销双方登记入账的时间不同,或其中一方或双方记账错误或弄虚作假。不同差异原因对报表的影响不同,因此,审计要分析函证结果差异的原因,并根据不同的情况提请被审计单位进行适当处理。如无回函,审计人员应采用替代性的审计程序进行审验。

**6. 关注应收账款的可收回性及应收账款的贷方余额** 应收账款的可收回性直接影响审计年度的损益状况,因此,审计人员在审计时要关注由于应收账款的不可收回性及其对本年度损益的影响,提请被审计单位做出会计处理。

按照现行会计制度规定,应收账款借方账户和贷方账户进行分类列示是不符合有关规定要求的,因此,审计时审计人员要关注应收账款的贷方余额,查明原因,并建议作重分类调整。

## 思考题

1. 销售与收款循环的内部控制制度包括哪些主要内容?对其进行控制测试的内容又有哪些?
2. 主营业务收入实质性测试的内容有哪些?
3. 应收账款实质性测试的内容有哪些?
4. 应收账款函证对象一般如何确定?
5. 营业税金及附加和其他业务收入实质性测试的要点有哪些?

## 练习题

### 一、判断题

1. 对大额应收账款反复实施肯定式函证,而未收到回函的,注册会计师应采用追查程序予以证实。(    )
2. 如果应收账款函证结果表明存在审计差异,注册会计师不仅应当合理估算未被抽取进行函证的应收账款项目中的差异,而且要合理估算全部应收账款总额中存在的差异。(    )
3. 注册会计师对企业应收账款账龄进行分析的目的在于取得应收账款可收回性及坏账准备充分性等方面的证据。(    )
4. 在对主营业务收入进行截止测试时,若以销售发票的日期为起点,既可以按照会计处理的顺序追查账簿记录,从而防止少计收入,又可以逆着会计处理顺序追查发运凭证的日期,从而防止多计收入。(    )
5. 一般的,若按照经济业务发生的先后顺序将一项业务分为若干步骤,则从前面的任何一步追查其后的步骤,有助于实现该项业务记录的完整性,而无助于核实其真实性,因此,一般的,审查完整性时,审查的顺序与经济业务发生的顺序基本一致。(    )

## 二、单选题

1. 注册会计师对被审单位实施销货业务截止测试，主要目的是为了检查(　　)。
   A. 年底应收账款的真实性　　B. 是否存在过多的销货折扣
   C. 销货业务的入账时间是否正确　　D. 销货退回是否已经核准
2. 对大额逾期应收账款如果无法获取询证函回函，则注册会计师应(　　)。
   A. 审查所审计期间应收账款的回收情况
   B. 了解大额应收账款客户的信用情况
   C. 审查与销货有关的订单、发票、发运凭证等文件
   D. 提请被审计单位提高坏账准备提取比例
3. 在销售与收款循环审计中，注册会计师为了查实被审计单位的赊销业务是否遵循了赊销批准制度，应检查(　　)上是否有审批人的签字。
   A. 订货单　　B. 发运单
   C. 销货单　　D. 销货发票
4. 检查开具发票或收款的日期、记账的日期、发货的日期(　　)是主营业务收入截止测试的关键所在。
   A. 是否在同一会计期间　　B. 是否临近
   C. 是否在同一天　　D. 相距是否不超过30天
5. 为了证实被审单位是否存在高估或低估销售的行为，在审计人员实施的以下分析性复核程序中，效果最差的是(　　)
   A. 比较本年与以前年度的毛利率
   B. 将高额欠款户的欠款额合计与以前年度比较
   C. 比较本年与以前年度折扣折让占销售收入的比例
   D. 按月比较销售额

## 三、多选题

1. 注册会计师对被审计单位已发生的销货业务是否均已登记入账进行审计时，常用的控制测试程序有(　　)。
   A. 检查发运凭证连续编号的完整性
   B. 检查赊销业务是否经过授权批准
   C. 检查销售发票连续编号的完整性
   D. 观察已经寄出的对账单的完整性
2. 在下列情况中，注册会计师可以采用否定式函证的有(　　)。
   A. 预计差错率较低
   B. 债务人欠款余额很小
   C. 债务人能认真对待询证函
   D. 内部控制较差
3. 注册会计师在确定应收账款的函证数量的大小、范围时，应当考虑的主要因素包括(　　)。
   A. 应收账款在全部资产中的重要性
   B. 被审计单位内部控制的强弱
   C. 以前年度的函证结果
   D. 函证方式的选择
4. 在销售与收款循环审计中，注册会计师为了证实被审计单位是否做到适当的职责分离而进行的控制测试一般是通过(　　)程序进行的。
   A. 计算　　B. 观察
   C. 查询与函证　　D. 分析性复核

## 四、综合题

1. 甲公司系公开发行 A 股的上市公司,主要经营计算机硬件的开发、集成与销售,其主要业务流程通常为:向客户提供技术建议书—签署销售合同—结合库存情况备货—委托货运公司送货—安装验收—根据安装验收报告开具发票并确认收入。注册会计师于 2008 年初对 X 公司 2007 年度会计报表进行审计。经初步了解,X 公司 2007 年度的经营形势、管理及经营机构与 2006 年度比较未发生重大变化,且未发生重大重组行为。

其他相关资料如下(金额单位:万元):

资料一:X 公司 2007 年度未审利润表及 2006 年度已审利润表如下:

| 项目 | 2007 年度(未审数) | 2006 年度(审定数) |
|---|---|---|
| 一、主营业务收入 | 104 300 | 58 900 |
| 减:主营业务成本 | 91 845 | 53 599 |
| 主营业务税金及附加 | 560 | 350 |
| 二、主营业务利润 | 11 895 | 4951 |
| 加:其他业务利润 | 40 | 56 |
| 减:营业费用 | 2800 | 1610 |
| 管理费用 | 2380 | 3260 |
| 财务费用 | 180 | 150 |
| 三、营业利润 | 6575 | (13) |
| 加:投资收益 | | |
| 补贴收入 | 980 | |
| 营业外收入 | 100 | 150 |
| 减:营业外支出 | 260 | 300 |
| 四、利润总额 | 7395 | (163) |
| 减:所得税(税率 33%) | 800 | |
| 五、净利润 | 6595 | (163) |

资料二:X 公司 2007 年度 1~12 月份未审主营业务收入、主营业务成本列示如下:

| 月份 | 主营业务收入 | 主营业务成本 |
|---|---|---|
| 1 | 7800 | 7566 |
| 2 | 7600 | 6764 |
| 3 | 7400 | 6512 |
| 4 | 7700 | 6768 |
| 5 | 7800 | 6981 |
| 6 | 7850 | 6947 |
| 7 | 7950 | 7115 |
| 8 | 7700 | 6830 |
| 9 | 7600 | 6832 |

续表

| 月份 | 主营业务收入 | 主营业务成本 |
| --- | --- | --- |
| 10 | 7900 | 7111 |
| 11 | 8100 | 7280 |
| 12 | 18 900 | 15 139 |
| 合计 | 104 300 | 91 845 |

资料三:注册会计师在实施实质性测试程序时,抽查到以下销售业务:

(1) 销售给 A 公司硬件计 936 万元(含税,增值税税率为 17%)。相关合同约定:签订合同后支付 100 万元,出具安装验收报告后支付 200 万元,试运行一个月并终验合格后支付 636 万元,交货日期为 2007 年 11 月 20 日。实际执行情况是:X 公司于 2007 年 11 月 15 日发货,经双方签字盖章的安装验收报告日期为 2007 年 12 月 25 日,发票日期为 2007 年 12 月 25 日。截止 2007 年 12 月 31 日,X 公司已经收取货款 300 万元,确认 2007 年度该项销售收入 800 万元。

(2) 销售给 B 公司硬件计 1170 万元(含税,增值税税率为 17%)。相关合同约定:签订合同后支付 300 万元,出具安装验收报告后支付 870 万元,交货日期为 2007 年 12 月 26 日。实际执行情况是:经双方签字盖章的安装验收报告日期为 2007 年 12 月 29 日,发票日期为 2007 年 12 月 29 日。截止 2007 年 12 月 31 日,X 公司已经收取货款 1170 万元,并确认 2007 年度该项销售收入 1000 万元。注册会计师在审计时,未取得该项销售业务的发货单据,X 公司解释的理由为供货单位接受 X 公司指令直接将货物发运至 B 公司。

(3) 销售给控股股东 G 公司硬件计 3510 万元(含税,增值税税率为 17%)。发货单、发票、安装验收报告、销售合同核对后无异常,货款已于 2007 年 12 月全部收到。2007 年度,X 公司确认该项销售收入 3000 万元,销售成本 1800 万元。2007 年度,同类硬件主要销售给非关联方,其加权平均毛利率为 10%。

(4) 销售给 F 公司硬件计 1287 万元(含税,增值税税率为 17%)。相关合同约定:签订合同后支付 300 万元,货物发出后支付 987 万元,交货日期为 2007 年 11 月 28 日。实际执行中,X 公司于 2007 年 12 月 29 日向 F 公司开具发票。截止 2007 年 12 月 31 日,X 公司已经收取货款 300 万元,确认该项销售收入 1100 万元。注册会计师在审计中注意到,上述货物尚存放在 X 公司仓库,X 公司为此提供了一份 F 公司 2007 年 11 月 28 日的传真,内容为:“由于本公司原因,自贵公司购进的硬件暂存贵公司,货物的所有权即日起转移至本公司。”

(5) 销售给 H 公司硬件计 2106 万元(含税,增值税税率为 17%)。发货单、发票、安装验收报告、销售合同核对后无异常,截止 2007 年 12 月 31 日,已收到货款 1000 万元,尚有 1106 万元货款未收到。2007 年度,X 公司确认该项销售收入 1800 万元。注册会计师在对应收 H 公司 1106 万元款项进行函证时,H 公司回函表示已经退货。经检查,X 公司已于 2003 年 1 月 10 日冲减了当月销售收入 1800 万元,并冲减相关销售成本。

(6) 销售给 J 公司硬件计 1053 万元(含税,增值税税率为 17%)。发货单、发票、安装验收报告、销售合同核对后无异常,截止审计时,货款全部未收到。2007 年度,X 公司确认该项销售收入 900 万元。注册会计师在对应收 J 公司 1053 万元款项进行函证时,J 公司回函予以确认,但在注册会计师进行电话询证时,J 公司相关人员表示其从未与 X 公司发生业务往来,不存在欠付 X 公司债务情况。

要求:

(1) 为确定重点审计领域,注册会计师拟实施分析性复核程序。请对资料一进行分析后,指出利润表中的重点审计领域,并简要说明理由;对资料二分析后,指出主营业务收入和主营业务成本的重点审计领域,并简要说明理由。(不要求列示分析过程)

(2) 针对资料三中第1~5项销售业务,请分别判断X公司已经确认的销售收入能否确认(按"能够确认"、"不能确认"、"不能全部确认"、"尚无法形成审计结论"四种分别予以回答)。若回答"不能确认"或"不能全部确认",请简要说明理由;若回答"尚无法形成审计结论",请指出应进一步实施哪些审计程序?

(3) 针对资料三中第6项销售业务,请指出是否应进一步实施审计程序。若已经证实该项销售业务系虚构,请指出注册会计师应当采取哪些措施?

2. ABC会计师事务所接受委托,审计Y公司2007年度的会计报表。A注册会计师了解和测试了与应收账款相关的内部控制,并将控制风险评估为高水平。A注册会计师取得2007年12月31日的应收账款明细表,并于2008年1月15日采用肯定式函证方式对所有重要客户寄发了询证函。

A注册会计师将与函证结果相关的重要异常情况汇总于下表:

| 异常情况 | 函证编号 | 客户名称 | 询证金额(元) | 回函日期 | 回函内容 |
|---|---|---|---|---|---|
| (1) | 22 | 甲 | 300 000 | 2008年1月22日 | 购买Y公司300 000元货物属实,但款项已于2007年12月25日用支票支付 |
| (2) | 56 | 乙 | 500 000 | 2008年1月19日 | 因产品质量不符合要求,根据购货合同,于2007年12月28日将货物退回 |
| (3) | 64 | 丙 | 640 000 | 2008年1月19日 | 2007年12月10日收到Y公司委托本公司代销的货物640 000元,尚未销售 |
| (4) | 82 | 丁 | 900 000 | 2008年1月18日 | 采用分期付款方式购货900 000元,根据购货合同,已于2007年12月25日首付300 000元 |
| (5) | 134 | 戊 | 600 000 | 因地址错误,被邮局退回 | —— |

要求:针对上述各种异常情况,请问A注册会计师应分别相应实施哪些重要审计程序?

## 五、案例讨论题

### "银广夏"事件

财政部、证监会调查表明,银广夏公司通过伪造购销合同、伪造出口报关单、虚开增值税专用发票、伪造免税文件和伪造金融票据等手段,虚构主营业务收入,虚构巨额利润。证监会认定银广夏公司存在连续4年虚报利润等违规事实。

银广夏业绩的奇迹性转折,是从1998年发端的。这一年,银广夏传出了来自天津的"好消息"。银广夏订购了一套由德国伍德公司(Krupp Uhde)生产的500立升×3二氧化碳超临界萃取设备。随后,银广夏多次发布的公告称,天津广夏与德国诚信公司签订出口供货协议,天津广夏将每年向这家德国公司提供二氧化碳超临界萃取技术所生产的产品,并公告这类产品的暴利。后来的两三年中,银广夏公告,再从德国进口两条生产线。计划中的生产能力是天津广夏当时生产能力的13倍之多!一时间,市场为其展现的暴利前景而沸腾。2000年初银广夏公布了1999年年报,每股盈利0.51元,并实行公司历史上首次10转赠10的分红方案,1999年,银广夏利润的75%来自于天津广夏;到了2000年,这个比例更大。2001年3月,银广夏公布了2000年年报,在股本扩大一倍的情况下,每股收益增长超过60%,达到每股0.827元,赢利能力之强,令人咋舌。

从 1999 年 12 月 30 日至 2000 年 4 月 19 日不到半年间,银广夏从 13. 97 元涨至 35. 83 元,于 2000 年 12 月 29 日完全填权并创下 37. 99 元新高,折合为除权前的价格 75. 98 元,较一年前启动时的价位上涨 440%。2001 年中国股市上的银广夏公司造假问题在媒体披露后,股价连续 15 个跌停,从停牌前的 30. 79 元跌至 6. 59 元,近 68 亿元的流通市值无形蒸发。

讨论:对于银广夏公司的审计,注册会计师应如何评估重大错报风险?对于其"二氧化碳超临界萃取"技术,注册会计师应采取哪些措施了解这一新技术?对于其超强的生产能力和赢利能力,注册会计师又应该如何证实其真实性?

# 第12章 采购与付款循环审计

**学习目的**

通过本章的学习，应理解采购与付款循环的基本特征，并掌握以下内容：采购与付款循环的审计目标、重要性和审计风险；采购与付款循环的内部控制、控制测试和交易的实质性程序；应付账款和固定资产的实质性程序。

## 第1节 采购与付款循环概述

采购与付款是企业取得生产资源的重要活动，这里的生产资源包括机器设备、商品、材料等有形资产，也包括专利权、商标权等无形资产。采购与付款循环的内容主要包括采购和付款两大类业务，所涉及的财务报表项目主要是资产负债表项目，通常为预付账款、固定资产、在建工程、固定资产清理、无形资产、开发支出、商誉、长期待摊费用、应付票据、应付账款和长期应付款等；所涉及的利润表项目主要是管理费用。

### （一）主要业务活动

**1. 请购商品和劳务** 仓库负责对需要购买的已列入存货清单的项目填写请购单，其他部门也可以对所需购买的未列入存货清单的项目编制请购单。大多数企业对正常经营所需物资的购买均作一般授权，但对资本支出和租赁合同，企业政策则通常要求作特别授权。

**2. 编制订购单** 采购部门收到请购单后，只能对经过批准的请购单发出订购单。对每张订购单，采购部门都应确定最佳的供货来源。对一些大额的、重要的采购项目，应采用竞价等方式来确定供应商，以保证供货的质量、及时性和成本的低廉。

订购单的正联应送交所选供应商，副联则送至企业内部的验收部门、应付凭单部门和编制请购单的部门。

**3. 验收商品** 订购的商品到达后，应由验收部门予以验收。验收部门首先应比较所收商品与订购单上的要求是否相符，如商品的品名、说明、数量、到货时间等，然后再盘点商品并检查商品有无损坏。

验收后，验收部门应对已收货的每张订购单编制一式多联、预先编号的验收单，作为验收和检验商品的依据，并在商品送交仓库或其他请购部门时取得签收手续，以明确相应的保管责任,验收人员还应将其中的一联验收单交送应付凭单部门。

**4. 储存已验收的商品存货** 在验收单上签收后,签收人就负有相应的保管责任,要采取相应的保管措施。商品验收入库后,仓库保管人员应编制入库单,将商品分类保管。

**5. 编制付款凭单** 记录采购交易之前,应付凭单部门应编制付款凭单,付款凭单载明供应商、应付款金额和付款日期。这项功能的控制包括:

(1) 检查供应商发票、验收单和订购单上的有关内容的一致性。

(2) 检查供应商发票计算的正确性。

(3) 编制预先编号的付款凭单,并附上支持性凭证(如订购单、验收单、供应商发票等)。

(4) 独立检查付款凭单计算的正确性。

(5) 在付款凭单上填入应借记的资产或费用账户名称。

(6) 由被授权人员在凭单上签字,以示批准照此凭单要求付款。

**6. 确认与记录负债** 记录已验收货物的债务对企业会计报表反映和企业实际现金支出有重大影响。在记录负债前,应付账款部门有责任检查所采购的资产,并在应付凭单登记簿或应付账款明细账中加以记录。在收到供应商发票时,应付账款部门应将发票上所记载的品名、规格、价格、数量、条件及运费与订货单上的有关资料核对,如有可能,还应与验收单上的资料进行比较。为保证负债记录的准确与及时,应付账款部门应采取以下控制措施:

(1) 适当的职责分离。即记录现金支出的人员不得经手现金、有价证券和其他资产。

(2) 定期核对编制记账凭证的日期同凭单副联的日期,监督入账的及时性。

(3) 独立检查所记录的凭单总数与应付凭单部门送来的每日凭单汇总表是否一致。

(4) 独立检查应付账款总账余额与应付凭单部门未付凭单登记册中的总金额是否一致。

**7. 付款** 通常由应付凭单部门负责确定未付凭单在到期日付款。企业的支付方式很多,不同的结算方式应有不同的控制制度。以支票结算方式为例,编制和签署支票的有关控制如下:

(1) 支票应预先连续编号,并保证支票存根的完整性和作废支票处理的适当性。

(2) 应由被授权的财务部门的人员负责签署支票,限制非授权人员对空白支票的接触。

(3) 被授权签署支票的人员应确定每张支票都附有一张已经审批的未付凭单,并确定支票相关内容是否与所附凭单一致。

(4) 支票一经签署就应在其凭单和支持性凭证上用加盖印戳或打洞等方式将其注销,以免重复付款。

(5) 应由独立人员检查所签发支票的总金额与相应付款凭单的总金额的一致性。

**8. 记录现金、银行存款支出** 账款支付后,应及时准确地进行账务处理,包括登记现金、银行存款日记账和应付账款明细账。以支票结算方式为例,支出的有关控制如下:

(1) 独立检查记入银行存款日记账和应付账款明细账的金额的一致性,以及与支票汇总记录的一致性。

(2) 通过定期比较银行存款日记账记录的日期与支票副本的日期,独立检查入账的及时性。

(3) 独立编制银行存款余额调节表。

## （二）主要凭证及会计记录

**1. 请购单** 是采购交易轨迹的起点，也是证明有关采购交易的“发生”认定的凭据之一。由于企业内不少部门都可以填列请购单，不便于预先编号，因此，为了加强控制，每张请购单必须经过对该类支出预算负责的主管人员签字批准。

**2. 订购单** 是采购业务中重要的凭证，货物验收、应付凭单等都要利用订购单，因此，订购单应正确填写所需要的商品品名、数量、价格、供应商名称和地址等，预先予以编号并经过被授权的采购人员签名。对订购单应设立独立稽核制度，以确定是否确实收到商品并正确入账，这项制度与采购交易的“完整性”认定有关。

**3. 验收单** 是支持采购及其相关业务“存在或发生”认定的重要凭证，因此，验收单应预先连续编号。而且，验收单应设立独立稽核制度，定期检查验收单的顺序以确定每笔采购交易都已编制凭单，这项制度与采购交易的“完整性”认定有关。

**4. 卖方发票** 是供应商开具的，交给买方以载明发运的货物或提供的劳务、应付款金额和付款条件等事项的凭证。

**5. 付款凭单** 是企业内部记录和支付负债的授权证明文件，经适当批准和有预先编号的凭单为记录采购交易提供了依据，因此，对付款凭单的控制与“存在或发生”、“完整性”、“权利和义务”和“估价或分摊”等认定有关。

**6. 记账凭证** 包括转账凭证和付款凭证。

**7. 支票** 是支付到期应付账款的手段。支票一经授权人员签字，就成为一项资产。支票也是编制付款凭证的依据。

**8. 库存现金日记账、银行存款日记账和应付账款明细账**

**9. 卖方对账单** 是由供货方按月编制的，标明期初余额、本期购买、本期支付给卖方的款项和期末余额的凭证。卖方对账单是供货方对有关业务的陈述，如果不考虑买卖双方在收发货物上可能存在的时间差等因素，其期末余额通常应与采购方相应的应付账款期末余额一致。

## （三）采购与付款循环的审计目标

**1. 真实性** 确认是否：

（1）已记录的应付款项代表企业在资产负债表日所欠的金额。

（2）已记录的资产代表企业在资产负债表日正在使用的资产。

（3）已记录的采购交易代表被审期间内收到的商品和其他生产性资产。

（4）已记录的付款交易代表被审期间内对供应商和债权人的付款。

**2. 完整性** 确认是否：

（1）应付款项包括企业在资产负债表日所欠商品供应商的所有金额。

（2）已记录的采购和付款交易包括该期间内发生的所有交易。

**3. 权利和义务** 确认是否：

（1）应付款项是企业在资产负债表日的法定义务。

（2）企业在资产负债表日对存货、固定资产、无形资产等资产拥有权利。

**4. 准确性、计价和分摊**　确认是否：

(1) 所记录的采购交易估价正确。

(2) 采购交易被正确记入应付账款和存货等明细账中，并被正确汇总。

**5. 截止**　确认采购业务是否按正确的日期记录。

**6. 分类与披露**　确认是否：

(1) 对应付款项和购入资产在资产负债表中进行适当的确认和分类。

(2) 对使用的折旧方法、资产租赁合同的重要情况，以及作为贷款抵押的固定资产进行适当披露。

### (四) 重要性和审计风险

**1. 采购与付款循环的重要性**　与其他循环交易相比，采购与付款循环交易影响的账户较多，涉及的业务环节也较多。并且，该循环交易影响的账户(如存货、固定资产、应付账款、应付票据等)从单个来看都很重要。因此，采购与付款循环交易是财务报表重要错报的来源。具体地说，采购与付款循环交易的重要性体现在以下几个方面：

(1) 采购业务中每次采购是否有恰当的授权。未授权的采购应查明是否存在重大的差错舞弊行为。

(2) 支付的所有款项是否都正确、合理。应检查有关的原始凭证和资金流出的合理、有效性。

(3) 各项支出是否作了恰当的分类。确证本期资产计算的正确性，所有的应付款项余额是否恰当记录。少记负债是企业美化其财务报表的常见手法，因此，注册会计师应特别关注负债的少记、漏记。

**2. 采购与付款循环的审计风险**　采购与付款循环是一个风险较大的循环，企业中许多不法行为在本循环中经常发生。因此，注册会计师在审计采购与付款循环时，必须依靠内部控制防止或减少可能发生的重大差错和违法违规行为，尽可能地降低由于采购与付款循环业务而造成会计报表严重错报的审计风险。该循环中常见的问题和风险有：

(1) 交易量通常很大。

(2) 计划外盲目采购或购建，造成资金积压和资金的低效使用。

(3) 可能发生未授权的采购和付款。

(4) 收受回扣、中饱私囊、虚报损耗、中途转移、违规结算、资金流失等贪污舞弊行为，造成企业资金损失。

(5) 已购买的资产可能被侵吞、滥用。

(6) 混淆采购成本、资本性支出等行为，造成成本核算的差错。

## 第2节　内部控制、控制测试和交易的实质性程序

### (一) 采购交易的内部控制、控制测试和交易的实质性程序

采购交易的内部控制、控制测试和交易实质性程序见表12-1。其中，内部控制目标列示了企业设立采购交易内部控制的目标，也是实施相应控制测试和交易实质性程序所要达到

的审计目标,关键内部控制列示了与内部控制目标相对应的主要内部控制,常用的控制测试列示了针对关键内部控制所实施的控制测试程序。交易实质性程序的目的在于确定交易中与内部控制目标有关的金额是否有错误,交易的实质性程序和控制测试常常结合在一起进行,统称为交易测试。

**表 12-1 采购交易的内部控制、控制测试和交易实质性程序**

| 内部控制目标 | 关键内部控制 | 常用的控制测试 | 常用的交易实质性程序 |
| --- | --- | --- | --- |
| 所记录的采购都确已收到商品或已接受劳务,并符合采购方的最大利益(存在或发生) | 请购单、订购单、验收单和卖方发票齐全,并附在付款凭单后 | 检查付款凭单后是否附有单据 | 复核采购明细账、总账及应付账款明细账,注意是否有大额或不正常的金额<br>检查卖方发票、验收单、订购单和请购单的合理性和真实性<br>追查存货的采购至存货永续盘存记录<br>检查取得的固定资产 |
| | 采购按正确的级别批准 | 检查批准采购标记 | |
| | 注销凭证以防止重复使用 | 检查注销凭证的标记 | |
| | 对卖方发票、验收单、订购单和请购单作内部核查 | 检查内部核查的标记 | |
| 已发生的采购交易均已记录(完整性) | 订购单均经预先编号并已登记入账 | 检查订购单连续编号的完整性 | 从验收单追查至采购明细账<br>从卖方发票追查至采购明细账 |
| | 验收单均经预先编号并已登记入账 | 检查验收单连续编号的完整性 | |
| | 卖方发票均经预先编号并已登记入账 | 检查卖方发票连续编号的完整性 | |
| 所记录的采购交易估价正确(准确性、计价和分摊) | 计算和金额的内部核查 | 检查内部核查的标记 | 将采购明细账中记录的交易同卖方发票、验收单和其他证明文件比较<br>复算包括折扣和运费在内的卖方发票缮写的准确性 |
| | 采购价格和折扣的批准 | 检查批准采购价格和折扣的标记 | |
| 采购交易的分类正确(分类) | 采用适当的会计科目表 | 检查工作手册和会计科目表 | 参照卖方发票,比较会计科目表上的分类 |
| | 分类的内部核查 | 检查有关凭证上内部核查的标记 | |
| 采购交易按正确的日期记录(截止) | 要求收到商品或接受劳务后及时记录采购交易 | 检查工作手册并观察有无未记录的卖方发票存在 | 将验收单和卖方发票上的日期与采购明细账中的日期进行比较 |
| | 内部核查 | 检查内部核查的标记 | |
| 采购交易被正确记入应付账款和存货等明细账中,并被正确汇总(准确性、计价和分摊) | 应付账款明细账内容的内部核查 | 检查内部核查的标记 | 通过加计采购明细账,追查过入采购总账和应付账款、存货明细账的数额是否正确,用以测试过账和汇总的正确性 |

## （二）付款交易的内部控制、控制测试和交易的实质性程序

采购和付款交易同属一个交易循环，联系紧密，因此，对付款交易的部分测试可与采购交易测试一并实施。但是，另一部分付款交易测试仍需单独实施。付款交易的内部控制、控制测试和交易实质性程序见表 12-2。

**表 12-2　付款交易的内部控制、控制测试和交易实质性程序**

| 内部控制目标 | 关键内部控制 | 常用的控制测试 | 常用的交易实质性程序 |
| --- | --- | --- | --- |
| 所记录的付款都确已用于采购物品或劳务（存在或发生） | 应付账款记录和保管支票人员的职责分离 | 观察职责分离状况 | 复核货币资金日记账、总账及应付账款明细账，注意是否有大额或不正常的金额<br>从已支付支票等银行结算回单追查至采购明细账，检查收款人的姓名与金额 |
| | 付款之前需要经过核准 | 检查核准付款的标记 | |
| | 由被授权的人员负责签署支票 | 观察与询问签署支票的人员是否得到授权 | |
| | 独立检查已签发支票与处理付款凭单的一致性 | 检查内部核查的标记 | |
| 已发生的付款交易均已记录（完整性） | 支票预先连续编号 | 检查是否按序使用连续编号的支票 | 根据银行对账单上的货币资金付款记录追查至货币资金日记账<br>复核银行存款余额调节表 |
| | 由独立于记录货币资金业务的人员按月编制银行存款调节表 | 检查银行存款余额调节表，观察其编制情况 | |
| 所记录的付款交易估价正确（准确性、计价和分摊） | 计算和金额的内部核查 | 检查内部复核的标记 | 将已签发支票的银行回单与采购明细账、货币资金日记账的付款记录进行核对<br>复核现金折扣<br>编制货币资金支付验证表 |
| | 由独立于记录货币资金业务的人员按月编制银行存款调节表 | 检查银行存款余额调节表，观察其编制情况 | |
| 付款交易的分类正确（分类） | 采用适当的会计科目表 | 检查工作手册和会计科目表 | 参照卖方发票，比较会计科目表上的分类 |
| | 分类的内部复核 | 检查内部核查的标记 | |
| 付款交易按正确的日期记录（截止） | 要求签发付款支票后及时入账 | 检查工作手册，观察是否按照流程要求工作 | 将已签发支票存根上的日期与该笔交易在银行对账单及货币资金日记账中记录的日期进行比较 |
| | 内部核查 | 检查内部核查的标记 | |
| 付款交易被正确记入货币资金日记账、应付账款和存货等明细账，并被正确汇总（准确性、计价和分摊） | 货币资金日记账、应付账款明细账内容的内部核查 | 检查内部核查的标记 | 通过加计货币资金日记账，追查过入总账、应付账款明细账、存货明细账和固定资产明细账的数额是否正确，用以测试过账和汇总的正确性 |

### (三) 固定资产的内部控制和控制测试

固定资产在企业中占资产总额的比重往往很大,且数量多、单位价值高,企业对固定资产的购置、记录、保管、使用以及报废处理都设有一套严密的制度,以保证固定资产的真实、完整、安全和有效运行。固定资产的内部控制及其测试有:

**1. 预算制度** 预算制度是固定资产内部控制中最重要的部分。通常,大企业应编制旨在预测与控制固定资产增减和合理运用资金的年度预算;小企业即使没有正规的预算,对固定资产的购建也要事先加以计划。

测试时应首先查阅被审计单位的固定资产计划、预算和管理手册等内部控制制度的说明材料,并通过询问和实地观察,了解内部控制制度及其可能存在的问题,描述于工作底稿。此外,抽查有关原始凭证,检查固定资产的取得和处置是否均依据预算;对实际支出与预算之间的差异以及未列入预算的特殊事项,应检查其是否履行特别的审批手续。

**2. 授权批准制度** 完善的授权批准包括:企业的资本性预算只有经过董事会等高层管理机构批准方可生效;所有固定资产的取得和处置均需经企业管理当局的书面认可。

测试时不仅要检查固定资产授权批准制度本身是否完善,还要抽查有关原始凭证确定授权批准制度在固定资产的增加、减少中是否得到切实执行。

**3. 账簿记录制度** 应有完整的固定资产账簿记录,除设置固定资产总账、明细账外,还应设置固定资产登记卡,使固定资产的增减变化以及每项固定资产的取得、处置、折旧的计提、修理的支出等有充分的记录。

测试时应抽查部分原始凭证,检查固定资产的各种记录材料,包括其总账、明细账、固定资产登记卡等是否按被审计单位规定的要求来设置、记录完成,确定业务的记录是否完整;总账和明细账是否定期相互核对。

**4. 职责分工制度** 对固定资产的取得、记录、保管、使用、维修、处置等,均应设置相应的控制环节,控制环节有明确的职责分工,由专门部门和专人负责。明确的职责分工制度,有利于防止舞弊,降低审计风险。

测试时注册会计师可通过观察、巡视等方法,确定被审计单位的固定资产业务的职责分工是否按要求给予适当的分离。

**5. 资本性支出和收益性支出的区分制度** 制定区分资本性支出和收益性支出的书面标准。通常须明确资本性支出的范围和最低金额,凡不属于资本性支出的范围、金额低于下限的任何支出,均应列作费用并抵减当期收益。

测试时应检查资本性支出的书面规定,并确定该规定是否符合企业的实际情况,抽查部分支出业务,检查其会计处理是否与制度规定相一致,是否一贯地得以遵循,有无资本性支出与收益性支出划分不清的情况存在。

**6. 处置制度** 对固定资产的处置,企业应建立一套完善的制度,包括投资转出、报废、出售等,要有一定的申请报批手续。这些手续有使用部门的报废申请、技术部门的鉴定、管理部门的复核等。

测试时应抽查部分固定资产处置业务的有关原始材料,包括固定资产报废申请、技术部门的技术鉴定证书、管理部门的审批意见、固定资产处理部门的处理过程中的原始凭证以及处置结果的记录;对外投资转出的固定资产则应检查投资合同、最高管理部门的审批文件、中介机构的资产评估报告等，以确定被审计单位固定资产处置制度是否得到有效执行。

**7. 定期盘点制度**　建立固定资产定期盘点制度，对盘盈、盘亏、毁损等情况要查清原因，并及时处理；对毁损、被盗的固定资产应追究有关人员的责任；对未使用、不需用的固定资产及时办理封存和申报手续；发现闲置或使用不当的固定资产应及时向有关部门反映。

测试时通过观察被审计单位管理人员的固定资产盘点过程，可以确定固定资产盘点制度是否得以有效执行。

**8. 维修保养制度**　固定资产应有严格的维护保养制度，以防止因各种自然和人为的因素而遭受损失，并应建立日常维护和定期检修制度，以延长其使用寿命。

测试时通过观察固定资产的保管使用状况以及检查固定资产维修部门的维修记录或固定资产登记卡上的维修记录，可以确定固定资产是否得到有效的维修保养。

此外，固定资产的保险虽不属于固定资产的内部控制，但对企业非常重要，故在评价企业的内部控制时，应审查企业支付的固定资产保险是否充足，并将审查固定资产保险费的有关情况及其意见记入审计工作底稿。

# 第 3 节　应付账款的实质性程序

在典型的“欺诈”案例中，客户往往是通过高估资产和(或)低估负债来“美化”其财务状况。为了达到高估资产(比如应收账款)的目的，审计客户要么将合法的交易作不当记录，要么干脆就记录虚构的交易，这两种记录舞弊都留有书面证据。对这种性质的舞弊，运用适当的审计程序是有可能查出来的。相反，客户如果是为了达到低估负债(比如应付账款)的目的，则往往可能将应付账款不入账，并且销毁交易的一切证据，在这种情况下，注册会计师就可能无法查出没有记录的舞弊。

应付账款的审计目标一般包括：确定期末应付账款是否存在；确定应付账款的发生和偿还记录是否完整；确定期末应付账款是否为被审计单位应履行的偿还义务；确定应付账款期末余额是否正确；确定应付账款的披露是否恰当。应付账款实质性程序一般包括：

**1. 取得或编制应付账款明细试算表**　注册会计师通常要从被审计单位取得或编制应付账款明细试算表，这一程序有两方面的作用：①确定资产负债表的应付账款数字是否等于其明细账户余额合计；②可据以抽取样本进行审核。应付账款明细试算表的格式详见表 12-3。

**表 12-3　应付账款明细试算表**

| 债权人名称 | 交易日期 | 采购数量 | 采购金额 | 应付账款金额 | 备注 |
|---|---|---|---|---|---|
| | | | | | |
| | | | | | |

**2. 对应付账款进行分析性复核**　通过分析性复核程序，可以发现应付账款记录的异常情况，从而判断被审计单位是否存在错误和舞弊的可能性，以便取得审计的重点。可以选择以下方法进行分析性复核：

(1) 对本期期末余额与上期期末余额进行比较，分析其波动原因。

(2) 计算应付账款对存货的比率、应付账款对流动负债的比率,并与前期相应指标相比较,评价应付账款的整体合理性,如果比率异常偏低,则被审计单位可能低列或漏列应付账款。

(3) 计算应付账款增减额与存货、主营业务收入的增减额的比例,以评价应付账款增减变动的合理性。

(4) 对长期挂账的应付账款进行分析,并要求被审计单位作出解释,以判断被审计单位是否缺乏偿债能力或利用应付账款隐瞒利润。

**3. 检查应付账款明细账** 为了确定应付账款明细表中所列示的应付账款余额是否真实,可以从应付账款明细表中选取若干账户,然后核对有关的订购单、供货商发票、运输单、验收报告等,以核实企业记录的应付账款是否为企业因购买货物而发生的负债,以及这些负债记录的金额是否真实、正确,同时与现金日记账、银行存款日记账和采购明细账有关项目核对相符。这项程序与应付账款的"存在或发生"确认有关。

**例**:注册会计师在检查某公司 2006 年度"主营业务收入"明细账时,发现该公司在下半年至年末销售旺季时,销售收入下滑幅度较大。注册会计师怀疑该公司利用"应付账款"账户隐匿收入,因此决定作进一步的检查。

审计中注册会计师查阅了 2006 年 11 月与 12 月的"应付账款"明细账,发现下列会计分录:

借:银行存款　　　　　　　　360 000
　　贷:应付账款——S 公司　　360 000

所附原始凭证为银行进账单回单和向 S 公司开出的发货票。发货票上注明货款为 307 692 元,增值税为 52 308 元,合计 360 000 元。

该公司适用的增值税税率为 17%,假定该笔业务的销售利润为 200 000 元,所得税税率为 33%。

审计结果表明,该公司利用应付账款账户隐瞒主营业务收入,不但偷漏了增值税,也由于压低了利润少计了所得税。因此,注册会计师应提请该公司按税法的有关规定补计增值税和所得税,并调整账簿记录。调整分录如下:

(1) 借:应付账款——S 公司　　　　　　360 000
　　　贷:应交税金——应交增值税　　　52 308
　　　　　以前年度损益调整　　　　　　307 692

(2) 借:以前年度损益调整　　　　　　　66 000
　　　贷:应交税金——应交所得税　　　66 000

**4. 函证应付账款** 与应收账款的实质性程序不同的是,应付账款的函证并不是一个强制性的程序,因为:①函证应收账款是用最少的人力和费用,直接取得债务人叙述其债权关系的书面证据,而函证应付账款无法提供是否存在未入账的负债的证据;②应收账款的记录完全来自公司本身,应付账款则至少有一部分来自外界,注册会计师能够取得发票等外部凭证来证实应付账款的余额;③应收账款少列或漏记则收款困难,应付账款即使少列漏记,债权人仍将催收。④资产负债表日已经入账的大多数负债在完成审核前已告付讫,付款行为已证实已入账债务的真实性。

但是当注册会计师认为可能存在应付账款的少记时,通常会对应付账款进行函证。进行应付账款函证时应注意：

(1) 在所选取的函证项目中，应包括余额为零或余额很小的账户，因为这些账户更有可能被少记。

(2) 在选取函证对象时，还应包括上一年度与客户有业务往来而本年度没有业务的主要供货商。

(3) 应采用积极函证格式，并且应在注册会计师的直接控制和掌握下进行。

**5. 检查未入账的应付账款**　由于通过函证无法查出未入账的应付账款，为了防止企业低估负债，注册会计师应检查被审计单位有无故意漏记应付账款行为。注册会计师可以执行以下程序：

(1) 抽取采购发票样本，检查样本和相应的验收单、订货单、应付账款明细账，验证是否存在货物已入库，而相关负债未入账的情况。

(2) 检查被审计单位在资产负债表日未处理的不相符的采购发票及有材料入库凭证但未收到采购发票的经济业务。

(3) 检查资产负债表日后的已付款凭单或已签发的支票，以发现是否存在同前一期间有关的但未列入应付账款明细账的大额支出。

(4) 测试资产负债表日前后一至两周内收到的采购发票、验收单和应付账款明细账贷方发生额的相应凭证，确认其入账时间是否正确。

**6. 检查应付账款是否有借方余额**　企业应付账款科目所属明细科目的借方余额应在资产负债表的“预付账款”科目中反映，如有，应查明原因，必要时建议被审计单位作重新分类并调整。

**7. 检查长期挂账的应付账款**　注册会计师应检查被审计单位有无长期挂账的应付账款，如果发现，应当查明是否存在虚假账项、隐匿收入或赖账不还的现象。对于确实无法偿还的应付账款是否按规定转入了资本公积项目，相关依据及审批手续是否完备。

**8. 检查外币应付账款的折算**　如果被审计单位有外币应付账款，注册会计师应检查被审计单位外币应付账款的增减变动是否按适当的汇率折合为记账本位币金额；折合汇率的选择方法前后是否一致；期末应付账款余额是否按期末汇率折合为记账本位币金额；外币折合差额的处理是否正确。

**9. 检查应付账款在资产负债表上的列示是否恰当**　应付账款在资产负债表中，应与应付票据、预收账款、其他应付款分别列示在流动负债类下。“应付账款”项目应根据“应付账款”和“预付账款”科目所属明细科目期末贷方余额的合计数填列，以便将这些贷方余额合计数在资产负债表中列为流动负债。

## 第 4 节　固定资产的实质性程序

固定资产是指同时具有以下特征的有形资产：①为生产商品、提供劳务、出租或经营管理而持有的；②使用年限超过一年；③单位价值较高。固定资产是资产负债表上总资产的最大组成项目，主要包括三个方面：固定资产原值、累计折旧和固定资产减值准备，与其相关的费用也是决定净利润的重要因素。

固定资产的审计目标一般包括:确定固定资产是否存在;确定固定资产是否归被审计单位所有或控制;确定固定资产增减变动的记录是否完整;确定固定资产的计价是否恰当;确定固定资产的期末余额是否正确;确定固定资产的披露是否恰当。

固定资产实质性程序的主要内容包括四个方面。

## (一) 固定资产账面余额的实质性程序

**1. 核对固定资产账簿** 应根据固定资产总账余额核对固定资产明细账余额合计数是否相符,如果不符,应查明原因,及时进行处理;然后,根据固定资产各明细账余额核对固定资产卡片余额是否相符,通过核对,做到固定资产账账、账卡相符。

**2. 编制固定资产及累计折旧汇总表** 固定资产及累计折旧汇总表又称综合分析表,内容包括固定资产期初余额、本期新增额、本期减少额、固定资产折旧方法、期初累计折旧额、本期计提折旧额、本期减少折旧额、期末累计折旧额等。对每一项内容应按照固定资产的分类进行分别列示,如表12-4所示。

**表12-4 固定资产及累计折旧汇总表**

| 类别 | 摘要 | 固定资产 | | | | 累计折旧 | | | | | |
|---|---|---|---|---|---|---|---|---|---|---|---|
| | | 期初账面余额 | 本期增加额 | 本期减少额 | 期末账面余额 | 折旧方法 | 折旧率 | 期初累计折旧 | 本期计提折旧 | 本期减少折旧 | 期末累计折旧 |
| | | | | | | | | | | | |
| | | | | | | | | | | | |
| | | | | | | | | | | | |
| | | | | | | | | | | | |

固定资产及累计折旧汇总表是固定资产审计的主要工作底稿,编制的目的一是为了便于查核和盘点,二是为检查固定资产增减变动提供依据。

在取得或编制了该表后,首先应确定期初余额合计是否正确。检查固定资产期初余额应分以下三种情况分别进行:第一,在连续常年审计情况下,可将表中的期初账面余额与上年审计工作底稿进行核对,以确定是否相符;第二,如果被审计单位变更会计师事务所,后任注册会计师可借阅前任注册会计师有关工作底稿,并进行复核,以确定期初余额是否正确;第三,如果被审计单位是初次审计,应对期初余额进行全面的审计。

其次,应将汇总表中的期末余额合计与总分类账余额核对,以确定账账是否相符,同时,还应与有关固定资产卡片账、明细账核对,以确定是否存在差异。如果有差异,应查明差异产生的时间,查明发生的差错,并予以调整。

**3. 实施实质性分析程序** 根据被审计单位业务的性质,选择以下方法对固定资产实施实质性分析程序:

(1) 计算固定资产原值与本期产品产量的比率,并与以前期间比较,可能发现闲置固定资产或已减少固定资产未在账户上注销的问题。

(2) 计算本期计提折旧额与固定资产总成本的比率,将此比率与上期比较,可能发现本期折旧额计算上的错误。

（3）计算累计折旧与固定资产总成本的比率，将此比率同上期比较，可能发现累计折旧核算上的错误。

（4）比较本期各月之间、本期与以前各期之间的修理及维护费用，会发现资本性支出和收益性支出区分上可能存在的错误。

（5）比较本期与以前各期的固定资产增加和减少。由于被审计单位的生产经营情况在不断地变化，各期之间固定资产增加和减少的数额可能相差很大。注册会计师应深入分析其差异，并根据被审计单位以往和今后的生产经营趋势，判断差异产生的原因是否合理。

（6）分析固定资产的构成及其增减变动情况，与在建工程、现金流量表、生产能力等相关信息交叉复核，检查固定资产相关金额的合理性和准确性。

**4. 实地检查固定资产**　对被审计单位年末账面固定资产进行实地检查，不仅可以确定其真实存在，而且可以加深了解被审计单位固定资产管理、使用情况。

实施该审计程序时，注册会计师可以采用顺查法，即以固定资产明细账为起点，进行实地追查，以证实会计记录中所列的固定资产确实存在，并了解其目前的使用情况。也可以采用逆查法，即以实地观察为起点，追查到固定资产明细账，以获取实际存在的固定资产均已入账的证据。

实地检查的重点是本期内新增的固定资产，有时观察范围也会扩展到以前期间增加的固定资产，这取决于被审计单位内部控制的强弱、固定资产的重要性和注册会计师的经验。内部控制不健全或无效时，可以对固定资产进行全面实地检查；如为初次审计，则应适当扩大观察范围。注册会计师应对盘点结果编制固定资产盘点表，并与固定资产及累计折旧汇总表相核对，以确定固定资产实有数。

**5. 检查固定资产的所有权**　对各类固定资产，注册会计师应获取、汇集不同的证据以确定其是否确属被审计单位所有。对外购的机器设备等固定资产，通常经审核采购发票、采购合同等予以确定；对于房地产类的固定资产，应查阅有关的合同、产权证明、财产税单、抵押借款的还款凭据、保险单等书面文件；对融资租入的固定资产，应验证有关合同，证实其并非经营租赁；对汽车等运输设备，应验证有关准购证和执照等，证实其非租入。

**6. 检查本期固定资产的增加**　被审计单位固定资产的增加，一般的途径有外购、自营建造、其他单位投资转入、融资租入、在原有基础上的改造或扩建、接受捐赠和盘盈等。由于购入和自制自建固定资产涉及的环节较多，容易发生错误与舞弊，因此，注册会计师应把重点放在购入和自制自建增加固定资产的审计上。

（1）对外购固定资产，应通过核对采购合同、发票、保险单、发运凭证等文件，查明以下事项：

1）检查固定资产购建计划是否合理、合法。企业对所拥有的固定资产应充分利用，该审计程序主要应查明所确定的购建项目是否符合生产经营需要，资金来源是否合法。

2）检查固定资产购建合同是否严格执行。主要应查明购建合同是否符合合同法，其中所列的项目数量和质量是否符合计划要求，价格是否合理，合同的条款是否严格执行，有无违反的情况。

3）检查固定资产购建支出是否符合规定。主要应查明固定资产购建的各项支出是否真实、合法，有无非法行为。

4）检查固定资产利用程度是否符合预定的要求。主要检查有无闲置、未使用、不需用或不按用途使用的新增固定资产,对于存在的问题,应查明原因和追究责任。

(2) 对自制固定资产的审计,应检查建设项目的审批文件,是否经过合理的授权审批;检查建设项目材料购入的发票、劳务费用记录、间接费用的分摊等;对已完工的项目,应检查完工结算单和固定资产移交清单,并实地观察固定资产;追查账簿记录是否正确;确定固定资产的使用年限和预计残值是否合理;对未完工的固定资产应现场观察施工情况与施工进度,检查施工通知单。

(3) 对以投资形式转入固定资产的审计,应重点查明固定资产的投入是否有相应的审批手续和合同,是否经过了资产评估;投入的固定资产品名、型号、规格、数量是否与合同所规定的一致;投入固定资产是否为企业所需,有无以次充好的现象。

(4) 对融资租赁增加的固定资产,获取融资租入固定资产的相关证明文件,检查融资租赁合同主要内容,并结合长期应付款、未确认融资费用科目检查相关的会计处理是否正确。

(5) 对于企业合并、债务重组和非货币性资产交换增加的固定资产,检查产权过户手续是否齐备,检查固定资产入账价值及确认的损益和负债是否符合规定。

(6) 检查固定资产的后续支出是否符合资本化条件,会计处理是否正确。

(7) 检查固定资产是否需要预计弃置费用,相关的会计处理是否符合规定。

**7. 检查本期固定资产的减少** 企业固定资产的减少,大致有以下去向:出售、报废、毁损、向其他单位投资转出、盘亏、向债权人抵债转出等。

为了保护固定资产的安全和完整,必须对固定资产的减少进行严格的检查,从而确定固定资产减少的合理性、合法性。由于固定资产减少的原因不同,在检查时应分别不同情况,抓住审计重点。对各种固定资产减少的审计,重点如下:

(1) 检查减少固定资产的批准文件。

(2) 检查减少固定资产是否进行技术检验或评估。

(3) 检查减少固定资产的会计账务处理是否正确,累计折旧是否冲销。

(4) 检查减少固定资产的净损益,验证其正确性与合法性,并与银行存款、营业外收支、投资收益等有关账户相核对。

(5) 检查是否存在未作会计记录的固定资产减少业务。有些被审计单位会出现固定资产账存实亡现象,这可能是由于固定资产管理或使用部门不了解报废固定资产与会计核算两者间的关系,擅自报废固定资产而未及时通知财务部门在会计账户上作相应的核算形成的,这势必造成会计报表信息的失真。该审计要点如下:①复核本期是否有新增加的固定资产替换了原来的固定资产;②分析营业外收支等账户,查明有无处置固定资产所带来的收支;③若某种产品因故停产,追查其专用生产设备等的处理情况;④向被审计单位的固定资产管理部门查询本期有无未作会计记录的固定资产减少业务。

**8. 检查固定资产的租赁** 企业有时可能有闲置的固定资产供其他单位租用;有时由于生产经营的需要,也需要租用固定资产。租赁分为经营性租赁和融资租赁两种。

对于经营性租赁,承租方按合同规定的时间交付租金,只有固定资产使用权,并不拥有固定资产所有权。因此,企业租入固定资产并未因此而增加固定资产的价值,企业只需在固定资产备查簿中进行登记,不能通过"固定资产"账户核算。而出租方拥有固定资产的所有权,仍应对该固定资产计提折旧,并取得租金收入。检查固定资产经营性租赁时,应查明:

(1) 该经营性租赁是否签订了租赁合同、租约,手续是否完备,合同内容是否符合国家规定,是否经过相关部门的审批。

(2) 租入的固定资产是否确属企业必需,或出租的固定资产是否确属企业多余、闲置不用,双方是否存在不正当的交易。

(3) 租金收入是否签有合同,有无多收或少收现象。

(4) 租入的固定资产有无久占不用的现象,或租出的固定资产有无长期不收租金、无人过问,是否有变相馈送、转让等情况。

(5) 租入固定资产是否已记入备查簿。

对于融资租入的固定资产,承租方按规定分期偿还本息,当最后一期本息付清后,取得固定资产的所有权。因此,承租方在租赁期间,应对该租入固定资产计提折旧、进行维修。在检查融资租入的固定资产时,除可参照经营性租入固定资产检查的要点以外,还要注意融资偿付的利息,其利率的计算是否与市场利率相当;融资租入固定资产的计价是否正确,并结合长期应付款、未确认融资费用等科目检查相关的会计处理是否正确。

**例**:注册会计师在审计某公司的固定资产项目时,发现如表12-5所示的异常情况。

**表12-5 公司固定资产项目情况**

| 固定资产名称 | 固定资产明细账 | 固定资产卡片 | 实存数量 |
|---|---|---|---|
| 甲 | 10台 | 10台 | 9台 |
| 乙 | 8台 | 8台 | 9台 |
| 丙 | 10台 | 9台 | 10台 |
| 丁 | 3台 | 2台 | 2台 |

要求:请分析产生各种情况可能的原因及注册会计师应提出的调整建议。

分析思路:

A. 甲设备账卡相符,实物短缺1台,原因可能是:

a. 该设备已报废处理,但账卡未注销,若为事实,应建议公司予以注销账卡。

b. 应保管不善,设备被盗,若为事实,应建议公司追究保管者的责任。

c. 设备出租,但没有记入出租固定资产账户,若为事实,应建议公司补记。

B. 乙设备账卡相符,实物多出1台,原因可能是:

a. 该设备已报废处理,卡片已注销,但实物仍在使用。

b. 购进时未作固定资产入账,而作低值易耗品入账,但盘点时作为固定资产,查明后,应对照其价值和使用年限,若符合标准,补记固定资产账簿,若不符合标准,则不作盘盈,不记入固定资产账簿。

c. 将租入固定资产误记作盘盈,查明后应将设备在备查簿上登记。

C. 丙设备明细账与实物相符,但卡片少了1台,原因可能是购进时,有1台没有在卡片上登记,若为事实,应建议公司补记卡片。

D. 丁设备卡片与实物相符,但固定资产明细账多了1台,原因可能是该设备已出售,但明细账没有注销,若为事实,应建议公司及时予以处理。

一般地,注册会计师在抽查固定资产时,应关注固定资产的账、卡、物是否相符。如果不符,应查明原因,提请被审计单位改正。同时,针对造成被审计单位的账、卡、物不符的内部控制制度，应提出改进建议。

## （二）固定资产累计折旧的实质性程序

在不考虑固定资产减值准备的前提下，影响折旧的因素有折旧基数、固定资产净残值和预计使用年限三个方面。在考虑固定资产减值准备的前提下，影响折旧的因素则包括折旧的基数、累计折旧、固定资产减值准备、固定资产预计净残值和固定资产尚可使用年限五个方面。可见，固定资产折旧主要取决于企业的折旧政策，具有一定程度的主观性。

对固定资产折旧的审计目标在于确定折旧政策和方法是否符合有关会计制度的规定，是否一贯遵守；确定累计折旧增减变动的记录是否完整；确定折旧费用的计算、分摊是否正确；确定累计折旧的期末余额是否正确；确定累计折旧在会计报表上的披露是否恰当。因此，对累计折旧的实质性程序包括：

**1. 检查固定资产折旧政策与方法**

（1）企业选择的固定资产折旧政策与方法是否按管理权限经由股东大会、董事会或类似机构批准；是否按法律、行政法规的规定报送有关各方备案。

（2）固定资产的折旧政策与方法是否前后期一致，如不一致，应查明原因，并确定其对被审计单位年度损益的影响，检查在会计报表附注中是否已作充分揭示。

**2. 检查固定资产折旧额的计提**

（1）对累计折旧进行分析性复核：可以选择以下方法：

1）对折旧计提的总体合理性进行复核，这是测试折旧正确与否的有效办法。如果总的计算结果和被审计单位的折旧额相近，且固定资产及累计折旧的内部控制较健全时，就可以适当减少累计折旧和折旧费用的其他实质性程序工作量。

2）计算本期计提折旧额占固定资产原值的比率，并与上期比较，分析本期折旧计提额的合理性和准确性。

3）计算累计折旧占固定资产原值的比率，评估固定资产的老化率，并估计因闲置、报废等原因可能发生的固定资产损失，结合固定资产减值准备，分析其是否合理。

（2）检查折旧的计提和分配

1）固定资产折旧额的计提范围是否符合规定。主要检查被审计单位是否严格执行企业会计制度，有无将不应计提折旧的固定资产照样计提折旧；有无将应计提折旧的固定资产不计提折旧的情况。

2）固定资产预计使用年限和预计净残值是否符合本企业固定资产的性质和消耗方式，有无为调节损益而随意改变固定资产预计使用年限及净残值的情况。

3）固定资产折旧率的使用是否符合规定。应注意预计的使用年限、残值、清理费用等指标，是否切合实际，计算是否正确。企业使用的折旧率一经确定，不得随意变更。

4）固定资产折旧额的计算是否正确。主要是通过固定资产折旧计算表，对照记账凭证、固定资产卡片和固定资产使用情况的记录进行核对和检查。在检查时，除检查表内项目计算的正确性外，还应检查计提折旧额有无多提或少提的情况。特别应注意有无已提足折旧的固定资产继续超提折旧的情况和在用固定资产不提或少提折旧的情况；已全额计提减值准备的固定资产是否已停止计提折旧。

5）计提的折旧额是否已全部计入成本、费用。固定资产应计提的折旧一经确定，就要按固定资产用途,分别计入有关的成本、费用。在检查时,可将"累计折旧"账户贷方的本期计提折旧额与相应的成本费用中的折旧费用明细账户的借方比较,以查明有无不按固定资产用途而任意计入成本、费用的情况,有无为调节本期成本、损益而多计或少计折旧费用的现象。

(3) 检查累计折旧的披露是否恰当:如果被审计单位是上市公司,应在其会计报表附注中按固定资产类别分项列示累计折旧期初余额、本期计提额、本期减少额及期末余额。

### (三) 固定资产减值准备的实质性程序

根据企业会计制度规定,企业应当在期末或者至少在每年年度终了,对固定资产逐项进行检查,对于市价持续下跌,或技术陈旧、损坏、长期闲置等原因导致其可收回金额低于账面价值的,应当将可收回金额低于其账面价值的差额作为固定资产减值准备。

固定资产减值准备的实质性程序为:

(1) 获取或编制固定资产减值准备明细表,复核加计正确,并与报表数、总账数和明细账合计数核对是否相符。

(2) 检查固定资产减值准备的计提和核销的批准程序,取得并核对书面报告等证明文件,以查明固定资产减值准备的计提是否符合制度规定,计提的依据是否充分,计提数额是否恰当,有无计提秘密准备的现象以及相关的会计处理是否正确。如有确凿证据表明企业不恰当地应用了谨慎性原则计提秘密准备的,应当予以调整,并确定其对被审计单位年度损益的影响。

(3) 实施实质性分析程序,计算本期末固定资产减值准备占期末固定资产原值的比率,并与期初数比较,分析固定资产的质量状况。

(4) 检查是否存在转回减值准备的情况。按照企业会计准则规定,固定资产减值损失一经确认,在以后会计期间不得转回。

(5) 确定固定资产减值准备在会计报表上的披露是否恰当。注册会计师除了关注在会计报表附注披露上的恰当性以外,还应关注企业资产减值准备明细表中有关固定资产减值准备内容披露的恰当性。

### (四) 检查固定资产有关项目在资产负债表上列示的恰当性

有关固定资产在资产负债表上应揭示的项目有:固定资产原价、累计折旧、固定资产净值、固定资产减值准备、固定资产净额、工程物资、在建工程、固定资产清理和固定资产合计。审核的内容主要包括两个方面:一是固定资产、累计折旧及固定资产减值准备的列示方式、内容是否符合企业会计制度的要求,列示的金额与注册会计师所核实的金额是否一致;二是复核企业固定资产、累计折旧及固定资产减值准备的会计政策与方法是否予以恰当披露。注册会计师应依据前述各检查内容,检查资产负债表中有关固定资产的各项数据的恰当性,验证下列项目之间的勾稽关系:

固定资产净值=固定资产原值-累计折旧

固定资产净额=固定资产净值-固定资产减值准备

固定资产合计=固定资产净额+固定资产清理+在建工程+工程物资

# 第5节 其他相关账户的实质性程序

**1. 预付账款的实质性程序**

(1) 预付账款的发生是否合规:注册会计师可抽查与预付账款有关的采购合同、相关凭证,以检查预付账款的发生是否符合有关规定,是否属于正常的业务经营范围,有无随意预付的现象。

(2) 检查预付账款是否真实:注册会计师可以对预付账款明细账余额进行函证,对于回函金额不符的,应查明原因并提请被审计单位作适当的调整。对于未回函或未函证的,可采用替代审计程序,并根据其结果判断预付账款的真实性和收回的可能性。

(3) 检查预付账款会计处理是否正确:注册会计师应通过预付账款明细账抽查入库记录,查明是否有将同一笔已结清的账款在预付账款和应付账款两个项目同时挂账的情况;结合应收账款的检查,查明是否有将预付账款记入应收账款借方的现象,如有应提请被审计单位重新分类并作相应调整。注册会计师还应检查长期挂账的预付账款,分析原因,必要时提请被审计单位予以调整。

(4) 检查预付账款在资产负债表上的披露是否恰当:一是检查预付账款是否存在贷方余额,如有提请被审计单位重新分类并调整;二是检查报表上预付账款的数量是否与审定数一致,报表附注是否已按规定进行披露。

**2. 应付票据的实质性程序**

(1) 取得或编制应付票据及利息明细表:应付票据及利息明细表的内容应包括:票据类别、号码、出票日、面额、利率、收款人、到期日、付款条件、抵押品名称、数量、金额等。该明细表应同应付票据及有关明细账、总分类账进行核对,核对时应注意有无漏报或错报票据,有无将抵押物品漏列,有无多记或少记利息费用等。

(2) 检查有关凭证及附件,并核对会计记录:根据应付票据及利息明细表中的项目进行检查,检查有关的记账凭证及相关的原始凭证,同时与有关的会计记录进行核对,确定会计记录是否正确;与有关的“应付票据备查簿”进行核对,确定备查簿的记录是否完整。

(3) 审核到期应付票据的承兑情况:抽查到期应付票据,检查是否及时进行清算,是否记入应付票据的借方,并在“应付票据备查簿”中注销;对到期未能承兑的应付票据,应查明原因,并建议被审计单位采取措施予以纠正。

(4) 检查带息票据的利息计算及账务处理是否正确:抽查已到期或未到期的票据,对其已到期支付的利息或未到期的应付利息进行重算,然后,与被审计单位的有关利息计算单据相比较,确定票据利息的计算是否正确,同时追查相关的会计处理,确定会计记录是否正确。

(5) 检查应付票据中所存在的抵押或担保契约,并在工作底稿中予以记录。

(6) 函证资产负债表日未到期的应付票据:函证的内容包括:出票日、到期日、票面金额、未付金额、利率以及票据抵押品或担保条款等。

(7) 确定应付票据在资产负债表上的表述是否恰当:应付票据在资产负债表上单独列示为流动负债,并对其金额、利率、到期日、抵押品或担保条款在报表附注中进行详细说明。

**3. 在建工程的实质性程序**

(1) 获取或编制在建工程明细表,复核加计正确,并与报表数、总账数和明细账合计数核对相符。

(2) 检查本期在建工程的增加数

1) 对于重大建设项目,取得有关工程项目的立项批文、预算和建设批准文件、施工承包合同、现场监理施工进度报告等资料。

2) 对支付的工程款,应抽查其是否按合同、协议、工程进度或监理进度报告分期支付,付款授权审批手续是否齐备,会计处理是否正确。

3) 对领用的工程物资,检查其领用是否有审批手续,会计处理是否正确。

4) 对于用于工程的专门借款,应检查其资本化的起讫日的界定是否合规,计算方法是否正确,资本化会计处理是否正确。

5) 对于计缴的土地开发费,应检查土地开发费的合法性、真实性,并检查会计处理是否正确。

6) 对于已取得土地使用权的,待该项土地开发时,是否将其账面价值转入相关工程成本。

(3) 检查本期在建工程的减少数

1) 检查在建工程转销额是否正确,是否存在将已交付使用的固定资产仍列为在建工程而少计折旧的现象。

2) 检查已完工项目的竣工决算报告、验收交接单等相关凭证及其他原始凭证,检查其会计处理是否正确。

(4) 观察工程现场:确定在建工程是否存在;了解工程项目的实际完工进度;检查是否存在实际已使用但未办理竣工决算手续、未及时进行会计处理的项目。

(5) 检查在建工程减值准备的计提:主要应查明在建工程减值准备的计提方法是否符合制度规定,计提的依据是否充分,计提的金额是否恰当,相关的会计处理是否正确,前后期是否一致。特别应关注以下几点:

1) 当存在下列一项或若干项情况时,是否按规定计提了在建工程减值准备:①长期停建并预计在未来3年内不会重新开工的在建工程;②所建项目无论在性能上,还是在技术上已经落后,并给企业带来的经济利益具有很大的不确定性;③其他足以证明在建工程已经发生减值的情形。

2) 检查是否存在转回减值准备的情况。按照企业会计准则规定,在建工程减值损失一经确认,在以后会计期间不得转回。

3) 运用实质性分析程序,分析期末在建工程减值准备数额与在建工程期末账面余额的比率,并与期初数比较。如有异常波动,查明波动原因,判断波动的合理性。

4) 检查实际发生在建工程损失时,相应减值准备的转销是否符合有关规定,会计处理是否正确。

(6) 检查有无与关联方相关的工程建造或代开发业务:若有,是否经适当授权,是否按正常交易价格进行结算。

(7) 结合银行借款等的检查,了解在建工程是否存在抵押、担保情况:如有,则应取证记录,并提请被审计单位作必要的披露。

(8) 检查在建工程合同,确定是否存在与资本性支出有关的财务承诺。

(9) 确定在建工程在资产负债表上的披露是否恰当:如果企业计提了在建工程减值准备,则应在会计报表附注中说明在建工程减值准备的确认标准和计提方法。检查在建工程减值准备的披露是否恰当,除了关注其在会计报表附注披露上的恰当性以外,还应当关注企业资产减值准备明细表中有关在建工程减值准备内容披露的恰当性。

**4. 无形资产的实质性程序**

(1) 检查无形资产的所有权或使用权:对每项无形资产都应验证、核对有关凭证和文件(如自创商标的注册证明书、专利权的专利证书、外购专利的购买协议及支付凭证等),确定其存在并归企业所有。

(2) 检查无形资产的增减及计价:企业无形资产在取得时,以实际成本计价,因此,检查无形资产的计价主要是将无形资产的入账金额与有关原始凭证相核对来完成。由于无形资产的来源渠道不同,其计价方法也不相同:购入的无形资产应按实际支付的成本入账;投资者投入的无形资产,按投资各方确认的价值入账;接受的债务人以非现金资产抵偿债务方式取得的无形资产,或以应收债权换入的无形资产,应按应收债权的账面价值加上应支付的相关税费入账;以非货币性交易换入的无形资产,按换出资产的账面价值加上应支付的相关税费入账;自行开发并按法律程序申请取得的无形资产,按依法取得时发生的注册费、聘请律师费等费用,作为无形资产的实际成本。检查时要注意有无故意虚列或多列无形资产价值的情况。需要指出的是,企业如果存在商誉,应列为检查的重点。因为商誉只有在企业兼并或购买另一个企业时才能入账,自创的商誉,不能作为无形资产入账。

在检查无形资产减少时,应检查无形资产减少的原因,尤其重点检查无形资产投资和转让的减少,并严格区分投资和转让所有权与投资和转让使用权两种情况,对此,应检查有关的转让合同并追查相应的收款记录。对无形资产的注销,应检查有关部门准予注销的审批文件。

(3) 检查无形资产的摊销:无形资产的摊销是否正确,直接影响无形资产在资产负债表上的表述,同时还影响当期利润与所得税的计算。无形资产的摊销采用分期平均摊销法,其摊销额直接冲减无形资产成本,因此无形资产账户余额反映无形资产的摊余价值。检查时应注意两个方面:一是确定无形资产的摊销年限是否符合有关规定,有无人为延长摊销期或缩短摊销期的情况;二是检查无形资产的摊销方法是否符合规定,即自取得当月起在预计使用年限内分期平均摊销。同时,应抽查当期无形资产摊销业务的有关原始凭证,并追查有关明细账、总账记录,以确定摊销额的计算及会计记录是否正确。

(4) 检查无形资产的减值准备:根据企业会计制度的规定,企业应当的期末或至少在每年年度终了,对无形资产进行检查,合理地预计可能发生的损失,对可收回金额低于账面价值的金额,计提无形资产减值准备。检查时应注意被审计单位计提的减值准备有无计提秘密准备的现象,如有确凿证据表明企业不恰当地应用了谨慎原则计提秘密准备的,应当予以调整,并确定其对被审单位年度损益的影响。

(5) 检查无形资产的披露:检查无形资产的披露应关注以下几个方面:①无形资产在资产负债表上的列示是否符合企业会计制度的规定,即无形资产项目应当按照减去无形资产减值准备后的净额反映;②无形资产的计价和摊销方法是否在报表附注中恰当披露;③无形资产减值准备是否在资产减值准备表中恰当披露。

## 本章小结

采购与付款循环是企业日常发生的重要业务循环之一，涉及与请购、订购、验收、储存、付款和记录相关的业务活动和凭证记录。审计目标包括真实性、完整性、权利和义务、准确性、计价和分摊、截止、分类与披露。在重要性方面，采购与付款循环影响的账户较多，并且从单个来看都很重要。在审计风险方面，涉及的业务环节较多，企业中许多舞弊行为经常在本循环中发生，导致产生重大错报风险。

采购与付款循环的内部控制、控制测试和交易的实质性程序形成一个相互联系的体系。根据内部控制目标，列示了相应的关键内部控制、常用的控制测试和交易实质性程序，它们涵盖了循环的主要业务活动和凭证记录。与一般物品比较，固定资产的控制测试还应关注预算制度、授权批准制度、账簿记录制度、职责分工制度、资本性支出和收益性支出的区分制度、处置制度、定期盘点制度和维护保养制度等。

采购与付款循环的实质性程序主要介绍了应付账款项目和固定资产项目。对应付账款审计应重点关注完整性目标，比较其与应收账款审计的异同。对固定资产审计主要包括账面余额、累计折旧和减值准备三个方面。此外，还简要介绍了循环中其他相关项目的审计。在学习过程中，应结合具体会计实务，灵活掌握各种审计方法及其综合运用，解决审计过程中存在的实际问题。

## 案例

### 购货与付款循环审计

#### 一、案 例 背 景

环球股份有限公司成立于 1999 年，公司主营业务为金属材料、功能材料的生产加工、销售，高科技产品的研制、生产、经销等。诚达会计师事务所自 2001 年开始接受环球股份有限公司董事会委托，对环球股份有限公司进行年度会计报表审计。20×8 年 2 月 15 日至 3 月 3 日，诚达会计师事务所派出以王芳为项目经理，以高峰、郭达、李明为组员的审计小组，对该公司 20×7 的会计报表进行了审计。

根据分工，高峰负责购货与付款循环的审计测试与取证工作。本案例主要反映购货与付款循环的内部控制测试、应付账款和固定资产的实质性测试程序。

#### 二、案例内容与过程

（一）购货与付款循环的内部控制测试

高峰首先对购货与付款循环的内部控制进行了测试，测试过程及结果如下：

1. 随机抽取 20×7 年 1～12 月开出的购货合同 60 份，与请购单、卖方发票、验收单、入库单、付款凭单、记账凭证相核对，并追查至明细账和总账，测试相符率为 98%。

2. 固定资产和在建工程内部控制的符合性测试：

（1）抽查本年度新增加的 10 项固定资产和 2 项在建工程项目，均有预算，并经过董事会授权批准。

（2）在建工程中付款均具有发票或其他原始凭证。

（3）完工工程中借款费用资本化的计算方法正确，资本化金额合理。

(4) 除营业楼扩建工程外,完工工程已转入固定资产办理竣工验收和移交使用手续。

(5) 固定资产折旧方法为直线法,折旧率符合规定,前后期一致。

(6) 固定资产的毁损、报废、清理经过技术鉴定和授权批准。

(7) 固定资产每年盘点一次。

3. 付款业务的检查与现金和银行存款符合性测试结果相符率99%。

根据以上测试结果,高峰下了这样的测试结论:该循环测试相符率较高,可适当简化实质性测试审计程序。

## (二) 应付账款实质性测试

1. 获取应付账款明细表

审计人员高峰从客户处取得了应付账款明细表,如表12-6所示。

高峰首先对明细表中的期初余额、借贷方发生额和合计的期末余额进行了复核,准确无误,将其与应付账款明细账、总账的相关金额相核对,证明相符。

但发现G公司明细账户有借方余额50万元,经查属于正常的经济业务往来款项。应付账款科目所属明细科目的借方余额应在"预付账款"项目反映,且金额较大,因此建议重分类调整为:

借:预付账款——G公司　　500 000

　贷:应付账款——G公司　　500 000

**表12-6　应付账款明细表**

| 账户名称 | 期初余额 | | 本期发生额 | | 期末余额 | | 备注 |
|---|---|---|---|---|---|---|---|
| | 借方 | 贷方 | 借方 | 贷方 | 借方 | 贷方 | |
| A | | 500 000 | 1 000 000 | 1 100 000 | | 600 000 | |
| B | | 100 000 | 0 | 0 | | 100 000 | |
| C | | 50 000 | 150 000 | 160 000 | | 60 000 | |
| D | | 230 000 | 650 000 | 860 000 | | 440 000 | |
| R | | 56 000 | 356 000 | 380 000 | | 80 000 | |
| F | | 170 000 | 930 000 | 1 300 000 | | 540 000 | |
| G | | 0 | 500 000 | 0 | 500 000 | | |
| Y | | 87 000 | 400 000 | 430 000 | | 117 000 | |
| W | | 430 000 | 2 330 000 | 2 700 000 | | 800 000 | |
| X | | 200 000 | 1 600 000 | 1 400 000 | | 0 | |
| …… | | | | | | | |
| 合计 | | 2 900 000 | 13 600 000 | 15 000 000 | 500 000 | 4 800 000 | |

2. 函证应付账款

审计人员高峰选择了余额在40万元以上的8户明细账户及余额较小但本期发生额较大的7户,发出肯定式函证共计15份,收回14份。对收回的14份进行函证结果分析,未发现异常情况。对未收回的W户80万元进行如下替代程序:

(1) 检查购销合同,合同号为0089号,双方约定货物收到后6个月付款。

(2) 查验仓库收货记录,供货方所发货物与合同一致,已办理估价入库手续(价格与合同一致)。

(3) 查验被审计单位付款凭证为次年2月份银存字40万,所付银行汇票存根联收款单位名称与合同签订相符。

3. 查找未入账的应付账款

为防止企业低估负债，查证企业是否存在未入账的应付账款，审计人员高峰实施了以下的审计程序：

(1) 检查环球公司在资产负债表日未处理的抬头不符、与合同不符等不相符购货发票、有材料入库凭证但未收到购货发票等的经济业务。

(2) 检查资产负债表日后应付账款明细账贷方发生额的相应凭证，确认其入账时间是否正确。

(3) 检查资产负债表日后应付账款明细账贷方发生额的相应凭证，确认其入账时间是否正确。

(4) 询问环球公司的会计和采购人员。

(5) 查阅环球公司的资本预算、工作通知单和基建合同等。

在审计实施过程中发现的情况及相应处理如下：

(1) 12 月 30 日从 M 公司购入甲货物 100 万元，并已包括在当年 12 月 31 日的实物盘点范围内，而购货发票于 20×8 年 1 月 2 日才收到，记入了 20×8 年 1 月份的账内，20×7 年 12 月无进货和对应的负债记录。

由于销售成本核算一般采用倒挤法，如果存货包括在盘点范围内，购货发票未入账，就会虚减销售成本，虚增本年利润。于是，高峰提请环球公司调整相应的会计记录和报表数额，其会计调整分录为：

借：原材料——甲货物　　1 000 000

　应交税费——应交增值税(进项税额)　　170 000

　贷：应付账款——M 公司　　1 170 000

(2) 12 月 31 日收到 L 公司开来的购货发票，专用发票注明原材料价款及运费为 16 000 元，增值税税款为 2720 元(运出地交货)。会计人员待 20×8 年 1 月 7 日收到原材料并验收入库后，支付款项时才作了相应的会计处理。

该笔业务属于存货及应付账款同时漏记，虽然也低记了负债，但由于存货未包括在年末盘点范围内，并不影响利润，且金额较小，对会计报表的影响并不重要，因此，可不予以调整。

4. 审查长期挂账的应付账款

审计人员在审验过程中发现，B 公司账户账龄已有 2 年。据被审计单位有关人员介绍，B 公司业已破产，款项已无法支付，还未对该款项进行处理。根据准则规定，无法支付、长期挂账的应付账款，应转入营业外收入。因此，审计人员提请作如下调整：

借：应付账款——B 公司　　100 000

　贷：营业外收入　　100 000

### (三) 固定资产和累计折旧实质性测试

1. 取得固定资产和累计折旧分类汇总表

审计人员首先取得固定资产和累计折旧分类汇总表(如表 12-7 所示)，并进行了复核，将汇总表与明细账、总账核对一致。高峰还认真地将汇总表中的期初余额与上年审计工作底稿中的审定数予以核对，证实公司已按上年审计要求予以调账，年初数核对一致。

2. 审查固定资产的增加

20×7 年，环球公司固定资产增加情况如下：

(1)5 月 10 日从"在建工程"转入生产用房屋(甲产品生产线厂房)3 750 000 元，机械设备(甲产品生产线)6 100 000 元。

(2) 9 月 1 日直接购入并投入使用的运输设备 400 000 元。

(3) 12 月 10 日从"在建工程"转入非生产用房价值 2 600 000 元。

对于 9 月 1 日直接购入的运输设备，高峰通过核对购货合同、发票、保险单、发运凭证等文件，证明其计价正确，授权批准手续齐备，会计处理正确。对于在建工程转入的，高峰着重检查了竣工决算、验收和移交报告是否正确，与在建工程相关的记录核对是否相符，资本化利息金额是否恰当。发现 5 月 10 日转入的机械设备6 100 000元中,有自产设备800 000元,是按成本价从存货中直接转入的(不含税销售价100万元)。因此高峰建议如下调整:

表12-7 固定资产及累计折旧分类汇总表

客户名称: 编制人: 日期: 索引号:
截止日期: 复核人: 日期: 页次:

| 固定资产类别 | 固定资产 | | | |
|---|---|---|---|---|
| | 期初余额 | 本期增加 | 本期减少 | 期末余额 |
| 房屋建筑物 | | | | |
| 1.生产用 | 12 083 400 | 3 750 000 | 2 000 000 | 13 833 400 |
| 2.非生产用 | 5 283 656 | 2 600 000 | | 7 883 656 |
| 机械设备 | | | | |
| 1.办公设备 | 9 854 264 | | | 9 854 264 |
| 2.专用设备 | 52367825 | 6 100 000 | 2 700 000 | 55 767 825 |
| 3.运输设备 | 4 253 658 | 400 000 | 450 000 | 4 203 658 |
| 4.其他设备 | 4 725 023 | | | 4 725 023 |
| 合计 | 88 567 826 | 12 850 000 | 5 150 000 | 96 267 826 |
| | 累计折旧 | | | |
| 房屋建筑物 | | | | |
| 1.生产用 | 5 885 010.4 | 404 453.03 | 1 550 000 | 4 739 463.43 |
| 2.非生产用 | 1 634 638.72 | 125 486.83 | | 1 760 125.55 |
| 机械设备 | | | | |
| 1.办公设备 | 3 251 907.12 | 850 422.98 | | 4 102 330.10 |
| 2.专用设备 | 7 331 495.50 | 6 030 234.50 | 1 950 000 | 11 411 730.00 |
| 3.运输设备 | 136 110.56 | 516 997.90 | 360 000 | 1 518 167.65 |
| 4.其他设备 | 897 754.37 | 561 095.48 | | 1 458 850.85 |
| 合计 | 20 361 976.67 | 8 488 689.91 | 3 860 000 | 24 990 667.58 |

借:固定资产 170 000
　　贷:应交税费——应交增值税 170 000

假设专用设备预计使用年限10年,残值率5%;则应补提折旧9 421[170 000×(1-5%)×7÷12÷10]元,补提折旧的调整分录为:

借:制造费用 9421
　　贷:累计折旧 9421

3. 审查固定资产的减少

环球公司20×7年固定资产减少情况如下:

(1) 3月5日因报废和毁损转“固定资产清理”950 000元。其中:生产用房屋建筑物原值2 000 000元,净值450 000元;专用设备原值1800 000元,净值500 000元。

(2) 8月1日向外出售专用机械设备,原值900 000元,净值250 000元。

(3) 12月1日向外出售运输设备原值450 000元,净值90 000元。

审计人员高峰首先审查了减少固定资产的授权批准文件,确认符合有关规定,并验证其数额计算准确。此外，高峰还结合固定资产清理科目，审查了固定资产账面转销额正确，同时关注是否存在未作会计记录的固定资产减少业务，未发现异常情况。

4. 审查固定资产折旧的提取

审计人员首先对折旧计提的总体合理性进行了复核。具体方法是，先对本期增加和减少固定资产、使用年限长短不一的和折旧方法不同的固定资产作适当调整，然后将本期应提折旧的固定资产余额乘折旧率。

在进行分析性复核后，审计人员审查了折旧的计提和分配的账户，并将“累计折旧”账户贷方的本期计提折旧额与相应的成本费用中的折旧费用明细账户的借方相比较，以查明计提折旧金额是否已全部摊入本期产品成本或费用。

最后，审计人员对某些折旧的计提过程追查至固定资产登记卡，特别注意有无已提足折旧的固定资产继续超提折旧的情况和在用固定资产不提或不提折旧的情况。

在以上审计过程中，审计人员发现办公设备5~9月份的折旧明显高于其他月份，结果查出公司所有的夏季使用的空调设备，只按实际使用月份（5~9月）提取，少提了7个月的折旧费。经计算共少提35万元，建议调整如下：

借：管理费用　　22万
　　销售费用　　13万
　贷：累计折旧　　35万

5. 实地观察固定资产

审计人员以固定资产明细分类账为起点，进行了实地追查，以证明会计记录中所列固定资产确实存在，并了解其目前的使用情况。

审查发现环球公司账面上有20台非生产用汽车，实际盘点仅16台。经查阅有关资料及向有关人员调查，了解到这4台汽车已于20×7年6月30日变卖，实际收款48 000元，并将实际收到的价款记入“其他应付款”科目。这4台车变卖时的账面原值为240 000元，净值为50 000元。由于未减少固定资产造成多提折旧6个月，计13 000元。因此，审计人员建议调整分录如下：

(1) 借：固定资产清理　　50 000
　　　　累计折旧　　190 000
　　　　贷：固定资产　　240 000
(2) 借：其他应付款　　48 000
　　　　贷：固定资产清理　　48 000
(3) 借：营业外支出　　2000
　　　　贷：固定资产清理　　2000
(4) 借：累计折旧　　13 000
　　　　贷：管理费用　　13 000

另外在实地观察中还发现，环球公司现用的营业楼的扩建部分，20×7年12月已实际投入使用，但追查至固定资产账面无此项目，补充审计程序查验该项目仍在“在建工程”科目反映。结合在建工程科目的检查，发现该扩建项目总成本为150 000，因此，审计人员建议如下调整：

借：固定资产　150 000
　贷：在建工程　150 000

6. 审查固定资产的所有权

审计人员主要通过审阅产权证书、财产保险单、财产税单、运营证件等合法书面文件，以确定所审查的固定资产是否确实为企业所拥有。对于新增的固定资产，审计人员除了获取产权证书副本外，进一步审核了有关合同、发票、付款凭证。通过这些审计程序，未发现异常情况。

## 三、案例分析

(一) 关于内部控制测试

审计人员对购货与付款循环进行控制测试时，应从购货与付款循环的关键控制点着手设计控制测试，根据具体情况实施相应的测试程序。通过控制测试的结果，然后根据重大错报风险水平确定出可接受的检查风险。如果可接受的检查风险中等，实质性测试的样本量适中；如果可接受的检查风险低，实质性测试以余额测试为主，测试的样本量较大。本案例中控制测试结果认为，可适当简化实质性测试审计程序，即意味着可接受的检查风险较高，实质性测试的样本量较小。

(二) 关于应付账款的实质性测试

1. 应付账款函证时，应选择较大金额的债权人，以及那些在资产负债表日金额不大、甚至为零，但为企业重要供货人的债权人，作为函证对象；如无回函时，应补充替代审计程序来查证。

2. 注册会计师审计负债类项目和审计资产类项目不同，其主要的不同点表现在：

(1) 资产类项目的审计侧重于防止企业高估资产来调节利润，而负债类项目的审计则侧重于防止低估负债。

(2) 资产类项目由于大多数具有实物形态，可以使用观察和盘点等审计方法，而负债类项目由于可能与千差万别的经济业务形成有关，但却没有具体的形态，不能使用观察和盘点等审计方法。

(3) 资产类项目在高估时往往需要虚构或篡改凭证，留下查证的证据，一旦审计人员查证出来，被审计单位无法抵赖；但负债类项目的低估往往是藏匿凭证，不会留下确凿的证据，一旦审计人员关注这类事项，被审计单位往往以各种理由辩解，不容易分辨是无意或是故意造成的。

因此，审计人员在审计负债类项目时，应设计一些特殊审计程序来查找未入账的负债情况。本案例中，高峰专门为查找未入账的应付账款而实施审计，发现问题，及时解决。

(三) 关于固定资产及累计折旧的实质性测试

对于固定资产是否存在、是否归属被审计单位所有的确认，主要是通过盘点、实地观察、查阅购建原始证据等方法进行。在实地观察时，需关注各项固定资产的存放地点或坐落位置、外观、名称、型号等情况，根据观察的实际状况与企业提供的固定资产明细账核对，以此确认报表账面固定资产是否存在，同时，根据提供的固定资产购置发票、竣工验收手续等确认是否归被审计单位所有。一般来说，企业的固定资产在正常经营年度增减变动不会过大，若是常年审计单位，盘点工作可适当简化，重点应关注本年度新增加减少的固定资产。

# 思考题

1. 采购与付款循环审计的具体目标有哪些？
2. 如何进行采购与付款循环审计内部控制测试？
3. 应付账款的实质性程序的主要内容有哪些？如何检查未入账的应付账款？
4. 与应收账款的函证相比，应付账款的函证有何特征？
5. 固定资产内部控制包括哪些内容？其实质性程序主要有哪些？
6. 无形资产实质性程序的主要内容有哪些？

# 练习题

## 一、判断题

1. 即使某一应付账款明细账户年末余额为零，注册会计师仍然可以将其列为函证对象。(　　)

2. 因为多数舞弊企业往往低估应付账款,所以函证不能保证查出所有未入账的应付账款。(　　)
3. 一般情况下,并不必须函证应付账款,如果函证最好采用消极函证方式。(　　)
4. 若被审计单位以往未经注册会计师审计,注册会计师应对固定资产期初余额进行较全面的审计。(　　)
5. 注册会计师审查被审计单位卖方发票、验收单、订货单和请购单的合理性和真实性,追查存货的采购至存货的永续盘存记录,可测试已发生采购业务的完整性。(　　)

## 二、单选题

1. 在验证甲公司应付账款余额不存在漏报时,注册会计师获得的以下审计证据中,证明力最强的是(　　)。
   A. 供应商开具的销售发票　　B. 供应商提供的月对账单
   C. 甲公司编制的连续编号的验收报告　　D. 甲公司编制的连续编号的订货单
2. 在被审计单位因重复付款、付款后退货及预付账款等原因,导致应付账款借方余额过大时,注册会计师应(　　)。
   A. 提请被审计单位编制重分类分录,并将其借方余额在资产负债表中列为资产
   B. 提请被审计单位在会计报表附注中说明
   C. 提请被审计单位将其借方余额冲抵应付账款,并在会计报表附注中说明
   D. 在工作底稿中编制建议调整的重分类分录,以便将其借方余额在资产负债表中列为资产
3. 在对固定资产项目进行控制测试时,注册会计师测试的重点包括(　　)。
   A. 固定资产折旧的计提是否充分
   B. 固定资产的取得和处置是否确实经过授权批准
   C. 固定资产的取得是否与预算相符
   D. 资产负债表中固定资产的列示是否与固定资产总分类账余额相一致
4. 注册会计师认为被审计单位固定资产折旧计提不足的迹象是(　　)。
   A. 经常发生大额的固定资产清理损失　　B. 累计折旧与固定资产原值的比率较大
   C. 提取折旧的固定资产账面价值庞大　　D. 固定资产保险额小于其账面价值
5. 在查找已提前报废但尚未做出会计处理的固定资产时,以下审计程序中,注册会计师最有可能实施的是(　　)。
   A. 以检查固定资产实物为起点,检查固定资产明细账和投保情况
   B. 以检查固定资产明细账为起点,检查固定资产实物和投保情况
   C. 以分析折旧费用为起点,检查固定资产实物
   D. 以检查固定资产实物为起点,分析固定资产维修和保养费用

## 三、多选题

1. 注册会计师对某公司 2006 年度会计报表进行审计。在对与固定资产相关的内部控制进行了解、测试后,注册会计师根据掌握的情况形成以下专业判断,其中正确的有(　　)。
   A. 公司建立了比较完善的固定资产处置制度,且 2006 年度发生的处置业务没有对当期损益产生重大影响,注册会计师决定不再对固定资产处置业务实施实质性程序
   B. 固定资产没有按类别、使用部门、使用状况等进行明细核算,注册会计师决定减少与之相关的控制测试,并加大实质性程序的样本量
   C. 公司建立了比较完善的固定资产定期盘点制度,于 2006 年 12 月 31 日对固定资产进行全面盘点,并根据盘点结果进行了相关会计处理,注册会计师决定适当减少抽查固定资产的样本量
   D. 公司 2006 年度固定资产的实际增减变化与固定资产年度预算基本一致,注册会计师决定减少对固定资产增减变化实施实质性程序的样本量
2. 为判断固定资产项目的总体合理性,通常可以采用的分析性复核程序有(　　)。
   A. 比较和分析本期与以前各期固定资产增减变动的差异,并根据各期生产经营的变化情况,判断差异产生的原因是否合理

B. 计算固定资产原值与本期产品产量的比率,并与以前期间比较,以判断是否存在闲置的固定资产或已减少而未注销的固定资产

C. 比较本期各月之间、本期与以前各期之间的修理和维护费用,以判断资本性支出和收益性支出的区分是否存在错误

D. 分析固定资产的构成及其变动情况,与现金流量表、在建工程等相关信息进行核对,以判断固定资产相关金额的合理性

3. 注册会计师对某公司 2006 年度会计报表进行审计。假定不考虑审计重要性水平,注册会计师对下列事项应提出审计调整建议的有(　　)。

A. 公司 2006 年 10 月从母公司购买办公楼,并于当月启用,该办公楼自 2006 年 11 月起计提折旧。截止 2006 年 12 月 31 日,公司尚未取得该办公楼的产权证明

B. 为保持某设备的生产能力,公司对进行修理和改造,发生 80 万元维修改造费,并将其计入固定资产账面价值

C. 因尚未办理竣工决算,公司对于 2006 年 5 月启用的厂房暂估入账,并按规定计提折旧。该厂房的竣工决算于 2007 年 1 月 5 日完成,其固定资产原值也相应自 2007 年 1 月起按决算金额进行调整

D. 公司的某生产设备因关键部件老化而经常生产大量不合格产品,因此,公司对该设备全额计提了减值准备

4. 为证实应付账款的发生和偿还记录是否完整,应实施适当的审计程序,以查找未入账的应付账款。以下各项审计程序中,可以实现上述审计目标的有(　　)。

A. 结合存货盘点,检查在资产负债表日是否存在有材料入库凭证但未收到购货发票的业务

B. 抽查本期应付账款明细账贷方发生额,核对相应的购货发票和验收单据,确认其入账时间是否正确

C. 检查资产负债表日后收到的购货发票,确认其入账时间是否正确

D. 检查资产负债表日后应付账款明细账借方发生额的相应凭证,确认其入账时间是否正确

## 四、综合题

甲股份有限公司主要经营中小型机电类产品的生产和销售,注册会计师通过对内部控制的了解,记录了采购与付款循环的内部控制程序如下:

(1) 对需要购买的已经列入存货清单的项目由仓库负责填写请购单,对未列入存货清单的项目由相关需求部门填写请购单。每张请购单须由对该类采购支出预算负责的主管人员签字批准。

(2) 采购部门收到经批准的请购单后,由其职员 E 进行询价并确定供应商,再由其职员 F 负责编制和发出预先连续编号的订购单。订购单一式四联,经被授权的采购人员签字后,分别送交供应商、负责验收的部门、提交请购单的部门和负责采购业务结算的应付凭单部门。

(3) 验收部门根据订购单上的要求对所采购的材料进行验收,完成验收后,将材料交由仓库人员存入库房,并编制预先连续编号的验收单交仓库人员签字确认。验收单一式三联,其中两联送应付凭单部门和仓库,一联留存验收部门。

(4) 应付凭单部门核对供应商发票、验收单和订购单,并编制预先连续编号的付款凭单。在付款凭单经被授权人员批准后,应付凭单部门将付款凭单连同供应商发票及时送交会计部门,并将未付款凭单副联保存在未付款凭单档案中。会计部门收到附供应商发票的付款凭单后及时编制有关的记账凭证,并登记原材料和应付账款账簿。

(5) 应付凭单部门负责确定尚未付款凭单在到期日付款,并将留存的未付款凭单及其附件根据授权审批权限送交审批人审批。审批人批准后,将未付款凭单连同附件交复核人复核,然后交财务出纳人员 J。出纳人员 J 据此办理付款手续,登记现金和银行存款日记账,并在每月末编制银行存款余额调节表,交会计主管审核。

要求:

1. 假定不考虑其他条件,请逐项判断甲股份有限公司上述已经存在的内部控制程序在设计上是否存在缺陷。如果存在缺陷,请分别予以指出,并简要说明理由,提出改进建议。

2. 针对上述情况,注册会计师应如何实施控制测试?

## 五、案例讨论题

### "世通公司"会计舞弊案件

世通公司(WorldCom)的前身是长途电话折扣服务公司(LDDS),1989年上市后,长途电话折扣服务公司吞并了数十家通信公司,并于1995年更名为世通公司,1999年6月21日世通公司股票涨至64.50美元,市值则冲破1960亿美元。随着电信行业的非理性膨胀,世通公司的购并业务不断扩张,1999年,世通公司决定以1150亿美元的价格收购美国主要电信商Sprint,但最终被美国政府否决。世通公司的命运由此急转直下,赢利和收入增长放缓,股价回落;加之电讯网络市场因扩张过度而衰落,高速增长阶段所亏欠的高额债务成为世通公司不能承受之重。2002年5月下旬,世通公司内部审计部门的副总经理Cynthia Cooper和她的审计小组成员发现了公司的舞弊行为。2002年6月25日,世通公司宣布,公司在2001年和2002年第一季度"错将"38亿美元的费用支出记录为资本支出,从而提高了公司的利润,而实际上自2001年来一直是亏损的。人们发现,世通公司的审计师也是安达信会计师事务所。在曝出假账丑闻后,公司股票在华尔街股市上一路狂泻,6月26日收盘时跌至9美分。华尔街的分析人士认为,为了寻求喘息机会,背负330亿美元债务的世通公司很可能不得不向法院寻求破产保护。如果该公司破产,其申请破产的资产总额(1000亿美元)将是安然公司的2倍,从而将成为美国历史上最大的破产案。

讨论:对于世通公司的经营模式,注册会计师应如何评估重大错报风险?对于投资规模较大的行业,注册会计师应采取哪些措施区分费用支出和资本支出?安达信会计师事务所没能发现舞弊行为,可能原因是什么?

# 第13章 生产与工薪循环审计

**学习目的**

通过本章的学习,应了解生产与工薪循环的特点,并掌握以下内容:生产与工薪循环的审计目标、重要性和审计风险;生产与工薪循环的内部控制、控制测试和交易的实质性程序;存货、营业成本和应付职工薪酬的实质性程序。

## 第1节 生产与工薪循环概述

生产与工薪是两个相对独立但存在密切联系的循环,考虑到两者之间存在的密切联系,本章将它们放在一起讨论。在进行生产与工薪循环的审计时,注册会计师必须首先了解这两个循环主要的业务活动,以及所涉及的主要凭证与记录。

### (一) 生产循环概述

生产循环是指将原材料加工成产成品的过程。主要涉及存货的管理及生产成本的计算等。该循环所涉及的资产负债表项目主要是存货;所涉及的利润表项目主要是营业成本等项目。其中,存货又包括:材料采购或在途物资、原材料、材料成本差异、库存商品、发出商品、商品进销差价、委托加工物资、委托代销商品、受托代销商品、周转材料、生产成本、制造费用、劳务成本、存货跌价准备、受托代销商品款等。

**1. 主要业务活动**

(1) 计划和安排生产:生产计划部门的职责是根据顾客订单或者对销售预测和存货需求的分析来决定生产授权。如决定授权生产,即签发预先连续编号的生产通知单并对所有生产通知单加以记录。

(2) 发出原材料:仓库应根据从生产部门收到的领料单(连续编号)发出原材料。领料单上必须列示所需的材料数量和种类,以及领料部门的名称。领料单可以一料一单,也可以一单多料,通常需一式三联。仓库发料后,将其中一联连同材料交给领料部门,其余两联经仓库登记材料明细账后,送会计部门进行材料收发核算和成本核算。

(3) 生产产品:生产部门在收到生产通知单及领取原材料后,便将生产任务分解到每一个生产工人,并将所领取的原材料交给生产工人,据以执行生产任务。生产工人在完成生产任务后,将完成的产品交生产部门查点,然后转交检验员验收并办理入库手续;或是将所完成的产品移交下一个部门,作进一步加工。

(4) 核算产品成本:为了正确核算产品成本,对在产品进行有效控制,必须建立健全成本会计制度,将生产控制和成本核算有机结合在一起。一方面,生产过程中的各种记录、生产通知单、领料单、计工单、入库单等文件资料都要汇集到会计部门,由会计部门对其进行检查和核对,了解和控制生产过程中存货的实物流转。另一方面,会计部门要设置相应的账户,会同有关部门对生产过程中的成本进行核算和控制。成本会计制度可以非常简单,只是在期末记录存货余额;也可以是完善的标准成本制度,它持续地记录所有材料处理、在产品和产成品,并形成对成本差异的分析报告。完善的成本会计制度应该提供原材料转为在产品,在产品转为产成品,以及按成本中心、分批生产任务通知单或生产周期所消耗的材料、人工和间接费用的分配与归集的详细资料。

(5) 储存产成品:产成品入库,须由仓库部门先行点验和检查,然后签收。签收后,将实际入库数量通知会计部门。据此,仓库部门确立了本身应承担的责任,并对验收部门的工作进行验证。除此之外,仓库部门还应根据产成品的品质特征分类存放,并填制标签。

(6) 发出产成品:产成品的发出须由独立的发运部门进行。装运产成品时必须持有经有关部门核准的发运通知单,并据此编制出库单(连续编号)。出库单至少一式四联,一联交仓库;一联发运部门留存;一联送交客户;一联作为给客户开发票的依据。

**2. 主要凭证和会计记录**　生产循环所涉及的主要凭证和记录包括:

(1) 生产指令:又称"生产任务通知单",是企业下达制造产品等生产任务的书面文件,用以通知供应部门组织材料发放,生产车间组织产品制造,会计部门组织成本计算。

(2) 领发料凭证:是企业为控制材料发出所采用的各种凭证,如材料发出汇总表、领料单、限额领料单、领料登记簿、退料单等。

(3) 产量和工时记录:是登记工人或生产班组在出勤内完成产品数量、质量和生产这些产品所耗费工时数量的原始记录。主要有工作通知单、工序进程单、工作产量报告、产量通知单、产量明细表、废品通知单等。

(4) 工薪汇总表及工薪费用分配表:工薪汇总表是为了反映企业全部工薪的结算情况,并据以进行工薪结算总分类核算和汇总整个企业工薪费用而编制的,它是企业进行工薪费用分配的依据。工薪费用分配表反映了各生产车间各产品负担的生产工人工薪及福利费。

(5) 材料费用分配表:是用来汇总反映各生产车间各产品所耗费的材料费用的原始记录。

(6) 制造费用分配汇总表:是用来汇总反映各生产车间各产品所应负担的制造费用的原始记录。

(7) 成本计算单:是用来归集某一成本计算对象所应承担的生产费用,计算该成本计算对象的总成本和单位成本的记录。

(8) 存货明细账:是用来反映各种存货增减变动情况和期末库存数量及相关成本信息的会计记录。

**3. 生产循环的审计目标**　生产循环的主要工作流程是生产产品,会计工作的重点是成本计算,因而生产循环的审计目标是:

(1) 存在或发生:账簿记录中的各项原材料耗用与费用是否确实发生;列在资产负债表

中的存货是否实际存在。

（2）完整性：确认所有的存货交易和余额是否都已被记录。

（3）权利与义务：存货是否确为公司所有。

（4）估价或分摊：确认存货的品质状况，存货跌价准备的计提比率是否合理，计提金额是否恰当；确定存货的计价是否恰当；确定生产成本计算的正确性，即产品成本的核算是否正确，确定生产成本的结转是否正确。

（5）表达与披露：确定存货在会计报表上的披露是否恰当。

**4. 生产循环审计的重要性和风险** 生产循环交易的数量一般都很大，因此，发生错报的机会也大大增加。生产循环涉及的主要项目——存货通常具有较高水平的重大错报风险，影响重大错报风险的因素具体包括：存货的数量和种类、成本归集的难易程度、陈旧过时的速度或易损坏程度、遭受失窃的难易程度。由于制造过程和成本归集制度的差异，制造企业的存货与其他企业（如批发企业）的存货相比往往具有更高的重大错报风险，对于注册会计师的审计工作而言则更具复杂性。外部因素也会对重大错报风险产生影响，如技术进步可能导致某些产品过时，从而导致存货价值更容易发生高估。

根据对存货错报风险的评估结果，注册会计师应合理确定存货项目审计的重要性水平。

### （二）工薪循环概述

工薪循环是指员工为企业提供服务和企业向员工支付薪酬的过程。工薪循环涉及的账户较多，但凡涉及员工薪酬的账户均受该循环影响，如“生产成本”、“制造费用”、“管理费用”、“销售费用”、“在建工程”等。尽管如此，该循环的核心账户仍是“应付职工薪酬”。

**1. 工薪循环中的主要业务活动**

（1）雇用员工：员工的雇用应由企业的人力资源管理部门负责。在有些企业中，人力资源管理部门使用人事授权表来记录所有员工的情况。人事授权表列示了员工的工种、薪酬标准及授权扣减的款项。该表一份留存于人力资源管理部门，作为员工的人事档案，一份应送交薪酬管理部门，作为计算员工薪酬的依据。该项控制可以减少因虚列员工而多付薪酬的风险，它与薪酬交易“发生”的认定有关。

（2）授权变动薪酬：员工薪酬的变动可由员工主管部门提出申请，由人力资源部门授权员工薪酬的变动。这项控制有利于保证发放给员工薪酬的正确性，因此，它与薪酬交易“估价或分摊”的认定有关。对于离职的员工，人力资源管理部门应签发员工离职通知，并及时送达薪酬管理部门，以防对已离职的员工继续支付薪酬。

（3）编制出勤和计时资料：员工的出勤和计时资料是计算和支付员工薪酬的重要依据。鉴于其重要性，许多企业都设置了专门的部门来负责员工的考勤和计时。企业可使用打卡钟记录员工的出勤情况。为了防止其他人打卡的现象发生，应由企业的保安负责监督员工的打卡过程。对生产工人而言，企业还应编制记工单。记工单上应列示生产工人所执行工作的种类、工时等。记工单应由员工的主管人员书面核准。考勤部门在核对记工单和员工出勤记录后，应将其送达薪酬管理部门，作为计算员工薪酬的依据。由于上述控制能保证员工工作时间资料的准确性，因此，该控制与薪酬交易“发生”、“完整性”和“估价”的认定有关。

（4）编制薪酬计算表：薪酬管理部门在收到员工出勤和计时资料后，应结合员工的人事档案、计算每个员工的薪酬，编制员工薪酬计算表和薪酬费用分配表，并将其送达财务会计部门作为发放薪酬和进行薪酬账务处理的依据。在计算员工薪酬时,薪酬管理部门应注意员工的有效编制,并检查员工工时的合理性。该控制与薪酬交易“发生”、“完整性”、“估价”的认定有关。

(5) 编制个人所得税申报表:在计算员工薪酬后,薪酬管理部门还应按个人所得税税法的规定,编制个人所得税申报表。

(6) 记录薪酬:财务会计部门应根据薪酬管理部门编制的薪酬计算表和薪酬分配表进行薪酬发放和薪酬费用分配的账务处理。

(7) 支付薪酬:企业应将薪酬按时发放给员工。以现金形式发放的,需要事先从银行提取工薪款,并保证资金的安全。员工领取工薪时应签收,防止冒领及漏发。工薪的发放采取银行直接转账的方式更安全、更有效,但企业应保证银行账户中有足够的资金。

**2. 涉及的主要凭证与会计记录**

(1) 人事授权表:是人力资源管理部门签发的员工雇用及职位变动的书面通知。

(2) 员工人事档案:是记录每个员工的职位、薪酬标准及奖励等情况的记录。

(3) 各种考勤记录:它是记录员工出勤和缺勤情况的记录,包括计时卡、记工单等。

(4) 薪酬计算表及工薪结算汇总表:薪酬计算表是计算每位员工薪酬总额、代扣款项及实付薪酬的表格,是支付员工薪酬的依据。工薪结算汇总表是根据每个员工的薪酬汇总编制的用来反映企业整个工薪结算情况的表格,它是进行员工薪酬账务处理的依据。

(5) 工薪分配表:是按员工所在岗位或工薪的用途反映的用来将员工薪酬计入相应账户的凭证。

(6) 个人所得税申报表:是用来反映每个员工个人所得税申报和缴纳情况的表格。

(7) 应付职工薪酬明细账:是用来具体反映员工薪酬的会计记录。

**3. 工薪循环的审计目标**　工薪循环主要涉及应付职工薪酬项目,审计目标一般包括:确定期末应付职工薪酬是否存在;确定期末应付职工薪酬是否为被审计单位应履行的支付义务;确定应付职工薪酬计提和支出依据是否合理、记录是否完整;确定应付职工薪酬期末余额是否正确;确定应付职工薪酬的披露是否恰当。

**4. 工薪循环审计的重要性和风险**　职工薪酬可能采用现金的形式支付,因而相对于其他业务更容易发生错误或舞弊行为,如虚报冒领、重复支付和贪污等。同时,在一般企业中,职工薪酬费用是构成企业成本费用的重要项目,如职工薪酬计算错误,会影响到成本和利润的正确性,因此注册会计师应重视对职工薪酬业务的审计。

## 第2节　内部控制、控制测试和交易的实质性程序

### (一) 生产循环的内部控制、控制测试和交易的实质性程序

生产循环的内部控制主要涉及两个方面:其一,对生产循环原材料、在产品和产成品实物流转的控制,即存货内部控制;其二,对生产循环相关成本流转的控制,即成本会计制度内部控制。

关于存货的内部控制,需要作以下两个方面的说明:一方面,由于生产循环与其他业务循环的内在联系,存货的审计测试与其他相关业务循环的审计测试同时进行将更为有效。

例如:原材料的取得和记录是作为采购与付款循环的一部分进行测试时,装运产成品和记录营业收入和成本则是作为销售与收款循环审计的一部分进行测试的。这些在前面相应章节已经结合其他循环作了介绍,不再赘述。另一方面,尽管不同的企业对其存货可能采取不同的内部控制,但从根本上说,均可概括为存货的数量和计价两个关键因素的控制,这将在本章第 3 节中分别予以阐述。因此,本节对生产循环的内部控制和测试的介绍,仅涉及成本会计制度的内部控制。

表 13-1 列示的是成本会计制度的内部控制目标、关键内部控制、常用的控制测试及常用的交易实质性程序。

**表 13-1 成本会计制度的目标、内部控制和测试一览表**

| 内部控制目标 | 关键的内部控制 | 常用的控制测试 | 常用的交易实质性程序 |
|---|---|---|---|
| 生产业务是根据管理层一般或特定的授权进行的(发生) | 对以下三个关键点,应履行恰当手续,经过特别审批或一般审批:①生产指令的授权批准;②领料单的授权批准;③工薪的授权批准 | 检查凭证中是否包括这三个关键点恰当审批 | 检查生产指令、领料单、工薪等是否经过授权 |
| 记录的成本为实际发生而非虚构的(发生) | 成本的核算是以经过审核的生产通知单、领发料凭证、产量和工时记录、工薪费用分配表、材料费用分配表、制造费用分配表为依据的 | 检查有关成本的记账凭证是否附有生产通知单、领发料凭证、产量和工时记录、工薪费用分配表、材料费用分配表、制造费用分配表等原始凭证的顺序编号是否完整 | 对成本实施分析程序;将成本明细账与生产通知单、领发料凭证、产量和工时记录、工薪费用分配表、材料费用分配表、制造费用分配表相核对 |
| 所有耗费和物化劳动均已反映在成本中(完整性) | 生产通知单、领发料凭证、产量和工时记录、工薪费用分配表、材料费用分配表、制造费用分配表均事先编号并已经登记入账 | 检查生产通知单、领发料凭证、产量和工时记录、工薪费用分配表、材料费用分配表、制造费用分配表的顺序编号是否完整 | 对成本实施分析程序;将生产通知单、领发料凭证、产量和工时记录、工薪费用分配表、材料费用分配表、制造费用分配表与成本明细账相核对 |
| 成本以正确的金额、在恰当的会计期间及时记录于适当的账户(发生、完整性、准确性、计价和分摊) | 采用适当的成本核算方法,并且前后各期一致;采用适当的费用分配方法,并且前后各期一致;采用适当的成本核算流程和账务处理流程;内部核查 | 选取样本测试各种费用的归集和分配以及成本的计算;测试是否按照规定的成本核算流程和账务处理流程进行核算和账务处理 | 对成本实施分析程序;抽查成本计算单,检查各种费用的归集和分配以及成本的计算是否正确;对重大在产品项目进行计价测试 |
| 对存货实施保护措施,保管人员与记录、批准人员相互独立(完整性) | 存货保管人员与记录人员职务相分离 | 询问和观察存货与记录的接触以及相应的批准程序 | |
| 账面存货与实际存货定期核对相符(存在、完整性、计价和分摊) | 定期进行存货盘点 | 询问和观察存货盘点程序 | 对存货实施监盘程序 |

### （二）工薪循环的内部控制、控制测试和交易的实质性程序

与其他循环一样，工薪循环的交易测试也包括薪酬交易的控制测试和交易的实质性程序。表13-2列示的是工薪内部控制的控制目标、关键内部控制、常用的控制测试及常用的交易实质性程序。

表13-2 工薪内部控制的控制目标、内部控制和测试一览表

| 内部控制目标 | 关键的内部控制 | 常用的控制测试 | 常用的交易实质性程序 |
|---|---|---|---|
| 工薪账项均经正确批准（发生） | 对以下五个关键点，应履行恰当手续，经过特别审批或一般审批：批准上工；工作时间，特别加班时间；工资、薪金或佣金；代扣款项；工薪结算表和工薪汇总表 | 检查人事档案；检查工时卡的有关核准说明；检查工薪记录中有关内部检查标记；检查人事档案中的授权；检查工薪记录中有关核准的标记 | 将工时卡与工时记录等进行比较 |
| 记录的工薪为实际发生的而非虚构的（发生） | 工时卡经领班核准；用生产记录钟记录工时 | 检查工时卡的核准说明；检查工时卡；复核人事政策、组织结构图 | 对本期工薪费用的发生情况实施分析程序；将有关费用明细账与工薪费用分配表、工薪汇总表、工薪结算表相核对 |
| 所有已发生的工薪支出已记录（完整性） | 工薪分配表、工薪汇总表完整反映已发生的工薪支出 | 检查工薪分配表、工薪汇总表、工薪结算表，并核对员工工薪手册、员工手册等 | 对本期工薪费用的发生情况实施分析程序；将工薪费用分配表、工薪汇总表、工薪结算表与有关费用明细账相核对 |
| 工薪以正确的金额，在恰当的会计期间及时记录于适当的账户（发生、完整性、准确性、计价和分摊） | 采用适当的工薪费用分配方法，并且适当的账务处理流程 | 选取样本测试工薪费用的归集和分配；测试是否按照规定的账务处理流程进行账务处理 | 对本期工薪费用实施分析程序；检查工薪的计提是否正确，分配方法是否与上期一致 |
| 人事、考勤、工薪发放、记录之间相互分离（准确性） | 人事、考勤、工薪发放、记录等职务相互分离 | 询问和观察各项职责执行情况 | |

## 第3节 存货审计

《企业会计准则第1号——存货》规定，存货是指企业在日常活动中持有以备出售的产成品或商品、处在生产过程中的在产品、在生产过程或提供劳务过程中耗用的材料和物料等。

通常，存货的重大错报对于流动资产、营运资本、总资产、销售成本、毛利以及净利润都会产生直接的影响，对其他某些项目，例如利润分配和所得税也具有间接影响。审计中许多复杂和重大的问题都与存货有关。

存货审计，尤其是对年末存货余额的测试，通常是审计中最复杂也最费时的部分。导致

存货审计复杂的主要原因包括：

(1) 存货通常是资产负债表中的一个主要项目，而且通常是构成营运资本的最大项目。

(2) 存货存放于不同的处所，这使得对它的实物控制和盘点都很困难。

(3) 存货项目的多样性也给审计带来了困难。例如，化学制品、宝石、电子元件以及其他的高科技产品。

(4) 存货本身的陈旧以及存货成本的分配也使得存货的估价出现困难。

(5) 允许采用的存货计价方法的多样性。

正是由于存货对于企业的重要性、存货问题的复杂性以及存货与其他项目密切的关联度，要求注册会计师对存货项目的审计应当特别关注。在存货项目的审计中，注册会计师重点执行的测试程序包括存货成本的测试、分析程序的运用、存货监盘、存货计价测试。

### (一) 存货成本测试

存货成本测试包括直接材料成本的测试、直接人工成本的测试、制造费用的测试等内容。

**1. 直接材料成本的测试** 一般应从审阅材料和生产成本明细账入手，抽查有关的费用凭证，验证企业产品直接耗用材料的数量、计价和材料费用分配是否真实、合理。其主要内容包括：

(1) 抽查产品成本计算单，检查直接材料成本的计算是否正确，材料费用的分配标准与计算方法是否合理和适当，是否与材料费用分配汇总表中该产品分摊的直接材料费用相符。

(2) 检查直接材料耗用数量的真实性，有无将非生产用材料计入直接材料费用。

(3) 分析比较同一产品前后各年度的直接材料成本，如有重大波动应查明原因。

(4) 抽查材料发出及领用的原始凭证，检查领料单的签发是否经过授权，材料发出汇总表是否经过适当的人员复核，材料单位成本计价方法是否适当，是否正确及时入账。

(5) 对采用定额成本或标准成本的企业，应检查直接材料成本差异的计算 、分配与会计处理是否正确，并查明直接材料的定额成本、标准成本在本年度内有无重大变更。

**2. 直接人工成本的测试**

(1) 抽查产品成本计算单，检查直接人工成本的计算是否正确，人工费用的分配标准与计算方法是否合理和适当，是否与人工费用分配汇总表中该产品分摊的直接人工费用相符。

(2) 将本年度直接人工成本与前期进行比较，查明其异常波动的原因。

(3) 分析比较本年度各个月份的人工费用发生额，如有异常波动，应查明原因。

(4) 结合应付职工薪酬的检查，抽查人工费用会计记录及会计处理是否正确。

(5) 对采用标准成本法的企业，应抽查直接人工成本差异的计算、分配与会计处理是否正确，并查明直接人工的标准成本在本年度内有无重大变更。

**3. 制造费用的测试** 制造费用是企业为生产产品或提供劳务而发生的间接费用。其测试要点包括：

(1) 获取或编制制造费用汇总表，并与明细账、总账核对相符，抽查制造费用中的重大数额项目及例外项目是否合理。

(2) 审阅制造费用明细账，检查其核算内容及范围是否正确，并应注意是否存在异常会计事项，如有，则应追查至记账凭证及原始凭证，重点查明企业有无将不应列入成本费用的支出(如资本性支出、营业外支出、期间)计入制造费用。

(3) 必要时,对制造费用实施截止测试,即检查资产负债表日前后若干天的制造费用明细账及其凭证,确定有无跨期入账的情况。

(4) 检查制造费用的分配是否合理。分配方法的选择是否合理;分配方法是否在相当时期内保持稳定,有无随意变更的情况;分配率和分配额的计算是否正确,有无人为估计数代替分配数的情况。对按预定分配率分配制造费用的企业,还应查明计划与实际差异是否及时调整。

(5) 对于采用标准成本法的企业,应抽查标准制造费用的确定是否合理,计入成本计算单的数额是否正确,制造费用的计算、分配与会计处理是否正确,并查明标准制造费用在本年度内有无重大变动。

### (二) 分析程序

分析程序在生产循环中占有重要的地位。审计人员在生产循环审计过程中往往需要大量运用分析程序来获取审计证据,并协助形成恰当的审计结论。在生产循环中通常运用的分析程序方法主要是简单比较法和比率分析法两种。

**1. 简单比较法** 在生产循环的分析程序中,审计人员通常进行的简单比较包括:

(1) 比较前后各期及本年度各个月份存货余额及其构成,以确定期末存货余额及其构成的总体合理性。

(2) 比较前后各期及本年度各个月份生产成本总额及单位生产成本,以确定本期生产成本的总体合理性。

(3) 比较前后各期及本年度各个月份制造费用总额及其构成,以评价制造费用及其构成的总体合理性。

(4) 比较前后各期及本年度各个月份工资费用的发生额,以确定工资费用的总体合理性。

(5) 比较前后各期及本年度各个月份直接材料成本,以评价直接材料成本的总体合理性。

(6) 比较前后各期及本年度各个月份主营业务成本总额及单位销售成本,以确定主营业务成本的总体合理性。

(7) 对每月存货成本差异率进行比较,以确定是否存在调节成本的现象。

(8) 将存货余额与现有的订单、资产负债表日后各期的销售额和下一年度的预测销售进行比较,以评估存货滞销和跌价的可能性。

(9) 将存货跌价损失准备与本年度存货处理损失的金额相比较,判断被审计单位是否提足额的跌价损失准备。

(10) 将与关联企业发生存货交易的频率、规模、价格和价款结算条件,与非关联企业对比,判断被审计单位是否利用与关联企业的存货交易虚构业务交易、调节利润。

**2. 比率分析法** 在生产循环的分析程序中,审计人员通常运用的比率主要是存货周转率和毛利率。

(1) 存货周转率:存货周转率是用以衡量销售能力和存货是否积压的指标。其计算公式为

存货周转率=(主营业务成本÷平均存货)×100%

利用存货周转率进行纵向比较或与其他同行企业进行横向比较时,要求存货计价持续一致。存货周转率的波动可能意味着被审计单位存在以下情况:①有意或无意地减少存货储备;②存货管理或控制程序发生变动;③存货成本项目发生变动;④存货核算方法发生变动;⑤存货跌价准备计提基础或冲销政策发生变动;⑥销售发生大幅度变动。

(2) 毛利率:是反映盈利能力的主要指标,用以衡量成本控制及销售价格的变化。其计算公式为

毛利率=(主营业务收入-主营业务成本)÷主营业务收入×100%

毛利率的波动可能意味着被审计单位存在以下情况:①销售价格发生变动;②销售产品总体结构发生变动;③单位产品成本发生变动;④固定制造费用比重较大时销售数量发生变动。

### (三) 存货的监盘

**1. 存货监盘的定义和作用** 《中国注册会计师审计准则第 1311 号——存货监盘》规定,存货监盘是指注册会计师现场观察被审计单位存货的盘点,并对已盘点存货进行适当检查。可见,存货监盘有两层含义:一是注册会计师应亲临现场观察被审计单位存货的盘点;二是在此基础上,注册会计师应根据需要适当抽查已盘点存货。

在 20 世纪 30 年代以前,注册会计师的审计责任一般仅针对会计记录和数字计算进行审核,审计准则并不要求注册会计师对资产实物的实际存在和实物结存数量的正确性承担责任。但在 1939 年著名的迈克逊·罗宾斯案发生后,这一审计历史被彻底划上了句号。此后,各国审计准则都强调了注册会计师对资产实物实际存在和实际结存数量的正确性进行验证的责任。因此,除非出现无法实施存货监盘的特殊情况,注册会计师应当实施必要的替代程序,在绝大多数情况下都必须亲自观察存货盘点过程,实施存货监盘程序。

存货监盘针对的主要是存货的存在认定、完整性认定以及权利和义务的认定,注册会计师监盘存货的目的在于获取有关存货数量和状况的审计证据,以确证被审计单位记录的所有存货确实存在,已经反映了被审计单位拥有的全部存货,并属于被审计单位的合法财产。存货监盘作为存货审计的一项核心审计程序,通常可同时实现上述多项审计目标。

**2. 存货监盘计划** 有效的存货监盘需要制定周密、细致的计划。注册会计师应根据被审计单位存货的特点、盘存制度和存货内部控制的有效性等情况,在评价被审计单位存货盘点计划的基础上,编制存货监盘计划,对存货监盘做出合理安排。

存货监盘程序主要包括控制测试与实质性程序两种方式。注册会计师需要确定存货监盘程序以控制测试为主还是实质性程序为主,哪种方式更加有效。如果只有少数项目构成了存货的主要部分,注册会计师以实质性程序为主的审计方式获取与存在认定相关的证据更为有效。但在大多数审计业务中,注册会计师会发现以控制测试为主的审计方式更加有效,此时,绝大部分的审计程序将限于询问、观察以及抽查。

在编制存货监盘计划时,注册会计师应当实施下列审计程序:

(1) 了解存货的内容、性质、各存货项目的重要程度及存放场所。考虑并评价存货项目的重要程度直接关系到注册会计师如何恰当地分配审计资源。

(2) 了解与存货相关的内部控制。与存货相关的内部控制涉及被审计单位供、产、销各

个环节,包括采购、验收、仓储、领用、加工、装运出库等方面,还包括存货数量的盘存制度。在制定存货监盘计划时,注册会计师应了解与存货相关的内部控制,并根据内部控制的完善程度确定进一步审计程序的性质、时间和范围。

(3) 评估与存货相关的重大错报风险和重要性。存货通常具有较高水平的重大错报风险,影响重大错报风险的因素具体包括:存货的数量和种类、成本归集的难易程度、陈旧过时的速度或易损坏程度、遭受失窃的难易程度。由于制造过程和成本归集制度的差异,制造企业的存货与其他企业的存货相比往往具有更高的重大错报风险。另外技术进步等外部因素也可能导致存货价值高估。注册会计师应对被审计单位的存货错报风险进行评估,并根据评估结果,合理确定存货项目审计的重要性水平。

(4) 查阅以前年度的存货监盘工作底稿。注册会计师可以通过查阅以前年度的存货监盘工作底稿,了解被审计单位的存货情况、存货盘点程序以及其他在以前年度审计中遇到的重大问题。

(5) 考虑实地察看存货的存放场所。注册会计师应当考虑实地察看被审计单位的存货存入场所,特别金额较大或性质特殊的存货,这有助于注册会计师熟悉在库存货及其组织管理方式,也有助于注册会计师在盘点工作进行前发现潜在问题,如存在难以盘点的存货、周转缓慢的存货、过时存货、残次品以及代销存货。

(6) 考虑是否需要利用专家的工作或其他注册会计师的工作。注册会计师可能不具备其他专业领域专长与技能,如在确定资产数量或资产实物状况(如矿石堆),或在收集特殊类别存货(如艺术品、稀有玉石、房地产、电子器件、工程设计等)的审计证据时,注册会计师可以考虑利用专家的工作。

很多情况下,被审计单位组成部分的财务信息由其他注册会计师审计并出具审计报告,这当然也包括了由其他注册会计师负责对被审计单位该组成部分的存货实施监盘。

(7) 复核或与管理层讨论其存货盘点计划。注册会计师应当考虑复核或与被审计单位管理层讨论其存货盘点计划、以前年度存货审计中存在的问题,以及当期存货审计事项。如果认为被审计单位的存货盘点计划存在缺陷,注册会计师应当提请被审计单位调整。

在实施了上述工作后,注册会计师就可以制定存货监盘计划。存货监盘计划应当包括下列主要内容:存货监盘的目标、范围及时间安排;存货监盘的要点及关注事项;参加存货监盘人员的分工和抽查的范围。

**3. 存货监盘程序**

(1) 观察程序:在被审计单位盘点存货前,注册会计师应当观察盘点现场,确定应纳入盘点范围的存货是否已经适当整理和排列,并附有盘点标识,防止遗漏或重复盘点。对未纳入盘点范围的存货,注册会计师应当查明未纳入的原因。

对所有权不属于被审计单位的存货,注册会计师应当取得其规格、数量等有关资料,确定是否已分别存放、标明,且未被纳入盘点范围。注册会计师在实施存货监盘过程中,应当跟随被审计单位安排的存货盘点人员,注意观察被审计单位事先制定的存货盘点计划是否得到了贯彻执行,盘点人员是否准确无误地记录了被盘点存货的数量和状况。

(2) 检查程序:注册会计师应当对已盘点的存货进行适当检查,将检查结果与被审计单位盘点记录相核对,并形成相应记录。检查的目的既可以是为了确证被审计单位的盘点计划得到适当的执行(控制测试),也可以是为了证实被审计单位的存货实物总额(实质性程序)。如果观察程序能够表明被审计单位的组织管理得当,盘点、监督以及复核程序充分有效,注册会计师可据此减少所需检查的存货项目。

在检查已盘点的存货时,注册会计师应当从存货盘点记录中选取项目追查至存货实物,以测试盘点记录的准确性;注册会计师还应当从存货实物中选取项目追查至存货盘点记录,以测试存货盘点记录的完整性。注册会计师在实施检查程序时发现差异,很可能表明被审计单位的存货盘点在准确性或完整性方面存在错误。由于检查的内容通常仅仅是已盘点存货中的一部分,所以在检查中发现的错误很可能意味着被审计单位的存货盘点还存在着其他错误。一方面,注册会计师应当查明原因,并及时提请被审计单位更正;另一方面,注册会计师应当考虑错误的潜在范围和重大程序,在可能的情况下,扩大检查范围以减少错误的发生。注册会计师还可要求被审计单位重新盘点。重新盘点的范围可限于某一特殊领域的存货或特定盘点小组。

(3) 需要特别关注的情况

1) 存货移动情况。注册会计师应当特别关注存货的移动情况,防止遗漏或重复盘点。如果在盘点过程中被审计单位的生产经营仍将持续进行,注册会计师应通过实施必要的检查程序,确定被审计单位是否已经对此设置了相应的控制程序,确保在适当的期间内对存货做出了准确记录。

2) 存货的状况。存货的状况是被审计单位管理层对存货计价认定的一部分,注册会计师应当特别关注存货的状况,同时还应当把所有毁损、陈旧、过时及残次的存货的详细情况记录下来,便于进一步追查这些存货的处置情况,也能为测试存货跌价准备计提的准确性提供证据。

3) 存货的截止。注册会计师应当获取盘点日前后存货收发及移动的凭证,检查库存记录与会计记录期末截止是否正确。在对期末存货进行截止测试时,通常应当关注:

A. 所有在截止日以前入库的存货项目是否均已包括在盘点范围内,并已反映在截止日以前的会计记录中;任何在截止日期以后入库的存货项目是否均未包括在盘点范围内,也未反映在截止日以前的会计记录中。

B. 所有在截止日以前装运出库的存货项目是否均未包括在盘点范围内,且未包括在截止日的存货账面余额中;任何在截止日期以后装运出库的存货项目是否均已包括在盘点范围内,并已包括在截止日的存货账面余额中。

C. 所有已确认为销售但尚未装运出库的商品是否均未包括在盘点范围内,且未包括在截止日的存货账面余额中。

D. 所有已记录为购货但尚未入库的存货是否均已包括在盘点范围内,并已反映在会计记录中。

E. 在途存货和被审计单位直接向顾客发运的存货是否均已得到了适当的会计处理。

在存货监盘过程中,注册会计师应当获取存货验收入库、装运出库以及内部转移截止等信息,以便将来追查至被审计单位的会计记录。

(4) 存货监盘结束时的工作:在被审计单位存货盘点结束前,注册会计师应当:①再次观察盘点现场,以确定所有应纳入盘点范围的存货是否均已盘点。②取得并检查已填用、作废及未使用盘点表单的号码记录,确定其是否连续编号,查明已发放的表单是否均已收回,并与存货盘点的汇总记录进行核对。注册会计师应当根据自己在存货监盘过程中获取的信息对被审计单位最终的存货盘点结果汇总记录进行复核,并评估其是否正确地反映了实际盘点结果。

**4. 存货监盘中的特殊问题**

(1) 由于存货的性质或位置而无法实施监盘程序。如果由于被审计单位存货的性质或位置等原因导致无法实施存货监盘,注册会计师应当考虑能否实施替代审计程序,获取有关期末存货数量和状况的充分、适当的审计证据。注册会计师实施的替代审计程序主要包括:①检查进货交易凭证或生产记录以及其他相关资料;②检查资产负债表日后发生的销货交易凭证;③向顾客或供应商函证。

(2) 因不可预见的因素导致无法在预定日期实施存货监盘或接受委托时被审计单位的期末存货盘点已经完成。面临这种情况,注册会计师应当评估与存货相关的内部控制的有效性,对存货进行适当检查或提请被审计单位另择日期重新盘点;同时测试在该期间发生的存货交易,以获取有关期末存货数量和状况的充分、适当的审计证据。

(3) 委托其他单位保管或已作质押的存货。对被审计单位委托其他单位保管的或已作质押的存货,注册会计师应当向保管人或债权人函证。如果此类存货的金额占流动资产或总资产的比例较大,注册会计师还应当考虑实施存货监盘或利用其他注册会计师的工作。

### (四) 存货计价测试

监盘程序只能对存货的结存数量加以确认。为验证会计报表上存货余额的真实性,还必须对存货的计价进行测试。

**1. 测试样本的选择**　计价测试的样本,可从存货盘点汇总表的存货项目中选择。应选择余额较大、价格变化频繁的项目,并考虑所选样本的代表性。抽样方法一般采取分层抽样,抽样规模应足以推断总体情况。

**2. 计价方法的确认**　企业在遵循国家相关会计准则的基础上,可按其实际情况,选择符合自身特点的存货计价方法。注册会计师应查明企业所选用的方法,及其合理性、一贯性。一般来说,没有足够理由,计价方法在同一会计年度内不得变动。

**3. 计价测试**　注册会计师应在审核存货价格的构成内容的基础上,按照所了解的计价方法,对所选取的样本进行独立的计价测试,并将测试结果与企业账面记录进行核对,看有无差异并分析差异原因,编制有关的差异分析表,同时,考虑应否扩大测试范围和进行差异调整。

在存货计价测试中,由于企业对期末存货采用成本与可变现净值孰低的方法计价,所以注册会计师应充分关注企业对存货可变现净值的确定及存货跌价准备的计提。存货跌价准备应按单个存货项目的成本与可变现净值计量;如果某些存货具有类似用途并与在同一地区生产和销售的产品系列相关,且实际上难以将其与该产品系列的其他项目区别开来进行估价,此类存货可以合并计量成本与可变现净值;对于数量繁多、单价较低的存货,可以按存货类别计量成本与可变现净值。

当存在以下一项或若干项情况时,应当将存货账面余额全部转入当期损益:①已霉烂变质的存货;②已过期不可退货的存货(主要指食品);③生产中已不再需要,并且已无转让价值的存货;④其他足以证明已无使用价值和转让价值的存货。

当存在下列情况之一时,应当计提存货跌价准备:①市价持续下跌,并且在可预见的未来无回升的希望;②企业使用该项原材料生产的产品的成本大于产品的销售价格;③企业因产品更新换代,原有库存原材料已不适应新产品的需要,而该原材料的市场价格又低于其账面成本;④因企业所提供的商品或劳务过时或消费者偏好改变而使市场的需求发生变化,导致市场价格逐渐下跌;⑤其他足以证明该项存货实质上已经发生减值的情形。

## 第 4 节 营业成本审计

营业成本是指企业从事对外销售商品、提供劳务等主营业务活动和销售材料、出租固定资产、出租无形资产、出租包装物等其他经营活动所发生的实际成本,包括主营业务成本和其他业务成本。

**1. 主营业务成本的审计** 主营业务成本是指企业对外销售商品、产品,对外提供劳务等发生的实际成本。其审计要点包括:

(1) 获取或编制主营业务成本明细表,复核加计是否正确,并与报表数、总账数和明细账的合计数核对相符。

(2) 复核主营业务成本汇总明细表的正确性,与库存商品等科目勾稽,并编制生产成本及销售成本倒轧表(表 13-3)。

**表 13-3 生产成本及销售成本倒轧表**

客户: 编制人: 日期: 索引号:
截止日: 复核人: 日期: 页次:

| 项目 | 未审数 | 调整或重分类金额借(贷) | 审定数 | 备注 |
| --- | --- | --- | --- | --- |
| 原材料期初余额 | | | | |
| 加:本期购进 | | | | |
| 减:原材料期末余额 | | | | |
| 其他发出额 | | | | |
| 直接材料成本 | | | | |
| 加:直接人工成本 | | | | |
| 制造费用 | | | | |
| 生产成本 | | | | |
| 加:在产品期初余额 | | | | |
| 减:在产品期末余额 | | | | |
| 产品生产成本 | | | | |
| 加:产成品期初余额 | | | | |
| 减:产成品期末余额 | | | | |
| 主营业务成本 | | | | |

审计说明及调整分录:

审计结论:

(3) 检查主营业务成本的内容和计算方法是否符合有关规定,前后期是否一致,并做出记录。

(4) 对主营业务成本执行实质性分析程序,比较本年度与上年度主营业务成本总额,以及本年度各月份的主营业务成本金额,如有重大波动和异常情况,应查明原因。

(5) 抽取若干月份的主营业务成本结转明细清单,结合生产成本的测试,检查销售成本结转数额的正确性,并检查其是否与主营业务收入相配比。

(6) 检查主营业务成本账户中重大调整事项(如销售退回等)是否有其充分理由。

(7) 在采用计划成本、定额成本、标准成本或售价核算存货的情况下,检查产品成本差异或商品进销差价的计算、分配和会计处理是否正确。

(8) 确定主营业务成本在利润表中披露是否恰当。

**2. 其他业务成本的审计**　其他业务成本的审计要点包括:

(1) 获取或编制其他业务收入、其他业务成本明细表,复核加计正确,与总账数和明细账合计数核对相符;并注意其他业务成本是否有相应的收入。

(2) 与上期其他业务收入、其他业务成本比较,检查是否有重大波动,如有,应查明原因。

(3) 检查其他业务成本内容是否真实,计算是否正确,配比是否恰当,并择要抽查原始凭证予以核实。

(4) 对异常项目,应追查入账依据及有关法律文件是否充分。

(5) 确定其他业务成本的披露是否恰当。

## 第5节　应付职工薪酬审计

职工薪酬是企业支付给员工的劳动报酬,其主要核算方式有计时制和计件制两种。职工薪酬一般采用现金的形式支付,因而相对于其他业务更容易发生错误与舞弊行为。同时,职工薪酬有时是企业成本费用的重要构成项目,所以在审计中便显得十分重要。

职工薪酬业务的审计,主要涉及应付职工薪酬项目。应付职工薪酬的实质性程序通常包括:

**1. 获取或编制应付职工薪酬明细表**　获取或编制应付职工薪酬明细表,复核加计正确,并与报表数、总账数和明细账合计数核对是否相符。

**2. 执行实质性分析程序**　注册会计师可运用分析程序对本期职工薪酬的发生情况进行复核,主要包括:

(1) 检查各月工薪费用的发生额是否有异常波动,若有,则要求被审计单位予以解释。

(2) 将本期工薪费用总额与上期进行比较,要求被审计单位解释其增减变动原因,或取得公司管理当局关于员工薪酬标准的决议。

(3) 了解被审计单位本期平均职工人数,计算人均薪酬水平,与上期或同行业水平进行比较。

**3. 检查应付职工薪酬的核算内容是否正确**　应付职工薪酬的核算内容包括工资、职工福利、社会保险费、住房公积金、工会经费、职工教育经费、解除职工劳动关系补偿、股份支付等明细项目。

**4. 检查应付职工薪酬的会计处理的正确性**　检查职工薪酬的计提是否正确,分配方法是否合理并与上期一致,分配计入各项目的金额占本期全部职工薪酬的比例与上期比较是否有重大差异。将应付职工薪酬计提数与相关的成本、费用项目核对一致。

**5. 检查应付职工薪酬的计量**

(1) 国家有规定计提基础和计提比例的,应当按照国家规定的标准计提,如医疗保险费、养老保险费、失业保险费、工伤保险费、生育保险费、住房公积金、工会经费以及职工教育经费等;国家没有规定计提基础和计提比例的,如职工福利费等,应按实列支。

(2) 被审计单位以其自产产品或外购商品作为非货币性福利发放给职工的,应根据受益对象,将该产品或商品的公允价值计入相关的资产成本或当期损益,同时确认应付职工薪酬。

(3) 被审计单位将其拥有的房屋等资产无偿提供给职工使用的,应当根据受益对象,将该住房每期应计提的折旧计入相关资产成本或当期损益,同时确认应付职工薪酬。

(4) 被审计单位租赁住房等资产供职工无偿使用的,应当根据受益对象,将每期应付的租金计入相关资产成本或当期损益,同时确认应付职工薪酬。

**6. 审查应付职工薪酬的使用** 注册会计师应审阅应付职工薪酬明细账,抽查应付职工薪酬各明细项目的支付和使用情况,检查是否符合有关规定,是否履行审批程序。

**7. 检查应付职工薪酬期末余额** 检查应付职工薪酬期末余额中是否存在拖欠性质的职工薪酬,了解拖欠的原因。

**8. 确定应付职工薪酬的披露是否恰当** 注册会计师应对应付职工薪酬的披露情况进行检查,以验明被审计单位是否按《企业会计准则》的规定充分披露了有关信息。

## 第6节 生产循环相关账户的审计

在前面几节中,我们已经介绍了存货成本测试、存货监盘、存货计价测试等审计程序,然而仅仅实施这些审计程序尚难以达到存货的全部审计目标。限于篇幅,下面我们以材料采购、原材料、库存商品、存货跌价准备为例介绍具体存货账户的实质性程序。

**1. 材料采购或在途物资的实质性程序**

(1) 获取或编制材料采购(在途物资)明细表,复核加计正确,与总账数、明细账合计数核对相符。

(2) 检查期末材料采购(在途物资),核对有关凭证。对大额材料采购(在途物资),追查至相关的购货合同及购货发票,复核采购成本的正确性,并抽查期后入库情况。必要时发函询证。

(3) 查阅资产负债表日前后若干天的材料采购(在途物资)增减变动的有关账簿记录和收料报告单等资料,检查有无跨期现象,如有,则应做出记录,必要时提出调整建议。

(4) 对采用计划成本核算的,审核材料采购项目有关材料成本差异发生额的计算和处理是否正确。

(5) 审核有无长期挂账的材料采购(在途物资),如有,应查明原因,必要时提出调整建议。

(6) 确定材料采购(在途物资)的披露是否恰当。

**2. 原材料的实质性程序**

（1）获取或编制原材料明细表，复核加计正确，并与总账数、明细账合计数核对相符；同时抽查明细账与仓库台账、卡片记录，检查是否核对相符。

（2）执行实质性分析程序：①编制本期主要原材料增减变动表，分析其变动规律，并与上期比较，如果存在差异，分析原因；②将主要原材料的本期各月间及上期的单位成本进行比较，分析其波动原因，对异常项目进行调查并予以记录。

（3）执行存货监盘程序。

（4）检查原材料的入账基础和计价方法是否正确，前后期是否一致；自原材料明细账中选取适量品种：①在以实际成本计价时，将其单位成本与购货发票核对；②在以计划成本计价时，将其单位成本与被审计单位制定的计划成本核对，同时关注被审计单位计划成本制定的合理性。

（5）对于通过非货币性资产交换、债务重组、企业合并以及接受捐赠等取得的原材料，检查其入账的有关依据是否真实、完备，入账价值和会计处理是否符合相关规定。

（6）检查投资者投入的原材料是否按照投资合同或协议约定的价值入账，并检查约定的价值是否公允，交接手续是否齐全。

（7）检查与关联方的购销业务是否正常，关注交易价格、交易金额的真实性及合理性。

（8）了解被审计单位原材料发出的计价方法，前后期是否一致，并抽取主要材料复核其计算是否正确；对于不能替代使用的原材料，以及为特定项目专门购入或制造的原材料，检查是否采用个别计价法确定发出成本；若原材料以计划成本计价，还应检查材料成本差异的发生和结转的金额是否正确。

（9）结合期末市场采购价，分析主要原材料期末结存单价是否合理。

（10）编制本期发出材料汇总表，与相关科目勾稽核对，并抽查复核月度发出材料汇总表的正确性。

（11）审核有无长期挂账的原材料，如有，应查明原因，必要时提出调整建议。

（12）查阅资产负债表日前后若干天的原材料增减变动记录和原始凭证，检查有无跨期现象，如有，则应做出记录，必要时提出调整建议。

（13）结合原材料的盘点，检查期末有无料到单未到情况，如有，应查明是否已暂估入账，其暂估价是否合理。

（14）结合长、短期借款等项目，了解是否有用于债务担保的原材料，如有，则应取证并作相应的记录，同时提请被审计单位作恰当披露。

（15）确定原材料的披露是否恰当。

**3. 库存商品的实质性程序**

（1）获取或编制库存商品明细表，复核加计正确，并与总账数、明细账合计数核对相符；同时抽查明细账与仓库台账、卡片记录，检查是否相符。

（2）执行实质性分析程序：①编制本期库存商品增减变动表，分析其变动规律，并与上期比较，如果存在差异，分析原因；②对主要库存商品本期内各月间及上期的单位成本进行比较，分析其波动原因，对异常项目进行调查并记录。

（3）执行存货监盘程序。

（4）检查库存商品的入账基础和计价方法是否正确，前后期是否一致；自库存商品明细表中选取适量品种:①在以实际成本计价时,将其单位成本与购货发票核对;②在以计划成本计价时,将其单位成本与被审计单位制定的计划成本核对,同时关注被审计单位计划成本制定的合理性。

(5) 对于通过非货币性资产交换、债务重组、企业合并以及接受捐赠等取得的库存商品,检查其入账的有关依据是否真实、完备,入账价值和会计处理是否符合相关规定。

(6) 检查投资者投入的库存商品是否按照投资合同或协议约定的价值入账,并检查约定的价值是否公允,交接手续是否齐全。

(7) 检查与关联方的购销业务是否正常,关注交易价格、交易金额的真实性及合理性。

(8) 抽查库存商品入库单,核对库存商品的品种、数量与入账记录是否一致;检查产成品入库的实际成本是否与"生产成本"科目的结转额相符。

(9) 了解被审计单位库存商品发出的计价方法,前后期是否一致,并抽取主要材料复核其计算是否正确;对于不能替代使用的库存商品,以及为特定项目专门购入或制造的库存商品,检查是否采用个别计价法确定发出成本;若库存商品以计划成本计价,还应检查产品成本差异的发生和结转的金额是否正确。

(10) 编制本期发出库存商品汇总表,与相关科目勾稽核对,并抽查复核月度发出库存商品汇总表的正确性。

(11) 审核有无长期挂账的库存商品,如有,应查明原因,必要时提出调整建议。

(12) 查阅资产负债表日前后若干天的库存商品增减变动记录和原始凭证,检查有无跨期现象,如有,则应做出记录,必要时提出调整建议。

(13) 结合库存商品的盘点,检查期末有无货到单未到情况,如有,应查明是否已暂估入账,其暂估价是否合理。

(14) 结合长、短期借款等项目,了解是否有用于债务担保的库存商品,如有,则应取证并作相应的记录,同时提请被审计单位作恰当披露。

(15) 确定库存商品的披露是否恰当。

**4. 存货跌价准备的实质性程序**

(1) 获取或编制存货跌价准备明细表,复核加计正确,并与总账数和明细账合计数核对相符。

(2) 检查存货跌价准备计提和存货损失转销的批准程序,取得书面报告,销售合同或劳务合同等证明文件。

(3) 评价存货跌价准备的计提依据和计提方法是否合理,是否充分考虑了持有存货的目的及资产负债表日后事项的影响等因素。

(4) 若被审计单位为建造承包商,对其执行中的建造合同,应检查预计总成本是否超过合同总收入,如果超过,跌价准备计提是否合理,会计处理是否正确。

(5) 比较本期实际损失发生数与前期存货跌价准备的余额,以评价上期存货跌价准备计提的合理性。

(6) 如果被审计单位出售或核销已经计提跌价准备的存货,应检查相应的跌价准备的会计处理是否正确。

(7) 注意已计提跌价准备的存货价值又得以恢复的,是否在原已计提的跌价准备的范围内转回,依据是否充分,并记录转回金额。

(8) 检查被审计单位是否于期末对存货进行了检查分析,存货跌价准备的计算和会计处理是否正确。

(9) 确定存货跌价准备的披露是否恰当。

## 本章小结

本章讨论了生产与工薪循环的审计。生产循环是将原材料加工成产成品的过程,其主要业务活动包括计划和安排生产、发出原材料、生产产品、核算产品成本、储存产成品和发出产成品等。生产循环交易的数量一般都很大,容易发生错报;而且生产循环的错报会影响到主营业务成本以及利润等项目的正确性,因此生产循环的审计很重要。工薪循环涉及的主要业务活动包括雇用员工、授权变动薪酬、编制出勤和计时资料、工薪计算、记录和支付工薪等。

生产与工薪循环的内部控制主要包括成本会计制度和工薪内部控制。根据内部控制目标,列示了相应的关键内部控制、常用的控制测试和交易实质性程序,它们涵盖了主要业务活动和凭证记录。

生产与工薪循环的实质性程序重点介绍了存货、营业成本、应付职工薪酬等项目。其中存货项目的实质性程序主要包括存货成本的测试、分析程序的运用、存货监盘、存货计价测试等。此外,还简要介绍了循环中其他相关项目的审计。

## 案例

### 存货审计

#### 一、案例背景

永乐股份有限公司主要从事机械生产和销售,有产品自营出口权,公司主要生产 A、B、C 三种电机和 M、N 两种吊机。20×7 年实现销售收入 8.7 亿元,比上年增加 11%,其中出口销售收入 0.8 亿元;实现净利润 0.65 亿元。远禾会计师事务所自 2002 年开始接受永乐股份有限公司董事会委托,对永乐股份有限公司进行年度会计报表审计。20×8 年 1 月 15 日至 1 月 25 日,远禾会计师事务所派出以杨虎为项目经理,以注册会计师李伟、张山为组员的审计小组,对该公司 20×7 的会计报表进行了审计。永乐公司本年生产销售正常,与其相关的固有风险较小。根据永乐公司的情况,初步确定该公司 20×7 年会计报表审计的整体重要性水平按未审计资产总额的 0.7% 计算确定,为 3 360 000 元。分配确定的存货重要性水平为 927 000元。

根据分工,张山负责生产循环的审计测试与取证工作。

#### 二、案例内容和过程

(一) 相关内部控制的了解与描述

注册会计师张山采用多种方式,了解永乐公司生产循环相关的内部控制:一是询问负责本业务循环的有关人员;二是取得该公司内部管理制度手册,查阅是否有相关的内部管理制度;三是填写了生产循环内部控制调查表。

经过了解和分析,永乐公司的生产循环内部控制在整体上适当、合理,能够防止、发现和纠正特定会计报表认定的重大错报或漏报。虽存在少数缺陷,但不会对会计报表的相关认定产生重大影响,于是决定初步信赖生产循环的内部控制,对其内部控制进行测试。

(为了方便,以下只介绍存货的内部控制测试,并以库存商品为例说明存货的实质性测试。)

### (二) 存货的内部控制测试

为了证实存货内部控制是否有效,注册会计师张山进行了控制测试。他随机抽查 4、6、10 月份发生的生产业务,发现都是根据经批准的生产计划执行;抽样检查也表明:①收入的物资均由质量检验部门检验,并有相关入库手续。②物资入库时均经过计量并签发入库单。③发出材料均根据规定的手续处理并及时记录仓库保管账。④仓库每月末编制收、发、存报表并报财务部、供应部、销售部等相关部门。⑤所有物资均设有永续盘存记录。⑥物资保管,包括分检、堆放、卫生、仓储条件等良好。⑦财务部门至少每年末会同物资部门共同进行盘点。⑧物资盘盈、盘亏、毁损、报废等按规定审批处理,但存在不及时的问题。

控制测试的结果表明:存货循环的内部控制执行情况良好,控制风险低。由于相应的固有风险不高,控制风险低,因此,在实质性测试中,可接受较高水平的检查风险。其实质性测试策略是:在性质上,以分析性复核和交易测试为主;在审计时间上,可以期中审计为主;在审计范围上,可以只需较少的样本和较少的证据。

### (三) 存货的实质性测试

1. 张山首先从财务部门取得各类存货项目明细表,经复核与总账数、明细账合计余额核对相符(存货项目明细表略)。

2. 监盘存货项目,验证存货是否真实存在并与账面记录相符。永乐公司的年末存货盘点事前作了规划,张山等人员未能于20×7 年 12 月 31 日亲临现场观察监督永乐公司盘点计划的执行,于是在外勤工作时审核了客户的盘点记录和方法,并决定在 20×8 年 1 月 18 日监督企业实地盘点,并倒推计算出资产负债表日的存货数量与企业在 20×7 年 12 月 31 日的盘点结果一致(库存商品期末盘存情况如表 13-4 所示)。

**表 13-4 库存商品期末盘存情况表**　　索引号:Y4-16

| 产品名称 | 单位 | 审定后单位成本 | 账面记录 | | 盘存结果 | | 盘盈(亏)情况 | | 品质情况 |
|---|---|---|---|---|---|---|---|---|---|
| | | | 数量 | 金额 | 数量 | 金额 | 数量 | 金额 | |
| A | 台 | 2 826 601.13 | 10 | 28 266 011.3 | 10 | 28 266 011.3 | | | 正常 |
| B | 台 | 214 934 | 50 | 10 746 700 | 49 | 10 531 766 | -1 | -214 934 | 正常 |
| C | 台 | 134 662.77 | 79 | 10 638 358.83 | 79 | 10 638 358.83 | | | 正常 |
| D | 台 | 114 566.08 | 14 | 1 603 925.12 | 15 | 1 718 491.20 | 1 | 114 566.08 | 积压 |
| E | 台 | 68 764.80 | 11 | 756 412.80 | 11 | 756 412.80 | | | 积压 |
| 合计 | | | | 52 011 408.05 | | 51 911 040.13 | | -100 367.92 | |

审计说明:

(1)盘点已按计划进行。(2)仓库账记录完整。(3)有 2 种产品存在积压情况。(4)有 1 种产品盘盈 1 台,另有 1 种产品盘亏 1 台。(5)对盘盈、盘亏的存货,企业已有充分合理的解释,并已经过授权批准进行了适当的会计处理,在会计报表作了披露。

审计结论:

经调整后,期末库存商品的真实性可以确认。

3. 抽查存货发出的原始凭证是否齐全、内容是否完整、计价是否正确。张山抽查了 5、12 月份发出库存商品汇总表,复核汇总表的编制,其结果正确;复核 A、B、C 、D、E 等各种产品发出成本的计算,结果正确;检查其账务处理正确。

4. 根据被审计单位存货计价方法，抽查年末结存量比较大的存货的计价是否正确。经查阅，永乐公司以前对库存商品完工入库时按实际生产成本入账，发出时按加权平均法计价。经抽查5、12月的凭证和账务记录，库存商品计价方法本年没有改变，并与以前年度保持一致。

5. 审查低值易耗品与固定资产的划分是否合理，其摊销方法及摊销金额的确定是否正确。

审计人员首先了解低值易耗品与固定资产的划分标准，了解到永乐公司将凡是符合下列条件之一的劳动资料，均作为低值易耗品：(1)单位价值3000元及以下；(2)使用年限低于一年。对取得低值易耗品按实际成本核算，对发出低值易耗品按加权平均法计价，并采用"一次摊销法"核算低值易耗品的耗用。均符合《企业会计准则》的规定。

审计人员抽查了5、12月两种主要低值易耗品(甲工具和乙工具)的明细记录，并追查至凭证，复核其计算正确、会计处理正确，摊销方法保持了一贯性。

6. 抽查产成品入库单，核对其品种、数量和实际成本与生产成本的结转是否一致。

对此，审计人员抽查了6、8、12三个月完工产品入库情况，测试程序和结果如下：

(1)抽查各月完工产品入库单汇总表，复核其汇总正确。

(2)检查各入库单，其手续合规、内容完整。

(3)各入库单汇总数量与仓库账一致，与生产情况统计表一致。

(4)将当月产品成本计算与库存商品明细账中的成本记录核对，两者一致。

7. 抽查产成品发出凭证，核对其品种、数量和实际成本与主营业务成本的结转是否一致。

张山抽查了6、8、12三个月产品销售情况，未发现异常：①抽查各月产品出库单汇总表，复核其汇总正确。②检查各出库单，其手续合规、内容完整。③各出库单汇总数量与仓库账一致，与销售部门情况统计表一致。④复核当月已出库产品成本计算，与库存商品明细账中的成本记录核对一致，与主营业务成本明细账核对一致。

但在生产成本审计中，查明永乐公司为了调节年度利润，在12月份采用假投料方式和低估期末在产品完工程度的方式，虚增了12月份A、B、C三种产品的完工产品成本共9722608元。经重新计算，确认12月份主营业务成本和库存商品成本因此各虚增了6327525.80元和3395082.20元。应作以下调整：

| | |
|---|---|
| 借：生产成本 | 9 722 608 |
| 　贷：库存商品 | 9 722 608 |
| 借：库存商品 | 6 327 525.80 |
| 　贷：主营业务成本 | 6 327 525.80 |

8. 检查存货跌价损失准备计提和结转的依据、方法和会计处理是否正确，是否经授权批准。

经了解，永乐公司采用单个存货项目比较法计提存货跌价准备。公司在每年12月31日对存货进行盘点，逐一查明各种存货有无积压、陈旧过时或其他原因导致其可变现净值低于其账面成本的情况。若有，则计提存货跌价准备。经审查，该公司的这一会计政策已得到了公司董事会的批准。张山认为，这一政策合理、合规。

经查明，12月31日，D和E两种产品存在积压现象，可变现净值低于成本，公司根据已规定的存货跌价准备计提政策计算，D和E两种产品当期分别应计提145 678元和转回111 223元。张山经过复核，发现相关计算及其会计处理正确。(注：库存商品跌价准备的期初余额为334 456元，期末余额为368 911元)

## 三、案例分析

(1) 在该案例中，由于固有风险低，内部控制测试结果表明控制风险也不高，所以在实质性测试中，审计人员一般只抽查少数几个月的凭证及账户进行检查，以节约审计成本。又考虑到12月份是整个会计年度的最后一个月，相对于其他月份更容易出现错报或漏报的可能，因而，在相应实质性测试中，一般要对12月的凭证及账户进行检查。

（2）案例中，由于审计人员没有参与期末（12 月 31 日）的企业存货盘点，所以在审计外勤工作时要根据永乐公司期末存货盘点的可信程度的高低对存货进行抽查盘点或全额盘点，在本案例中，选择了全额盘点，也是考虑到了被审计单位的存货数量不多，盘点并不困难。假如，永乐公司有一部分存货存放在外单位或已被外单位扣作偿债之抵押，那么，审计人员也可向存放单位或债权人函证，来确认异地存货的存在性。但如果这部分异地存货超越了重要性水平，则应执行追加审计程序，如委托当地会计师事务所负责监盘或由本所审计人员亲自前往实地监盘等。

（3）存货监盘或抽盘被审计单位的存货时，要注意观察存货的品质状况以确定有无积压、残次、毁损、滞销的存货。本例中，库存商品 D 和 E 存在积压，也许无法单凭观察断定，所以在存货监盘或抽盘时，审计人员往往同时要征询技术人员、财务人员、仓库管理人员的意见，以便对存货品质有更全面的了解。审计人员也可追加以下实质性测试程序：审阅各类存货明细账，检查有无长期挂账的存货事项。因为，存货之所以长期挂账，往往是因为此类存货品质状况存在问题，所以，应查明原因，必要时作调整。

## 思考题

1. 生产循环的审计目标包括哪些？
2. 如何进行成本会计制度的控制测试？
3. 存货审计对整个会计报表审计有何影响？
4. 在制定存货盘点计划时，应特别关注哪些内容？
5. 试述应付职工薪酬的实质性测试程序。

## 练习题

### 一、判断题

1. 因为不存在满意的替代程序来观察和计量期末存货，所以注册会计师必须对被审计单位的存货进行监盘。
2. 存货监盘程序所得到的是实物证据。它不仅能保证被审计单位对存货拥有所有权，而且也能对该存货的价值和完整性提供审计证据。
3. 存货正确截止的关键在于存货实物纳入盘点范围的时间与存货引起的借贷双方会计科目的入账时间处于同一会计期间。
4. 存货审计的目的是为了确定存货的计价是否正确，以及账上反映的存货是否归被审计单位所有。
5. 存货的监盘是重要的审计程序，因此，注册会计师应亲自制定盘点计划。

### 二、单选题

1. 一般来说，（　　）仅和生产循环有关，而与其他任何循环无关。

A. 采购材料和储存材料　　B. 购置加工设备和维护加工设备
C. 预付保险费和理赔　　D. 加工产品和储存完工产品

2. 对存货进行审计时，往往要区分低值易耗品与固定资产，这是为了证实被审单位管理当局关于（　　）的认定是否公允。

A. 估价　　B. 权利与义务
C. 分类　　D. 存在

3. 应付职工薪酬的审计目标不应包括（　　）。

A. 确定应付职工薪酬是否实际发放
B. 确定应付职工薪酬的披露是否恰当
C. 确定应付职工薪酬的期末余额是否正确

D. 确定应付职工薪酬计提和支出的记录是否完整,计提依据是否合理

4. 在生产循环中,产成品发出的执行部门为(　　)。

A. 销售部门　　B. 仓库

C. 发运部门　　D. 财务部门

5. 下列各项中,属于生产成本审计实质性测试程序的是(　　)。

A. 对成本进行分析程序

B. 审查有关凭证是否经过适当审批

C. 审查有关记账是否附有原始凭证,以及这些原始凭证的顺序是否完整

D. 询问和观察存货的盘点及接触、审批程序

## 三、多选题

1. 下列项目中属于存货成本审计的有(　　)。

A. 直接材料成本的审计　　B. 直接人工成本的审计

C. 制造费用的审计　　D. 管理费用

2. 注册会计师在审计时,下列事项中,认为构成存货成本的有(　　)。

A. 购买材料运输途中发生的合理损耗

B. 购买材料的运杂费

C. 小规模纳税企业购进材料支付的增值税

D. 存货生产期间发生的符合资本化条件的借款费用

3. 存货监盘程序的具体实施方式包括(　　)两种,注册会计师需要根据具体情况确定哪种方式更加有效。

A. 观察　　B. 控制测试

C. 抽查　　D. 实质性程序

4. 注册会计师在对被审计单位营业成本项目进行审计时,下列有关处理中,注册会计师认可的是(　　)。

A. 被审单位发生的销售折让,冲减相应的主营业务收入科目,没有冲减主营业务成本

B. 被审单位发生的销售退回,冲减相应的主营业务收入科目,没有冲减主营业务成本

C. 被审单位发生的销售退回,冲减相应的主营业务收入科目,同时冲减主营业务成本

D. 被审单位销售已计提跌价准备的存货,在结转存货跌价准备时,应借记存货跌价准备,贷记资产减值损失

## 四、综合题

1. [资料一]基本情况

注册会计师李明和王华对被审单位天达公司的2006年存货、生产成本及营业成本进行审计,通过审查该公司的产品销售成本明细表,并与有关明细账、总账核对相符。有关数字如下:材料期初余额:80 000万元,本期购进材料150 000万元,材料期末余额60 000万元,本期销售材料10 000万元,直接人工成本15 000万元,制造费用40 000万元,在产品期初余额23 000万元,在产品期末余额30 000万元,产成品期初余额40 000万元,产成品期末余额50 000万元。该公司采用先进先出法进行存货计价。

[资料二]审计程序及审计依据

注册会计师在审计过程中采用了以下审计程序:

(1) 对该公司的存货内部控制制度和产品销售成本内部控制制度进行了测试与评价;

(2) 核对了各存货项目明细账和总账余额;

(3) 对主要材料、产成品、在产品进行了抽查、盘点,抽查盘点金额达存货总额的60%;

(4) 对存货计价进行了测试;

(5) 对直接材料成本、直接人工成本和制造费用进行了实质性程序,对产品销售成本进行了实质性程序。

在实施了以上审计程序后,发现该公司存在以下问题:

(1) 本期已入库,但尚未收到结算凭证的材料5000万元未做暂估价入账处理。

(2) 已领未用的材料1000万元,未做退料处理。

(3) 为在建工程发生的工人工资计入生产成本2000万元。

(4) 本期发生的大修理费用6000万元全部计入当期制造费用。

(5) 经对期末在产品的盘点发现,在产品的实际金额为38 000万元。

要求:根据以上情况,进行审计调整,并将调整分录过入"生产成本及营业成本倒轧表"

2. 太平洋会计师事务所的注册会计师刘海和张明负责对银河实业股份有限公司(以下简称银河公司)2007年的会计报表进行审计。2007年11月,刘海和张明对银河公司的内部控制进行了初步了解和测试。通过对银河公司的内部控制的了解,刘海和张明注意到下列情况:

(1) 银河公司主要生产和销售电冰箱;

(2) 银河公司生产的电冰箱全部发往全国各地办事处和境外销售分公司销售。办事处除自行销售外,还将一部分电冰箱寄销在各商场。各月初,办事处将上月的收、发、存的数量汇总后报银河公司财务部门和销售部门,财务部门作相应会计处理;银河公司生产的电冰箱约有40%出口,出口的电冰箱先发往境外销售分公司,再分销到世界各地。境外销售分公司历年未经审计,2007年度也计划不安排审计;

(3) 鉴于银河公司生产的电冰箱品牌优良,比较畅销,为保证各办事处和境外分公司的货源,银河公司本部仓库一般不保留产成品。

(4) 通过对银河公司内部控制的测试,刘海和张明注意到,除下列情况表明存货相关内部控制可能存在缺陷外,其他内部控制均健全、有效:

A. 银河公司在以前年度未对存货实施盘点,但有完整的存货会计记录和仓库记录。

B. 银河公司发出电冰箱时未全部按顺序记录。

C. 银河公司生产电冰箱所需的零星A材料由大地贸易公司代管,但银河公司未对A材料的变动进行会计记录。

D. 银河公司每年12月25日后发出的存货在仓库的明细账上记录,但未在财务部门的会计账上反映。

E. 银河公司发出材料存在不按既定方法核算的现象。

F. 银河公司财务部门会计记录和仓库明细账均反映了代大地贸易公司保管的B材料。

(5) 2007年12月27日,银河公司编制了存货盘点计划,并与刘海和张明讨论。存货盘点计划的部分内容如下:

A. 银河公司本部的存货由采购、生产、销售、仓库和财务部门相关人员组成的盘点小组,在2007年12月31日进行盘点。办事处及境外存货的盘点分别由各个办事处和境外销售分公司负责,在12月31日前后进行,盘点结束后分别将盘点资料报送财务部门和仓库部门。

B. 限于人力,在各商场寄销的电冰箱以各办事处的账面记录为准,不进行盘点。

C. 为了不影响生产正常进行,在2007年12月31日,各生产线不停产。

D. 各盘点单位按存货类别和相关明细记录填写盘点清单、摆放存货,并填写连续编号的盘点标签。

E. 由于大地公司寄存的B材料与银河公司自身的B材料并无区别,故未单独摆放。B材料库存数以盘点数扣除大地公司寄存B材料的账面数确定;由大地公司代管的A材料不安排盘点,库存数直接根据大地公司的记录确定。

F. 废品与毁损品不进行盘点,以财务部门和仓库部门的账面记录为准。

(6) 根据银河公司存货的内部控制情况和盘点计划,刘海和张明决定实施的监盘计划部分内容如下:

A. 随机选择1/3的办事处进行存货监盘。

B. 对在各商场寄销的电冰箱以经审阅的办事处的账面记录为准。

C. 对境外销售分公司的存货不进行盘点,直接审阅其盘点记录及账面记录。

D. 对大地代管的 A 材料，采取向大地公司函证的方式确认。

E. 在银河公司盘点后，审计人员按存货期末余额的 5% 复盘。若复盘结果表明误差低于 2%，则不要求银河公司重新盘点。

F. 审计人员在复盘结束后，与公司盘点人员分别在盘点清单上签字，并视情况考虑是否索取盘点前的最后一张验收报告单(或入库单)和最后一张货运单(或出库单)。

(7) 在对银河公司内部控制了解和测试的基础上，刘海和张明于 2008 年初编制了总体审计计划，其中的会计报表层次的重要性水平为资产总额的 1%，并将其分配至各资产项目，如表 13-5 所示(单位：人民币万元)。

**表 13-5　重要性水平分配表**

| 项目 | 年末数(未经审计) | 分配比例 | 重要性水平 |
|---|---|---|---|
| 货币资金 | 700 | 1% | 7 |
| 交易性金融资产 | 2000 | 1% | 20 |
| 存货 | 62 000 | 1% | 620 |
| 其中：原材料 | 1000 | | |
| 在产品 | 12 000 | | |
| 产成品 | 49 000 | | |
| 长期股权投资 | 3300 | | 33 |
| 固定资产 | 40 000 | 1% | 400 |
| 在建工程 | 31 000 | 1% | 310 |
| 无形资产和其他资产 | 1000 | 1% | 10 |
| 资产总计 | 140 000 | 1% | 1400 |

问题：

1. 刘海和张明通过内部控制测试所注意到的各种情况是否实际构成内部控制缺陷？说明理由。

2. 对于上述情况中确实存在内部控制缺陷的，为了证实其可能导致的会计报表错误，请代刘海和张明分别确定一项最主要的实质性测试程序，并分别说明实施各项程序能够实现的审计目标。

3. 银河公司编制的上述盘点计划的相关内容有无不妥当之处？若有，予以更正。

4. 刘海和张明编制的上述盘点计划的相关内容有无不妥当之处？若有，予以更正。

5. 请评价刘海和张明对会计报表项目层次重要性水平的分配是否恰当。

6. 如果刘海和张明以银河公司境外销售分公司的存货未经监盘为由，决定对银河公司 2007 年度会计报表出具无法表示意见的审计报告，请判断是否妥当，并说明理由。

## 五、案例讨论题

### 道提斯食品有限公司审计案

道提斯食品有限公司是上市公司，总部设在美国弗吉尼亚。20 世纪 70 年代末，威廉 · 那斯温特担任了该公司的销售员。由于工作出色，不久他被提拔为格雷温斯分部的总经理，并加薪一倍。格雷温斯分部是一个贮货中心，专门负责批发冰冻食品给东海岸的零售商。那斯温特很快发现，经营大规模批发比一般零售更复杂，而且压力更大。他升任后不久，该分部便因业绩不佳受到总部批评，后又因未能实现目标利润而倍受指责。最后，他决定自己来解决这些问题，他在上报总部的月度业绩报告中虚增存货，并通过提高月末存货余额来降低公司产品销售成本，从而提高了毛利。年复一年，那斯温特欲罢不能，被迫不断造假，通过增加越来越多的虚假存货金额，来达到目标利润。最后，他不得不向公司承认几年来他一直在向公司总部提供虚假的存货报告。

道提斯公司聘请普华会计师事务所来确定格雷温斯分部会计记录中的存货误差程度及其对公司财务报表的影响。普华事务所调查显示，道提斯公司 1980 年的合并净收益由于那斯温特的造假虚增了 15%，而 1981 年虚增更大，达到了 39%。那斯温特虚增该部存货的方法相当简单。1980 年，他在该部年度实有存货报告书中，混入三页虚假的存货项目登记表。另外，还更改了很多存货项目的计量单位。例如，某产品应为 15 盒，而他却在存货登记表上改为 15 箱。1981 年，道提斯公司引进了存货申请电算化系统后，使那斯温特造假更为简单，他只需往该部存货日记账上输入一笔虚构存货即可。

在 1980 年与 1981 年间，道提斯食品公司均由格特曼会计师事务所的韦森、波拉负责审计。美国证券交易委员会调查了韦森、波拉对道提斯公司的审计情况，认为应把道提斯公司的存货项目视为高风险账户，原因是：第一，存货在道提斯公司资产负债表中最大的主干科目，其金额约占总资产的 40%；第二，审计负责人应该清楚地知道，道提斯公司（特别是格雷温斯分部）的存货内部控制制度，存在很多薄弱环节，而这些薄弱环节会使利用存货舞弊的可能性增加；第三，在 1980 年和 1981 年间，格雷温斯分部的存货余额大量增加，使得该分部的存货周转率大大低于正常水平。另外，美国证券交易委员会也批评韦森和波拉在 1980 和 1981 年期间，对格雷温斯分部存货的审计中，没有对他们本人及下属所发现的问题作深入调查。

由于韦森和波拉在道提斯案中的失职行为，美国证券交易委员会责成他俩必须在今后的工作中，修完几门专业课程，并且要求他俩在以后出具审计时，应受同级别的注册会计师的监督，以确定是否运用了恰当的审计程序。

讨论：

1. 什么审计程序可防止那斯温特虚增 1980 年格雷温斯分部存货？

2. 1981 年，格雷温斯分部存货周转率约是公司同类部门的一半，韦森和波拉应采用什么审计程序来调查该分部这异常低的存货周转率？

3. 那斯温特显然要为改善该分部的经营业绩承受很大的压力。若这一事实让审计人员所掌握，会对他们对该客户审计风险的评价有多大影响？

（资料来源：李若山 . 1998. 审计案例——国外审计诉讼案例 . 沈阳：辽宁人民出版社）

# 第14章　筹资与投资循环审计

## 学习目的

通过本章的学习,应理解筹资与投资循环的基本特征,并掌握以下内容:筹资与投资循环的审计目标、重要性和审计风险;筹资与投资循环的内部控制、控制测试和交易的实质性程序;借款、所有者权益和投资相关项目的实质性程序。

## 第1节　筹资与投资循环概述

本循环由筹资活动和投资活动的交易事项构成。筹资活动是指企业为满足生存和发展的需要,通过改变企业资本及债务规模和构成而筹集资金的活动。筹资活动主要由借款交易和股东权益交易组成。投资活动是指企业为通过分配来增加财富,或为谋求其他利益,将资产让渡给其他单位而获得另一项资产的活动。投资活动主要由权益性投资交易和债权性投资交易组成。

本循环所涉及的资产负债表项目主要有:交易性金融资产、应收股利、应收利息、可供出售金融资产、持有至到期投资、长期股权投资、投资性房地产、短期借款、交易性金融负债、应付利息、应付股利、长期借款、应付债券、实收资本(股本)、资本公积、盈余公积、未分配利润。本循环所涉及的利润表项目主要有:财务费用、投资收益、公允价值变动损益等。

### (一) 主要业务活动

**1. 筹资所涉及的主要业务活动**

(1) 审批授权:企业发行股票必须依据国家有关法规或企业章程的规定,报经企业最高权力机构(如董事会)及国家有关管理部门批准;企业通过借款筹集资金需经公司管理当局的审批,其中债券的发行每次均要由董事会授权。

(2) 签订合同或协议:向银行或其他机构融资须签订借款合同或协议,发行债券须签订债券契约和债券承销或包销合同。

(3) 取得资金:企业实际取得银行或其他机构借入的资金或债券、股票的融入资金。

(4) 计算利息或股利:企业应按有关合同或协议的规定,及时计算利息或股利。

(5) 偿还本息或发放股利:银行借款或发行债券应按有关合同或协议的规定偿还本息,

融入的股本根据股东大会的决定发放股利。

**2. 投资所涉及的主要业务活动**

(1) 审批授权:投资业务应由企业的高层管理机构进行审批。

(2) 取得证券或其他投资:企业可以通过购买股票或债券进行投资,也可以通过与其他单位联合形成投资。

(3) 取得投资收益:企业可取得股权投资的股利收入、债券投资的利息收入和其他投资收益。

(4) 转让证券或收回其他投资:企业可以通过转让证券实现投资的收回,其他投资已经投出,除联营合同期满,或由于其他特殊原因联营企业解散外,一般不得抽回投资。

### (二) 主要凭证与会计记录

**1. 筹资活动的凭证和会计记录**

(1) 债券:是公司依据法定程序发行、约定在一定期限内还本付息的有价证券。

(2) 股票:是公司签发的证明股东所持股份的凭证。

(3) 债券契约:是一张明确债券持有人与发行企业双方所拥有的权利与义务的法律性文件,其内容一般包括:债券发行的标准;债券的明确表述;利息或利息率;受托管理人证书;登记和背书;如系抵押债券,所担保的财产;债券发生拖欠情况如何处理,以及对偿债基金、利息支付、本金返还等的处理。

(4) 股东名册:发行记名股票的公司应记载的内容一般包括:股东的姓名或者名称及住所;各股东所持股份数及股票编号;各股东取得其股份的日期。发行无记名股票的,公司应当记载其股票数量、编号及发行日期。

(5) 公司债券存根簿:发行记名公司债券的应记载的内容一般包括:债券持有人的姓名或者名称及住所;债券的编号及债券持有人取得的日期;债券总额、债券的票面金额、债券的利率、债券还本付息的期限和方式;债券的发行日期。发行无记名债券的应当在公司的债券存根簿上记载债券编号、发行日期、债券总额、利率、偿还期限和方式。

(6) 承销或包销协议:公司向社会公开发行股票或债券时,应当由依法设立的证券经营机构承销或包销,公司应当与其签订承销或包销协议。

(7) 借款合同或协议:公司向银行和其他机构借入款项时与其签订的合同或协议。

(8) 有关的记账凭证、明细账和总账

**2. 投资活动的凭证和会计记录** 与投资活动有关的凭证和会计记录主要包括:股票或债券;经纪人通知书;债券契约;企业的章程及有关协议;投资协议;有关的记账凭证、明细账和总账。

### (三) 筹资与投资循环的审计目标

**1. 筹资循环的审计目标**

(1) 存在或发生

1) 确认借款和所有者权益账面余额在资产负债表日是否确实存在。

2) 确认借款利息费用和已支付的股利是否由被审计期间实际发生的交易事项引起。

(2) 完整性

1) 确认借款的借入、偿还及计息的记录是否完整。

2) 所有者权益的增减变动及其股利是否已登记入账。

(3) 权利和义务

1) 确认借款是否均为企业在资产负债表日的法定义务。

2) 所有者权益是否代表所有者的法定求偿权。

(4) 准确性、计价和分摊

1) 确认借款和所有者权益的期末余额是否正确。

2) 确认有关借款、应付债券和权益账户汇总过账正确,与报表一致。

(5) 截止:确认与借款、应付债券和权益有关的交易记入恰当的时期。

(6) 分类与披露

1) 确认借款、应付债券和权益已被恰当地分类。

2) 确认借款和所有者权益在资产负债表上的披露是否正确。

**2. 投资循环的审计目标**

(1) 存在或发生

1) 确认投资账面余额为资产负债表日确实存在的投资。

2) 确认投资收益(或损失)是由被审计期间实际发生的投资交易事项引起的。

(2) 完整性:确认投资增减变动及其收益是否均已登记入账。

(3) 权利和义务:确认投资是否均为被审计单位所有。

(4) 准确性、计价和分摊:确认投资的计价方法正确,期末余额正确。

(5) 截止:确认与投资有关的交易记入恰当的时期。

(6) 分类与披露

1) 确认投资已被恰当的分类。

2) 投资在资产负债表上的披露是否恰当。

### (四) 重要性和审计风险

筹资与投资循环具有以下特征:

(1) 审计年度内筹资与投资循环的交易数量较少,而每笔交易的金额通常较大。

(2) 漏记或不恰当地对一笔业务进行会计处理,将会导致重大错误,从而对企业会计报表的公允反映产生较大的影响。

(3) 筹资与投资循环交易必须遵守国家法律、法规和相关契约的规定。

正因为具有上述特征,所以筹资与投资循环具有较大的错报风险,注册会计师应重视该循环相关项目的审计。

## 第 2 节　内部控制、控制测试和交易的实质性程序

**1. 筹资活动的内部控制、控制测试和交易的实质性程序**　筹资活动由借款交易和股东权益交易组成。企业的股东权益交易不经常发生而金额一般较大,注册会计师一般不进行

内部控制测试直接进行实质性测试。企业的借款交易如果业务不多，注册会计师也可根据成本效益原则不进行内部控制测试直接进行实质性测试；如果业务繁多，则必须对内部控制进行内部控制测试。

表 14-1 列示了筹资活动内部控制目标、关键内部控制、常用控制测试和常用交易实质性程序，目的在于帮助注册会计师掌握设计实现审计目标的审计方案的方法。在实际操作中，注册会计师应运用这些方法，根据被审计单位的具体情况，设计富有效率和效果的审计方案。

**表 14-1 筹资活动的控制目标、内部控制和测试一览表**

| 内部控制目标 | 关键内部控制 | 常用控制测试 | 交易实质性程序 |
| --- | --- | --- | --- |
| 借款和所有者权益账面余额在资产负债表日确实存在，借款利息费用和已支付的股利是由被审计期间实际发生的交易事项引起的（存在与发生） | 借款或发行股票经过授权审批 | 索取借款或发行股票的授权批准文件，检查权限是否恰当，手续是否齐全 | 获取或编制借款和股本明细表，复核加计正确，并与报表数、总账数和明细账合计数核对相符<br>检查与借款或股票发行有关的原始凭证，确认其真实性，并与会计记录核对<br>检查利息计算的依据，复核应计利息的正确性，并确认全部利息记入相关账户 |
| | 签订借款合同或协议、债券契约、承销或包销协议等相关法律文件 | 索取借款合同或协议、债券契约、承销或包销协议 | |
| 借款和所有者权益的增减变动及其利息和股利已登记入账（完整性） | 筹资业务的会计记录、授权和执行等方面明确职责分工 | 观察并描述筹资业务的职责分工 | 检查年度内借款和所有者权益增减变动的原始凭证核实变动的真实性、合规性，检查授权批准手续是否完备，入账是否及时准确 |
| | 借款合同或协议由专人保管，如保存债券持有人的明细资料，应同总分类账核对相符；如由外部机构保存，需定期同外部机构核对 | 了解债券持有人明细资料的保管制度，检查被审计单位是否将其与总账或外部机构核对 | |
| 借款均为被审计单位承担的债务，所有者权益代表所有者的法定求偿权（权利与义务） | | | 向银行或其他金融机构、债券包销人函证，并与账面余额核对<br>检查股东是否已按合同、协议、章程约定时间缴付出资额，其出资额是否经注册会计师审验 |
| 借款和所有者权益的期末余额正确（计价和分摊） | 建立严密完善的账簿体系和记录制度<br>核算方法符合会计准则和会计制度的规定 | 抽查筹资业务的会计记录，从明细账抽取部分会计记录，按原始凭证到明细账、总账的顺序核对有关数据和情况，判断其会计处理过程是否合规完整 | |
| 借款和所有者权益在资产负债表上的披露正确（列报） | 筹资业务明细账与总账的登记职务分离<br>筹资披露符合会计准则和会计制度的要求 | 观察职务是否分离 | 确定借款和所有者权益的披露是否恰当，注意 1 年内到期的借款是否列入流动负债 |

**2. 投资活动的内部控制、控制测试和交易的实质性程序**　具体内容见表 14-2。

**表 14-2　投资活动的控制目标、内部控制和测试一览表**

| 内部控制目标 | 关键内部控制 | 常用控制测试 | 交易实质性程序 |
| --- | --- | --- | --- |
| 投资账面余额为资产负债日确实存在的投资,投资收益(或损失)是由被审计期间实际发生的投资交易事项引起的(存在与发生) | 投资业务经过授权审批<br>与被投资单位签订合同、协议,并获取被投资单位出具的投资证明 | 索取投资的授权批准文件,检查权限是否恰当,手续是否齐全<br>索取投资合同或协议,检查是否合理有效;索取被投资单位的投资证明,检查其是否合理有效 | 获取或编制投资明细表,复核加计正确,并与报表数、总账数和明细账合计数核对相符<br>向被投资单位函证投资金额、持股比例及发放股利情况 |
| 投资增减变动及其收益(或损失)均已登记入账(完整性) | 投资业务的会计记录与授权、执行和保管等方面明确职责分工<br>健全证券投资资产的保管制度,或者委托专门机构保管,或者在内部建立至少两名人员以上的联合控制制度,证券的存取均需详细记录和签名 | 观察并描述投资业务的职责分工<br>了解证券资产的保管制度,检查被审计单位自行保管时,存取证券是否进行详细的记录并由所有经手人员签字 | 检查年度内投资增减变动的原始凭证,对于增加项目要核实其入账基础是否符合投资合同、协议的有关规定,会计处理是否正确;对于减少的项目要核实其变动原因及授权批准手续 |
| 投资均为被审计单位所有(权利与义务) | 内部审计人员或其他不参与投资业务的人员定期盘点证券投资资产,检查是否为企业实际拥有 | 了解企业是否定期进行证券投资资产的盘点<br>审阅盘核报告,检查盘点方法是否恰当、盘点结果与会计记录核对情况以及出现差异的处理是否合规 | 盘点证券投资资产<br>向委托的专门保管机构函证,以证实投资证券的真实存在 |
| 投资的计价方法正确,期末余额正确(计价和分摊) | 建立详尽的会计核算制度,按每一种证券分别设立明细账,详细记录相关资料<br>核算方法符合会计准则和会计制度的规定 | 抽查投资业务的会计记录,从明细账抽取部分会计记录,按原始凭证到明细账、总账的顺序核对有关数据和情况,判断其会计处理过程是否合规、完整 | 检查投资的入账价值是否符合投资合同、协议的规定,会计处理是否正确,重大投资项目,应查阅董事会有关决议,并取证<br>检查长期股权投资的核算是否符合会计准则的规定<br>检查长期债券投资的溢价或折价,是否按有关规定摊销 |
| 投资在资产负债表上的披露正确(列报) | 投资明细账与总账的登记职务分离<br>投资披露符合会计准则的要求 | 观察职务是否分离 | 验明投资的披露是否恰当,注意 1 年内到期的长期投资是否列入流动资产 |

# 第 3 节 借款相关项目审计

借款是企业承担的一项经济义务，是企业的负债项目。在一般情况下，被审计单位不会高估负债，因为这样于自身不利，且难以与债权人的会计记录相互印证；其次，除少数情况外，负债的金额都是真实的，并正确地予以计价。注册会计师对于负债项目的审计，主要是防止企业低估债务。低估债务经常伴随着低估成本费用，从而高估利润的目的。因此，低估债务不仅影响财务状况的反映，而且还会极大地影响企业财务成果的反映。所以，在执行借款业务的审计时，应将被审计单位是否低估借款作为一个关注的要点。

本节讨论的借款项目包括短期借款、长期借款、应付债券和财务费用。

**1. 短期借款的实质性程序**

(1) 获取或编制短期借款明细表，复核其加计数是否正确，并与明细账和总账核对相符。

(2) 函证短期借款的实有数。注册会计师应在期末短期借款余额较大或认为必要时向银行或其他债权人函证短期借款。

(3) 检查短期借款的增加。对年度内增加的短期借款，注册会计师应检查借款合同和授权批准，了解借款数额、借款条件、借款日期、还款期限、借款利率，并与相关会计记录相核对。

(4) 检查短期借款的减少。对年度内减少的短期借款，注册会计师应检查相关记录和原始凭证，核实还款数额。

(5) 检查有无到期未偿还的短期借款。注册会计师应检查相关记录和原始凭证，检查被审计单位有无到期未偿还的短期借款，如有，则应查明是否已向银行提出申请并经同意后办理延期手续。

(6) 复核短期借款利息。注册会计师应根据短期借款的利率和期限，复核被审计单位短期借款的利息计算是否正确，有无多算或少算利息的情况，如有未计利息和多计利息，应做出记录，必要时进行调整。

(7) 检查外币借款的折算。如果被审计单位有外币短期借款，注册会计师应检查外币短期借款的增减变动是否按业务发生时的市场汇率或期初市场汇率折合为记账本位币金额；期末是否按市场汇率将外币短期借款余额折合为记账本位币金额；折算差额是否按规定进行会计处理；折算方法是否前后期一致。

(8) 检查短期借款在资产负债表上的列报是否恰当。企业的短期借款在资产负债表上通常设“短期借款”项目单独列示，对于因抵押而取得的短期借款，应在资产负债表附注中揭示，注册会计师应注意被审计单位对短期借款项目的披露是否充分。

**2. 长期借款的实质性程序** 长期借款同短期借款一样，都是企业向银行或其他金融机构借入的款项，因此，长期借款的实质性程序同短期借款的实质性程序较为相似。长期借款的实质性程序通常包括：

(1) 获取或编制长期借款明细表，复核其加计数是否正确，并与明细账和总账核对相符。

(2) 了解金融机构对被审计单位的授信情况以及被审计单位的信用等级评估情况，了解被审计单位获得短期借款和长期借款的抵押和担保情况，评估被审计单位的信誉和融资能力。

(3) 对年度内增加的长期借款，应检查借款合同和授权批准，了解借款数额、借款条件、借款日期、还款期限、借款利率，并与相关会计记录相核对。

(4) 检查长期借款的使用是否符合借款合同的规定，重点检查长期借款使用的合理性。

(5) 向银行或其他债权人函证重大的长期借款。

(6) 对年度内减少的长期借款，注册会计师应检查相关记录和原始凭证，核实还款数额。

(7) 检查年末有无到期未偿还的借款，逾期借款是否办理了延期手续，分析计算逾期借款的金额、比率和期限，判断被审计单位的资信程度和偿债能力。

(8) 计算短期借款、长期借款在各个月份的平均余额，选取适用的利率匡算利息支出总额，并与财务费用的相关记录核对，判断被审计单位是否高估或低估利息支出，必要时进行适当调整。

(9) 检查非记账本位币折合记账本位币时采用的折算汇率，折算差额是否按规定进行会计处理。

(10) 检查借款费用的会计处理是否正确。借款费用，指企业因借款而发生的利息及其他相关成本，包括折价或溢价的摊销、辅助费用以及因外币借款而发生的汇兑差额。按照《企业会计准则第 17 号——借款费用》的规定，企业发生的借款费用，可直接归属于符合资本化条件的资产的购建或生产的，应当予以资本化，计入相关资产成本；其他借款费用，应当在发生时根据其发生额确认费用，计入当期损益。

(11) 检查企业抵押长期借款的抵押资产的所有权是否属于企业，其价值和实际状况是否与抵押契约中的规定相一致。

(12) 检查企业重大的资产租赁合同，判断被审计单位是否存在资产负债表外融资现象。

(13) 检查长期借款是否已在资产负债表上充分披露。

长期借款在资产负债上列示于长期负债类下，该项目应根据“长期借款”科目的期末余额扣减将于一年内到期的长期借款后的数额填列，该项扣除数应当填列在流动负债类下的“一年内到期的非流动负债”项目单独反映。注册会计师应根据审计结果，确定被审计单位长期借款在资产负债表上的列示是否充分，并注意长期借款的抵押和担保是否已在财务报表附注中作了充分的说明。

**3. 应付债券的实质性程序**

(1) 取得或编制应付债券明细表，并同有关的明细分类账和总分类账核对相符。

(2) 检查债券交易的有关原始凭证。检查债券交易的各项原始凭证，是确定应付债券金额及其合法性的重要程序，注册会计师应作好以下工作：

1) 检查企业现有债券副本，确定其发行是否合法，各项内容是否同相关的会计记录相一致。

2) 检查企业发行债券所收入现金的收据、汇款通知单、送款登记簿及相关的银行对账单。

3）检查用以偿还债券的支票存根，并检查利息费用的计算。

4）检查已偿还债券数额同应付债券借方发生额是否相符。

5）如果企业发行债券时已作抵押或担保，注册会计师还应检查相关契约的履行情况。

（3）检查应计利息、利息调整摊销及其会计处理是否正确。此项工作一般可通过检查债券应计利息、利息调整等账户分析表来进行。该表可让企业代为编制，注册会计师加以检查，也可由注册会计师自己编制。

（4）函证“应付债券”账户期末余额。为了确定“应付债券”账户期末余额的真实性，注册会计师如果认为必要，可以直接向债权人及债券的承销人或包销人进行函证。函证内容包括应付债券的名称、发行日、到期日、利率、已付利息期间、年内偿还的债券、资产负债表日尚未偿还的债权及注册会计师认为应包括的其他重要事项。

（5）检查到期债券的偿还。对到期债券的偿还，注册会计师应检查相关会计记录，检查其会计处理是否正确。

（6）检查借款费用的会计处理是否正确。

（7）检查应付债券是否已在资产负债表上充分披露。应注意是否将一年内到期的应付债券填列在“一年内到期的非流动负债”项目单独反映，应付债券的类别是否已在财务报表附注中作了充分的说明。

**4. 财务费用的审计** 财务费用的审计目标一般包括：确定记录的财务费用是否已发生，且与被审计单位有关；确定财务费用记录是否完整；确定与财务费用有关的金额及其他数据是否已恰当记录；确定财务费用是否已记录于正确的会计期间；确定财务费用的内容是否正确；确定财务费用的披露是否恰当。

财务费用的实质性程序通常包括：

（1）获取或编制财务费用明细表，复核加计正确，与报表数、总账数及明细账合计数核对是否相符。

（2）将本期、上期财务费用各明细项目作比较分析，必要时比较本期各月份财务费用，如有重大波动和异常情况应追查原因，扩大审计范围或增加测试量。

（3）检查利息支出明细账，确认利息收支的真实性及正确性。检查各项借款期末应计利息有无预计入账。注意检查现金折扣的会计处理是否正确。

（4）检查汇兑损失明细账，检查汇况损益计算方法是否正确，核对所用汇率是否正确，前后期是否一致。

（5）检查“财务费用——其他”明细账，注意检查大额金融机构手续费的真实性与正确性。

（6）审阅下期期初的财务费用明细账，检查财务费用各项目有无跨期入账的现象，对于重大跨期项目，应作必要调整。

（7）检查从其他企业或非银行金融机构取得的利息收入是否按规定计缴营业税。

（8）检查财务费用的披露是否恰当。

## 第4节　所有者权益相关项目审计

企业的所有者权益，是企业投资者对企业净资产的所有权，包括投资者对企业的投入资本以及企业存续过程中形成的资本公积、盈余公积和未分配利润。根据所有者权益等于全部资产减去全部负债后的余额这一平衡原理,可以清楚地看出,如果注册会计师对企业的资产和负债进行充分的审计,证明两者的期初余额、期末余额和本期变动都是正确的,这便从侧面为所有者权益的期末余额和本期变动的正确性提供了有力的证据。同时,由于所有者权益增减变动的业务较少、金额较大的特点,注册会计师在审计了企业的资产和负债之后,往往只花费相对较少的时间对所有者权益进行审计。尽管如此,在审计过程中,对所有者权益进行单独审计仍是十分必要的。

**1. 实收资本(股本)实质性程序**　通常包括:

(1) 获取或编制实收资本(股本)增减情况明细表,复核加计正确,与报表数、总账数和明细账合计数核对相符。

(2) 查阅公司章程、股东大会、董事会会议记录中有关实收资本(股本)的规定。收集与实收资本(股本)变动有关的董事会会议纪要、合同、协议、公司章程及营业执照,公司设立批文、验资报告等法律性文件,并更新永久性档案。

(3) 检查实收资本(股本)增减变动的原因,查阅其是否与董事会纪要、补充合同、协议及其他有关法律性文件的规定一致,逐笔追查至原始凭证,检查其会计处理是否正确。注意有无抽资或变相抽资的情况,如有,应取证核实,作恰当处理。

(4) 对于以资本公积、盈余公积和未分配利润转增资本的,应取得股东大会等资料,并审核是否符合国家有关规定。

(5) 以权益结算的股份支付,取得相关资料,检查是否符合相关规定。

(6) 中外合作企业根据合同规定在合作期间归还投资的,检查以下内容:

① 如系直接归还投资,检查是否符合有关的决议与公司章程和投资协议的规定,款项是否已付出,会计处理是否正确;

② 如系以利润归还投资,还需检查是否与利益分配的决议相符,并检查与利润分配有关会计处理是否正确。

(7) 根据证券登记公司提供的股东名录,检查被审计单位及其子公司、合营企业与联营企业是否有违反规定的持股情况。

(8) 以非记账本位币出资的,检查其折算汇率是否符合规定。

(9) 确定实收资本(股本)的披露是否恰当。

**2. 资本公积的实质性程序**　资本公积是非经营性因素形成的不能计入实收资本的所有者权益,主要包括投资者实际缴付的出资额超过其资本份额的差额(如股本溢价、资本溢价)和其他资本公积等。资本公积的实质性程序通常包括:

(1) 获取或编制资本公积明细表,复核加计正确,并与报表数、总账数和明细账合计数核对相符。

(2) 收集与资本公积变动有关的股东(大)会决议、董事会会议纪要、资产评估报告等文件资料,更新永久性档案。首次接受委托的,应检查期初资本公积的原始发生依据。

(3) 根据资本公积明细账,对股本溢价、其他资本公积各明细的发生额逐项审查:

1) 对股本溢价,应取得董事会会议纪要、股东(大)会决议、有关合同,政府批文,追查至银行收款等原始凭证,结合相关科目的审计,检查会计处理是否正确,注意发行股票溢价收入的计算是否已扣除股票发行费用。

2）检查以权益法核算的被投资单位除净损益以外所有者权益的变动，被审计单位是否已按其享有的份额入账，会计处理是否正确；处理该项投资时，应注意是否已转销与其相关的资本公积。

3）对拨款转入，审阅有关的拨款文件，检查拨款项目的完成情况，结合专项应付款的审计，检查会计处理是否正确。

4）以权益结算的股份支付，取得相关资料，检查在权益工具授予日和行权日的会计处理是否正确。

5）对自用房地产或存货转换为以公允价值计量的投资性房地产，若转换日公允价值大于账面价值，差额是否正确记入本科目，若转换日公允价值小于账面价值，检查差额是否正确计入公允价值变动损益；处置投资性房地产时，检查相关的资本公积是否已转销。

6）对可供出售金融资产形成的资本公积，结合相关科目，检查金额和相关会计处理是否正确。

7）若有同一控制下企业合并，应结合长期股权投资科目，检查被审计单位（合并方）取得的被合并方所有者权益账面价值的份额与支付的合并方账面价值的差额计算是否正确，是否依次调整本科目、盈余公积和未分配利润。

8）被审计单位将回购的本单位股票予以注销、用于奖励职工或转让，其会计处理是否正确。

9）对资本公积转增资本，应取得股东（大）会决议、董事会会议纪要和政府批文等，检查资本公积转增资本是否符合有关规定，会计处理是否正确。

（4）检查资本公积各项目，考虑对所得税的影响。

（5）记录资本公积中不能转增资本的项目。

（6）确定资本公积的披露是否恰当。

**3. 盈余公积的实质性程序** 盈余公积是企业按照规定从税后利润中提取的积累资金，是具有特定用途的留存收益，主要用于弥补亏损和转增资本，也可以按规定用于分配股利。盈余公积包括法定盈余公积和任意盈余公积。盈余公积的实质性程序主要包括：

（1）获取或编制盈余公积明细表，复核加计正确，并与报表数、总账数和明细账合计数核对相符。

（2）收集与盈余公积变动有关的董事会会议纪经、股东（大）会决议以及政府主管部门、财政部门批复等文件资料，进行审阅，并更新永久性档案。

（3）对法定盈余公积和任意盈余公积的发生额逐项审查至原始凭证。

1）审查法定盈余公积和任意盈余公积的计提顺序、计提基数、计提比例是否符合有关规定，会计处理是否正确。

2）审查盈余公积的减少是否符合有关规定，取得董事会会议纪要、股东（大）会决议，予以核实，检查有关会计处理是否正确。

（4）确定盈余公积的披露是否恰当。

**4. 未分配利润的审计** 未分配利润是指未作分配的净利润，即这部分利润没有分配给投资者，也未指定用途。未分配利润是企业当年税后利润在弥补以前年度亏损、提取公积金以后加上上年度未分配利润，再扣除向所有者分配的利润后的余额，也是所有者权益的一个重要组成部分。

未分配利润的实质性程序一般包括：

(1) 获取或编制利润分配明细表，复核加计正确，与报表数、总账数及明细账合计数核对相符。

(2) 检查未分配利润期初数与上期审定数是否相符，涉及损益的上期审计调整是否正确入账。

(3) 收集和检查与利润分配有关的董事会会议纪要、股东(大)会决议、政府部门批文及有关合同、协议、公司章程等文件资料，更新永久性档案。对照有关规定确认利润的合法性。检查对资产负债表日后至财务报告批准报出日之间由董事会或类似机构所制订利润分配方案中拟分配的股利，是否在财务报表附注中单独披露。

(4) 检查本期未分配利润变动除净利润转入以外的全部相关凭证，结合所获取的文件资料，确定其会计处理是否正确。

(5) 结合以前年度损益调整科目的审计，检查本年度损益调整的内容是否真实、合理，注意对以前年度所得税的影响。对重大调整事项应逐项核实其发生原因、依据和有关资料、审核数据的正确性。

(6) 检查未分配利润是否已在资产负债表上恰当披露。

# 第5节　投资相关项目审计

投资是企业为通过分配来增加财富，或为谋求其他利益而将资产让渡给其他单位所获得的另一项资产。与投资相关项目包括：交易性金融资产、可供出售金融资产、持有至到期投资、长期股权投资、投资性房地产、应收利息、投资收益、应收股利、交易性金融负债等。本节主要介绍前四个项目的审计。

**1. 交易性金融资产实质性程序**　交易性金融资产，是指企业为了近期出售而持有的金融资产。在会计科目设置上，企业持有的直接指定为以公允价值计量且其变动计入当期损益的金融资产，也通过该科目核算。交易性金融资产的实质性程序通常包括：

(1) 获取或编制交易性金融资产明细表，复核加计正确，并与报表数、总账数和明细账合计数核对相符。

(2) 对期末结存的相关交易性金融资产，向被审计单位核实其持有目的，检查本科目核算范围是否恰当。

(3) 获取股票、债券及基金等交易流水单及被审计单位证券投资部门的交易记录，与明细账核对，检查会计记录是否完整、会计处理是否正确。

(4) 监盘库存交易性金融资产，并与相关账户余额进行核对，如有差异，应查明原因，并做出记录或进行适当调整。

(5) 向相关金融机构发函询证交易性金融资产期末数量以及是否存在变现限制，并记录函证过程。取得回函时应检查相关签章是否符合要求。

(6) 抽取交易性金融资产增减变动的相关凭证，检查其原始凭证是否完善合法，会计处理是否正确。对于交易性金融资产的增加，注意成本、交易费用和相关利息或股利的会计处理是否符合规定；对于交易性金融资产减少，注意出售时其成本结转是否正确，原计入的公允价值变动损益有无调整至投资收益。

(7) 复核与交易性金融资产相关的损益计算是否准确,并与公允价值变动损益及投资收益等有关数据核对。

(8) 确定交易性金融资产的披露是否恰当。

**2. 长期金融资产的实质性程序** 此处的长期金融资产指可供出售金融资产和持有至到期投资。可供出售金融资产是指初始确认时即被指定为可供出售的非衍生金融资产,以及除下列各类资产以外的金融资产:①贷款和应收账款。②持有至到期投资。③以公允价值计量且其变动计入当期损益的金融资产。持有至到期投资,是指到期日固定、回收金额固定或可确定,且企业有明确意图和能力持有至到期的非衍生金融资产。由于两者的实质性程序相似,因此合并介绍。

(1) 获取或编制长期金融资产明细表,复核加计正确,并与总账数和明细账合计数核对相符。

(2) 获取长期金融资产对账单,与明细账核对,并检查其会计处理是否正确。

(3) 检查库存长期金融资产,并与相关账户余额进行核对,如有差异,应查明原因,并做出记录或进行适当调整。

(4) 向相关金融机构发函询证长期金融资产期末数量,并记录函证过程。取得回函时应检查相关签章是否符合要求。

(5) 对期末结存的长期金融资产,向被审计单位核实其持有目的,检查本科目核对范围是否恰当。

(6) 抽取长期金融资产增减变动的相关凭证,检查其原始凭证是否完整合法,会计处理是否正确。

(7) 复核长期金融资产的期末计价是否合理。可供出售金融资产如公允价值发生较大幅度下降,并且预期这种下降趋势属于非暂时性的,应检查是否计提资产减值准备,相关会计处理是否正确;若原确认减值损失的,公允价值回升,应注意债券等债务工具应从资产减值损失科目转回;股标等权益工具则应从资本公积转回,不得从当期损益转回。持有至到期投资若发生减值,应检查相关利息的计算及处理是否正确。

(8) 结合投资收益科目,复核出售或处置长期金融资产的损益计算是否准确,已确认的公允价值变动或减值准备是否同时结转。

(9) 检查当持有目的改变时,持有至到期投资划转为可供出售金融资产、可供出售金融资产划转为持有至到期投资的会计处理是否正确。

(10) 检查债券投资计入损益的利息收入计算所采用的利率是否正确。

(11) 结合银行借款等科目,了解是否存在已用于债务担保的长期金融资产。如有,则应取证并作相应的记录,同时提请被审计单位作恰当披露。

(12) 确定披露是否恰当。

**3. 长期股权投资实质性程序** 长期股权投资核算企业持有的采用权益法或成本法核算的长期股权投资,具体包括:①企业持有的能够对被投资单位实施控制的权益性投资,即对子公司的投资;②企业持有的能够与其他合营方一同对被投资单位实施共同控制的权益性投资,即对合营企业的投资;③企业持有的能够对被投资单位施加重大影响的权益性投资,即对联营企业的投资;④企业对被投资单位不具有控制、共同控制或重大影响,且在活跃市场中没有报价、公允价值不能可靠计量的权益性投资。长期股权投资的实质性程序通常包括：

(1) 获取或编制长期股权投资明细表，复核加计正确，并与总账数和明细账合计数核对相符；结合长期股权投资减值准备科目与报表数核对相符。

(2) 根据有关合同和文件，确认股权投资的股权比例和持有时间，检查股权投资核算方法是否正确。

(3) 对于重大的投资，向被投资单位函证被审计单位的投资额、持股比例及被投资单位发放股利等情况。

(4) 对于应采用权益法核算的长期股权投资，获取被投资单位已经注册会计师审计的年度财务报表，如果未经注册会计师审计，则应考虑对被投资单位的财务报表实施适当的审计或审阅程序：

1) 复核投资收益时，应以取得投资时被投资单位各项可辨认资产等的公允价值为基础，对被投资单位的净利润进行调整后加以确认；被投资单位采用的会计政策及会计期间与被审计单位不一致的，应当按照被审计单位的会计政策及会计期间对被投资单位的财务报表进行调整，据以确认投资损益。

2) 将重新计算的投资收益与被审计单位所计算的投资收益相核对，如有重大差异，则查明原因，并做适当调整。

3) 检查被审计单位按权益法核算长期股权投资，在确认应分担被投资单位发生的净亏损时，应首先冲减长期股权投资的账面价值，其次冲减其他实质上构成对被投资单位净投资的长期权益账面价值(如长期应收款等)；如果按照投资合同和协议约定被审计单位仍需承担额外损失义务的，应按预计承担的义务确认预计负债，并与预计负债中的相应数字核对无误；被投资单位以后期间实现赢利的，被审计单位在其收益分享额弥补未确认的亏损分担额后，恢复确认收益分享额。审计时，应检查被审计单位会计处理是否正确。

4) 检查除净损益以外被投资单位所有者权益的其他变动，是否调整计入所有者权益。

(5) 对于采用成本法核算的长期股权投资，检查股利分配的原始凭证及分配决议等资料，确定会计处理是否正确。

(6) 对于成本法和权益法相互转换的，检查其投资成本的确定是否正确。

(7) 检查长期股权投资的增减变动的记录是否完整：

1) 检查本期增加的长期股权投资，追查至原始凭证及相关的文件或决议及被投资单位验资报告或财务资料等，确认长期股权投资是否符合投资合同、协议的规定，并已确实投资，会计处理是否正确。

2) 检查本期减少的长期股权投资，追查至原始凭证，确认长期股权投资的收回有合理的理由及授权批准手续，并已确实收回投资，会计处理是否正确。

(8) 期末对长期股权投资进行逐项检查，以确定长期股权投资是否已经发生减值：

1) 核对长期股权投资减值准备本期与以前年度计提方法是否一致，如有差异，查明政策调整的原因，并确定政策改变对本期损益的影响，提请被审计单位做适当披露。

2) 对长期股权投资逐项进行检查，根据被投资单位经营政策、法律环境的变化，市场需求的变化、行业的变化、赢利能力等各种情形予以判断长期股权投资是否存在减值迹象。

3) 将本期减值准备计提的金额与利润表资产减值损失中的相应数字核对无误。

4) 应注意长期股权投资减值准备需按单项资产计提,要求计提依据充分,得到适当批准。减值损失一经确认,在以后会计期间不得转回。

(9) 结合银行借款等的检查,了解长期股权投资是否存在质押、担保情况。如有,则应详细记录,并提请被审计单位进行充分披露。

(10) 确定长期股权投资在资产负债表上已恰当列报。与被审计单位人员讨论确定是否存在被投资单位由于所在国家和地区及其他方面的影响,其向被审计单位转移资金的能力受到限制的情况。如存在,应详细记录受限情况,并提请被审计单位充分披露。

## 本章小结

企业的筹资活动是指企业通过改变企业资本及债务规模和构成而筹集资金的活动,主要由借款交易和股东权益交易组成。筹资涉及的主要业务活动包括审批授权、签订合同或协议、取得资金、计算利息或股利、偿还本息或发放股利等;涉及的凭证和会计记录主要包括债券、股票、债券契约、股东名册、相关合同或协议,有关记账凭证和明细账、总账等。企业投资活动是指企业为通过分配来增加财富,或为谋求其他利益,将资产让渡给其他单位而获得另一项资产的活动。投资涉及的主要业务活动包括审批授权,取得证券或其他投资、取得投资收益和转让证券或收回投资等;涉及的凭证主要包括股票或债券、经纪人通知书、债券契约、章程和投资协议等。筹资与投资循环虽然交易量少,但交易金额大,一笔业务的错漏报就可能对报表产生重大影响,因此应在审计中引起重视。

筹资与投资循环的内部控制、控制测试和交易的实质性程序形成一个相互联系的体系。根据内部控制目标,列示了相应的关键内部控制、常用的控制测试和交易实质性程序,它们涵盖了该循环的主要业务活动和凭证记录。

筹资与投资循环的实质性程序分别介绍了借款相关项目的审计、所有者权益相关项目的审计和投资相关项目的审计。其中对借款相关项目的审计,主要内容包括:取得各项负债明细表;函证负债额;审查负债的增减变动;审查逾期未办理的负债;复查负债利息;复核外币负债的折算;审查即将到期的长期负债向流动负债的划转等。所有者权益项目的实质性程序主要有:审阅企业章程、实施细则及股东会、董事会决议、纪要;取得所有者权益项目明细表;审查所有者权益项目的变动;审查所有者权益项目在资产负债表上的披露等。对各项投资的审计,主要包括:检查科目核算范围是否恰当;监盘库存金融资产;函证金融资产的期末数量;审查投资的增减变动;复核损益、投资收益的计算是否正确;期末计价是否合理等。

## 案例

### 长期股权投资审计

#### 一、案 例 背 景

华明实业股份有限公司(以下简称华明实业公司)成立于 1995 年,于 2000 年改组为股份有限公司,总股本 10 000 万股,为上市公司。主要从事各类商标印刷,另涉及版面设计、印版制作、油墨生产等领域。20×7年度会计报表反映:年末总资产为 19 300 万元,负债为 7400 万元,所有者权益为 11 900 万元;主营业务收入与主营业务利润及净利润都较上年有所增长。

信达会计师事务所接受华明实业公司董事会委托，对华明实业公司 20×7 年度会计报表进行审计。华明实业公司的 20×6 年度会计报表已由另一家会计师事务所审计，签发了无保留意见审计报告。华明实业公司 20×7 年生产销售情况正常，相关的重大错报风险较小。20×8 年 2 月 5 日至 15 日，信达会计师事务所派出以李清为项目经理，以王安、欧阳峰为组员的审计小组，对该公司 20×7 年的会计报表进行了审计。

在编制审计计划时，根据华明实业公司的情况，初步确定其 20×7 年度会计报表的整体重要性水平为 106 万元，其中，分配确定的长期股权投资的重要性为 240 000 元。

## 二、案例内容和过程

限于篇幅，以下只介绍欧阳锋对长期股权投资的实质性测试。

1. 编制长期股权投资余额明细表　欧阳锋编制了长期股权投资余额明细表，如表 14-3 所示。经核对，此表与总账、明细账相符。同时，又对长期股权投资进行计算分析，提出如下意见：长期股权投资期初为 11 032 000 元，期末为 24 462 000 元，期末比期初增长了 122%，增加的原因主要是本期公司新增投资业务数额较大所致，未见其他异常情况。

**表 14-3　长期股权投资余额明细表**　　索引号：Y72-1

| 投资项目 | 投资比例 | 原始投资 | 年初数 | 本年增加 | 本年减少 | 年末数 |
|---|---|---|---|---|---|---|
| A 公司 | 60% | 4 800 000 | 4 532 000 | 180 000 | 0 | 4 712 000 |
| E 公司 | 30% | 1 500 000 | 0 | 1 500 000 | 1 800 000 | -300 000 |
| G 公司 | 25% | 17 000 000 | 0 | 18 000 000 | 500 000 | 17 500 000 |
| K 公司 | 25% | 6 000 000 | 0 | 6 000 000 | 0 | 6 000 000 |
| 合计 | | 35 800 000 | 11 032 000 | 26 730 000 | 3 300 000 | 24 462 000 |

2. 检查长期股权投资的计价、转让和损益计算是否符合规定　审计人员检查了长期股权投资业务 12 笔，经核对，发现 2 笔异常情况（检查情况见表 14-4）。

（1）发现对 E 公司长期股权投资的账面余额为红字余额，即贷方余额 30 万元，这极不正常。经仔细审核发现该账户年内只发生了两笔业务：

1）3 月 5 日对 E 公司投资 150 万元，调阅其凭证作了如下记录：

借：长期股权投资—E 公司（成本）　　1 500 000

　　贷：银行存款　　1 500 000

查阅投资合同，确认该投资占被投资单位股权 30%；经了解，公司对此业务采用权益法核算。

2）由于 20×7 年 E 公司亏损 600 万元，故年末华明实业公司作了如下处理：

借：投资收益　　1 800 000

　　贷：长期股权投资—E 公司（损益调整）　　1 800 000

经查阅 20×7 年度 E 公司的会计报表，E 公司当期亏损数确为 600 万元。此外还发现除对 E 公司的长期股权投资外，华明实业公司还有一笔金额为 10 万元的应收 E 公司的长期款项。

根据规定，采用权益法时，企业确认被投资单位发生的净亏损，长期股权投资账面价值减记至零为限，仍不足冲减的，应当冲减长期应收项目等的账面价值。因此欧阳锋建议作如下调整分录：

借：长期股权投资—E 公司（损益调整）　　300 000

　　贷：投资收益　　300 000

借：投资收益　　100 000

　　贷：长期应收款——E 公司　　100 000

**表 14-4 长期股权投资检查情况表** 索引号:Y72-2(1)

| 日期 | 凭证号 | 业务内容 | 对方科目 | | 金额 | 核对内容 | | | |
|---|---|---|---|---|---|---|---|---|---|
| | | | 方向 | 科目 | | ① | ② | ③ | ④ |
| 1.10 | 54 # | 对K公司投资300万元,占15% | 贷 | 银行存款 | 3 000 000 | √ | √ | √ | √ |
| 2.20 | 101 # | B公司宣告分派上年度现金股利 | 借 | 应收股利 | 80 000 | √ | √ | √ | √ |
| 3.5 | 25 # | 对E公司投资150万元,占30% | 贷 | 银行存款 | 1 500 000 | √ | √ | √ | √ |
| 9.30 | 134 # | 对K公司追加投资300万元,累计占25% | 贷 | 银行存款 | 3 000 000 | √ | √ | √ | × |
| 12.31 | 154 # | E公司亏损600万元,占30% | 借 | 投资收益 | 1 800 000 | √ | √ | √ | × |
| 12.31 | 159 # | G公司净利润400万元,占25% | 贷 | 投资收益 | 1 000 000 | √ | √ | √ | √ |

(2) 在审阅"长期股权投资—K公司"账簿时,发现1月10日公司对K公司投资300万元,经审阅投资合同核实该笔投资占K公司股权比例为15%,华明实业公司采用成本法核算。同时还发现9月30日公司又追加投资300万元,经查阅公司的董事会决议及投资合同,得知此时股权比例变为25%,对K公司改按权益法核算。华明实业公司仅将追加投资300万元增加了"长期股权投资"的账面成本,调出相应凭证,所作的分录是:

借:长期股权投资—K公司　　　　3 000 000

　　贷:银行存款　　　　3 000 000

经查阅相关资料,9月30日K公司可辨认净资产公允价值为2500万。

根据规定,企业因追加投资等原因,能够对被投资单位实施共同控制或产生重大影响但不构成控制的长期股权投资,应当按权益法核算,并以成本法下长期股权投资的账面价值作为权益法核算的初始投资成本。如该初始投资成本小于转换时应享有被投资单位可辨认净资产公允价值的份额,应将其差额计入"营业外收入",同时调整初始投资成本。

根据相关资料,成本法转换为权益法时:

长期股权投资账面价值=300+300=600万

占K公司净资产公允价值份额=2500×25%=625万

因此,华明实业公司应调整权益法下的初始投资成本,建议作如下调整分录:

借:长期股权投资—K(成本)　　　　250 000

　　贷:营业外收入　　　　250 000

3. 检查长期股权投资减值准备　为了查证华明实业公司年末长期股权投资减值准备的计提情况,审计人员首先查阅了"长期股权投资减值准备"和"资产减值损失"账簿记录,未见有计提长期股权投资减值准备的记录。其次,从公司以外的其他途径进行了解,得知D公司以外的其他被投资单位20×7年度的财务状况及经营成果均呈良好状态,未见资产减值迹象,而D公司因经营状况不佳,已经连续两年亏损;再次,查阅账面资料发现,D公司投资账面价值为8万元,该笔投资占D公司股权比例为5%;最后,询问了相关财会人员,证实对此确实未提减值准备。

为此,欧阳锋要求公司提供D公司的近期会计报表和有关资料,建议公司按规定计提减值准备。与华明实业公司进一步沟通之后,华明实业公司拒绝提供经审计的D公司20×7年度会计报表。由于对D单位的投资账面有8万元,小于24万元(长期股权投资账户层次的重要性水平),是否计提减值对会计报表是否公允反映不重要,不再追加审计程序。

## 三、案例分析

(一)在投资审计中,审计人员应首要关注投资成本的真实、合法

长期股权投资的初始投资成本是指取得长期股权投资时支付的全部价款,或放弃非现金资产的公允价值,或取得长期股权投资的公允价值。在权益法下,如果长期股权投资的初始投资成本大于投资时应享有被投资单位可辨认净资产公允价值的份额,不调整已确认的初始投资成本,在编制合并资产负债时,其差额应在的商誉项目中列示;如果长期股权投资的初始投资成本小于投资时应享有被投资单位可辨认净资产公允价值的份额,则其差额应当计入当期损益(营业外收入),同时调整长期股权投资的初始投资成本。在本案例中,由成本法转换为权益法时,初始投资成本小于可辨认净资产就没有调整初始投资成本,导致投资成本低估。

(二)持有长期股权投资期间投资损益的确认问题

在权益法下,投资企业取得长期股权投资后,应当按照被投资单位实现的净利润或发生的净亏损中投资企业应享有或应分担的份额确认投资损益,同时相应调整长期股权投资的账面价值。但是,在被投资单位发生亏损、投资企业按持股比例确认应分担的亏损份额时,应当以长期股权投资的账面价值以及其他实质上构成对被投资单位净投资的长期权益减记至零为限,投资企业负有承担额外损失义务的除外。本案例中长期股权投资的账面价值成了-30万,存在错误。

(三)加强对投资减值准备的审查

按照规定,企业于定期或者于每年年度终了,对长期投资逐项进行检查,根据被投资单位经营政策、法律环境的变化,市场需求的变化、行业的变化、赢利能力等各种情形予以判断长期股权投资是否存在减值迹象。确有出现导致长期股权投资可收回金额低于账面价值的,将可收回金额低于账面价值的差额作为长期股权投资减值准备予以计提。审计人员应对长期股权投资进行逐项检查,并与被审计单位已计提数相核对。还应注意,减值损失一经确认,在以后会计期间不得转回。

## 思考题

1. 筹资与投资循环的审计目标是哪些?
2. 筹资与投资循环有哪些内部控制?如何进行内部控制的测试?
3. 长期借款实质性程序的内容包括哪些?
4. 审查长期股权投资的核算方法应注意哪些问题?

## 练习题

### 一、判断题

1. 根据"资产-负债=所有者权益"这一平衡原理,如果注册会计师对企业的资产和负债进行充分的审查,证明二者的期初余额、期末余额和本期变动都是正确的,则就不必对所有者权益进行单独的审计。( )
2. 股票交易中的现金收支、会计记录和股票的保管可以由一人负责。( )
3. 资本公积和盈余公积经过一定的授权批准手续均可用于弥补亏损、转增资本。( )
4. 库存证券的实地盘核工作可在结账日后进行。( )
5. 在审计企业应付债券业务时,必须进行内部控制测试。( )

### 二、单选题

1. 所有者权益审计采用的方法主要是( )。
   A. 详查法　　B. 抽查法

C. 分析法　　D. 分析性复核

2. 在审查大华公司持有的金融资产时,注册会计师王平发现大华公司在“交易性金融资产”科目中记载的金融资产具备(　　)特征时,应提请大华公司做出调整。

A. 为近期出售而持有　　B. 准备长期持有

C. 直接指定为以公允价值计量　　D. 公允价值变动计入当期损益

3. 投资活动的凭证和会计记录不包括(　　)。

A. 承销或包销协议　　B. 经纪人通知书

C. 企业的章程及有关协议　　D. 投资协议

4. 在筹资与投资循环审计中,注册会计师应索取被审单位合同、协议,这主要是为了证实筹资与投资业务的(　　)认定。

A. 存在　　B. 分类

C. 权利和义务　　D. 准确性

5. 当发现记录的债券利息费用大大超过相应的应付债券账户余额与票面利率乘积时,注册会计师应当怀疑(　　)。

A. 应付债券的折价被低估　　B. 应付债券被高估

C. 应付债券被低估　　D. 应付债券的溢价被高估

## 三、多选题

1. 为证实被审计单位是否存在未入账的长期借款业务,注册会计师可选用(　　)程序进行测试。

A. 函证银行存款余额的同时函证负债业务

B. 分析财务费用,确定付款利息是否异常地高

C. 向被审计单位索取债务声明书

D. 审查一年内到期的长期借款是否列示在流动负债类项目下

2. 被审单位的下列各项中,注册会计师认为不会引起留存收益总额发生增减变动的有(　　)。

A. 提取任意盈余公积　　B. 盈余公积弥补亏损

C. 用盈余公积分配现金股利　　D. 用未分配利润分配股票股利

3. 注册会计师应认可被审计单位下列各项中,应作为持有至到期投资取得时初始成本入账的有(　　)。

A. 投资时支付的不含应收利息的价款　　B. 投资时支付的手续费

C. 投资时支付的税金　　D. 投资时支付款项中所含的已到期尚未发放的利息

## 四、综合题

ABC 股份有限公司是一家上市公司,从事投资、设备制造等方面的业务。中天恒信会计师事务所 2006 年 9 月份接受了 ABC 公司 2006 年度会计报表的审计业务,并指派注册会计师周琳、陈华于 2006 年 12 月份对 ABC 公司 2006 年度投资业务的相关内部控制进行了解和控制测试,同时对部分财务资料进行了预审。在预审过程中,周琳了解到以下情况:

(1) ABC 公司的股票、债券的买卖业务须由董事会批准、经董事长签字后,由财务经理郑红具体办理股票、债券的买卖业务,但在具体办理的过程中,遇到股票价格大幅波动等的异常情况时,郑红可自行决定买进或卖出,并在度过紧急情况后及时向董事长汇报并备案。由指定专职财务人员甲负责进行会计记录和财务处理,专人乙负责股票及债券的保管。每月末,由内部审计人员丙组织财务经理,财务人员甲、专人乙和其他人员共同参与股票、债券的定期盘点以及与账面记录的核对,以确定股票、债券的真实性、完整性、所有权、正确性。

(2) 由于 ABC 公司生产 A-130 产品的原料需要从国外进口,2006 年发生了一笔外币短期借款业务:10 月 20 日,ABC 公司以 1 美元兑换 8.3 人民币的市场汇率从 M 银行借入 100 万美元,做了借记银行存款 830 万元、贷记短期借款 830 万元的会计记录(ABC 公司没有发生其他短期借款业务)。年末,美元对人民币的

市场汇率上升为 1∶8.4，ABC 编制会计报表时，短期借款项目的金额仍为 830 万元。经查，ABC 公司为简化处理，减少差错的发生，财务部门发生外币短期借款业务及期末编制会计报表时均按发生当时的市场汇率折算，折算差额计入财务费用。

(3) ABC 公司新建加工车间，使用了 2005 年 1 月初从 B 银行借入年利率为 6%、期限为 2 年的一般长期借款 1000 万元。该车间自 2005 年 7 月 1 日开工建设，于 2006 年 6 月 30 日交付使用，但至 2006 年 12 月 31 日仍未办理竣工决算。ABC 公司以该项建筑工程尚未转入固定资产为由，未对新建车间计提折旧，并将 2006 年度发生的 60 万元借款费用计入在建工程。

要求：

(一) 针对情况(1)，指出 ABC 公司股票、债券交易的相关内部控制是否存在缺陷，并说明原因。

(二) 针对情况(2)、(3)，指出 ABC 工程的相关会计处理是否符合会计制度的规定，在需要调整的情况下，列出调整分录(不考虑调整对相关税费的影响)。

## 五、案例讨论题

1993 年 7 月 12 日，重庆渝港钛白粉有限公司(简称渝钛白)在深圳证券交易所上市交易，从 1996 年开始，渝钛白公司在经营上开始亏损，1997 年度报表亏损总额为 3136 万元，1998 年 4 月 29 日，渝钛白公司公布了 1997 年度财务报告，刊登了重庆会计师事务所于 1998 年 3 月 8 日对 1997 年财务报告出具的否定意见的审计报告，这是我国证券市场中有关上市公司的第一份否定意见的审计报告。

为什么重庆会计师事务所会对渝钛白公司签发否定意见的审计报告呢？事务所与企业争论的焦点是一条汰白粉生产线是否应停止将利息费用继续资本化的问题。问题是这样的：1995 年渝汰白贷款建了一条汰白粉生产线，1996 年开始生产，但公司认为生产线未能达到设计生产能力，属于试运行，所以始终没有进行竣工结算，贷款利息也一直资本化为工程成本。但审计人员坚持认为，该生产线事实上已经能产出合格的产品，未达到设计生产能力并不是生产线本身的问题，而是开工不足等原因造成的，所以企业应当停止将利息资本化，并将 8064 万元利息作为财务费用处理。

讨论：利息资本化的条件是什么？注册会计师应从哪些方面关注被审计单位利息资本化问题？

# 第 15 章　货币资金审计

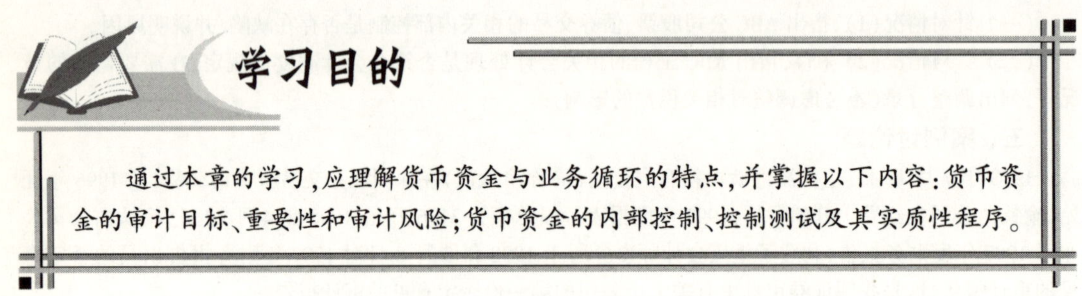


## 第 1 节　货币资金概述

企业的货币资金包括库存现金、银行存款、其他货币资金。货币资金是企业资产的重要组成部分,也是企业流动性最强的资产。任何企业进行生产经营活动都必须拥有一定数额的货币资金,持有货币资金是企业生产经营活动的基本条件,货币资金在企业的会计核算中占有重要的位置。

**1. 货币资金与业务循环**　货币资金同各交易循环存在密切的联系。本书前面几章所阐述的交易循环审计中,都或多或少地涉及货币资金。图 15-1 反映了货币资金与各业务循环的关系。

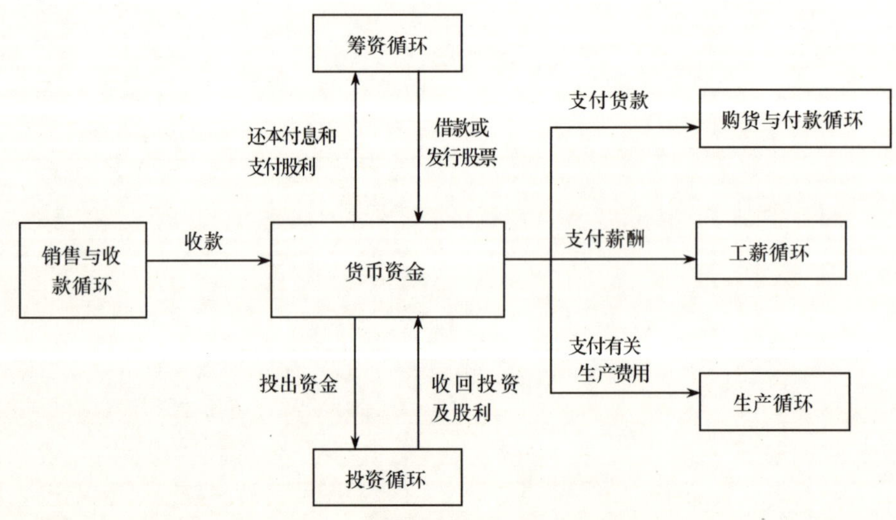


图 15-1　货币资金与各交易循环的关系

**2. 主要凭证和会计记录**　货币资金涉及的凭证和会计记录主要有：

(1) 现金盘点表。

(2) 银行对账单。

(3) 银行存款余额调节表。

(4) 有关科目的记账凭证(如现金收付款凭证、银行存款收付款凭证等)。

(5) 有关会计账簿(如现金和银行存款日记账、现金和银行存款总账)。

**3. 货币资金的审计目标**　在货币资金余额的审计中，审计人员必须取得充分的证据证明资产负债表上货币资金的余额是否作了恰当充分的披露、是否符合管理当局的认定。货币资金余额的审计目标具体如下：

(1) 确认已记录的货币资金余额在资产负债表日是否确实存在，是否为被审计单位拥有。

(2) 确认被审计单位在特定期间内发生的货币资金收支业务是否合理合法，有无违法乱纪行为的发生。

(3) 确认属于企业的所有货币资金是否均已记录在货币资金的总账和明细账中，有无遗漏。

(4) 确认资产负债表中货币资金余额计算是否正确；货币资金的增减是否均记入了正确的期间；货币资金余额与实有数是否一致。

(5) 确认货币资金在资产负债表上是否按有关规定作了恰当分类；披露是否恰当。

**4. 重要性和审计风险**　由于货币资金的下列特征，货币资金的固有风险较高，因此对货币资金审计十分重要。

(1) 货币资金受多个循环交易的影响，因此，出错的可能性也较大。

(2) 货币资金余额虽然不大，但其增减变动的数额往往超过其他账户。

(3) 库存现金和银行存款作为流动性最强的资产，比其他资产更易被偷盗或挪用，企业发生的舞弊事件大都与货币资金有关。

实务中，货币资金常见的错误和弊端有：少列收入或截留各种现金收入不入账，以窃取现金；公款私用，挪用资金；虚报冒领，虚列支出；出借账号，违规操作；库存现金超额存放，白条报销，白条抵库；私设账外账等。

由于货币资金是企业流动性最强的资产，企业必须加强对货币资金的管理，建立良好的货币资金内部控制。同样，对审计人员来说，了解企业货币资金内部控制并对其进行测试也相当重要。在下面的第2节中，将介绍货币资金的内部控制及测试。

## 第2节　货币资金内部控制及其测试

### (一) 货币资金内部控制

由于货币资金具有很强的流动性，且易被盗用，企业必须加强对货币资金的管理，建立良好的货币资金内部控制，以确保所有应该收到的货币资金均能收到，及时正确地记录入账，并立即送交银行；货币资金支出都经过恰当的授权批准，并及时正确地予以记录；正确预测企业正常生产经营活动的货币资金收支余额，确保企业保持充足但不过剩的货币资金余额,并且做好短期资金的融资和剩余的投资计划等工作。

一般而言,一个良好的货币资金内部控制应该达到以下几点:

(1) 货币资金收支与记账的岗位分离。

(2) 货币资金收入、支出要有合理、合法的凭据。

(3) 全部收支及时准确入账,并且支出要有核准手续。

(4) 控制现金坐支,当日收入现金应及时送存银行。

(5) 除了少量的小额支出用库存现金支付以外,所有的支付都应采用支票或电子转账方式。

(6) 由负责签发支票或保管现金之外的职员按月盘点现金,编制银行存款余额调节表,以做到账实相符。

(7) 对货币性收支进行预测,并调查实际发生额与预测不相符的原因。

(8) 加强对货币资金收支业务的内部审计。

根据财政部于2001年7月12日发布的《内部会计控制规范——货币资金(试行)》,货币资金的内部控制包括以下内容:

**1. 岗位分工及授权批准**

(1) 单位应当建立货币资金业务的岗位责任制,明确相关部门和岗位的职责权限,确保办理货币资金业务的不相容岗位相互分离、制约和监督。出纳人员不得兼任稽核、会计档案保管和收入、支出、费用、债权债务账目的登记工作。单位不得由一人办理货币资金业务的全过程。

(2) 单位应当对货币资金业务建立严格的授权批准制度,明确审批人对货币资金业务的授权批准方式、权限、程序、责任和相关控制措施,规定经办人办理货币资金业务的职责范围和工作要求。审批人应当根据货币资金授权制度的规定,在授权范围内进行审批,不得超越审批权限。经办人应当在职责范围内,按照审批人的批准意见办理货币资金业务。对于审批人超越授权范围审批的货币资金业务,经办人员有权拒绝办理,并及时向审批人的上级授权部门报告。

(3) 单位应当按照规定的程序办理货币资金支付业务:

1) 支付申请。单位有关部门或个人用款时,应当提前向审批人提交货币资金支付申请,注明款项的用途、金额、预算、支付方式等内容,并附有效经济合同或相关证明。

2) 支付审批。审批人根据其职责、权限和相应程序对支付申请进行审批。对不符合规定的货币资金支付申请,审批人应当拒绝批准。

3) 支付复核。复核人应当对批准后的货币资金支付申请进行复核,复核货币资金支付申请的批准范围、权限、程序是否正确,手续及相关单证是否齐备,金额计算是否准确,支付方式、支付单位是否妥当等。复核无误后,交由出纳人员办理支付手续。

4) 办理支付。出纳人员应当根据复核无误的支付申请,按规定办理货币资金支付手续,及时登记库存现金和银行存款日记账。

(4) 单位对于重要货币资金支付业务,应当实行集体决策和审批,并建立责任追究制度,防范贪污、侵占、挪用货币资金等行为。

(5)严禁未经授权的机构或人员办理货币资金业务或直接接触货币资金。

**2. 现金和银行存款的管理**

(1) 单位应当加强现金库存限额的管理,超过库存限额的现金应及时存入银行。

(2) 单位必须根据《现金管理暂行条例》的规定,结合本单位的实际情况,确定本单位现金的开支范围。不属于现金开支范围的业务应当通过银行办理转账结算。

(3) 单位现金收入应当及时存入银行,不得用于直接支付单位自身的支出。因特殊情况需坐支现金的,应事先报经开户银行审查批准。

(4) 单位取得的货币资金收入必须及时入账,不得私设"小金库",不得账外设账,严禁收款不入账。

(5) 单位应当严格按照《支付结算办法》等国家有关规定,加强银行账户的管理,严格按照规定开立账户,办理存款、取款和结算。

单位应当定期检查、清理银行账户的开立及使用情况,发现问题,及时处理。

(6) 单位应当严格遵守银行结算纪律,不准签发没有资金保证的票据或远期支票,套取银行信用;不准签发、取得和转让没有真实交易和债权债务的票据,套取银行和他人资金;不准无理拒绝付款,任意占用他人资金;不准违反规定开立和使用银行账户。

(7) 单位应当指定专人定期核对银行账户,每月至少核对一次,编制银行存款余额调节表,使银行存款账面余额与银行对账单调节相符。如调节不符,应查明原因,及时处理。

(8) 单位应当定期和不定期地进行现金盘点,确保现金账面余额与实际库存相符。发现不符,及时查明原因,做出处理。

**3. 票据及有关印章的管理**

(1) 单位应当加强与货币资金相关的票据的管理,明确各种票据的购买、保管、领用、背书转让、注销等环节的职责权限和程序,并专设登记簿进行记录,防止空白票据的遗失和被盗用。

(2) 单位应当加强银行预留印鉴的管理。财务专用章应由专人保管,个人名章必须由本人或其授权人员保管。严禁一人保管支付款项所需的全部印章。

按规定需要有关负责人签字或盖章的经济业务,必须严格履行签字或盖章手续。

**4. 监督检查**

(1) 单位应当建立对货币资金业务的监督检查制度,明确监督检查机构或人员的职责权限,定期和不定期地进行检查。

(2) 货币资金监督检查的内容主要包括:

1) 货币资金业务相关岗位及人员的设置情况。重点检查是否存在货币资金业务不相容职务混岗的现象。

2) 货币资金授权批准制度的执行情况。重点检查货币资金支出的授权批准手续是否健全,是否存在越权审批行为。

3) 支付款项印章的保管情况。重点检查是否存在办理付款业务所需的全部印章交由一人保管的现象。

4) 票据的保管情况。重点检查票据的购买、领用、保管手续是否健全,票据保管是否存在漏洞。

(3) 对监督检查过程中发现的货币资金内部控制中的薄弱环节,应当及时采取措施,加以纠正和完善。

## (二) 货币资金内部控制测试

**1. 了解内部控制** 注册会计师可以根据实际情况采用不同的方法实现对货币资金内部控制的了解。一般而言,注册会计师可以采用编制流程图的方法。编制货币资金内部控制流程图是货币资金控制测试的重要步骤。注册会计师在编制之前应通过询问、观察等调查手段收集必要的资料,然后根据所了解的情况编制流程图。对中小企业,也可采用编写货币资金内部控制说明的方法。若年度审计工作底稿中已有以前年度的流程图,注册会计师可根据调查结果加以修正,以供本年度审计之用。

**2. 抽取并检查收款凭证** 如果货币资金收款内部控制不强,很可能会发生贪污舞弊或挪用等情况。例如,在一个小企业中,出纳员同时记应收账款明细账,很可能发生循环挪用的情况。为测试货币资金收款的内部控制,审计人员应按货币资金的收款凭证分类,选取适当的样本量,作如下的检查:

(1) 核对收款凭证与存入银行账户的日期和金额是否相符。

(2) 核对库存现金、银行存款日记账的收入金额是否正确。

(3) 核对收款凭证与银行对账单是否相符。

(4) 核对收款凭证与应收账款等相关明细账的有关记录是否相符。

(5) 核对实收金额与销货发票等相关凭据是否一致,等等。

**3. 抽取并检查付款凭证** 为测试货币资金付款内部控制,审计人员应按照货币资金付款凭证分类,选取适当的样本量,作如下检查:

(1) 检查付款的授权批准手续是否符合规定。

(2) 核对库存现金、银行存款日记账的付出金额是否正确。

(3) 核对付款凭证与银行对账单是否一致。

(4) 核对付款凭证与应付账款等相关明细账的记录是否一致。

(5) 核对实付金额与购货发票等相关凭证是否相符等。

**4. 抽取一定期间的库存现金、银行存款日记账与总账核对** 审计人员应抽取一定期间的库存现金、银行存款日记账,检查其有无计算错误,加总是否正确无误。如果检查中发现问题较多,说明被审计单位货币资金的会计记录不够可靠。其次,注册会计师应根据日记账提供的线索,核对总账中的库存现金、银行存款、应收账款、应付账款等有关账户的记录。

**5. 查验银行存款余额调节表是否按月正确编制并经复核** 为证实银行存款记录的正确性,注册会计师必须抽取一定期间的银行存款余额调节表,将其同银行对账单、银行存款日记账及总账进行核对,确定被审计单位是否按月正确编制并复核银行存款余额调节表。

**6. 检查外币现金的折算方法是否符合有关规定,是否与上年度一致** 对于有外币货币的被审计单位,审计人员应检查外币货币资金有关的日记账及"财务费用"、"在建工程"等账户的记录,确定企业有关外币货币资金增减变动是否按业务发生时的即期汇率或与交易发生日即期汇率近似的汇率折合为记账本位币,选用方法是否前后期保持一致;检查企业的外币货币资金的余额是否采用期末即期汇率折合为记账本位币金额;折算差额的会计处理是否正确。

**7. 评价货币资金的内部控制** 审计人员在完成上述程序之后,即可对现金的内部控制进行评价。评价时,审计人员应首先确定现金内部控制可信赖的程度以及存在的薄弱环节和缺点,然后据以确定在现金实质性测试中对哪些环节可以适当减少审计程序,哪些环节应增加审计程序,作重点检查,以降低审计风险。

以现销收入交易为例,其相关的控制目标、关键内部控制和测试一览表如表15-1所示。

**表15-1 现销收入业务的控制目标、关键内部控制和测试一览表**

| 内部控制目标 | 关键内部控制 | 常用内部控制测试 | 常用实质性程序 |
|---|---|---|---|
| 登记入账的现金收入确实为企业已经实际收到的现金(存在或发生) | 现金出纳与现金记账的职务分离<br>现金折扣必须经过适当的审批手续 | 观察<br>检查现金折扣是否经过恰当的审批 | 检查现金收入的日记账、总账和应收账款明细账的大额项目与异常项目 |
| 收到的现金收入已全部登记入账 | 现金出纳与现金记账的职务分离<br>每日及时记录现金收入<br>定期向顾客寄送对账单<br>现金收入记录的内部复核 | 观察<br>检查是否存在未入账的现金收入<br>检查是否向顾客寄送对账单,了解是否定期进行<br>检查复核标记 | 现金收入的截止测试<br>抽查顾客对账单并与账面金额核对 |
| 已经收到的现金确实为企业所有(权利和义务) | 定期盘点现金与账面余额核对 | 检查是否定期盘点,检查盘点记录 | 盘点库存现金,如与账面有数额存在差异,分析差异原因 |
| 登记入账的现金确实如数存入银行并登记入账(计价与分摊) | 定期取得银行对账单<br>编制银行存款余额调节表 | 检查银行对账单<br>银行存款余额调节表 | 检查调节表中未达账项的真实性以及资产负债表日后的进项情况 |
| 现金收入在资产负债表上的披露正确(分摊) | 现金日记账与总账的登记职责分开 | 观察 | |

# 第3节 货币资金的实质性测试

对货币资金的实质性测试着重在于审查货币资金余额的真实性、完整性和估价。当审计人员认为货币资金的控制风险较低时,常用的实质性程序的内容主要包括库存现金的盘点,年末银行存款余额调节的审查、对银行的函证等。

## (一) 库存现金的实质性程序

库存现金的实质性测试程序一般包括:

**1. 核对现金日记账与总账的余额是否相符** 审计人员测试现金余额的起点,是核对现金日记账与总账的余额是否相符。如果不相符,应查明原因,并作出适当调整。

**2. 监盘库存现金** 是证实资产负债表所列现金是否存在的一项重要程序。盘点库存现金,通常包括对已收到但未存入银行的现金、零用金、找换金等盘点。盘点库存现金的时间和人员应视被审计单位的具体情况而定,但必须有出纳员和被审计单位会计主管人员参加,并由注册会计师进行监盘。盘点库存现金的步骤和方法如下:

(1) 制定库存现金盘点程序,实施突击性的检查,时间最好选择在上午上班前或下午下班时进行,盘点范围一般包括企业各部门经管的现金。在现金盘点前,应由出纳员将现金集中起来存入保险柜。必要时可加以封存,然后由出纳员把已办妥现金收付手续的收付款凭证登入现金日记账。如企业现金存放部门有两处或两处以上的,应同时进行盘点。

(2) 审阅现金日记账并同时与现金收付凭证相核对。一方面检查日记账的记录与凭证的内容和金额是否相符;另一方面了解凭证日期与日记账日期是否相符或接近。

(3) 由出纳员根据现金日记账进行加计,累计数额,结出现金结余额。

(4) 盘点保险柜的现金实存数,同时编制"库存现金盘点表"(格式参见表 15-2),分币种、面值列示盘点金额。

(5) 资产负债表日后进行盘点时,应调整至资产负债表日的金额。

在实务中,现金盘点一般在资产负债表日后进行。在这种情况下,审计人员需在审计日期确定盘点余额,然后倒推计算、调整至资产负债表日的金额。计算公式如下:

$$\text{资产负债表日现金余额}=\text{审计日盘点现金余额}+\text{资产负债表日后至审计日现金支出数}-\text{资产负债表日后至审计日现金收入数}$$

(6) 将盘点金额与库存现金日记账余额进行核对,如有差异,应查明原因,并做出记录或适当调整。

(7) 若有冲抵库存现金的借条、未提现支票、未作报销的原始凭证,应在"库存现金盘点表"中注明或做出必要的调整。

表 15-2 所列示的库存现金盘点表分现金盘点记录和查证核对记录两部分:其中表的右半部分"实有现金盘点记录"用来记录审计人员会同会计主管人员对出纳员的实存现金进行清点的结果,应由审计人员、出纳员、会计主管共同签字确认。表的左半部分"检查盘点记录",系根据现场盘点结果,通过调整资产负债表日至现金清点日所发生的现金收付事项,与资产负债表日现金账面余额验证是否相符。

盘点金额与现金日记账余额如有差异,应查明原因;若有冲抵库存现金的借条、未提现支票、未作报销的原始凭证,应在盘点表中注明或作出必要的调整。

**3. 抽查大额现金收支** 审计人员应抽查大额现金收支的原始凭证内容是否完整,有无授权批准,并核对相关账户的进账情况,如有与被审计单位生产经营无关的收支事项,应查明原因,并作相应的记录。

**4. 检查现金收支的正确截止** 被审计单位资产负债表中的现金数额,应以结账日实有数额为准。因此,审计人员必须验证现金收支的截止日期。通常,审计人员可以对结账日前后一段时期内现金收支凭证进行审计,以确定是否存在跨期事项。

**5. 检查外币现金的折算是否正确** 对于有外币现金的被审计单位,审计人员应检查被审计单位对外币现金的收支是否按所规定的汇率折合为记账本位币金额;外币现金期末余额是否按期末市场汇率折合为记账本位币金额。

**6. 确定现金在资产负债表上披露的是否恰当** 根据有关会计制度的规定,现金在资产负债表中"货币资金"项下反映,审计人员应在实施上述审计程序后,确定现金账户的期末余额是否恰当,据以确定货币资金是否在资产负债表上恰当披露。

### (二) 银行存款实质性程序

银行存款是指企业存放在银行或其他金融机构的货币资金。按照国家有关规定,凡是独立核算的企业都必须在当地银行开设账户,超过库存限额的现金必须存入银行;除了在规定的范围内可以用现金直接支付的款项外,在经营过程中所发生的一切货币收支业务,都必

**表 15-2　库存现金盘点表**

客户：　　　　编制人：　　　　日期：　　　　索引号：

截止日：　　　复核人：　　　　日期：　　　　页次：

盘点日期：　年　月　日

| 检查盘点记录 | | | | 实有现金盘点记录 | | | | |
|---|---|---|---|---|---|---|---|---|
| 项目 | 行次 | 人民币 | 某外币 | 面额 | 人民币 | | 某外币 | |
| | | | | | 张 | 金额 | 张 | 金额 |
| 上一日账面库存余额 | 1 | | | 1000 | | | | |
| 盘点日未记账传票收入金额 | 2 | | | 500 | | | | |
| 盘点日未记账传票支出金额 | 3 | | | | | | | |
| 盘点日账面应有金额 | 4=1+2-3 | | | 100 元 | | | | |
| 盘点日账面实存金额 | 5 | | | 50 元 | | | | |
| 盘点日应有与实有差异 | 6=4-5 | | | 10 元 | | | | |
| 差异原因分析：白条抵库(张) | | | | 5 元 | | | | |
| | | | | 2 元 | | | | |
| | | | | 1 元 | | | | |
| | | | | 5 角 | | | | |
| | | | | 2 角 | | | | |
| | | | | 1 角 | | | | |
| | | | | 合计 | | | | |
| 追溯调整：报表日至审计日现金付出总额 | | | | 情况说明及审计结论： | | | | |
| 报表日至审计日现金收入总额 | | | | | | | | |
| 报表日库存现金应有余额 | | | | | | | | |
| 报表日账面汇率 | | | | | | | | |
| 报表日余额折合本位币金额 | | | | | | | | |
| 本位币合计 | | | | | | | | |

盘点人：　　　　监盘人：　　　　复核：

须通过银行存款账户进行结算。

银行存款的实质性测试程序一般包括：

**1. 核对银行存款日记账与总账的余额是否相符**　审计人员测试现金余额的起点，是核对现金日记账、银行存款日记账与总账的余额是否相符。如果不相符，应查明原因，要求被审计单位作出适当调整，并进行记录。

**2. 运用实质性分析程序**　注册会计师可计算定期存款占银行存款的比例，了解被审计单位是否存在高息资金拆借。如存在高息资金拆借，应进一步分析拆出资金的安全性，检查高额利差的入账情况；计算存放于非银行金融机构的存款占银行存款的比例，分析这些资金的安全性。

**3. 取得并检查银行存款余额调节表**　检查银行存款余额调节表是证实资产负债表中所列银行存款是否存在的重要程序。银行存款余额调节表通常应由被审计单位根据不同的银行账户及货币种类分别编制，其格式如表15-3所示。如果经调节后的银行存款余额存在差异，注册会计师应查明原因，并作出记录或进行适当的调整。

取得银行存款调节表后，注册会计师应检查调节表中未达账项的真实性，以及资产负债表日后的进账情况，如果存在应于资产负债表日之前进账的应作相应的调整。其程序一般包括：

（1）验算调节表的数字计算。

（2）对于金额较大的未提现支票、可提现的未提现支票以及注册会计师认为重要的未提现支票，列示未提现支票清单，注明开票日期和收票人姓名或单位。

（3）追查截止日期银行对账单上的在途存款，并在银行账户调节表上注明存款日期。

（4）检查截止日仍未提现的大额支票和其他已签发一个月以上的未提现支票。

（5）追查截止日期银行对账单已收、企业未收的款项性质及款项来源。

（6）核对银行存款总账余额、银行对账单加总金额。

**表15-3　银行存款余额调节表**

年　月　日

编制人：　日期：　索引号：

复核人：　日期：　页　次：

户别：　　　　　　　　　　币别：

| 项　目 |
|---|
| 银行对账单余额(　年　月　日) |
| 加：企业已收、银行尚未入账金额 |
| 其中：1. ________元 |
| 2. ________元 |
| 减：企业已付，银行尚未入账金额 |
| 其中：1. ________元 |
| 2. ________元 |
| 调整后银行对账单余额 |
| 企业银行存款日记账(　年　月　日) |
| 加：银行已收、企业尚未入账金额 |
| 其中：1. ________元 |
| 2. ________元 |
| 减：银行已付、企业尚未入账金额 |
| 其中：1. ________元 |
| 2. ________元 |
| 调整后企业银行存款日记账金额 |

经办会计人员：(签字)　　　　会计主管：(签字)

**4. 函证银行存款余额**　函证是证实资产负债表所列银行存款是否存在的重要程序。通过向往来银行的函证，审计人员不仅可了解企业银行存款的可用数，同时，还可了解企业欠银行的债务，函证还可用于发现企业未登记的银行贷款及贷款担保和抵押贷款等情况。

函证时，审计人员应向被审计单位在本年度内存过款（含外埠存款、银行汇票存款、银行本票存款、信用证存款）的所有银行发出，其中包括企业存款账户已结清的银行，因为有可能存款账户虽已结清，但仍有银行贷款或其他负债存在。同样地，即使审计人员已直接从某银行取得了银行对账单和所有已付支票，但仍有必要向这一银行进行函证。表 15-4 列示的是银行询证函参考格式。

**5. 检查一年以上定期存款或限定用途存款**　一年以上的定期存款或限定用途存款，不属于企业的流动资产，应列其他资产类下。对此，审计人员应查明情况，作出相应的记录。

**6. 抽查大额现金和银行存款的收支**　审计人员应抽查大额现金收支、银行存款（含外埠存款、银行汇票存款、银行本票存款、信用证存款）收支的原始凭证内容是否完整，有无授权批准，并核对相关账户的进账情况。如有与被审计单位生产经营业务无关的收支事项，应查明原因并作相应的记录。

**7. 检查银行存款收支的正确截止**　企业资产负债表上银行存款数字应当包括当年最后一天收到的所有存放于银行的款项，而不得包括其后收到的款项；同样，企业年终前开出的支票，不得在年后入账。为了确保银行存款收付的正确截止，审计人员应当在清点支票及支票存根时，确定各银行账户最后一张支票的号码，同时查实该号码之前的所有支票均已开出。在结账日未开出的支票及其后开出的支票，均不得作为结账日的存款收付入账。

**表 15-4　银行询证函**

编号：

______________（银行）：

本公司聘请的会计师事务所正在对本公司的会计报表进行审计，按照中国注册会计师独立审计准则的要求，应当询证本公司与贵行的存款、借款往来等事项。下列数据出自本公司账簿记录，如与贵行记录相符，请在本函下端“数据证明无误”处签章证明；如有不符，请在“数据不符”处列明不符金额。有关询证费用可直接从本公司××存款账户中收取。回函请直接寄至××会计师事务所。

通信地址：

邮编：　　　　电话：　　　　传真：

截至　　年　　月　　日止，本公司银行存款、借款账户余额等列示如下：

1. 银行存款

| 账户名称 | 银行账号 | 币种 | 利率 | 余额 | 备注 |
|---|---|---|---|---|---|
| | | | | | |
| | | | | | |
| | | | | | |

2. 银行借款

| 银行账号 | 币种 | 余额 | 借款日期 | 还款日期 | 利率 | 借款条件 | 备注 |
|---|---|---|---|---|---|---|---|
| | | | | | | | |
| | | | | | | | |
| | | | | | | | |

3. 其他事项

（公司签章）　（日期）

结论：1. 数据证明无误　　　经办人：　　（银行签章）　（日期）

2. 数据不符，请列明不符金额

经办人：　　（银行签章）　（日期）

在进行截止测试时,如果被审计单位在多家银行开户,注册会计师应特别关注是否存在挪移舞弊的情况。

所谓挪移舞弊是指故意在结账日将银行存款从一家银行转移到另一家银行,利用存款与收款之间的时间间隔造成银行存款余额的暂时高估,以掩饰货币资金短缺或达到粉饰财务状况和经营成果的目的。一般来说,注册会计师可通过编制结账日前后一周左右的银行存款调拨表(如表15-5所示),即可查出挪移舞弊的问题。

**表15-5 银行存款调拨表**

| 序号 | 支票号码 | 银行账户 | | 金额 | 账簿记录日期 | | 银行记录日期 | |
|---|---|---|---|---|---|---|---|---|
| | | 来自 | 转入 | | 转出 | 转入 | 转出 | 转入 |
| (1) | 5429 | 工行户 | 中行户 | 80 000 | 12.29 | 12.29 | 1.2 | 12.29 |
| (2) | 7341 | 中行户 | 农行户 | 50 000 | 1.2 | 12.30 | 1.4 | 12.30 |

由表15-5可以看出:①为正常调拨资金;②为高估年末银行存款金额。

**8. 检查外币银行存款的折算是否正确** 对于有外币银行存款的被审计单位,审计人员应检查被审计单位对外币银行存款的收支是否按所规定的汇率折合为记账本位币金额;外币银行存款期末余额是否按期末市场汇率折合记账本位币金额;外币折合差额是否按规定记入相关账户。

**9. 检查银行存款是否在资产负债表上恰当披露** 审计人员在实施上述审计程序后,应确定银行存款账户期末余额是否恰当,从而确定资产负债表上"货币资金"项目中的数字是否在资产负债表上恰当披露。

### (三)其他货币资金的实质性测试

其他货币资金包括企业到外地进行临时或零星采购而汇往采购地银行开立采购专户的款项所形成的外埠存款、企业为取得银行汇票按照规定存入银行的款项所形成的银行汇票存款、企业为取得银行本票按照规定存入银行的款项而形成的银行本票存款、信用卡存款和信用证保证金存款等。

其他货币资金余额的实质性程序主要包括:

(1)复核外埠存款、银行汇票存款、银行本票存款、信用证存款、信用卡存款等其他货币资金明细账的期末合计数,并将其与总账核对相符。

(2)函证外埠存款、银行汇票存款、银行本票存款、信用证存款、信用卡存款等其他货币资金账户的期末余额。

(3)验证其他货币资金的截止日期,并审查截止日期前后的其他货币资金的收支情况,以查明是否存在高估或低估其他货币资金的情况。

(4)对于非记账本位币的其他货币资金,应检查是否按规定进行折算。

(5)抽取一定数量的原始凭证样本,检查其经济内容是否合法、完整,有无适当的审批手续,并核对有关账户中的记录是否正确。

(6)审查其他货币资金在财务报表中的披露是否恰当。

## 本章小结

货币资金同各交易循环存在密切的联系，货币资金收支所涉及的凭证和会计记录主要包括现金盘点表、银行对账单、银行存款余额调节表、有关记账凭证和有关会计账簿。在审计重要性和风险方面，由于货币资金涉及面广，收付频繁，且容易成为不法分子盗窃、贪污和挪用的对象，所以，注册会计师应重视货币资金的审计。

货币资金是企业流动性最强的资产，因此应建立和健全货币资金的内部控制。根据《内部会计控制规范》，货币资金内部控制主要包括岗位分工及授权批准、现金和银行存款的管理、票据及有关印章的管理、监督检查等内容。货币资金内部控制的测试主要包括了解内部控制、抽取并检查收款、付款凭证、核对日记账和总账、查验银行存款余额调节表等程序。

货币资金的实质性程序主要介绍了库存现金、银行存款项目。对于库存现金的审计，应重点关注库存现金的盘点；银行存款的实质性程序主要包括检查银行存款余额调节表和函证银行存款余额等程序。

## 案例

# 货币资金审计

## 一、案 例 背 景

诚达会计师事务所接受委托，对 A 股份有限公司进行 20×7 年度的会计报表审计。双方就年报审计已经签订了审计业务约定书，事务所派孟凡为项目组长，以陈果、张力、郭明为组员的项目组于 20×8 年 2 月 16 日至 3 月 5 日，对该公司 20×7 年度的报表进行了审计。本案例主要反映货币资金的审计过程和相关问题。

A 公司资产负债表“货币资金”项目列示数额为 4 287 250 元，其中银行存款 4 271 850 元，现金 15 400 元。企业在本年度存过款的银行共有四个，其银行存款账面余额和对账单余额如表 15-6 所示。

项目组长为货币资金分配的重要性水平为 10 000 元，由助理人员郭明负责货币资金的审计实施。

**表 15-6　A 公司银行存款明细表**

| 开户银行名称及账号 | 银行存款账面余额 | | | 银行对账单余额 |
|---|---|---|---|---|
| | 原币 | 汇率 | 人民币 | |
| 中行×分理处 | 美元 400 000 | 8.2 | 3 280 000 | 400 000 |
| 工行×分理处 | | | 829 850 | 2 150 000 |
| 农行×分理处 | | | 162 000 | 162 000 |
| 交行×分理处 | | | 0 | |
| 合计 | | | 4 271 850 | |

## 二、案例内容和过程

审计人员郭明对货币资金分别进行了控制测试和实质性测试。

## (一) 对货币资金进行控制测试

1. 郭明首先通过发放调查表等方式对货币资金内部控制进行了调查了解,通过了解认为被审计单位的内部控制设计健全,值得信赖,因此,郭明着手进行符合性测试。

2. 郭明抽查了20×7年12月20日到20×8年1月10日发生的所有500元以上现金收入业务和200 000元以上的银行存款收款凭证,对企业收款凭证进行测试。测试过程及结果如下:

(1) 收款凭证与存入银行账户的日期和金额相符。

(2) 收款凭证与现金、银行存款日记账相符。

(3) 收款凭证与银行对账单核对相符。

(4) 收款凭证与销售发票、收据核对相符。

(5) 收款凭证的对应科目与付款单位的户名一致。

(6) 收款凭证账务处理正确;收款凭证与对应科目(销售或应收账款)明细记录一致。

(7) 所收款项与经营活动相关。

3. 郭明抽查了500元以上现金支出业务20笔,200 000元以上的银行存款支出业务30笔,对付款凭证进行测试。测试过程及结果如下:

(1) 付款的授权审批手续齐全。

(2) 原始凭证具有合法的发票或依据。

(3) 原始凭证的内容和金额与付款凭证摘要核对一致。

(4) 付款有关凭证签章完整。

(5) 付款凭证与记入现金、银行存款日记账金额一致。

(6) 付款凭证与银行对账单核对相符。

(7) 付款凭证与对应科目(如应付账款)明细账的记录一致。

(8) 付款凭证账务处理正确。

4. 通过上述审查,未发现异常业务,因此,郭明认为可以适当简化实质性测试审计程序。

## (二) 货币资金的实质性测试

1. 对现金进行盘点

郭明于20×8年2月19日下午下班前突然告诉出纳员,把A公司的现金集中起来存入保险箱,在A公司出纳员和会计主管参与下,郭明清点了库存现金,并形成了"库存现金盘点表",如表15-7如示。

**表15-7 库存现金盘点表**

客户:A公司　编制人:郭明　日期:20×8. 2. 19　索引号:

截止日:20×7年　复核人:孟凡　日期:20×8. 2. 20　页次:

| 检查盘点记录 | | | | 实有现金盘点记录 | | | | |
|---|---|---|---|---|---|---|---|---|
| 项目 | 行次 | 人民币 | 某外币 | 面额 | 人民币 | | 某外币 | |
| | | | | | 张 | 金额 | 张 | 金额 |
| 上一日账面库存余额 | 1 | 12 350 | | 1000 | / | / | | |
| 盘点日未记账传票收入金额 | 2 | 25 000 | | 500 | / | / | | |
| 盘点日未记账传票支出金额 | 3 | 18 000 | | | | | | |
| 盘点日账面应有金额 | 4=1+2−3 | 19 350 | | 100元 | 120 | 12 000 | | |
| 盘点日账面实存金额 | 5 | 18 350 | | 50元 | 110 | 5500 | | |
| 盘点日应有与实有差异 | 6=4−5 | 1000 | | 10元 | 70 | 700 | | |

续表

<table>
<tr><th colspan="5">检查盘点记录</th><th colspan="5">实有现金盘点记录</th></tr>
<tr><th colspan="2" rowspan="2">项目</th><th rowspan="2">行次</th><th rowspan="2">人民币</th><th rowspan="2">某外币</th><th rowspan="2">面额</th><th colspan="2">人民币</th><th colspan="2">某外币</th></tr>
<tr><th>张</th><th>金额</th><th>张</th><th>金额</th></tr>
<tr><td rowspan="7">差异原因分析</td><td>白条抵库(张)</td><td></td><td>1000</td><td></td><td>5 元</td><td>20</td><td>100</td><td></td><td></td></tr>
<tr><td></td><td></td><td></td><td></td><td>2 元</td><td>10</td><td>20</td><td></td><td></td></tr>
<tr><td></td><td></td><td></td><td></td><td>1 元</td><td>30</td><td>30</td><td></td><td></td></tr>
<tr><td></td><td></td><td></td><td></td><td>5 角</td><td>/</td><td>/</td><td></td><td></td></tr>
<tr><td></td><td></td><td></td><td></td><td>2 角</td><td>/</td><td>/</td><td></td><td></td></tr>
<tr><td></td><td></td><td></td><td></td><td>1 角</td><td>/</td><td>/</td><td></td><td></td></tr>
<tr><td></td><td></td><td></td><td></td><td>合计</td><td></td><td>18 350</td><td></td><td></td></tr>
<tr><td rowspan="5">追溯调整</td><td>报表日至审计日现金付出总额</td><td>507 500</td><td></td><td></td><td colspan="5" rowspan="6">情况说明及审计结论：<br><br>在未予事先通知情况下，被审计单位会计主管孙越、现金出纳王小丫及审计人员郭明共同清点 2 月 19 日库存现金为 18 350.00，账实相符。<br>审计结论：库存期末余额可以确认</td></tr>
<tr><td>报表日至审计日现金收入总额</td><td>511 450</td><td></td><td></td></tr>
<tr><td>报表日库存现金应有余额</td><td>15 400</td><td></td><td></td></tr>
<tr><td>报表日账面汇率</td><td>/</td><td></td><td></td></tr>
<tr><td>报表日余额折合本位币金额</td><td>15 400</td><td></td><td></td></tr>
<tr><td colspan="3">本位币合计</td><td></td><td></td></tr>
</table>

其中白条抵库 1000 元，系 20×8 年 2 月 1 日 A 公司经理个人借款，郭明提请 A 公司及时按照财务会计制度处理。

2. 审查银行存款调节表

中行和农行的银行存款余额与银行对账单余额相符，经核对未见异常。取得工行 20×7 年 12 月份的银行存款余额调节表，见表 15-8。郭明实施了以下审计程序：

(1) 验算调节表的数字是否正确。

抽查 20×7 年 12 月份的银行存款日记账和对账单进行实际核对调节，确认被审计单位调节表编制正确。

(2) 检查调节表中未达账项的真实性。

对所有的(特别是数额较大的)未达账项，结合“截止性测试”程序，通过查阅原始凭证、询问被审计单位有关人员，查清未达账项经济业务性质及其形成时间，判断其对会计报表的影响。郭明通过截止性测试和对相关账户大额收支的有关凭证审验，发现以下未达账项需调整：

1) 银行已收企业尚未入账 800 000 元，经查系 12 月 27 日实现销售××商品所收到的货款，A 公司于次年 1 月 5 日对此进行销售收入会计处理，建议如下调整：

借：银行存款　　800 000

　贷：主营业务收入　　683 760

　　应交税费——应交增值税(销)　　116 240

注：其他调整分录从略。

2) 银行已收企业尚未入账 1 800 000 元，经查系收到××企业预付货款，故应有以下调整分录：

借：银行存款　　1 800 000

　贷：预收账款——××企业　　1 800 000

3) 银行已付企业尚未入账 900 000 元，经查系被审计单位预付××单位的设备订货款，故应有以下调整分录：

表 15-8　银行存款余额调节表

| 银行名称:工行×分理处 | | 币别:人民币 | | |
|---|---|---|---|---|
| 企业银行日记账余额 | 829 850.00 | 银行对账单余额: | | 2 150 000.00 |
| 加:银行已收,企业尚未入账金额 | 800 000.00 | 加:企业已收银行尚未入账金额 | 12 月 30 日银 45# | 580 000.00 |
| | 1 800 000.00 | 减:企业已付银行尚未入账金额 | 12 月 28 日银 30# | 145 000.00 |
| | 150.00 | | 12 月 29 日银 50# | 55 000.00 |
| 减:银行已付,企业尚未入账金额 | 900 000.00 | | | |
| 调整后金额: | 2 530 000.00 | 调整后金额: | | 2 530 000.00 |

借:预付账款　　　　　　　　900 000

　贷:银行存款　　　　　　　900 000

另银行已收,企业尚未入账的 150 元,系银行存款利息收益,因数额较小,不做调整。

(3) 审查外币银行存款的折算是否正确。中行银行存款余额 400 000 美元,账面汇率 8.2 元,经查 12 月 31 日人民银行外汇牌价为 8.234 元,折记账本位币数额 400 000×8.234=3 293 600 元,应计汇兑损益:3 293 600−3 280 000=13 600 元。应作如下调整:

借:银行存款　　　　　　　　13 600

　贷:财务费用　　　　　　　13 600

3. 函证银行存款

经询问了解,交行×分理处的存款账户已结清,所以无余额。但审计人员郭明还是向企业本年度存过款的四家银行均寄发了询证函,并直接收取询证函的回函。经对回函进行分析,未发现其他不符事项。

## 三、案例分析

### (一) 货币资金的固有风险高,审计人员应通过符合性测试以确定被审计单位货币资金内部控制是否健全并有效执行

一般先通过对内部控制的调查了解,初步评价企业货币资金收支管理的相关规定设计是否合理,以决定控制测试的性质、时间和范围。如果通过询问了解到被审计单位的内部控制不存在或不值得信赖,审计人员可考虑直接进行实质性测试;如果了解到内部控制值得信赖,审计人员可考虑进行符合性测试,以减少实质性测试的工作量。对货币资金进行符合性测试主要可从货币资金收入和支出两个方面进行。

### (二) 盘点库存现金应注意事项

1. 盘点库存现金是证实资产负债表所列现金是否存在的一项重要程序,但审计人员在实施库存现金盘点程序时,要注意它与存货等资产的监盘程序的不同,如表 15-9 所示。

表 15-9　库存现金、存货盘点的不同

| 项目 | 盘点范围 | 盘点时间 | 盘点方式 |
|---|---|---|---|
| 库存现金 | 实地盘点所有存放在不同地方的已收到但未存入银行的现金、零用金 | 审计外勤工作中,最好选择在上午上班前或下午下班时进行 | 突击检查,在被审计单位出纳员和会计主管人员的参与下,由审计人员参加进行实地盘点 |
| 存货 | 实地盘点抽查的一定比例存货 | 资产负债表日前后 | 事先通知,召开盘点预备会议,将盘点计划或指令贯穿到每一个参与人员,审计人员实地观察被审计单位盘点,并对已盘点存货进行适当检查 |

2. 审计人员对库存现金进行实地盘点时，要关注被审计单位是否存在冲减库存现金的借条、未提现支票、未作报销的原始凭证，应在"库存现金盘点表"中注明，并查明原因，提请被审计单位及时处理。

### (三) 检查银行存款余额调节表时，要注意未达账项

银行未达账项从表面看，虽不影响会计报表的平衡，但由于经营期间发生的经济事项未按规定及时进行会计处理，其结果必然是影响资产、负债和经营成果的真实性。因此，审计人员应查清未达账项的经济业务性质及其形成时间，客观判断其对会计报表的影响。如果重大的未达账项属于非正常原因形成，应查明情况并提请被审计单位作出相应调整；如果重大未达账项已于资产负债表日后到账，审计人员也应提请被审计单位调整审计年度的会计报表。

### (四) 关于银行存款函证

审计人员实施银行存款函证程序时，应向被审计单位在本年度存过款(包括外埠存款银行汇票存款、银行本票存款、信用证存款)的所有银行发函，其中包括企业账户已结清的银行，这是由于被审计单位已结清的存款户，可能仍会存在银行借款或其他负债。同时，审计人员在执行银行存款函证程序时，还要注意它与应收账款、应付账款函证的异同，如表 15-10 所示。

**表 15-10　银行存款、应收账款、应付账款函证程序的对比**

| 项目 | | 银行存款 | 应收账款 | 应付账款 |
|---|---|---|---|---|
| 异 | 函证范围 | 向被审计单位在本年度存过款(包括外埠存款、银行汇票存款、银行本票存款、信用证存款)的所有银行发函，其中包括企业账户已结清的银行 | 抽取：大额或账龄较长的项目；与债务人发生纠纷的项目；关联方项目；主要客户项目；非正常的项目 | 抽取：①较大金额的债权人；②金额不大、甚至为零，但为企业重要供货人的债权人 |
| | 函证方式 | 积极式 | 积极式或消极式 | 积极式 |
| | 必要性 | 必须函证 | 一般必须函证 | 一般不需要函证，但如：①控制风险较高；②某些应付账款明细账户金额较大；③被审计单位处于财务困难阶段，则应函证 |
| 同 | 函证控制；函证结果分析 | 审计人员应亲自寄发询证函，并注明回函直接寄回会计师事务所；<br>审计人员收到函证回函，必须认真分析利用，并把处理解决和专业判断的意见记入审计工作底稿中 | | |

## 思考题

1. 货币资金与各循环交易的关系如何?
2. 货币资金审计的目标主要有哪些?
3. 如何进行现金内部控制测试?
4. 通过对银行存款期末余额调节表的审查，能否直接验证期末存款的真实余额?

## 练习题

### 一、判断题

1. 由于库存现金余额极小，审计人员可以不进行实质性测试。(　　)

2. 盘点库存现金时，必须有被审计单位会计主管人员、出纳员和审计人员参加。（ ）
3. 被审计单位年度内所有银行存款账户均应进行函证。（ ）
4. 审计人员函证银行存款的目的只是为了证实资产负债表所列银行存款是否存在。（ ）
5. 审计人员在对银行存款业务进行实质性测试时，可以通过审查银行存款余额调节表代替对银行存款余额的函证。（ ）

## 二、单选题

1. 盘点库存现金时，通常实施（ ）检查，时间最好选在上午上班前或下午下班后进行。
   A. 通知　　B. 计划
   C. 突击　　D. 定期
2. （ ）不属于银行存款函证内容。
   A. 客户的银行贷款余额　　B. 本期银行存款增减额
   C. 客户的或有负债　　D. 客户的银行存款余额
3. 注册会计师监盘库存现金时，被审计单位必须参加的人员是（ ）。
   A. 会计主管人员和内部审计人员　　B. 现金出纳员和银行出纳员
   C. 现金出纳员和内部审计人员　　D. 出纳员和会计主管人员
4. 以下对货币资金业务内部控制制度的要求中，与银行存款无直接关系的是（ ）。
   A. 按月盘点现金，做到账实相符　　B. 当日收入现金及时送存银行
   C. 加强对货币资金业务的内部审计　　D. 收支与记账岗位分离
5. 被审计单位的相关人员虚构采购原材料交易，并以银行存款支付虚构的原材料款，注册会计师可以采取（ ）程序予以发现。
   A. 向银行函证　　B. 从卖方发票追查银行存款日记账
   C. 调节银行对账单　　D. 从银行存款日记账追查卖方发票

## 三、多选题

1. 在货币资金的内部控制中，关于印章保管的说法中正确的有（ ）。
   A. 财务专用章和个人名章可以由一人保管
   B. 财务专用章和个人名章应该交由银行保管
   C. 财务专用章和个人名章严禁由一人保管
   D. 财务专用章应由专人管理，个人名章必须由本人或其授权的人保管
2. 王华在审计大明公司 2006 年度财务报表时，盘点了大明公司的库存现金，抽查了大明公司的存货。这两种程序的不同之处包括（ ）。
   A. 盘点时间安排不同　　B. 盘点对象不同
   C. 盘点准备工作不同　　D. 盘点比例不同
3. 注册会计师在对被审单位银行存款进行审计时，实施下列（ ）审计程序，能够证明银行存款是否存在。
   A. 定期存款占银行存款的比例　　B. 检查银行存款收支的正确截止
   C. 函证银行存款余额　　D. 检查银行存款余额调节表
4. 注册会计师寄发的银行询证函（ ）。
   A. 是以被审计单位的名义发往开户银行　　B. 属于积极式函证
   C. 要求银行直接回函至会计师事务所　　D. 包括银行存款和借款余额

## 四、案例分析题

1. 2004 年 2 月 24 日，审计人员张露实施了对 G 公司库存现金的盘点程序，盘点结果如下：
   （1）盘点日保险柜中现金的实存数为 1944.5 元，其中 100 元面额 15 张，50 元面额 5 张，20 元面额 6 张，

10 元面额 6 张,5 元面额 1 张,1 元硬币 9 个,1 角硬币 5 个;

(2) 盘点前现金日记账的余额为 4944.5 元;

(3) 保险柜中有下列单据已付款,但未入账:

① 某职工报销差旅费,金额为 1800 元。手续齐全,时间为 2004 年 2 月 23 日;

② 某职工借条一张,有主管领导审批,金额为 1200 元,时间为 2003 年 12 月;

(4) 经核对 2004 年 1 月 1 日 ~2 月 23 日的收、付款凭证和现金日记账,1 月 1 日 ~2 月 23 日收入现金金额为 203 215.30;1 月 1 日 ~2 月 23 日支出为 203 010.00;

要求:根据以上资料编制库存现金盘点表。

2. 审计人员在 2004 年 3 月 1 日抽查了某企业 2003 年 12 月份的银行存款日记账的收支业务并与银行对账单核对。12 月 31 日银行对账单余额为 267 350 元,银行存款日记账为 220 000 元,核对后发现有下列不符情况:

(1) 12 月 31 日,日记账上有存入转账支票 4000 元,对账单上无此记录。

(2) 12 月 31 日,日记账上有付出转账支票 2000 元,但对账单上无此记录。

(3) 12 月 30 日,对账单上有收入记录 50 000 元,系收到的托收货款,企业尚未入账。

(4) 12 月 30 日,对账单上有付出记录 600 元,系企业 12 月份的水电费支出,日记账上无此记录。

(5) 12 月 31 日,对账单上有付出记录 50 元,系 12 月份银行收取的手续费。

要求:根据以上资料,编制银行存款余额调节表,并编制相关的调整分录。

## 五、案例讨论题

某日,甲单位会计员张三到主管部门会计处开会。散会时,主管部门出纳员王五叫住张三说:“你单位为建太旧高速公司的捐款 20 000 元已经返还,你就捎回去吧。”随即张三签了字,将捐款装入自己的皮包。数日后,甲单位的职工得知本系统其他单位的捐款都返还到了职工手中,便向本单位领导询问本单位捐款为什么还没有返还。甲单位领导立即向该单位出纳员李四询问此事的原因。李四说:“我还没有收到厅里的返还款。”说完就打电话向主管部门会计处查询此事。王五回电话说“已于一个星期前让你单位会计员张三捎回去了。”放下电话,李四就问张三:“咱单位建太旧高速公路的捐款 20 000 元,你从厅里拿回来了?”张三立即回答说:“那天我开会回来后不是已经交给你了吗? 你这个人咋能这样呢?”李四接着说:“你胡说,你什么时候把钱交给我了? 有谁证明呀? 你有什么凭据证明你把钱交给我了?”张三听后十分生气:“你真没良心,过去你经常让我给你捎钱,你哪一次给我开过收据!”李四说:“你跟我要过收据吗?”一时,张三无言以对。望着眼前这一切,该单位的这位领导一时没了主张,不知道到底谁贪污了捐款。

讨论:请结合上述货币资金失踪案例,分析货币资金内部控制制度的内容及其重要性。

(资料来源:吴良海,王锴 . 2007. 审计学 . 北京:清华大学出版社)

# 第16章 完成审计工作

## 学习目的

本章主要阐述了完成审计工作时对于或有事项、期后事项的审计,以及取得管理声明书、律师声明书,与被审计单位的沟通等内容。通过本章学习,应当掌握:或有事项和期后事项的审计程序与内容;管理声明书的内容和作用;律师声明书的内容和作用;如何评价审计结果;与被审计单位沟通的主要内容和程序。

## 第1节 审查或有事项

### (一) 或有事项的含义

或有事项,指过去的交易或事项形成的,其结果须由某些未来事项的发生或不发生时才能决定的不确定事项。常见的或有事项主要包括:未决诉讼或仲裁、债务担保、产品质量保证、承诺、亏损合同、重组义务、环境污染整治等。

由于或有事项这一特定的经济现象已越来越多地存在于企业的经营活动中,并对企业的财务状况和经营成果产生了比较大的影响,或有事项应当给予必要的关注。

### (二) 或有事项审核目标和意义

注册会计师对于或有事项的审核目标主要有:确定或有事项是否存在和完整;确定或有事项的确认和计量是否符合企业会计准则的规定;确定或有事项的列报是否恰当,其中最主要关注或有事项的完整性。

加强对或有事项的审计,有利于促使被审计单位正确确认、合理计量和恰当披露或有事项,确保会计信息相关可靠、充分透明;同时,也有利于会计报表审计的完整性,提高审计质量,降低审计风险。

### (三) 或有事项的审计程序

针对或有事项的审计主要包括:

(1) 向被审计单位管理层询问其确定、评价与控制或有事项的有关方针政策和工作程序。

(2) 向被审计单位管理层索取下列资料,作必要的审核和评价:

① 被审计单位有关或有事项的全部文件和凭证;

② 被审计单位与银行之间的往来函件,以查找有关票据贴现、应收账款抵借、票据背书和对其他债务的担保;

③ 被审计单位的债务说明书,其中,除其他债务说明外,还应包括对或有事项的说明,即说明已知的或有事项均已在财务报表中作了适当反映。

(3) 向被审计单位的法律顾问和律师进行函证,以获取法律顾问和律师对被审计单位资产负债表日业已存在的,以及资产负债日至复函日期间存在的或有事项的确认证据。

(4) 复核上期和税务机构的税收结算报告。如果税款拖延时间较久,发生税务纠纷的可能性较大。

(5) 向与被审计单位有业务往来的银行寄发含有要求银行提供被审计单位或有事项的询证函。

(6) 审阅至审计工作完成日止被审计单位历次董事会纪要和股东大会会议记录,确定是否存在未决诉讼或仲裁等记录。

(7) 复核现存的审计工作底稿,寻找任何可以说明潜在或有事项的资料。

(8) 查询被审计单位对未来事项的财务承诺,并向被审计单位管理层查询。

(9) 向被审计单位管理层获取书面声明,保证其已按照企业会计准则的规定,对其全部或有事项作了恰当说明。

(10) 确定或有事项的确认和计量是否符合《企业会计准则第13号——或有事项》第二章“确认计量”的规定。

(11) 确定或有事项在财务报表上的披露是否符合《企业会计准则第13号——或有事项》第三章“披露”的规定。

### (四) 或有事项审计的主要内容

**1. 审查或有事项的确认与计量的合法性、合理性及正确性**

(1) 审查与或有事项相关的义务被确认为预计负债的合法性。与或有事项相关的义务同时符合下列条件时,企业可以且应当将其确认为预计负债:①该义务是企业承担的现时义务,即与或有事项相关的义务是企业目前已承担的义务;②该义务的履行很可能导致经济利益流出企业,即此时导致经济利益流出企业的可能性超过50%但尚未达到基本确定的程度。一般来说,可能性应结合下列情况加以判断:大于95%但小于100%为“基本确定”;大于50%但小于95%为“很可能”;大于5%但小于或等于50%为“可能”;大于0但小于或等于5%为“极小可能”;③该义务的金额能够可靠地计量。估计其金额时,应当考虑的因素包括:与或有事项相关的风险和不确定性、可能影响履行现时义务所需金额的相关未来事项,以及预期处置相关资产的利得等。

(2) 审查被确认为预期负债的与或有事项相关的义务,其计量的合理性。按照有关规定被确认为预计负债的上述义务,其金额应该是清偿预计负债所需支出的最佳估计数。此数通常应当等于未来应付的金额,如果此金额与现值相差较大时,则按照未来应支付金额的现值确定。具体来说,当所需支出存在一个金额范围时,该最佳估计数则应按范围的上下限金额的平均数确定;当所需支出不存在一个金额范围时,最佳估计数应视具体情况而定,即在或有事项涉及单个项目的情况下,按最可能发生金额确定最佳估计数,在或有事项涉及多个项目的情况下,则按各种可能发生额及其发生概率计算确定最佳估计数。

(3) 审查被确认的预计负债的清偿所需支出,其预期收到的补偿金额认定的正确性。对于被确认的预计负债的清偿所需支出,其全部或部分预期由第三方或其他方补偿时,补偿金额只能在基本确定(大于95%但小于100%的可能性)能收到的情况下方可单独认定为资产,且不应超过所确认预计负债的账面价值。

**2. 审查或有事项披露的充分性、公允性及恰当性**

(1) 审查被确认的预计负债是否在资产负债表中以单列项目予以反映,并在财务报表附注中作了相应的披露;有关的费用或支出是否扣除了确认的补偿金额,并在利润表中进行了恰当的反映。

(2) 审查企业是否在财务报表附注中披露了下列或有负债及有关内容:①已贴现商业承兑汇票形成的或有负债;②未决诉讼、仲裁形成的或有负债;③为其他单位提供债务担保形成的或有负债;④其他或有负债,通常不包括极小可能导致经济利益流出企业的或有负债。

对于应予以披露的或有负债,还应审查企业是否分类披露了有关内容,诸如或有负债形成的原因、或有负债预计产生的财务影响、获得补偿的可能性等。

(3) 审查企业是否正确披露了或有资产。一般来说,或有资产不应在财务报表附注中披露;但当它很可能(大于50%但小于95%的可能性)会给企业带来经济利益时,则应在财务报表附注中予以披露。

## 第2节 复核期后事项

### (一) 期后事项的含义

期后事项是指资产负债表日至审计报告日发生的,以及审计报告日至会计报表公布日发生的对会计报表产生影响的事项。期后事项很可能改变注册会计师对被审计单位会计报表的审计意见,所以注册会计师必须充分关注期后事项。

### (二) 期后事项的种类

期后事项按其对会计报表影响方式和影响程度不同,分为下列两类:一是能为资产负债表日已经存在的情况提供补充证据的事项,这类事项提请被审计单位调整会计报表;二是虽不影响会计报表金额,但可能影响对会计报表正确理解的事项,这类事项需提请被审计单位披露。

根据其发生时间的不同,期后事项可分两类:一是资产负债表日至审计报告日发生的期后事项;二是审计报告日至会计报表公布日发生的期后事项。这种分类主要涉及审计人员对期后事项所担负的审计责任。在审计报告日之前,审计人员负有对期后事项主动查找并审计的责任,即应实施必要的审计程序以发现、确认和处理存在的期后事项。在审计报告日之后,审计人员没有责任,专门查找审计报告日至会计报表公布日发生的期后事项,只是对已知悉的该类期后事项予以关注,并实施相应的审计程序。被审计单位管理当局有责任及时向审计人员告知可能影响会计报表的期后事项。

**1. 能为资产负债表日已经存在的情况提供补充证据的事项** 这类事项既为被审计单位确定资产负债表日账户金额提供信息,也为审计人员核实这些金额提供补充证据。该事项对会计报表的金额有着直接的影响,若金额重大,应提请被审计单位对年度会计报表和相关账户金额进行调整。这类事项包括的内容主要有:

(1) 资产负债表日被审计单位认为可以收回的大额应收款项,但资产负债表日后,因债务人突然破产而无法收回。这种情况下,债务人财务状况显然早已恶化,所以审计人员应提请被审计单位增加坏账准备,调整会计报表相关项目的数额。

(2) 被审计单位由于某种原因被起诉,法院于资产负债表日后作出判决,由被审计单位赔偿对方损失。由于这一负债实际上在资产负债表日之前就已存在,所以,如果赔偿数额很大,注册会计师应考虑提请被审计单位增加资产负债表的有关负债项目,并加以说明。

(3) 被审计单位在资产负债表日之后不久,有大批产成品验收不合格。这种情况表示被审计单位资产负债表日的在产品存货中有相当数量的不合格品,故应予以调整。

从以上所述可看出,期后事项的特点是能为资产负债表日已存在的情况提供补充证据,且具有"续发性",即它的出现是以前已存在的事项的延续。所以,该事项应该并入资产负债表日记会计报表中去。若能确认发生的事项是资产负债表日后发生的事项,则不应将此信息并入资产负债表日记会计报表中去。

**2. 虽不影响会计报表金额,但可能影响对会计报表正确理解的事项** 这类事项因不影响资产负债表日的财务状况,所以,不需要调整被审计单位的本期会计报表。但如果被审计单位的会计报表因此可能受到误解,就应在会计报表中以附注的形式予以披露。这类事项包括的主要内容有:①被审计单位合并;②应付债券的提前兑付;③发行债券或权益性证券;④需要为新的养老金计划在近期支付大笔现金;⑤偶然性的大笔损失等。这些事项如果不加以反映,则往往导致对被审计单位会计报表的误解。所以应在会计报表的附注中加以披露。

正确区分两类不同的期后事项,关键在于正确确定期后事项出现的时间。凡是资产负债表日之前就存在而出现的事项,则应提请被审计单位调会计报表;凡是资产负债表日之后出现的事项,只需在会计报表的附注中加以披露即可。

### (三) 期后事项的审计

期后事项的审计方式可归为两类:一是结合年末账户余额进行审计;二是采用专门审计程序进行审计。

**1. 结合年末账户余额进行审计** 这是会计报表项目审计的一部分,是指在审计有关账户余额的同时,注意是否可能存在期后事项。由于年度会计报表审计是在下一年初进行,因此,对每一账户审计时,可顺便审阅从年末到审计日这一段时间内的会计记录。审计人员应着重查明期后的重大购销业务和重大的收付款业务,有无不寻常的交易或调整分录。

**2. 采用专门审计程序进行审计** 这种审计是专门为获取那些必须并入本年账户余额或应以附注形式披露的有关资料而进行的。具体方法是询问被审计单位管理当局及有关人员和审阅有关资料。

(1) 询问被审计单位管理当局及有关人员:通常询问以下内容:①是否已进行或将进行异常的会计调整;②是否已发生或可能发生影响会计政策适当性的事项;③资产是否被政府征用或因不可抗力而遭受损失;④资产是否已出售或计划出售;⑤是否发生新的担保、贷款或承诺;⑥是否已发行或计划发行新的股票或债券,若有,则应获取或检查有关的申请和审批文件;⑦其他相关内容。

(2) 审阅有关资料:审计期后事项通常审阅以下资料:①被审单位资产负债表日后编制的会计记录。重点审阅日记账和明细账,以确定所有与本年相关的内容;②审阅资产负债表日后发布的会议记录。对资产负债表日后发布的董事会、股东会的会议记录,应重点检查其中影响本期财务报表的重大期后事项。例如:已证实重大资产发生了减损、大额的销售退回等;③取得被审计单位管理当局和其律师顾问的陈述书。该陈述书是他们对审计中各种不同事项的说明,其中包括对期后事项的陈述;④审阅内部报表及其他相关管理报告;⑤了解管理当局确认期后事项的程序。

### (四) 期后事项对审计报告的影响

(1) 审计人员发现的对会计报表产生重大影响的期后事项,应当根据其类型作不同处理:

1) 对能为资产负债表日已存在情况提供补充证据的事项,提请被审计单位调整会计报表。

2) 对虽不影响会计报表金额,但可能影响对会计报表正确理解的事项,提请被审计单位在会计报表附件中作适当披露。

如果被审计单位不接受调整或披露建议,审计人员应当出具保留意见或否定意见的审计报告。

(2) 审计人员如果在审计报告日至会计报表公布日之间获知可能影响会计报表的期后事项,应当及时与被审计单位管理当局讨论。必要时,还应追加适当的审计程序,以确定期后事项的类型及其对会计报表和审计报告的影响程度。

一般来说,在审计报告日后,审计人员已离开外勤工作现场,要发现可能存在的期后事项,往往较为困难。但是,审计人员一般仍通过多种方式,对审计报告日之后可能存在的期后事项予以关注。

如果审计人员对审计报告日至会计报表公布日获知的期后事项实施了追加审计程序,并已作适当处理,则可选用以下方式确定审计报告日期:

1) 签署双重报告日期。即保留原审计报告日,并且就该期后事项注明新的审计报告日。

2) 更改审计报告日期。即延长外勤审计工作结束日,把原定审计报告日推迟到完成追加审计程序时的审计报告日。

更改审计报告日期的做法,在会计报表审计范围内全面地扩大了审计人员的责任范围,审计风险增大;签署双重报告日期的做法,仅在反映特定的项目方面扩大了审计人员的责任范围。在实务中,签署双重报告日期比更改审计报告日期更为普遍。

# 第3节　取得管理层声明

**1. 管理层声明的含义**　管理层声明,指被审计单位管理层向注册会计师提供的关于财务报表的各项陈述。注册会计师应当就下列事项获取书面声明:

(1) 管理层认可其设计和实施内部控制以防止或发现并纠正错报的责任。

(2) 管理层认为注册会计师在审计过程中发现的未更正错报,无论是单独还是汇总起来考虑,对财务报表整体均不具有重大影响。

**2. 管理当局声明的主要内容**　就其内容而言,管理层声明书一般包括下列基本要素:

(1) 关于财务报表

1) 管理层认可其对财务报表的编制责任。

2) 管理层认可其设计、实施和维护内部控制以防止或发现并纠正错报的责任。

3) 管理层认为注册会计师在审计过程中发现的未更正错报,无论是单独还是汇总起来考虑,对财务报表整体均不具有重大影响。

(2) 关于信息的完整性

1) 所有财务信息和其他数据的可获得性。

2) 所有股东会和董事会会议记录的完整性和可获得性。

3) 就违反法规行为这一事项,被审计单位与监管机构沟通的书面文件的可获得性。

4) 与未记录交易相关的资料的可获得性。

5) 涉及下列人员舞弊行为或舞弊嫌疑的信息的可获得性:①管理层;②对内部控制产生重大影响的雇员;③对财务报表的编制具有重大影响的其他人员。

(3) 关于确认、计量和列报

1) 对资产或负债的确认或列报具有重大影响的计划或意图。

2) 关联方交易,以及涉及关联方的应收或应付款项。

3) 需要在报表中披露的违反法规行为。

4) 需要确认或披露的或有事项,对财务报表具有重大影响的承诺事项和需要偿付的担保。

5) 对财务报表具有重大影响的合同的遵守情况。

6) 对财务报表具有重大影响的重大不确定事项。

7) 被审计单位对资产的拥有或控制情况,以及抵押、质押或留置资产。

8) 持续经营假设的合理性。

9) 需要调整或披露的期后事项。

(4) 签署日期和签署人:管理层声明书标明的日期通常与审计报告日一致。管理层声明书通常由管理层中对被审计单位及其财务负主要责任的人员签署。

**3. 编制审计报告时的考虑**　由于管理层声明不能被视为十分可靠的证据,因此将管理层声明作为审计证据时应注意以下事项:

(1) 如果合理预期不存在其他充分、适当的审计证据,注册会计师应当就对财务报表具有重大影响的事项向管理层获取书面声明。

(2) 收集审计证据以支持管理层声明。由于管理层声明来自企业内部,证明力较弱,注册会计师需要收集其他审计证据对其印证。

(3) 管理层声明不能替代其他审计证据。

(4) 管理层声明与其他审计证据相矛盾时,应当调查这种情况,必要时,重新考虑管理层做出的声明的可靠性。

## 第 4 节　取得律师声明书

在对被审计单位期后事项和或有事项等进行审计时,注册会计师往往要向被审计单位的法律顾问和律师进行函证,以获取其对资产负债表日业已存在的,以及资产负债日至他们复函日这一时期内存在的期后事项和或有事项等的确认证据。被审计单位律师对函证问题的答复和说明,就是律师声明书。律师声明书通常可提供有力的证据,帮助注册会计师解释并报告有关的期后事项和或有事项,从而减少注册会计师误解上述事项的可能性,但其本身不足以对注册会计师形成审计意见提供基本理由。

对律师的函证,通常通过被审计单位向其律师寄发审计询证函的方式来实施。律师的责任在于声明被审计单位对有关期后事项和或有事项等情况的说明作出评价。

注册会计师应根据该律师的职业条件和声誉情况来确定律师声明书的合理性。对于律师声明书应从整体上分析,以便确定它对审计询证函的总体反应,确定它与注册会计师所知的情况是否矛盾。倘若律师声明书表明或暗示律师拒绝提供信息,或隐瞒信息,或对被审计单位叙述的情况应予修正而不加修正,注册会计师一般应认为审计范围受到限制,就不能出具无保留意见的审计报告。

## 第 5 节　评价审计结果

对审计结果进行评价,审计报告编制前的工作一般有:审计工作底稿的复核;编制审计差异调整表;与客户管理当局沟通;判断审计重要性水平;确定审计报告意见类型等。

**1. 审计工作底稿的复核**　复核审计工作底稿是编制审计报告经历的主要环节之一。审计人员应根据会计师事务所的质量控制要求和具体规定,对已编制的审计工作底稿进行全面复核。这种复核一般实行三级复核制度,即项目经理、部门经理和主任会计师的复核。前两项复核一般在审计过程中某一方面工作完成时或现场工作完成时,由有关经理进行,主要针对审计证据收集是否全面、充分、适当进行的。最后一项复核是对整个审计工作是否达到规定的要求进行的。

**2. 编制审计差异调整表**　外勤审计工作结束之后,应编制审计差异调整表。审计差异调整表是审计人员用于汇总审计过程中发现的会计报表差错的一种工作底稿。

审计差异按是否需要调整账户记录分为核算误差和重分类误差。核算误差是企业对经济业务进行了不正确的会计核算而引起的误差。用重要性原则衡量,核算误差又区分为:应予调整的不符事项和可不予调整的不符事项(即未调整不符事项)。重分类误差是企业未按有关会计制度规定编制会计报表而引起的误差。

审计差异调整表按汇总的内容不同,具体分三种表:一是调整分录汇总表(即用于汇总应予调整的会计事项,根据调整分录进行汇总)。二是未调整不符事项汇总表(即用于汇总未经调整的审计差异,该差异是可以容忍的审计差异)。三是重分类分录汇总表(即用于汇总对会计报表项目予以重新分类的事项。)

**3. 判断审计重要性水平**　在编制审计报告阶段,判断和运用重要性水平,主要是指将调整分录汇总表、未调整不符事项汇总表中的差异额和客户不同意调整事项的金额进行汇总,然后与会计报表层次或账户金额层次的重要性水平作比较,以确定其是否超过重要性水平,根据其偏离重要性水平程度,确定审计意见类型。

## 第6节　与治理层沟通

《中国注册会计师审计准则第1151号——与治理层的沟通》规定:"注册会计师应当就与财务报表审计相关、且根据职业判断认为与治理层责任相关的重大事项,以适当的方式及时与治理层沟通。"沟通的目的在于明确各自的责任与义务,促进双方认真履行职责;增进彼此间的了解,建立良好的工作关系,实现审计目标。沟通的方式可以采用口头方式和书面方式两种。

**1. 与治理层相关人员的沟通**　在决定与治理层下设组织或个人沟通时,审计人员应当考虑下列主要事项:①下设组织、个人以及管理层整体各自的责任;②拟沟通事项的性质;③法律法规的要求;④无论是下设组织还是个人,是否有权对审计人员传递的信息采取措施,以及是否能够提供审计人员可能需要的进一步信息和解释;⑤是否有必要将有关信息详细或简明地向管理当局表达。

**2. 沟通的事项**　编制审计报告时,与被审计单位管理当局沟通的主要事项包括:

(1) 有关会计报表的分歧:主要是指审计人员与管理当局在会计报表编制与披露方面存在的不同意见。例如,在对某些特定交易和事项所采用的会计政策、会计披露的内容等方面可能发生分歧,需要沟通。

(2) 重大审计调整事项:对会计报表所反映的财务状况、经营成果或现金流量方面有重大影响的,审计人员认为需要调整的审计事项。

(3) 会计信息披露中存在的可能导致修改审计报告的重大问题:例如,或有事项、期后事项等,被审单位未在报表中披露,审计人员就需要通过沟通提请其披露。

(4) 审计意见类型:这项沟通,是指审计人员向管理当局告知已确定的审计意见类型,并使其理解其含义。需要明确的是,这项沟通仅仅是向管理当局的告知和解释,而不是就审计意见类型如何确定与管理当局商讨。

**3. 沟通过程**

(1) 制定沟通计划:为了进行良好有效的双向沟通,审计人员应当在审计业务的前期与治理层就沟通的形式、时间和预期沟通的基本内容制定沟通计划。审计人员在制定沟通计划时可考虑以下几方面:①沟通的方式;②就特定事项拟进行沟通的人员;③沟通的目的;④对审计人员沟通事项采取措施并予以反馈的过程等。

(2) 沟通的形式及记录:审计人员应当针对审计过程中发现的重大事项向治理层出具

书面沟通函。如果以口头形式沟通涉及治理层责任的事项,审计人员应当确信沟通的事项已记录于审计工作底稿中。审计人员在决定采用何种沟通方式时,除了考虑特定事项的重要程度外,还应当考虑被审计单位的规模、组织结构、控制环境和法律结构等因素。

(3) 沟通的时间:在选定沟通时间时,审计人员可根据以下原则确定沟通时间:①审计中发现的与财务报表或审计报告相关的事项,应当在最终完成财务报表前进行沟通;②在最终完成财务报表前,或在对有关独立性的威胁及其防护措施做出重大判断时,应当就独立性进行沟通。

(4) 沟通的充分性:审计人员应当评价其与治理层的双向沟通是否足以实现审计目标。如果审计人员没有进行足够的沟通,就可能存在不能获取充分、适当审计证据的风险。在这种情况下,审计人员应当采取下列主要措施:①根据审计工作范围受限的程度修正审计报告;②与治理层中拥有更高权力的组织或人员沟通,或与监管部门等第三方沟通;③解除业务约定。

## 本章小结

本章主要阐述了或有事项、期后事项的审计,以及管理声明书,律师声明书的内容和作用,以及审计人员如何与被审计单位沟通。

1. 或有事项是指由过去的交易或事项形成的一种状况,其结果需通过未来不确定事项的发生或不发生予以证实。或有事项的审计包括审查或有事项确认与计量的合法性、合理性和正确性,以及审查或有事项披露的充分性、公允性和恰当性。

2. 期后事项是指资产负债表日至审计报告日之间发生的事项以及审计报告日后发现的事实。期后事项不仅可能影响财务报表,而且可能影响审计人员对财务报表所发表的审计意见。期后事项可分为资产负债表日后调整事项和资产负债表日后非调整事项两类,审计人员应区别对待两类不同性质的期后事项,以保证对被审计单位财务报表表示适当的审计意见。

3. 审计人员执行财务报表审计业务,应当向被审计单位管理层获取管理层声明书。管理层声明书包括书面声明和口头声明。管理层声明书为明确被审计单位管理当局应负的会计责任提供了依据,也为保护审计人员提供了证据。

4. 在对被审计单位期后事项和或有事项等进行审计时,注册会计师往往要向被审计单位的法律顾问和律师进行函证,以获取其对资产负债表日业已存在的,以及资产负债表日至他们复函日这一时期内存在的期后事项和或有事项等的确认证据。被审计单位律师对函证问题的答复和说明,就是律师声明书。

5. 注册会计师应当就与财务报表审计相关、且根据职业判断认为与治理层责任相关的重大事项,以适当的方式及时与治理层沟通。本章对审计人员与被审计单位治理层的沟通时需要注意的事项、沟通的主要内容以及沟通的程序都进行了详细的阐述。

## 案例

### 长春好运食品股份有限公司审计案

背景简介

2006 年 1 月,长税会计师事务所接受委托审计长春好运食品股份有限公司 2005 年度会计报表。2006

年 3 月 12 日,注册会计师在审计完成阶段发现长春好运食品股份有限公司应收账款中有一笔应收大华公司金额 800 万元的货款,因 2006 年 3 月 10 日大华公司发生了火灾,将无法收回。而在 2005 年 12 月 31 日,大华公司经营状况良好,并无显示财务困难的迹象。另外,长春好运食品股份有限公司在 2005 年 5 月由于未能履行供货合同,致使永生公司遭受 3000 万损失。永生公司已经通过法律途径索赔。

长税会计师事务所的注册会计师在 2006 年 3 月 15 日出具了无保留意见的审计报告,预计会计报表公布日为 3 月 20 日。3 月 17 日,注册会计师得知,就在 3 月 16 日,经法院一审判决,长春好运食品股份有限公司需要赔偿永生公司经济损失 3000 万元,长春好运食品股份有限公司决定不再上诉。

注册会计师从消防部门了解到,证实火灾确实是 2006 年 3 月 10 日发生的,这就属于在资产负债表日后、审计报告日之前发生的,不影响 2005 年度会计报表的金额,可能影响使用者对会计报表的理解,因此,提请被审计单位在会计报表中进行披露,被审计单位同意该建议。

注册会计师在 2006 年 3 月 17 日获知长春好运股份有限公司须赔偿永生公司经济损失后,于 3 月 18 日实施了追加的审计程序,最后,注册会计师签署了双重报告日期,既保留原定的审计报告日期 2006 年 3 月 15 日,并就该赔偿的期后事项注明了新的报告日期 2006 年 3 月 18 日。

讨论:

1. 发生在不同时间段的期后事项,注册会计师所负的责任是不同的,在审计实务中,注册会计师应从哪些渠道来关注期后事项的发生?

2. 对于会计报表公布日后的期后事项,注册会计师应如何处理?

## 思考题

1. 什么是或有事项?或有事项的审计内容有哪些?
2. 什么是期后事项?种类有哪些?
3. 期后事项审计如何进行?
4. 管理声明书的内容是什么?
5. 什么是律师声明书?
6. 如何与被审计单位进行沟通?

## 练习题

### 一、判断题

1. 期后事项是审计工作完成后,即审计报告日后所发生的各种重要事项。( )
2. 或有事项,指过去的交易或事项形成的,其结果须由某些未来事项的发生或不发生来决定的确定事项。( )
3. 与被审计单位沟通的目的在于向被审计单位询问如何下定审计意见。( )

### 二、选择题

1. 期后事项是指影响财务报表的事项,其影响的期间为( )。
   A. 财务报表截止日以后　　B. 审计报告日之后
   C. 实地审计工作结束以后　　D. 财务报表日与审计报告日之间
2. 下列属于或有事项的有( )
   A. 未决诉讼或仲裁　　B. 产品质量保证
   C. 承诺　　D. 亏损合同
   E. 重组义务

# 第17章 审计报告

## 学习目的

本章主要阐述审计报告的种类与内容、审计意见的类型、编制审计报告的要求与步骤。通过本章学习,应当掌握:审计报告的种类和内容;审计意见的基本类型;审计报告的编制要求与主要步骤。

## 第1节 审计报告概述

审计报告是审计人员根据独立审计准则的要求,在实施了必要的审计程序后出具的、用于对被审计单位年度会计报表发表审计意见的书面文件。审计报告是审计工作所形成的结论性文件,它具有法定证明效力。编写审计报告是整个审计过程中的最后步骤,也是审计终结阶段最重要的步骤。

### (一) 审计报告的定义

审计报告是指注册会计师根据中国注册会计师审计准则的规定,在实施审计工作的基础上对被审计单位财务报表发表审计意见的书面文件。审计报告应具备以下特征:

(1) 注册会计师应当按照中国注册会计师审计准则的规定执行审计工作。

(2) 注册会计师只有在实施审计工作的基础上才能出具审计报告。

(3) 注册会计师通过对财务报表发表意见履行业务约定书约定的责任。

(4) 注册会计师应当以书面形式出具审计报告。

无论是出具标准审计报告,还是非标准审计报告,注册会计师一旦在审计报告上签名并盖章,就表明对其出具的审计报告负责。

### (二) 审计报告的作用

审计人员签发的审计报告,主要具有鉴证、保护、证明的作用。

**1. 鉴证作用** 审计人员签发的审计报告是以超然独立的第三者的身份,对被审单位会计报表合法性、公允性以及会计处理方法的一贯性发表意见。这种客观意见具有鉴证作用,得到政府及其各部门和社会各界的普遍认可。政府有关部门了解、掌握企业的财务状况和经营成果的主要依据是企业提供的会计报表。而会计报表是否合法、公允,又依据审计人员的审计报告做出的判断意见。企业的投资者主要依据审计报告来判断企业的会计报表是否公允地反映了财务状况和经营成果,以做出投资决策。

**2. 保护作用** 保护作用是指审计人员通过对被审单位出具不同类型审计意见的审计报告,以提高或降低会计报表信息使用者对会计报表的信赖程度,尤其是揭露重大错弊行为,能够在一定程度上对被审计单位的投资者、债权人及其他利害关系人的利益起到保护作用。例如,投资人在投资之前,必须要查阅被投资企业的会计报表和审计人员的审计报告,以掌握企业的生产经营情况和财务状况,再做出投资决策。

**3. 证明作用** 审计人员通过签发审计报告,可以证明审计工作的完成质量和审计人员的审计责任的履行情况。通过审计报告,可以证明审计人员在审计过程中是否实施了必要的审计程序,是否以审计工作底稿为依据发表审计意见,审计工作质量是否符合要求。通过审计报告,也可以证明审计人员审计责任的履行情况。

### (三) 确定审计意见的类型

审计报告分为标准审计报告和非标准审计报告。审计人员以审计工作底稿为依据,根据被审计单位是否接受提出的调整意见,是否已作了调整以及重要性水平等情况,确定审计意见的类型,编制审计报告。一般来说,如果被审计单位会计报表的编制符合出具无保留意见审计报告的五个基本条件(具体第二节讲述),则应给出无保留意见审计报告。当注册会计师出具的无保留意见审计报告主体部分只含“范围段”和“意见段”,不带任何“说明段”、“强调事项段”或任何修饰性用语,称之为标准审计报告。除此以外,均称为非标准审计报告。几种审计意见类型的确定,可参考表17-1。

**表17-1 审计意见类型决策表**

| 一、偏离无保留意见审计报告的情况 | 重要性程度 | | |
|---|---|---|---|
| | 不重要 | 重要,但不影响会计报表整体公允表达 | 很重要,以至影响会计报表整体公允表达 |
| 1. 错报金额 | 无保留意见 | 保留意见 | 否定意见 |
| 2. 审计范围限制 | 无保留意见 | 保留意见 | 无法表示意见 |
| 二、带说明段无保留意见审计报告的情况 | 不重要 | 重 要 | |
| 1. 不确定事项 | 无保留意见 | 无保留意见加说明段 | |
| 2. 审计人员同意偏离会计准则 | 无保留意见 | 无保留意见加说明段 | |
| 3. 强调特定事项 | 无保留意见 | 无保留意见加说明段 | |

### (四) 审计报告的编制步骤

审计报告一般由审计项目负责人编制。编制审计报告时,审计项目负责人应当仔细查阅、整理、复核和分析审计人员在审计过程中形成的审计工作底稿,并严格检查其是否严格遵循了《独立审计准则》的要求;检查被审计单位是否按照《企业会计准则》和国家其他有关财务会计法规的规定进行会计核算,编制会计报表等,在此基础上提出实事求是的审计意见。一般来说，编制审计报告须经过三个步骤。

**1. 整理和分析审计工作底稿** 在执行审计过程中，审计人员积累的审计工作底稿是分散的、不系统的。在编制审计报告时，首先就要整理这些审计工作底稿。审计小组的每位成员都应整理好自己的审计工作底稿，回顾是否有遗漏的环节，着重列举审计中所发现的问题。审计项目负责人应对全部审计工作底稿中的记录、证据和有关结论，进行复核和分析，并把重要的审计工作底稿挑选出来，形成初步的审计结论，作为编制审计报告的基础。

**2. 提请被审计单位调整会计报表** 审计人员在整理和分析审计工作底稿的基础上，向被审计单位通报审计情况、初步结论和应调整会计报表的事项，提请被审计单位加以调整。审计人员对于被审计单位会计记录或会计处理方法上的错误，应提请被审单位改正，并相应调整会计报表的有关项目；对会计处理不当、期后事项和或有事项，有的应提请调整会计报表，有的应提请在会计报表附注中加以披露，有的应在审计报告中予以说明。

**3. 编制和出具审计报告** 审计人员在编制审计报告时，应拟定审计报告提纲，概括和汇总审计工作底稿资料。审计报告提纲没有固定的格式，审计人员应根据审计的类型和具体情况确定其结构与内容。标准无保留意见审计报告可以只拟定简单的提纲，然后，根据提纲进行加工即可。编写审计报告时，必须按前述规定的审计意见类型、结构加以表述，以便审计报告使用人理解。

审计报告一般由审计项目负责人编制。但如果由其他人员编制时，须由审计项目负责人复核、校对。审计报告完稿后，应经会计师事务所的业务负责人进行复核，并提出修改意见。审计报告经复核、修改定稿，由注册会计师和会计师事务所签章后，送委托人。

## 第2节　无保留意见审计报告

无保留意见是指审计人员对被审单位会计报表获得公允反映表示满意而给予的肯定意见。无保留意见意味着会计报表的反映是公允的，能满足非特定多数利害关系人的共同需要，并对发表的意见负责。无保留意见也是审计委托人希望获得的审计意见。

**1. 出具无保留意见审计报告的条件** 审计人员经过审计后，认为被审单位会计报表的编制符合以下情况时，应出具无保留意见的审计报告：

（1）财务报表已经按照适用的会计准则和相关会计制度的规定编制，在所有重大方面公允反映了被审计单位的财务状况、经营成果和现金流量。

（2）注册会计师已经按照中国注册会计师审计准则的规定计划和实施审计工作，在审计过程中未受到限制。

**2. 无保留意见审计报告常用术语** 审计人员出具无保留意见审计报告时，一般以“我们认为”的术语作为“意见段”的开头，以表明本段内容是审计人员提出的意见，并表示承担对该审计意见的责任。不能使用“我们保证”的字样。因为审计人员发表的是自己的判断或意见，不能对会计报表的合法性、真实性、正确性做出绝对保证，以避免会计报表使用者产生误解，同时，也可明确审计人员仅仅承担审计责任，而并不能代替、减除被审计单位对会计报表承担会计责任。

在对会计报表的反映内容是否公允提出审计意见时，应使用“在所有重大方面公允地反映了”的术语，因为人们已普遍认识到会计报表不可能做到完全正确和绝对公允，所以，审计报告中不应使用“完全正确”、“完全真实”等词汇，但也不能用“基本反映”、“大致反映”等含义模糊的词汇。

**3. 无保留意见审计报告示例**

## 审 计 报 告

ABC股份有限公司全体股东：

我们审计了后附的ABC股份有限公司（以下简称ABC公司）财务报表，包括20×6年12月31日的资产负债表，20×6年度的利润表、股东权益变动表和现金流量表以及财务报表附注。

**1. 管理层对财务报表的责任** 按照企业会计准则和《××会计制度》的规定编制财务报表是ABC公司管理层的责任。这种责任包括：①设计、实施和维护与财务报表编制相关的内部控制，以使财务报表不存在由于舞弊或错误而导致的重大错报；②选择和运用恰当的会计政策；③作出合理的会计估计。

**2. 注册会计师的责任** 我们的责任是在实施审计工作的基础上对财务报表发表审计意见。我们按照中国注册会计师审计准则的规定执行了审计工作。中国注册会计师审计准则要求我们遵守职业道德规范，计划和实施审计工作以对财务报表是否不存在重大错报获取合理保证。

审计工作涉及实施审计程序，以获取有关财务报表金额和披露的审计证据。选择的审计程序取决于注册会计师的判断，包括对由于舞弊或错误导致的财务报表重大错报风险的评估。在进行风险评估时，我们考虑与财务报表编制相关的内部控制，以设计恰当的审计程序，但目的并非对内部控制的有效性发表意见。审计工作还包括评价管理层选用会计政策的恰当性和作出会计估计的合理性，以及评价财务报表的总体列报。

我们相信，我们获取的审计证据是充分、适当的，为发表审计意见提供了基础。

**3. 审计意见** 我们认为，ABC公司财务报表已经按照企业会计准则和《××会计制度》的规定编制，在所有重大方面公允反映了ABC公司20×6年12月31日的财务状况以及20×1年度的经营成果和现金流量。

××会计师事务所　　　　　　　　　　中国注册会计师：×××

（盖章）　　　　　　　　　　　　　（签名并盖章）

中国注册会计师：×××

（签名并盖章）

中国××市

20×7年×月×日

**4. 带强调事项段的无保留意见审计报告** 以上所述是无保留意见审计报告的标准格式。当审计人员在出具无保留意见审计报告时，如果认为必要，可以在“意见段”之后再增加“强调事项段”，以单独对重要事项进行说明。审计报告的强调事项段是指注册会计师在审计意见段之后增加的对重大事项予以强调的段落。强调事项段应当同时符合下列条件：

（1）可能对财务报表产生重大影响，但被审计单位进行了恰当的会计师处理，且在财务报表中做出充分披露。

(2) 不影响注册会计师发表的审计意见。

在“意见段”之后再增加“强调事项段”的目的在于向报表使用者就某一事项做出特别说明,提醒他们在阅读会计报表时不应忽视该事项。对下列事项应在强调事项段中做出说明:

(1) 对持续经营能力产生重大疑虑。当存在可能导致对持续经营能力产生重大疑虑的事项或情况、但不影响已发表的审计意见时,注册会计师应当在审计意见段之后增加强调事项段对此予以强调。

(2) 重大不确定事项。审计人员对某一事项的结果无法做出合理估计,也无法预知其对会计报表反映的影响程度,这些事项称为不确定事项。例如:大宗应收账款的变现能力、诉讼案件的或有事项、未予保险的自然灾害损失等。审计人员在实施审计时,应查明被审计单位对重大不确定事项在会计报告及其附注中是否进行了披露,披露是否充分。但是,如果不确定事项发生的可能性较大,且该事项又是重要的,即使会计报表附注中作出充分披露,审计人员也应在审计报告中增加强调事项段,说明该事项。

(3) 其他审计准则规定增加强调事项段的情形。主要包括:

《中国注册会计师审计准则第 1324 号——持续经营》规定,如果认为管理层选用的其他编制基础是适当的,且财务报表已做出充分披露,注册会计师可以出具无保留意见的审计报告,并考虑在审计意见段之后增加强调事项段,提醒财务报表使用者关注管理层选用的其他编制基础。

《中国注册会计师审计准则第 1332 号——期后事项》规定,如果管理层修改了财务报表,审计人员针对修改后的财务报表出具新的审计报告时,应当增加强调事项段,提请财务报表使用者注意财务报表附注中对修改原财务报表原因的详细说明,以及注册会计师出具的原审计报告。

(中国注册会计师审计准则第 1511 号——比较数据)规定,当以前针对上期财务报表出具的审计报告为非无保留意见的审计报告时,如果导致非无保留意见的事项虽已解决,但对本期仍很重要,注册会计师可在审计报告中增加强调事项段提及这一情况。

**5. 带强调事项段无保留意见审计报告示例**

**审 计 报 告**

ABC 股份有限公司全体股东:

我们审计了后附的 ABC 股份有限公司(以下简称 ABC 公司)财务报表,包括 20×6 年 12 月 31 日的资产负债表,20×6 年度的利润表、股东权益变动表和现金流量表以及财务报表附注。

**1. 管理层对财务报表的责任** 按照企业会计准则和《××会计制度》的规定编制财务报表是 ABC 公司管理层的责任。这种责任包括:①设计、实施和维护与财务报表编制相关的内部控制,以使财务报表不存在由于舞弊或错误而导致的重大错报;②选择和运用恰当的会计政策;③作出合理的会计估计。

**2. 注册会计师的责任** 我们的责任是在实施审计工作的基础上对财务报表发表审计意见。我们按照中国注册会计师审计准则的规定执行了审计工作。中国注册会计师审计准则要求我们遵守职业道德规范,计划和实施审计工作以对财务报表是否不存在重大错报获取合理保证。

审计工作涉及实施审计程序,以获取有关财务报表金额和披露的审计证据。选择的审计程序取决于注册会计师的判断,包括对由于舞弊或错误导致的财务报表重大错报风险的评估。在进行风险评估时,我们考虑与财务报表编制相关的内部控制,以设计恰当的审计程序,但目的并非对内部控制的有效性发表意见。审计工作还包括评价管理层选用会计政策的恰当性和作出会计估计的合理性,以及评价财务报表的总体列报。

我们相信,我们获取的审计证据是充分、适当的,为发表审计意见提供了基础。

**3. 审计意见** 我们认为,ABC公司财务报表已经按照企业会计准则和《××会计制度》的规定编制,在所有重大方面公允反映了ABC公司20×6年12月31日的财务状况以及20×6年度的经营成果和现金流量。

**4. 强调事项** 我们提醒财务报表使用者关注,如财务报表附注×所述,ABC公司在20×6年发生亏损×万元,在20×6年12月31日,流动负债高于资产总额×万元。ABC公司已在财务报表附注×充分披露了拟采取的改善措施,但其持续经营能力仍然存在重大不确定性。本段内容不影响已发表的审计意见。

××会计师事务所 中国注册会计师:×××
(盖章) (签名并盖章)
中国注册会计师:×××
(签名并盖章)

中国××市
20×7年×月×日

## 第3节 保留意见的审计报告

保留意见是指审计人员对被审计单位会计报告,整体上获得公允反映表示满意,但必须对存在的虽然重要、但并不影响会计报表整体公允表达的个别事项要做出声明。出具保留意见的审计报告,是由于某些事项的存在,使签发无保留意见审计报告的条件不完全具备。

**1. 出具保留意见审计报告的条件** 审计人员经过审计后,认为被审计单位会计报表的反映就其整体而言是公允的,但还存在下述情况之一时,应出具保留意见的审计报告:

(1) 会计政策的选用、会计估计的估出或财务报表的披露不符合适用的会计准则和相关会计制度的规定,虽影响重大,但不至于出具否定意见的审计报告。

(2) 审计范围受到限制,不能获取充分、适当的审计证据,虽影响重大,但不至于出具无法表示意见的审计报告。

**2. 保留意见审计报告常用术语** 审计人员出具保留意见审计报告时,应在“意见段”之前另设“说明段”,以说明所持保留意见的理由;并在“意见段”中使用“除存在……问题以外”或“除上述情况特定以外”等专业术语。其余使用无保留意见审计报告的术语,表明其他事项已做了公允的反映。

**3. 因审计范围受限制而出具保留意见审计报告示例**

**审 计 报 告**

ABC 股份有限公司全体股东：

我们审计了后附的 ABC 股份有限公司(以下简称 ABC 公司)财务报表,包括 20×6 年 12 月 31 日的资产负债表,20×6 年度的利润表、股东权益变动表和现金流量表以及财务报表附注。

**1. 管理层对财务报表的责任**　按照企业会计准则和《××会计制度》的规定编制财务报表是 ABC 公司管理层的责任。这种责任包括:①设计、实施和维护与财务报表编制相关的内部控制,以使财务报表不存在由于舞弊或错误而导致的重大错报;②选择和运用恰当的会计政策;③作出合理的会计估计。

**2. 注册会计师的责任**　我们的责任是在实施审计工作的基础上对财务报表发表审计意见。除本报告"三、导致保留意见的事项"所述事项外,我们按照中国注册会计师审计准则的规定执行了审计工作。中国注册会计师审计准则要求我们遵守职业道德规范,计划和实施审计工作以对财务报表是否不存在重大错报获取合理保证。

审计工作涉及实施审计程序,以获取有关财务报表金额和披露的审计证据。选择的审计程序取决于注册会计师的判断,包括对由于舞弊或错误导致的财务报表重大错报风险的评估。在进行风险评估时,我们考虑与财务报表编制相关的内部控制,以设计恰当的审计程序,但目的并非对内部控制的有效性发表意见。审计工作还包括评价管理层选用会计政策的恰当性和作出会计估计的合理性,以及评价财务报表的总体列报。

我们相信,我们获取的审计证据是充分、适当的,为发表审计意见提供了基础。

**3. 导致保留意见的事项**　ABC 公司 20×6 年 12 月 31 日的应收账款余额×万元,占资产总额的×%。由于 ABC 公司未能提供债务人地址,我们无法实施函证以及其他审计程序,以获取充分、适当的审计证据。

**4. 审计意见**　我们认为,除了前段所述未能实施函证可能产生的影响外,ABC 公司财务报表已经按照企业会计准则和《××会计制度》的规定编制,在所有重大方面公允反映了 ABC 公司20×6年 12 月 31 日的财务状况以及 20×6 年度的经营成果和现金流量。

××会计师事务所　　　　　　中国注册会计师:×××
(盖章)　　　　　　　　　　(签名并盖章)
　　　　　　　　　　　　　　中国注册会计师:×××
　　　　　　　　　　　　　　(签名并盖章)

中国××市
20×7 年×月×日

# 第 4 节　否定意见的审计报告

否定意见是指被审计单位严重违反会计准则,会计报表提供的会计信息完全失真,且拒绝进行调整时,审计人员提出的否决意见。无论是审计人员还是被审计单位都不希望签发否定意见的审计报告。否定意见的审计报告并不常见。

**1. 出具否定意见审计报告的条件** 如果认为财务报表没有按照适用的会计准则和相关会计制度的规定编制,未能在所有重大方面公允反映被审计单位的财务状况、经营成果和现金流量,注册会计师应当出具否定意见的审计报告。

**2. 否定意见审计报告的常用术语** 审计人员在出具否定意见的审计报告时,应在意见段之前另设"说明段",以说明所持否定意见的理由。

在"意见段"中使用"由于……问题造成的重大影响"、"由于受到前段所述事项的影响"等专业术语,并指出会计报表"不能公允地反映……"、"不符合……规定"等问题。

**3. 否定意见审计报告示例**

## 审计报告

ABC股份有限公司全体股东:

我们审计了后附的ABC股份有限公司(以下简称ABC公司)财务报表,包括20×6年12月31日的资产负债表,20×6年度的利润表、股东权益变动表和现金流量表以及财务报表附注。

**1. 管理层对财务报表的责任** 按照企业会计准则和《××会计制度》的规定编制财务报表是ABC公司管理层的责任。这种责任包括:①设计、实施和维护与财务报表编制相关的内部控制,以使财务报表不存在由于舞弊或错误而导致的重大错报;②选择和运用恰当的会计政策;③作出合理的会计估计。

**2. 注册会计师的责任** 我们的责任是在实施审计工作的基础上对财务报表发表审计意见。我们按照中国注册会计师审计准则的规定执行了审计工作。中国注册会计师审计准则要求我们遵守职业道德规范,计划和实施审计工作以对财务报表是否不存在重大错报获取合理保证。

审计工作涉及实施审计程序,以获取有关财务报表金额和披露的审计证据。选择的审计程序取决于注册会计师的判断,包括对由于舞弊或错误导致的财务报表重大错报风险的评估。在进行风险评估时,我们考虑与财务报表编制相关的内部控制,以设计恰当的审计程序,但目的并非对内部控制的有效性发表意见。审计工作还包括评价管理层选用会计政策的恰当性和作出会计估计的合理性,以及评价财务报表的总体列报。

我们相信,我们获取的审计证据是充分、适当的,为发表审计意见提供了基础。

**3. 导致否定意见的事项** 如财务报表附注×所述,ABC公司的长期股权投资未按企业会计准则的规定采用权益法核算。如果按权益法核算,ABC公司的长期投资账面价值将减少×万元,净利润将减少×万元,从而导致ABC公司由赢利×万元变为亏损×万元。

**4. 审计意见** 我们认为,由于受到前段所述事项的重大影响,ABC公司财务报表没有按照企业会计准则和《××会计制度》的规定编制,未能在所有重大方面公允反映ABC公司20×6年12月31日的财务状况以及20×6年度的经营成果和现金流量。

××会计师事务所　　　　　　　　　　中国注册会计师:×××
(盖章)　　　　　　　　　　　　　　(签名并盖章)
　　　　　　　　　　　　　　　　　中国注册会计师:×××
　　　　　　　　　　　　　　　　　(签名并盖章)

中国××市
20×7年×月×日

# 第5节　无法表示意见的审计报告

如果审计范围受到限制可能产生的影响非常重大和广泛，不能获取充分、适当的审计证据，以至于无法对财务报表发表审计意见，注册会计师应当出具无法表示意见的审计报告。

典型的审计范围受到限制的有：未对存货进行监盘；未能对应收账款进行函证；未能判定关联方之间交易是公平、合理的；内部控制混乱；账面记录缺乏系统性、完整性；审计人员缺乏独立性等。

审计人员在出具无法表示意见的审计报告时，应当删除注册会计师的责任段，并在意见段中使用“由于审计范围受到限制可能产生的影响非常重大和广泛”、“由于无法获取必要的审计证据”等专业术语，并指出“我们无法对上述会计报表整体反映发表审计意见。”

无法表示意见审计报告示例：

**审 计 报 告**

ABC 股份有限公司全体股东：

我们接受委托，审计后附的 ABC 股份有限公司（以下简称 ABC 公司）财务报表，包括20×6年12月31日的资产负债表，20×6年度的利润表、股东权益变动表和现金流量表以及财务报表附注。

**1. 管理层对财务报表的责任**　按照企业会计准则和《××会计制度》的规定编制财务报表是ABC 公司管理层的责任。这种责任包括：①设计、实施和维护与财务报表编制相关的内部控制，以使财务报表不存在由于舞弊或错误而导致的重大错报；②选择和运用恰当的会计政策；③作出合理的会计估计。

**2. 导致无法表示意见的事项**　ABC 公司未对20×6年12月31日的存货进行盘点，金额为×万元，占期末资产总额的40%。我们无法实施存货监盘，也无法实施替代审计程序，以对期末存货的数量和状况获取充分、适当的审计证据。

**3. 审计意见**　由于上述审计范围受到限制可能产生的影响非常重大和广泛，我们无法对ABC 公司财务报表发表意见。

××会计师事务所　　　　　　　　　中国注册会计师：×××
（盖章）　　　　　　　　　　　　　（签名并盖章）
　　　　　　　　　　　　　　　　　中国注册会计师：×××
　　　　　　　　　　　　　　　　　（签名并盖章）

中国××市
20×7年×月×日

## 本章小结

本章主要阐述了审计报告的种类与内容、审计意见的类型、编制审计报告的要求与步骤。

1. 审计报告是审计人员根据有关规范的要求,在对约定事项实施了必要的审计后出具的、用于表明审计意见的书面文件。审计报告可为不同使用人所使用,发挥鉴证、保护、证明、促进等作用。

2. 当审计人员出具无保留意见的审计报告不附加说明段、强调事项段或任何修饰性用语时,该报告称为标准审计报告。非标准审计报告是指标准审计报告外的其他报告,包括带强调事项段的无保留意见的审计报告和非无保留意见的审计报告。非无保留意见的审计报告包括保留意见的审计报告、否定意见的审计报告及无法表示意见的审计报告。

## 案例

正大会计师事务所审计人员受托对A公司2002年度会计报表进行审计。

(一) 有关情况

1. 确定的会计报表层次重要性水平为40万元。
2. 外勤工作结束日是2003年3月10日;3月20日为递交审计报告日。
3. A公司2002年度资产总额8500万元,净资产5000万元,利润总额400万元。

(二) 经审计,审计人员发现了以下事项:

1. 2001年12月,公司用30万元购轿车一部,用于管理部门。公司当期启用后一直未提取折旧。经了解,该轿车预计使用10年;采用年限法折旧,净残值率为5%。A公司拒绝调整账目。

2. 年末应收账款余额2000万元。坏账准备提取比例由上年的0.5%变更为2%。A公司也未接受审计人员的调账建议。

3. 2003年1月20日,公司仓库因火灾,造成材料毁损300万元。公司当月按规定进行了相应的财务处理和报表披露。

要求:针对上述各事项,分别说说审计人员应出具哪种类型的审计报告,并说明理由。

## 思考题

1. 审计报告的种类和作用有哪些?
2. 审计意见的类型有哪些?其签发的条件是什么?
3. 简述审计报告编制前的主要工作内容。
4. 简述审计报告编制的基本步骤。
5. 审计人员判断出具何种意见的审计报告的标准是什么?

## 练习题

### 一、判断题

1. 审计报告用于公证,不是表达审计意见的方式。(  )
2. 审计报告可以明确注册会计师的审计责任及存在重大过失的法律责任。(  )

3. 注册会计师应对审计报告的真实性、合法性负责，所以委托人引用审计报告而造成的后果应由出具审计报告的注册会计师负责。(    )
4. 审计报告示的签署日期应为完稿日期或财务报表截止日。(    )
5. 如果委托人没有特殊要求，注册会计师一般只提供标准审计报告。(    )

## 二、单选题

1. 注册会计师审计报告的主要作用是(    )。
   A. 检查　　B. 评价
   C. 鉴证　　D. 监督
2. 审计报告的说明段省略时，则注册会计师发表了(    )。
   A. 无保留意见　　B. 保留意见
   C. 否定意见　　D. 无法表示意见
3. 审计报告日是指(    )。
   A. 财务报表截止日　　B. 审计报告完成日
   C. 审计报告报送日　　D. 审计工作完成日
4. 某位注册会计师在编写审计报告时，在意见段中使用了“除上述问题待定以外”的术语，这种审计报告是(    )。
   A. 无保留意见审计报告　　B. 保留意见审计报告
   C. 否定意见审计报告　　D. 无法表示意见审计报告

## 三、多选题

1. 审计报告的基本结构一般包括以下段落(    )。
   A. 管理层对财务报表的责任段　　B. 引言段
   C. 注册会计师的责任段　　D. 意见段
   E. 签署
2. 在说明段部分充分叙述对财务报表所持意见的理由的审计报告类型有(    )。
   A. 无保留意见　　B. 保留意见
   C. 否定意见　　D. 无法表示意见
   E. 肯定意见
3. 审计报告是完成委托人财务报表审查后编制的，一般可划分为(    )。
   A. 标准审计报告　　B. 非标准审计报告
   C. 肯定审计报告　　D. 否定审计报告
   E. 中立审计报告
4. 注册会计师出具保留意见的审计报告是认为被审计单位对会计事项的处理和财务报表的编制存在(    )。
   A. 会计政策的选用、会证估计的作用不符合会计准则规定
   B. 财务报表个别项目失实又拒绝进行调整的
   C. 某个重要会计事项的处理方法与前期不一致
   D. 存在某些重要的未确定事项又无法预计其对财务报表影响的
   E. 因审计范围受到限制，影响较重大

# 第18章　其他鉴证业务及服务业务

## 学习目的

本章主要讲述验资、预测性财务信息审核等其他鉴证业务以及执行商定程序的服务业务。通过本章学习，应掌握以下内容：验资的定义，验资的种类、作用、程序和内容；对货币资金投入和实物资产投入进行一般验证的要点；验资报告的基本内容；验资风险的定义，验资风险的表现；预测性财务信息审核报告应包括的基本内容；执行商定程序的条件及内容。

## 第1节　验　　资

企业要组织生产经营活动，必须具备与其生产经营活动规模相适应的资金。企业在办理工商登记时所确定的这一资金数额，就是注册资本。为了保证注册资本的真实性，保护投资者合法权益，加强国家对企业的管理，开展对企业资本的验证是十分必要的。

### （一）验资的概念和种类

验资是指审计人员依法接受委托，对被审验单位注册资本的实收情况或注册资本及实收资本的变更情况进行审验，并出具验资报告。这里的审验单位指在我国境内新设立的，依法应当进行验资的企业和实行企业化管理的事业单位。

《中华人民共和国公司法》规定："股东全部缴纳出资后，必须经法定的验资机构验资并出具证明。"因此，企业在开业登记或变更注册资本前，必须委托会计师事务所对其注册资本的实收情况和变更情况进行审查验证并出具验资报告。

在实务中，一般将验资分为设立验资和变更验资两种。

**1. 设立验资**　是指注册会计师接受委托，对新设立企业的实收资本及其相关资产、负债的真实性和合法性进行的审验。

设立验资的主要目的是为了审验被审验单位的注册资本是否符合国家有关法律、法规的要求，投入资本是否按照合同、协议、章程所规定的出资金额、出资方式和时间足额地缴入。因此,设立验资的审验范围:注册资本、实收资本和与形成实收资本相关的资产、负债。

**2. 变更验资** 是指企业因更换法人代表,或因分立、合并等原因而增减注册资本,或因企业实收资本比原注册资本增减超过一定的比例时,依法向工商行政管理机关申请变更登记而进行的资本审验。

变更验资的主要目的:审验注册资本变更事宜是否符合法定程序,增减的资本是否真实,相关的会计处理是否正确。其审验范围包括注册资本、实收资本和相关的资产、负债;也可以包括注册资本、所有者权益和相关的资产、负债,这取决于变更的内容、方式和性质。

### (二) 验资的作用

验资是我国法律赋予注册会计师的一项法定业务,也是注册会计师独立审计业务的重要领域,其作用主要有以下两方面:

**1. 验资有利于保护投资各方的正当合法权益** 验资不仅要验证企业资本存在的真实性,而且还要验证资本由谁投入,归谁所有。注册会计师对投资各方投入资本验证,确认其实际缴付的资本额,再予以公证,就可以保证投资各方按实缴资本比例分享利润,维护投资各方的正当经济权益,避免出现争端。

**2. 验资有利于规范企业行为,维护正常的社会经济秩序** 企业是社会经济活动的基本单位,社会经济秩序的好坏,在很大程度上取决于企业行为的良莠。企业设立的第一件事就是要筹集生产经营所需的法定资本,验资也就是对企业经营行为的首次检查。通过检查投资者的出资数额、方式、期限以及资产作价的合法性、真实性,可以规范企业行为,防止无本经营的投机公司、皮包公司在合法的外衣下从事非法经营,扰乱社会经济秩序。

因此,验资是一项十分重要的工作。注册会计师执行验资业务,应当恪守独立、客观、公正的原则;严格遵守独立审计准则的有关要求,以高度的责任感,认真谨慎地出具每一份验资报告,并对报告内容的真实性、合法性负责。

### (三) 验资的程序

验资程序是指从接受验资委托开始,到出具验资报告为止整个验资业务经历的工作过程。该过程可分为验资计划阶段、实施阶段和报告阶段。

**1. 验资计划阶段** 在验资计划阶段,会计师事务所应做好以下几方面的工作:

(1) 了解被审验单位的基本情况:在客户委托验资时,会计师事务所应当首先了解被审验单位的基本情况,考虑自身能力和能否保持独立性,初步评估验资风险后,确定是否接受委托。需要了解的情况主要包括:

1) 被审验单位的名称、性质、所处行业、规模大小、组织结构和人员情况等。

2) 验资的目的、范围、时间要求、验资报告的用途。

3) 是否建立验资所应有的会计账目。

在了解基本情况的基础上,判断是否属于正常委托,有无特殊要求,会计师事务所是否有能力承担此项业务。若无问题,则可确定接受委托的意向。对于没有建立验资应有会计账目的委托单位,应提请其建立必要的会计账目,如果被审验单位拒不建立会计账目,会计师事务所应当拒绝接受其委托。

(2) 鉴定验资业务约定书:会计师事务所在了解基本情况,确定接受委托的意向后,应进一步与客户商议验资委托事项的有关具体内容,例如介绍会计师事务所的验资步骤、范围,被审验单位需要提供的资料,收费标准等。

会计师事务所与客户签订的验资业务约定书主要应明确三个问题:第一,确认委托、受托关系成立;第二,明确验资的目的、范围;第三,明确双方的责任和义务,包括被审验单位需提供的文件、资料和其他验资必需的条件;会计师事务所重要工作程序、工作时间、收费金额、付款方式等,经双方签字盖章后生效。

(3) 制定验资计划:验资业务约定书签定后,会计师事务所应组织有胜任能力的验资工作小组,制定验资计划,合理安排验资工作。验资计划包括验资的目的、范围、重点、方法、程序、人员分工,以及聘请其他专家协助工作和验资时间安排等内容。

**2. 验资实施阶段**　是注册会计师执行整个验资业务的关键性阶段。由于验资种类、投资人出资方式和被审验单位类型等方面的差异,注册会计师承办每一项具体验资业务时,其工作内容各不相同,这在后文有叙述。验资实施阶段的主要工作:

(1) 进一步了解情况,做好取证工作:注册会计师验资时,应当获取充分适当的证据。对设立验资而言,一般应根据需要,获取下列有关资料,并对其真实性、合法性进行审验:

1) 设立申请报告、可行性论证报告和审批机关的批复。

2) 设立的合同、协议、章程。

3) 投资人的法人资格证明或身份证明、投资人的营业执照和会计报表资料。

4) 法定代表人的任职文件和身份证明。

5) 工商行政管理部门核准的"企业名称预先核准通知书"和准予开业的营业执照副本、准予组建筹委会的临时营业执照。

6) 证明投入货币资金的银行单证、被审验单位出具的收款收据。

7) 证明投入实物资产的财产清单、财产移交及验收证明、作价依据。

8) 证明投入无形资产的专利证书、商标注册证书、土地划拨或出让土地的批文、土地作用权证等。

对于募集设立的股份有限公司,还应取得以下资料:

1) 审批机关准予改组的批文。

2) 原企业过去 3 年的会计报表及其审计报告。

3) 改组时的资产评估报告及国有资产管理部门的确认报告。

4) 改组过程中若有以债权作投入资本的,应提供获得债权人确认并经公证的有效凭证。

5) 证券监督管理部门准予公开募集股份的批文。

6) 与证券承销机构达成的股票承销协议。

7) 招股说明书。

8) 证券承销机构在承销结束时出具的承销报告和划转股款的证明材料。

(2) 执行验证业务:即对与验资有关的会计账目进行必要的审计,以确认注册资本或所有者权益的真实性和合法性。验资时做必要的审计,目的在于防止被审验单位提交伪造、变造的出资凭证或者出现先出资后抽资的行为,以保证执业质量,减少验资风险。因此,要针对不同的验资种类做不同的处理:

设立验资时,注册会计师应按照国家财务会计制度的规定,重点审计与投入资本相关的货币资金、固定资产、存货、无形资产、往来款项等项目的会计报表数据,并与有关的总账、明细账、日记账、记账凭证和原始凭证核对相符,确认其真实性、正确性;同时,注意核对与投资人的往来款项是否相符,是否变相抽资。

变更验资时,应按会计报表审计的基本要求和程序执行,可做适当简化。审计中若发现问题,应提请被审验单位做必要的调整处理,并视情况确定验资结论。

(3) 完善工作底稿,形成验资意见:验资工作底稿不仅是编制、佐证和解释验资报告的主要依据,而且在验资工作中能够起到组织协调作用,有助于会计师事务所各级负责人指导、监督、复核;它也是考评执业人员工作业绩和业务能力的重要依据。另外,在发生纠纷时,一份完整的验资工作底稿能帮助注册会计师分清责任,避免遭受不应有的责难。因此,必须保证验资工作底稿依据充分,内容全面、记录完整、结论明确。要围绕验资重点,依次记录批文、合同、协议、章程等所规定的投资者出资比例、出资方式、出资期限等内容;记录被审验单位账面和实际出资情况;记录会计账目的审计情况。要注意将口头证据书面化;要建立各工作底稿与相应的验资证据之间的勾稽关系。

**3. 验资报告阶段** 验资报告阶段的主要工作包括:

(1) 分析验资工作底稿,形成初步的验资意见:验资小组应对验资工作底稿进行分析研究,鉴定与综合所取得的各项证据,形成初步的验资意见。若存在不同意见,必要时应实施追加的验证程序。通过反复讨论,最终形成验资意见。

(2) 起草验资报告:在形成初步验资意见的基础上,根据工作底稿记录的资料,草拟验资报告,并向委托单位征求意见。若存在不妥之处,应对报告草案进行修正。

(3) 出具验资报告:将修改后的验资报告和有关验资工作底稿,送交事务所业务责任人审核,经审核签署后,向委托人提交正式的验资报告。

验资报告送交后,应对验资工作底稿和其他资料进行整理,及时归档。

### (四) 验资的方法

《中国注册会计师审计准则第 1602 号——验资》规定:"注册会计师验资的范围包括实收资本(股本),形成实收资本的货币资金,实物资产和无形资产,以及相关的负债等。"对于出资者投入的资本及其相关的资产、负债,注册会计师应采用不同的方法加以验证。

(1) 以货币出资的,应当在检查被审验单位开户银行出具的收款凭证、对账单及银行询证函等的基础上,审验出资者的实际出资金额和货币出资比例是否符合规定。对于股份有限公司向社会公开募集的股本,还应当检查证券公司承销协议、募股清单和股票发行费用清单等。

(2) 以实物出资的,应当观察、检查实物,审验其权属转移情况,并按照国家有关规定在资产评估的基础上审验其价值。如果被审验单位是外商投资企业,注册会计师应当按照国家有关外商投资企业的规定,审验实物出资的价值。

(3) 以知识产权、土地使用权等无形资产出资的,应当审验其权属转移情况,并按照国家有关规定在资产评估的基础上审验其价值。如果被审验单位是外商投资企业,注册会计师应当按照国家有关外商投资企业的规定,审验实物出资的价值。

(4) 以净资产折合实收资本的,或以资本公积、盈余公积、未分配利润转增注册资本及实收资本的,应当在审计的基础上按照国家有关规定审验其价值。

(5) 以货币、实物、知识产权、土地使用权以外的其他财产出资的,注册会计师应当审验出资是否符合国家有关规定。

(6) 外商投资企业的外方出资者以上述方式出资的,注册会计师还应当关注其是否符合国家外汇管理有关规定,向企业注册地的外汇管理部门发出外方出资情况询证函,并根据外方出资者的出资方式附送银行询证函回函、资本项目外汇业务核准件及进口货物报关单等文件的复印件,以询证上述文件内容的真实性、合规性。

(7) 对于出资者以实物、知识产权和土地使用权等非货币财产作价出资的,注册会计师应当在出资者依法办理财产权转移手续后予以审验。

(8) 对于设立验资,如果出资者分次缴纳注册资本,注册会计师应当关注全体出资者的首次出资额和出资比例是否符合国家有关规定。

(9) 对于变更验资,注册会计师应当关注被审验单位以前的注册资本实收情况,并关注出资者是否按照规定的期限缴纳注册资本。

### (五) 验资报告

注册会计师在实施了必要的审验程序,获取充分、适当的审验证据后,应对获取的证据进行核实、综合,形成审验意见,出具验资报告。所谓验资报告是注册会计师在结束验资业务后,就被审验单位的投入资本或净资产情况向委托人提交的书面报告,是验资工作所形成的结论性文件,是具有法律效力的证明文件。

**1. 验资报告的基本内容**　根据《中国注册会计师审计准则第1602号——验资》的要求,验资报告的结构和内容包括以下要素:

(1) 标题:标题统一规范为"验资报告"。

(2) 收件人:收件人为验资业务的委托人,应载明收件人全称。

(3) 范围段:范围段应说明已审验范围、被审验单位责任与验资责任、验资依据和已实施的主要验资程序等。

(4) 意见段:验资报告的意见段应当说明已审验的被审验单位注册资本的实收情况或注册资本及实收资本的变更情况。对于变更验资,注册会计师仅对本次注册资本及实收资本的变更情况发表审验意见。

(5) 说明段:验资报告的说明段应当说明验资报告的用途、使用责任及注册会计师认为应当说明的其他重要事项。

对于变更验资,注册会计师还应当在验资报告说明段中说明对以前注册资本实收情况审验的会计师事务所名称及其审验情况,并说明变更后的累计注册资本实收金额。

(6) 附件:验资报告附件包括已审验的"注册资本(股本)实收情况明细表"或"注册资本、实收资本变更情况明细表"和"验资事项说明"等。

(7) 签章和会计师事务所地址:验资报告应由注册会计师签名、盖章,加盖会计师事务所公章,并注明会计师事务所的地址。

(8) 报告日期:验资报告日期是指注册会计师完成外勤审验工作的日期。

**2. 出具验资报告的基本要求**　出具验资报告,应遵守以下各项要求:

(1) 验资报告应当合理地保证已验证的被审验单位注册资本(股本)的实收情况或变

更情况符合国家相关法规的规定,符合协议、合同、章程的要求。

(2) 注册会计师遇到下列情况之一,并已告知被审验单位予以纠正,而未进行纠正时,应当拒绝出具验资报告:

1) 被审验单位不提供真实、合法、完整的验资资料的。

2) 被审验单位对应当进行的审验项目不予以合作,甚至阻挠审验的。

3) 被审验单位坚持要求注册会计师作不实证明的。

(3) 验资报告的正文附件应当完整。验资报告经事务所负责人审核签署后径送委托人,无需经其他单位审定。

**3. 有限责任公司设立验资报告示例**

**验 资 报 告**

××有限责任公司(筹):

我们接受委托,审验了贵公司(筹)截至××年×月×日止申请设立登记的注册资本实收情况。按照法律法规以及协议、章程的要求出资,提供真实、合法、完整的验资资料,保护资产的安全、完整是全体股东及贵公司(筹)的责任。我们的责任是对贵公司(筹)注册资本的实收情况发表审验意见。我们的审验是依据《中国注册会计师审计准则第1602号——验资》进行的,在审验过程中,我们结合贵公司(筹)的实际情况,实施了检查等必要的审验程序。

根据协议、章程的规定,贵公司(筹)申请登记的注册资本为人民币××元,由全体股东于××年×月×日之前一次缴足。经我们审验,截至××年×月×日止,贵公司(筹)已收到全体股东缴纳的注册资本(实收资本),合计人民币××元(大写)。各股东以货币出资××元,实物出资××元。

[如果存在需要说明的重大事项增加说明段]

……

本验资报告供贵公司(筹)申请办理设立登记及据以向全体股东签发出资证明时使用,不应被视为是对贵公司(筹)验资报告日后资本保全、偿债能力和持续经营能力等的保证。因使用不当造成的后果,与执行本验资业务的注册会计师及本会计师事务所无关。

附件:

(一)《注册资本实收情况明细表》(略)

(二)《验资事项说明》(略)

××会计师事务所(公章)　　　　中国注册会计师(签名、盖章)

地址:

报告日期:　年　月　日

# 第2节　预测性财务信息的审核

## (一) 概述

预测性财务信息是指被审核单位依据对未来可能发生的事项或采取的行动的假设而编

制的财务信息。未来期间是指资产负债表日后的一段时间,在实际操作中,一般至少要求是一个完整的会计年度。

预测性财务信息的审核是指注册会计师接受委托,对被审计单位预测性财务信息进行审查与复核,并发表审核意见。

根据我国《股票发行与交易管理暂行条例》等法规,申请公开发行股票的公司要上报经注册会计师审核并出具审核意见的公司下一年度的预测性财务信息文件。也就是说,申请公开发行股票的公司,不仅要对其下一年度的经营成果进行预测,还要聘请注册会计师对这一预测进行审核。预测性财务信息是由拟发行股票公司管理当局编制的。作为确定股票上市后股票走势的重要依据,也是投资者决定是否长期持有股票的依据,应当由具有独立性的注册会计师对其进行公正的评价。

预测财务信息具有难度大、风险高和责任重的特点。由于预测性财务信息所涉及的是截至目前尚未发生的事项,因此不可避免地带有高度的主观性,并且在编制过程中需要做出大量的估计和判断。

### (二) 预测性财务信息审核的目的

预测性财务信息是由管理层依据一定的假设负责编制的,董事会对预测性财务信息负全部责任。注册会计师审核预测性财务信息的目的在于增强该信息的可信赖程度。但是,注册会计师不应对预测性财务信息能否实现发表意见。

当对管理层编制的预测性财务信息所采用的假设的合理性发表意见时,注册会计师仅提供有限保证。

### (三) 审核对象

注册会计师执行预测性财务信息审核业务时,主要是查明管理层编制预测性财务信息所依据的最佳估计假设、推测性假设、编制基础、会计政策的选用、信息披露、涵盖期间是否合理、恰当。

**1. 审核基本假设** 管理层编制预测性财务信息时依据的基本假设主要是最佳估计假设、推测性假设,审核目的是为了证明这些假设并非不合理。

**2. 审核编制基础** 预测性财务信息是在假设的基础上恰当编制的,而且编制基础应当与历史财务报表一致。审核目的是为了寻找预测性财务信息的编制基础与历史财务报表一致的证据。

**3. 审核会计政策** 审核目的是获取能够表明编制预测性财务信息时所采用的会计政策与已审会计报表一致的证据。

**4. 审核预测性财务信息的披露** 审核目的是获取预测性财务信息已恰当列报,所有重大假设已充分披露的证据。

**5. 审核涵盖期间** 注册会计师应当考虑预测性财务信息涵盖的期间,涵盖的期间不应超过管理层可作出合理假设的期间。

### (四) 审核范围

预测性财务信息审核的范围是根据有关法规的规定以及业务约定书的要求来确定的。

审核的范围除了包括预测编制预测性财务信息所依据的基本假设、选用的会计政策及其编制基础外,还应包括影响注册会计师审核范围的因素和影响被审核单位未来经营成果的关键因素。

注册会计师对预测性财务信息审核的范围,首先是被审核单位编制预测性财务信息所依据的基本假设、选用的会计政策及其编制基础,其次还必须考虑以下两个方面的因素:

**1. 影响注册会计师审核范围的因素** 包括以下四项:①被审核单位管理当局编制预测性财务信息的经验和能力;②被审核单位编制预测性财务信息的程序;③预测性财务信息的目的;④预测性财务信息期间的长短。

**2. 影响被审核单位未来经营成果的关键因素** 包括:①被审核单位的历史背景、行业性质、生产经营方式、市场竞争能力、有关法律法规及会计政策的特殊要求;②被审核单位产品或劳务市场占有率及营销计划;③被审核单位生产经营所需要的人、财、物等资源的供应情况和成本水平;④被审核单位以前年度的经营成果及发展趋势;⑤宏观经济的影响。

### (五) 预测性财务信息的审核程序

注册会计师对预测性财务信息的审核,首先应该了解预测性财务信息有关情况,然后获取预测性财务信息有关的资料,最后对所了解的情况和获取的资料进行研究和评价。

**1. 了解有关情况,制定审核程序** 注册会计师执行预测性财务信息审核业务,应当在充分了解被审核单位有关情况的基础上,制定审核程序,对审核工作做出合理安排,并根据审核过程中情况的变化,予以修改和补充。

(1) 了解有关情况。注册会计师需要了解被审核单位的情况,主要包括被审核单位的行业性质和历史背景,并涉及如下事项:如被审核单位的主要产品、市场竞争能力和市场占有率、营销计划,被审核单位生产经营所需的人、财、物等资源的供应情况和成本水平,以前年度的经营成果和发展趋势等。这些基本情况对被审核单位未来经营成果有着重要的影响,注册会计师要有充分的了解,为对被审核单位编制的预测性财务信息进行研究和评价工作打下基础。

(2) 制定审核程序。这是指对审核工作做出计划,包括审核的程序和方法、应当收集的资料、审核过程中应当注意的事项和需要考虑的因素等,并在执行审核业务过程中根据实际情况及其变化,进行必要的修改和补充。

**2. 获取有关资料** 注册会计师执行预测性财务信息审核程序时,应当获取被审核单位编制预测性财务信息所依据的基本假设的书面文件、基本假设的相关资料及有关预测性财务信息的声明书等。有关预测性财务信息的声明书是由被审核单位董事会做出的,关于预测性财务信息是在确定的基本假设基础上编制的、董事会对预测性财务信息负全部责任等方面的声明。

**3. 进行研究和评价** 注册会计师在充分了解有关情况和取得有关资料以后,应当对这些情况和资料进行研究和评价,并根据制定的审核程序实施预测性财务信息审核。注册会计师的审核程序主要有以下几个方面:

（1）对基本假设的审核。首先，要检查编制预测性财务信息所依据的基本假设是否与预测文件所披露的一致。注册会计师在进行审核时，应当获取预测性财务信息基本假设所依据的有关资料，重点核查各项假设是否确实以有关资料为依据；建立假设所依据的资料是否存在不合理因素；建立假设的过程是否合理。

其次，注册会计师应当检查预测性财务信息所依据的基本假设是否有合理的支持证据，并判断是否运用了不合理的假设。此时，应当特别关注以下假设：对预测性财务信息结果有重大影响的，如重大建设项目如期投产并获得预期投资报酬水平；特别容易受关键因素变动影响的，如，被审核单位市场占有率、有关法规对其生产经营活动的特殊要求等；偏离历史趋势的，如产品价格上涨与过去不断下降的实际情况相反；具有高度不确定性的，如 1999 年元月上市的江西某化工公司在发行股票时明知自己产品价格下降已成定局，却仍以原先高价为依据编制预测性财务信息，结果当年实际每股收益只有 0.053 元，仅为预测的 24.6%。对预测性财务信息存在重大误差的该公司审核人员江西某会计师事务所，中国证监会给予了通报批评。

最后，注册会计师还应明确自己虽然有责任在执行预测性财务信息审核业务时，对基本假设进行审核，却没有责任专门就预测性财务信息的基本假设发表审核意见，也不宜评价超越其专长范围的假设。

（2）对所选用的会计政策及编制基础进行审核。在对所选用的会计政策及编制基础进行研究和评价前，注册会计师应当了解预测性财务信息的过程和以前预测性财务信息的实现程度，然后实施以下程序：

分析和评价经营业务的稳定性及其发展趋势。因为这牵涉到会计政策的变更问题，如果经营业务的发展趋势稳定，则相关的会计政策的一贯性和有效性才能得到保证。分析和评价经营业务的稳定性及其发展趋势要从宏观经济形势及本行业的发展趋势等方面综合考虑。

核实预测性财务信息的支持证据是否充分。这主要是检查支持证据是否具有相关性、可靠性，其他具有相应经验与能力的业内人士根据这些证据可以得出同样的预测性财务信息结果。

检查预测性财务信息运用的会计政策与实际采用的相关会计政策是否一致，有无改变计价方法、提取标准等问题，这主要是为了保证会计政策的一贯性，使与预测性财务信息有关的会计报表与报告期企业对外公布的会计报表具有可比性。

核实预测性财务信息的计算方法是否适当。这可以通过重新计算、分析性复核等方法来实现，主要是为了保证预测性财务信息计算的正确性。

审核业务的记录与复核。注册会计师应当将预测性财务信息审核业务的执行过程及结果记录于审核工作底稿，并进行必要的复核。审核工作底稿一般应包括：预测性财务信息依据的基本假设、选用的会计政策及其编制基础等资料，审核业务约定书、审核计划，被审核单位编制的预测性财务信息表、预测性财务信息基本假设的评价记录、预测性财务信息所选用会计政策的审查记录和预测性财务信息计算方法的审查记录，被审核单位管理当局声明书、审核工作总结和审核报告等。

**4. 审核业务的记录与复核**　注册会计师应当将预测性财务信息审核业务的执行过程及结果记录于审核工作底稿，并进行必要的复核。审核工作底稿一般应包括：预测性财务信息依据的基本假设、选用的会计政策及其编制基础、审核业务约定书、审核计划、被审核单位编制的预测性财务信息表、预测性财务信息基本假设的评价记录、预测性财务信息所选用会计政策的检查记录、预测性财务信息计算方法的检查记录、被审核单位管理当局声明书、审核工作总结、审核报告,以及与预测性财务信息审核有关的其他资料。

预测性财务信息的审核应当由具有较丰富经验的注册会计师来执行,并应由更具经验的注册会计师来进行复核。

### (六) 预测性财务信息审核报告

注册会计师应当在实施必要的审核程序后,以经过核实的证据为依据,形成审核意见,出具审核报告。审核报告的基本内容包括六个要素:

(1) 标题。标题统一规范为"预测性财务信息审核报告"。

(2) 收件人。这是指审核业务的委托人,审核报告中应当载明收件人的全称。

(3) 指出所审核的预测性财务信息。

(4) 提及审核预测性财务信息时依据的准则。

(5) 说明管理层对预测性财务信息负责。

(6) 适当时,提及预测性财务信息的使用目的和分发限制。指明预测性财务信息仅限于已经明确识别的特定主体使用,或者仅限于在业务约定书中明确的用途。

(7) 以消极方式说明假设是否为预测性财务信息提供合理基础。

(8) 对预测性财务信息是否依据假设恰当编制,并按照适用的会计准则和相关会计制度的规定进行列报发表意见。

(9) 对预测性财务信息做出适当警示。

(10) 注册会计师签章和会计师事务所地址及盖章。

(11) 报告日期。

注册会计师与被审核单位在上述方面存在异议,且无法协商一致时,应当在意见段后增列说明段予以反映。审核报告应当由注册会计师签名、盖章,加盖会计师事务所公章,并标明会计师事务所地址。审核报告日期是指注册会计师完成外勤审核工作的日期。审核报告日期不应早于被审核单位管理当局确认和签署预测性财务信息的日期。

预测性财务信息审核报告的范例如下:

**审 核 报 告**

ABC 股份有限公司:

我们审核了后附的 ABC 股份有限公司(以下简称 ABC 公司)编制的预测(列明预测涵盖的期间和预测的名称)。我们的审核依据是《中国注册会计师其他鉴证业务准则第 3111 号——预测性财务信息的审核》。ABC 公司管理层对该预测及其所依据的各项假设负责。这些假设已在附注×中披露。

根据我们对支持这些假设的证据的审核,我们没有注意到任何事项使我们认为这些假设没有为预测提供合理基础。而且,我们认为,该预测是在这些假设的基础上恰当编制的,并按照××编制基础的规定进行了列报。

由于预期事项通常并非如预期那样发生,并且变动可能重大,实际结果可能与预测性财务信息存在差异。

××会计师事务所　　　　　　　　　　　　　中国注册会计师：×××
（盖章）　　　　　　　　　　　　　　　　（签名并盖章）
　　　　　　　　　　　　　　　　　　　　中国注册会计师：×××
　　　　　　　　　　　　　　　　　　　　（签名并盖章）

中国××市
20×7 年×月×日

## 第 3 节　执行商定程序

注册会计师经常会接受委托人的要求，执行有限的但是很具体的审核程序对会计报表的某一或某些账户或要素进行审核，而无需对整个会计报表实施审计。这就是执行商定程序（applying agreed-upon procedures）。具体来说，是指用来满足特定当事人需要的约定业务，特定当事人对将采取的程序或者对仅限于他们之间的使用标准在审计程序开始前已取得一致意见。这种业务中的审核对象可以是某一特定日期的现金余额，有附属担保的应收账款明细账，与保险目的有关的财产和实物要素，损益表中的总收入，共同基金的内部报酬率等。

在商定程序业务中有三个当事人：报告方、特定的业务报告使用者和注册会计师。报告方负责编制商定程序的结论报告给特定的使用者。三方当事人应就被检查的结论特性和注册会计师所要实施的审核程序达成一致，并反映在正式的业务约定书中。这种类型的业务与标准审计业务的主要区别在于：在业务约定书和最终的审核报告中，使用者是特定的。

### （一）实施商定程序的原因

商定程序业务正日益成为注册会计师提供的一项常规服务，这种趋势的产生主要有以下三个原因：

（1）这种类型的业务可以使注册会计师根据客户的具体需要确定审计范围，从而可以使注册会计师使用最少的成本来满足客户的需要。

（2）当事人预先就拟实施的审计程序达成一致，可以使注册会计师的潜在责任降低。然而，注册会计师应当注意，当实施标准审计是恰当的并且是客户或其他利害关系人所需要的时候，注册会计师就不应该接受执行商定程序业务。

（3）除了提供财务信息，该种类型的业务对于其他类型的审计鉴证也有广泛的作用，特别是对于那些与预测性财务信息及法律法规的符合性鉴证有关的审计鉴证业务。

### （二）执行商定程序业务的条件

一般来说，执行商定程序业务必须符合以下条件：

（1）注册会计师必须保持应有的独立性。

（2）注册会计师和审核报告的特定使用者应就实施的审核程序达成一致意见。

（3）报告使用者愿意就实施程序的充分性负全部责任。

（4）实施的程序可以保证提供与检查结论一致的、可测量的及客观的证据。

(5) 对所有当事人而言,报告中所涵盖的交易的会计基础是清楚明白的。

(6) 相信有充足的证据存在,可以支持检查结论。

(7) 所有当事人对重要性水平都达成了一致认可。

简而言之,业务的所有当事人必须理解和同意业务的有限范围,同时必须同意报告只提供给就实施的审计程序达成一致的当事人。在大多数情况下,注册会计师、信息的编报者和使用者会就以上事件达成一致,并由注册会计师来实施具体的审计程序。

### (三) 执行商定程序的内容

在商定程序业务中,注册会计师的责任是实施业务约定书中具体规定的测试程序并就其发现提供一份报告。注册会计师有责任确保当事人就执行程序有一清楚了解,但没有责任评价这些程序是否符合当事人的需要,实施的测试实例包括:

(1) 对于特定对象实施抽样测试(例如测试存货数量)。

(2) 就预先指定的属性审阅文档(例如控制测试)。

(3) 与第三方进一步确定交易、余额或事件。

(4) 将特定文件中的具体信息与一般会计记录相比较。

(5) 核实计算中的准确性。

(6) 复核及评估由他人执行的具体测试(如复核内部审计测试)。

然而,注册会计师应当避免某些类型的审计程序,因为它们并不具有独立性。这样的程序有不经过严格复核或评估就参考由他人执行测试的结果、评估另一方的声誉、超出注册会计师自身能力范围解释相关文件等。

### (四) 商定程序业务的报告

由于商定程序业务的独特性,商定程序业务的报告会非常烦琐。最低限度,商定程序业务的审核报告应该包括:

(1) 标题。

(2) 收件人。

(3) 说明执行商定程序的财务信息。

(4) 说明执行的商定程序是与特定主体协商确定的。

(5) 说明已按照执业准则的规定和业务约定书的要求执行了商定程序。

(6) 当注册会计师不具有独立性时,说明这一事实。

(7) 说明执行商定程序的目的。

(8) 列出所执行的具体程序。

(9) 说明执行商定程序的结果,包括详细说明发现的错误或例外事项。

(10) 说明所执行的商定程序并不构成审计或审阅,注册会计师不提出鉴证结论。

(11) 说明如果执行商定程序以外的程序,或执行审计或审阅,注册会计师可能得出其他相应报告的结果。

(12) 说明报告仅限于特定主体使用。

(13) 在适用的情况下,说明报告仅与执行商定程序的特定财务数据有关,不得扩展到财务报表整体。

(14) 注册会计师的签名和盖章。

(15) 会计师事务所的名称、地址及盖章。

(16) 报告日期。

例如,北方公司从房主南方公司租入营业用房,租赁协议规定租金按销售额的一定比例计算、收取。注册会计师受托针对该租赁协议中销售额这一关键要素执行商定程序后,出具的报告如下表所示。

<table>
<tr><td>
北方公司董事会和管理当局:<br>
我们已执行了下列程序,这些程序是我们与贵公司商定的,只是为了帮助贵公司确定与出租人南方公司所签租赁协议期间,即2002年9月至2007年12月31日的销售额。这项执行商定程序业务是按AICPA颁布的准则实施的。保证这些程序的充分性是贵公司董事会和管理当局的责任。因而,我们既不会基于这一报告所要求的目的,也不会基于其他任何目的,而对下述程序的充分性作出表示。<br>
我们执行的程序概括如下:<br>
1. 获取管理当局编制的细目表,该细目表反映截至2007年12月31日的销售额为3567.5万美元。<br>
2. 获取商店经理提交的同期每周现金报告,这些报告提供了有关销售额、现金出纳机读数、销售税、纳税申报、现金折扣等信息。<br>
3. 我们将这些现金报告的月度汇总与销售细目表进行了比较,并将每周现金报告上显示的每日现金净收入数的5%与银行对账单进行了比较。<br>
仅根据上述程序,我们发现:<br>
1. 现金周报上显示的每日现金净收入数与所比较的银行对账单一致。<br>
2. 现金周报的月度汇总与我们从贵公司管理当局获取的销售细目表一致。<br>
这些商定程序并不构成对财务报表或其任何部分的审计或复核,因为审计或复核的目标是对财务报表或其中某一部分发表审计意见或提供有限保证。因此,我们并不发表这种意见。如果我们实施了追加的程序,或许会注意到可能要报告给你们的其他问题。<br>
此报告仅供所列特定使用者使用,而不应被未参与商定上述程序及不对上述程序充分性承担责任的其他人使用。<br>
会计师事务所(公章)　　　　　　　　注册会计师:(签名 盖章)<br>
(地　址)　　　　　　　　　　　　　　年　月　日
</td></tr>
</table>

## 本章小结

本章首先介绍了验资业务,验资是一项重要的审计业务,是注册会计师依法接受委托,对被审验单位的注册资本的实收情况或注册资本及实收资本(股本)的变更情况进行审验,并出具验资报告。验资包括设立验资、变更验资。注册会计师执行验资业务时,必须遵循独立、客观、公正原则和真实、合法原则。验资人员必须具备胜任能力,被审验单位必须建立必要的账目。验资业务包括接受委托、制定验资计划、实施验资、出具验资报告。

预测性财务信息是指被审核单位依据对未来可能发生的事项或采取的行动的假设而编制的财务信息。预测性财务信息的审核是指注册会计师接受委托,对被审计单位预测性财务信息进行审查与复核,并发表审核意见。注册会计师执行预测性财务信息审核业务时,主要是查明管理层编制预测性财务信息所依据的最佳估计假设、推测性假设、编制基础、会计政策的选用、信息披露、涵盖期间是否合理、恰当。注册会计师对预测性财务信息的审核,首先应该了解预测性财务信息有关情况,然后获取预测性财务信息有关的资料,最后对所了解的情况和获取的资料进行研究和评价,并编制审核报告。

注册会计师经常会接受委托人的要求，执行有限的但是很具体的审核程序对会计报表的某一或某些账户或要素进行审核，而无需对整个会计报表实施审计。这就是执行商定程序。在商定程序业务中有三个当事人：报告方、特定的业务报告使用者和注册会计师。

## 案例

### 杭州艾比艾公司审计案

背景简介

2005 年 6 月初，王某到杭州准备开一家搞会展的实业公司，但公司成立至少需要 1000 万元的注册资金，王某找到某朋友郑某，他们想了一个好办法。6 月 21 日，他们到银行存了 8 万元钱，找来制假贩子将银行凭证上的 8 万元涂改为 1000 万元，接下来，他们又修改银行询证函及银行现金交纳单中的存款金额，凭着涂改过金额的银行凭证，王某顺利骗取了会计师事务所的验资报告。6 月 30 日，他们从工商局拿到了公司营业执照，成立了杭州艾比艾实业有限公司。

杭州涌金广场在 2005 年建成初期，与王某的杭州艾比艾实业有限公司签订了两个楼层、年租金为 1000 余万元的租赁协议。期间王某出示了自己拥有 1000 万元注册资金的营业执照。租到楼层后，艾比艾公司数月拖欠租金数万元。另外，王某又与杭州景泰建筑装潢公司签订建筑装饰工程承包合同，为他在涌金广场的楼房进行装修。之后，装潢公司未收到艾比艾公司分文工程款，后来才知艾比艾公司实际上是一家虚假注册、实有资金共为 8 万元的皮包公司，马上报案。

在此案中，负责为杭州艾比艾公司验资审核的会计师事务所是浙江某会计师事务所，收到出资的银行是中国银行杭州分行凯旋支行。银行给出的说法为“我们出具了 8 万元的银行单据。”凯旋支行副行长说，这家公司 2005 年 6 月到凯旋支行下面的杭大分理处办验资手续，他们按照操作规定对该公司的资金情况予以核准并发询证函给会计师事务所。副行长说：“我们拿到艾比艾公司验资报告的时候，上面显示的资金是 8 万元，一共是 7 张交款凭证。”该行认为，他们出具的银行单证上写的是 8 万元人民币。

而会计师事务所方面，浙江某会计师事务所认为，他们接到银行出具单证上的金额是 1000 万元，一共有 7 张单据，是合伙人各自出资的情况。而且这些印章和数字的书写都是正确的，一点看不出涂改的痕迹。

凯旋支行说已经将杭州艾比艾公司的验资询证函装信封并加封签交给查询单位。而浙江某会计师事务所说，这份询证函不是直接取自银行，而是由该公司董事长王某自己拿来的。他们当时看不出信封的封签有被动过的痕迹。

讨论：

注册会计师应如何对函证的过程进行控制？在本案例中，会计师有哪些不妥的地方？

## 思考题

1. 什么是验资，验资的种类有哪些？
2. 简述验资的作用和程序。
3. 设立验资包括哪些内容？
4. 简述对货币资金投入和实物资产投入进行一般验资的要点。
5. 简述货币资金投入的一般审验内容。

6. 简述实物投入时的一般审验内容。投入外商投资企业的实物资产的审验有什么特殊要求？
7. 设立验资与变更验资有哪些方面的不同？
8. 验资报告应包括哪些基本内容？
9. 什么是验资风险？验资风险的表现主要有哪些方面？
10. 预测性财务信息审核报告应包括的基本内容有哪些？
11. 执行商定审计程序的条件主要有哪些？
12. 什么是经济效益审计？它的特征是什么？
13. 简述经济效益审计的类型。
14. 简述经济效益审计的内容。

## 练习题

### 一、判断题

1. 验资是我国法律赋予注册会计师的一项法定业务。(　　)
2. 为了验证所有者权益,注册会计师必须验证与其相关的资产与负债,用验证后的资产数额扣除验证后的负债数额。(　　)
3. 验资的含义仅仅是指对企业投入资本或注册资本的验证。(　　)
4. 注册会计师可以对预测性财务信息能否实现发表意见。(　　)

### 二、单选题

1. 验资从性质上来说,是注册会计师执行的(　　)。
   A. 法定业务　　B. 非法定业务
   C. 查账业务　　D. 咨询业务
2. 对于新成立的企业来说,验资的对象主要是(　　)。
   A. 投入资本　　B. 资本公积
   C. 盈余公积　　D. 未分配利润
3. 验证投资者投入资产时,如果注册会计师无法确定其价值的资产,应依据的计价标准是(　　)。
   A. 投资各方商定的价格　　B. 资产评估机构确认的价格
   C. 投资者申报的价格　　D. A 或 B 均可

### 三、多选题

1. 对于已进入生产经营阶段的企业,验资的范围包括(　　)。
   A. 投入资本　　B. 资本公积
   C. 盈余公积　　D. 未分配利润
   E. 资产和负债
2. 注册会计师验证投资者投入资产的计价时,对无法确定其价值的资产,其计价可以依据(　　)。
   A. 商检部门的检验证明　　B. 资产评估报告
   C. 各投资方协商的价格　　D. 投资者应投入资产的价值
   E. 合同确定的价格
3. 下面哪些属于在商定程序业务中的当事人(　　)。
   A. 报告方　　B. 特定的业务报告使用者
   C. 注册会计师　　D. 公司董事会
   E. 会计师事务所

# 第19章　政府审计和内部审计

## 学习目的

本章主要讲述了政府审计和内部审计，通过本章学习，应当掌握以下内容：政府审计的特征，我国政府审计机关的职权，国际政府审计组织及其相关规范；内部审计的特征，我国内部审计人员职权，国际内部审计组织及其相关规范。

## 第1节　政府审计

### (一) 政府审计机关的设置

政府审计是由政府审计机关代表政府依法进行的审计。政府审计主要监督检查各级政府及其部门的财政收支及公共资金的收支、运用情况。世界已有160多个国家设置了适应各自国情的政府审计机关，因领导决策不同而分为四种类型。

**1. 立法型的政府审计机关**　属于立法型的审计机关，譬如美国、加拿大的审计总局和英国的政府审计局，他们都独立于政府行政机构以外，在议会的领导下开展审计监督工作，并且向议会报告审计结果。当今世界上多数国家的审计机关属于这一类型。

**2. 政府行政领导的审计机关**　政府审计机关根据法律的规定，接受国家行政机关的领导，对政府所属各级、各部门、各单位的财政预算和财务收支活动进行审计。它们对政府行政机关负责，保证政府财经政策、法令、计划、预算的正常实施，属于这种模式的主要有中国、前苏联，还有瑞士的联邦审计局。

**3. 司法体制下的政府审计机关**　这种模式介于立法机关和行政机关之间，政府审计机关具有司法权，即具有审计和经济裁决、终审的司法职能，具有与法庭相似的司法权，如法国和西班牙的审计法院。

**4. 隶属于财政部门的审计机关**　这种类型的审计组织是由财政部门领导，在财政部门内部设审计机构兼管财政监督，实行财政、审计合一制度。

政府审计机关的设置方式对政府审计机构的独立性有不同的影响，在议会领导模式下，由于政府审计机关受议会领导、审计人员在行使职权方面不受政府的干扰和影响，因而独立性最强；在行政部门领导的模式中，政府审计机关本身是一个国家行政部门，在开展审计工作时会或多或少受到行政部门的干扰和影响,从而使政府审计机关的独立性受到影响;在立法模式下,某些国家的政府审计机关被授予了很强的司法权,能直接对违反财经法纪和造成重大损失的案件进行处理,有很高的权威性。

我国的政府审计机关分为国务院和地方两级,国务院设审计署,是中华人民共和国的最高审计机关。在国务院总理领导下依法组织领导全国的审计工作,对国务院各部门和地方各级政府的财政收支,对国家的财政金融机构和企事业组织的财务收支进行监督。县级以上各级人民政府设立审计机关,分别在本级政府和上一级审计机关的领导下,负责本级审计机关审计范围的审计事项。审计署及地方各级审计机关根据工作需要,可在重要地区、部门设立派出机构,进行审计监督。政府审计部门也可以根据工作需要,将其审计范围内的审计事项,委托内部审计机构、民间审计机构进行审计。

### (二) 政府审计的特征

我国的政府审计机构是以《宪法》为依据设置的,是代表国家及各级政府执行审计监督的机关。一般认为,我国的政府审计是指政府审计机构独立检查会计账目、监督财政、财务收支真实、合法、有效的行为,其实质是对受托经济责任履行结果进行独立的经济监督。

政府审计与民间审计、内部审计相比,有其自身的特性,即审计监督的强制性、审计工作的独立性和审计范围的广泛性。

**1. 审计监督的强制性** 政府审计在审计监督方面的强制性表现:执行审计任务的主体是专职国有财产监督的政府职能部门,其监督的客体是国有资产的管理和经营,政府就是要通过这样的审计来了解国有资产的使用、保管情况及使用财产取得的经济效果,以加强对国有资产的控制和管理。政府审计的强制性还体现于审计机构对违反国家规定的财政、财务收支行为,可在法定的职权范围内,依照法律、行政法规的规定作出有法律效力的审计决定,责令被审计单位执行,并可依法对被审计单位进行处罚等。

**2. 审计机构设置的系统性** 我国政府审计的最高权力机构为隶属于国务院的审计署。我国各级政府的政府审计机构实行本级政府与上一级政府审计机构的双重管理体制,审计业务以上一级审计机构领导为主。除此之外,审计署还可以向国务院各部委派驻执行各部委审计职能的审计局,根据审计署和派驻部委的授权进行审计监督,同时还负责领导派驻部门的内部审计工作。这样,我国的政府审计即可从各级政府和各有关部委的不同角度,保证政府对国有资产的使用情况进行经济监督。

**3. 审计工作的独立性** 我国政府审计在机构设置、经费使用、工作安排、处理与处罚方面都具有独立性。例如,政府审计机构负责人的委派要有必需的法律程序;审计机构的行政经费列入政府的财政预算,由政府保证;工作安排及其结果只向本级政府领导和上一级审计机构负责并汇报,对被审计单位的处理与处罚,可在法定的职权范围内,依照法律法规作出处理、处罚的决定,但我们也应看到,政府审计的独立性主要是针对被审计单位而言的,是一种单向的独立性,与民间审计的双向独立性尚有较大的区别。

**4. 审计范围的广泛性** 由于政府审计的对象主要是国有资产管理、使用有关的各种经济活动,这样,与国有资产有关的财政收支、财务收支活动,都在政府审计的范围之内。这也就使政府审计有了较大的审计范围。具体来说,现阶段政府审计的内容主要包括财政审计、金融审计、国有企业财务收支审计、固定资产投资审计、行政事业单位审计、农业资金审计和外资审计等。我国各级政府审计机构一般也是按上述审计内容设置下属的各职能处、室的。

### (三) 政府审计人员

审计人员是审计业务的具体实施者,通常审计人员必然是某一审计机构中的成员。为了保证审计工作的质量,必然要求审计人员拥有一定的资格和能力,并有较高的品德修养,遵循审计人员的职业道德规范。

政府审计人员是指在各级政府审计机关中从事审计的领导人员和专业人员。在我国,根据宪法和有关规定,审计署设审计长一人,副审计长若干人。审计长由国务院总理提名,全国人民代表大会决定,国家主席任免;副审计长由国务院任免;县级以上各级政府的审计厅、局长由本级人民代表大会决定任免;副厅长、副局长由本级政府任免。地方各级厅、局长的任免前应征得上级审计机关的同意。政府审计机关审计人员实行专业技术资格制度。专业技术等级为初级(审计员,助理审计师)资格、中级(审计师)资格、高级(高级审计师)资格。西方许多国家不在政府审计工作人员中设置职称,而只设职务,或者规定政府审计人员需取得民间审计人员的职称。其理由是在大多数市场经济比较发达的国家中,民间审计的理论与实务,比政府审计发展得更成熟、完善。我国政府审计人员主要由熟悉会计、财务、税务等业务的专业人员构成。同时,由于政府审计的范围和内容极其广泛,因此,政府审计人员也包括部分工程技术、经济管理、法律和计算机专业人员。

审计人员办理审计事项,与被审计单位或者审计事项有利害关系的,应当回避。审计人员对其在执行业务中知悉的国家秘密和被审计单位的商业秘密,负有保密的义务。审计人员依法执行公务,受法律保护,任何组织和个人不得拒绝、阻碍审计人员依法执行公务,不得打击报复审计人员。审计机关负责人依照法定程序任免,审计机关负责人没有违法失职或者其他不符合任职条件的情况,不得随意撤换。

### (四) 我国政府审计机关职权

政府审计机关是在政府的领导下对各级各部门的财务收支以及各种资金的运用和管理情况进行强制性审计监督。审计机关有权要求被审计单位按照规定报送与审计事项相关的各种资料;有权检查被审计单位的会计资料和与财政、财务收支有关的其他资料及资产;有权就审计事项的有关问题向有关单位和个人进行调查并取得证明材料;被审计单位不得拒绝、拖延及变相抵制,应当支持、协助审计机关工作。审计机关对被审计单位正在进行的违反国家规定的财政收支、财务收支行为,有权予以制止,审计机关认为被审计单位的财政、财务收支与国家法规相抵触的,应当建议有关部门纠正;若制止或纠正无效,审计机关可采取其他措施,甚至提请有权力处理的机关依法进行处理。审计机关在保守国家秘密和被审计单位商业秘密的情况下,可以向政府有关部门或者社会公布审计结果。

政府审计机关对国家的事业组织的财务收支,国有企业的资产、负债、损益,进行审计监督;对与国计民生有重大关系的国有企业,接受财政补贴较多或者亏损较大的国有企业等,应当有计划地审计;对国家建议项目预算的执行情况和决策,对政府部门管理的和社会团体受政府委托管理的社会保障基金,社会捐赠资金及其他资金、基金的财务收支,对国际组织和外国政府援助、贷款项目的财务收支等,均进行审计监督。审计机关有权对国家财政收支有关的特定事项,向有关地方、部门、单位进行专项审计调查,并向本级人民政府和上一级审计机关报告审计调查结果。

### (五) 国际政府审计组织及其审计规范介绍

国际政府审计组织的名称为“最高审计机关国际组织”(International Organization of Supreme Audit Institutions, INTOSAI)。它属于联合国经社理事会下面的一个非政府间组织,联合国所有成员国的最高审计机关均可加入。我国已于 1983 年正式加入该组织,最高审计机关国际组织的组成机构有代表大会、理事会、秘书处、常设委员会及亚洲、非洲、拉丁美洲和阿拉伯四个地区工作组。从本质上看,这个组织的宗旨是进行各国政府审计在准则、方法和技术等方面的交流。因此,每次国际审计会议的文件对各个国家的审计工作并无约束力;但是,它对审计理论和实务的发展却有很重要的促进作用。

最高审计机关国际组织成立以来,已连续发表了一系列的文件和声明。其中包括:《利马宣言——审计规则指南》、《悉尼声明——关于业绩审计、国营企业审计和审计质量的总声明》、《巴黎宣言——关于审计在促进政府行政管理和公司管理改革中的作用》和《东京宣言——公共会计责任制指导方针》等。这些文件和声明,都从不同角度和方面阐述了国际政府审计界对一些问题的共识,对做好政府审计工作很有指导意义。

## 第 2 节　内 部 审 计

### (一) 内部审计机构的设置

内部审计是指由部门或单位内部相对独立的审计机构和审计人员依法检查会计账目及其相关资产,监督财政收支和财务收支、评价经营管理活动及其效益,查明其真实性、合法性、有效性的一种专职经济监督活动。内部审计的目的是健全内部控制制度,查错纠弊,严肃财经法纪,改善企业经营管理,提高经济效益。

西方国家很多部门和企业都设有内部审计机构,美、英等国家政府部门和大中型企业都设有内部审计机构,这些内部审计机构不仅进行财务审计,还进行效率和效果审计。其组织形式也依各企业的不同状况而异。具体来说,有以下几种形式:

(1) 直接受公司董事会的领导,向董事会报告工作,有着董事会授权的最高审计权限。

(2) 受董事会下面的审计委员会或相关类似委员会的领导,通过审计委员会向董事会或股东代表大会汇报工作,也有着较高的权限。

(3) 受公司总经理的领导,代表总经理执行各生产经营单位及各职能管理部门的日常监督工作。

(4) 受公司财务部的领导,是主要对会计记录、核算及会计报表的正确性进行监督的内部会计稽核。

一般而言,内部审计机构的独立性和权威性与内部审计机构在组织内的地位有密切的关系。内部审计机构的地位越高,越能保证内部审计的独立性,越能够有效地开展审计工作。上述四种设置方式中,第一和第二种模式审计独立性最强,第三、第四种设置方式的独立性较差。西方国家的企业在设置内部审计机构时,较多地采用第一种和第二种模式。

内部审计也是我国审计体系的重要组成部分,《中华人民共和国审计法》第 29 条规定,国务院各部门和地方人民政府各部门，国有的金融机构和企事业组织应当按照国家有关的规定建立健全内部审计制度。近年来，我国的许多大中型企事业单位以及各有关主管部门，相继建立了内部审计机构，在单位和部门内部开展审计工作。内部审计机构在本单位、本部门的负责人领导下，依照国家的法规、法律和政策效益进行内部审计监督。在内部审计机构的隶属关系上，我国内部审计机构以接受部门或单位行政领导人的领导并向他们报告为主要的方式。另外，在审计业务方面，我国内部审计机构还要接受政府审计机关的指导，这是我国内部审计机构的一个显著特征。

审计署近期颁布的《关于内部审计工作的规定》的修改本，进一步明确了应设置独立的内部审计机构的单位，内部审计机构的审计范围等。

(1) 应设置内部审计机构的单位。这样的单位包括：审计机关未设派出机构，财政财务收支金额较大或者所属单位较多的政府部门，县级以上的国有金融机构、国有大中型企业、国家大型建设项目的建设单位，财政财务收支较大或各所属单位较多的国家事业单位和其他需要设置内部审计的单位。审计业务较少的单位，可以设置专职内部审计人员。该法规还提出内部审计机构可根据需要，设置总审计师负责内部审计工作。

(2) 内部审计机构的审计范围。内部审计机构或内部审计人员可对本单位及本单位下属单位的下列事项进行监督：财务计划或者单位预算的执行和决算，与财务收支有关的经济活动及其经济效益，国家和单位资产的管理情况，国家财纪法纪的遵守与执行情况，承包、租赁经营的有关审计事项，所在单位领导人交办和审计机关委托的其他审计事项。

### (二) 内部审计的特征

我国的内部审计起初是随政府审计的建立、发展而发生、演化的。所以，从性质上来看，内部审计与政府审计是相当接近的。即审计具有强制性和相对独立性。但是，由于内部审计是在部门或单位的范围内展开的，因此，它又有政府审计和民间审计所不具有的审计服务的内向性、审计业务的多样性和审计效果的显著性等特征。

**1. 审计服务的内向性** 内部审计机构应该是部门、单位的职能管理部门，内部审计人员亦为部门、单位的工作人员。这一点决定了内部审计机构就是为本部门、本单位服务的。它既是本部门、本单位的审计监督者，也是本部门、本单位在经济管理方面的参谋和助手，审计服务的内向性是国内外内部审计的共同特征，这也就要求各部门、各单位充分重视内部审计服务的内向性特征，从加强本部门、本单位的管理、控制角度着眼，做好内部审计工作，使其在提高管理水平，提高经济效益方面充分发挥作用。

**2. 审计业务的多样性** 由于内部审计本身的地位所致，其审计业务也就非常灵活，即其审计工作在很大程度上视单位领导而定，要满足领导的要求，领导要审查什么、内部审计人员就审查什么。从其业务内容来看，它既可进行内部财务审计，又可进行经营、管理审计；既可以进行事后审计，也可以进行事前、事中审计；还可以根据单位的安排进行特定业务的审计调查和专项审计。与外部审计的政府审计和民间审计相比，内部审计业务的多样性是很明显的，是国内和国外内部审计共同具有的特征。

**3. 审计效果的显著性** 内部审计是部门、单位的构成部分，内部审计人员对本部门、本单位的生产经营情况及管理状况较为了解，因此，内部审计可最为直接地确定经营管理的效率及部门、单位人、财、物等资源的利用情况，作出的审计结论也有较强的针对性和可信性。

这样,内部审计既能以领导的参谋、助手的身份提出对所审计事项解决措施的意见和建议,而这样的意见和建议也基于被领导所采纳。因此,内部审计的建设性和服务性在部门、单位内部得到了鲜明的体现,能够取得显著的审计效果。

### (三) 内部审计人员

内部审计人员是指在政府职能部门、主管部门或单位内部的审计机构中从事内部审计工作的专业人员。内部审计部门和单位内部的工作人员,其配置的数量、知识结构和要求以及工作范围等,在很大程度上取决于设置的内部审计机构。尽管如此,对内部审计人员,特别是内部审计主管人员的任免与调动,必须征得上级主管部门审计机构的同意。根据需要,内部审计机构可以设立总审计师。审计业务较多的单位,可以设置专职的内部审计人员,内部审计人员应当具备相当的专业知识和技能,并实行与政府审计人员相同的专业技术资格制度。

内部审计的发展促使内部审计师队伍的迅速扩大。为对内部审计人员的资格进行考核和认定,正如民间审计职业设立注册会计师一样,在内部审计领域也设立注册内部审计师称号。在国际上,从 20 世纪 70 年代开始,内部审计师协会正式开始注册业务,这也表明,内部审计这一职业地位得到了一定程度的提高。

注册内部审计师是严格符合内部审计师协会注册内部审计师注册计划要求的职业人员。他们应具备大学教育,内部审计工作经验,连续职业教育及内部审计协会颁布的《内部审计实务准则》方面的知识等所有的职业素质,并且还要顺利通过注册内部审计师考试。注册内部审计师是国际性的职业称号,也是内部审计领域专家的直接标志。

1972 年 12 月,注册内部审计师的注册计划开始加强对内部审计的认可,并为寻求进一步提高职业水平的内部审计师提供适当的职业指导。注册内部审计师的称号表明内部审计人员的能力和水平,注册内部审计师是公认的职业组织的成员。内部审计师注册计划通过制订职业标准和衡量报告者的内部审计知识使内部审计师成为完全合格的职业人员。

注册内部审计师必须符合下列要求:

(1) 教育方面,在学历上必须具有学士学位或官方认可的大学的同等学力,并完成连续教育要求。

(2) 工作经验方面,至少有两年或两年以上的内部审计工作经验,并有经过注册内部审计师或经理证明的工作履历的说明。

(3) 注册内部审计师规定考试的课程必须在规定的时间内通过。

(4) 职业道德方面,申请者必须遵守内部审计师协会制定的《内部审计师职业道德规范》;如有违反,要受到纪律性的约束,情节严重者可被吊销或废止其执业资格。

1974 年 8 月,注册内部审计师考试开始成为对内部审计师业务熟练程度进行测试和教育的组成部分。考试内容反映当前内部审计的发展水平,考试包括以下科目:

(1) 内部审计程序和技术。

(2) 会计学。

(3) 经济学和财务学。

(4) 管理信息系统。

(5) 组织行为和管理学。

(6) 电子数据处理审计与统计抽样。

考试还对应试者的表达能力以及逻辑判断能力进行测试，要想通过注册内部审计师考试，报考者必须熟悉内部审计实务的课程，掌握广泛的基本知识。

内部审计人员更多地关注企业内部的经营情况，他们更应该掌握经营和管理有关的知识和技术。但是，无论哪一种审计工作，都肩负着直接或间接地对被审单位或被审事项进行评价、监督和控制的责任，并且审计工作本身的政策性、专业性很强，存在一定程度的风险。因此，对审计人员的素质应提出较高的要求，作为审计人员还应具备下列两种基本素质。

**1. 政治素质**　审计人员必须具备良好的政治素质，树立正确的业务指导思想。审计人员应该通过不断的学习来保持较高的政治理论水平和政策水平，并以此指导审计人员的业务工作。审计人员应该具有鲜明的政治立场，在审计业务中坚持以国家利益和社会公众利益为重的指导思想，勇于坚持原则，揭露违法乱纪的行为，自觉地维护国家利益和社会公众利益。此外，审计人员还应该具有良好的自我约束能力，能秉公办事、忠于职守、廉洁奉公。审计人员只有树立正确的业务指导思想，才能完成时代所赋予审计人员的重任。

**2. 业务素质**　对不同层次审计人员的业务素质有着不同的要求，其基本要求如下：

(1) 具有一定的专业知识水平，要求具有审计学、会计学、财务学、经济法和其他相关的学科，如企业管理等理论知识。

(2) 熟悉会计准则和会计制度。

(3) 具有相应的业务技能，要求掌握审计方法、熟悉审计专业工作，熟悉运用电子计算机进行审计。

(4) 具备必需的工作能力，要求具备一定的发现、分析、综合总结、判断问题的实际工作能力。

审计人员还应该具有良好的语言表达能力，具备一定的写作能力与社交能力，具有相应的外语水平等。

### (四) 内部审计机构的职权

内部审计机构在审计过程中，有下列主要职权：检查会计凭证、账簿、报表、决算、资金、财产，查阅有关的文件、资料，参加有关的会议，对审计中发现的问题向有关单位和人员进行调查并有权索取证明材料，提出制止、纠正和处理违反财经法纪事项的意见，以及改进管理、提高效益的建议；对严重违反财经法纪和严重失职造成重大经济损失的人员，向领导提出追究其责任的建议；对阻挠、拒绝和破坏内部审计工作的，必要时，经领导批准，可采取封存账册和资财等临时性措施并提出追究有关责任人的建议；对工作中的重大事项，单位的应该向上级内部审计机构反映情况，部门的应该向同级政府审计机关反映情况。此外，内部审计机构所在单位可以在管理权限范围内，授权内部审计机构处理、处罚的权限。

除上述规定外，审计署还另行颁布了《内部审计发展规划》和《审计机关指导监督内部审计业务的规定》等法规，这些法规对我国内部审计工作的开展具有较强的指导意义和现实意义。

另外，我国很多有关企业管理的相关法规也都对内部审计有明确规定。例如，我国的股份公司规范意见指出，公司实行内部审计制度，设立内部审计机构配备内部审计人员，依公司规定在监事会或董事会的领导下对公司的财务收支及有关的经济活动，进行审计和监督。

目前，我国绝大多数的股份公司、大型国有企业都实行了内部审计制度。另外，我国很多的部门规章制度都有关于内部审计的规定。

### （五）国际内部审计组织及其审计规范

国际内部审计组织的名称为“国际内部审计师协会”（IIA）。它是国际性的内部审计学术团体，目前已有100多个成员国，拥有更多的个人会员，地区性分会和全国性分会。它的主要任务与我们熟知的国际注册会计师协会相似，交流内部审计工作经验，提供内部审计的实务标准和道德准则，培训内部审计师，并对经过推荐或考试合格的内部审计人员授予内部审计师证书。我国于1987年，加入了该组织，是国际内部审计师协会的第10个全国性分会。

自国际内部审计师协会成立以来，相继发表了一些适用于内部审计工作的声明和准则，主要有《关于审计委员会的立场》、《国际内部审计师协会关于内部审计责任的声明》、《国际内部审计师协会会员职业道德准则》等。这些声明和准则，都从不同的角度和方面阐述了国际内部审计学术界对一些问题的共识，对做好内部审计工作有很重要的指导意义。

在国外，现代西方国家的企业内部普遍设立了审计委员会，对本企业的经济活动实行内部审计监督。国际内部审计师协会就在其《关于审计委员会立场》的文件中建议每一个股份公司都应设立作为董事会常设机构的内部审计委员会。从国外的现状来看，内部审计机构在公司中的隶属关系层次越高，其在本单位的独立性也就越强，权威性也就越大，开展审计工作就越容易，越有效。

## 本章小结

本章对于政府审计和内部审计进行了较为全面、深入的介绍。主要内容包括：

1. 政府审计的机构为政府审计机关，其特征是审计监督的强制性、审计工作的独立性和审计范围的广泛性。我国政府审计的规范既有宪法的规定和审计法的规定，又有其自身的基本准则和具体准则。

2. 内部审计组织是在部门或单位内部的审计机构，其特征主要是审计服务的内向性、审计业务的多样性和审计效果的显著性。我国内部审计的规范是在国家立法层面主要是审计署对内部审计工作的规定，而内部审计准则主要是中国内部审计协会近期制定并颁布的一系列内部审计准则。

## 案例

马×是吉林一家资产规模超过20亿元的大型民营企业的总审计师，本来被公司聘请担任财务总监的他，慢慢转变成公司第一位总审计师，公司也随后成立了审计部。触动老板下决心成立审计部的原因是马×第一次审计工作就为公司找回600多万元老板以为不存在的财富，促使马×去审计的是从销售总监的描述中发现公司销售收款的程序有安全漏洞，可能被人利用进行舞弊。

公司的主业是房地产开发，当时一个建筑面积将近40万平方米、分5期开发的大型楼盘已经进入销售的尾声。马×告诉销售总监，销售收入方面可能有问题，但销售总监认为自己经常在现场盯着，不会出什么乱子。马×只好悄悄地派两个会计人员去查，抽样检查的结果显示，因为人为作弊、少收款、开票出错等原因造成的有问题资金就有1500多万元。根据马×建议，老板立即成立项目销售情况清查小组，亲自当组长。最后查出有舞弊行为的职工有9人，整个项目销售中有问题的资金达到1800万元，相当于整个楼盘销售额9亿元的2%。

讨论：民营企业建立内部审计制度的动因是什么？如何建立民营企业内部审计机构和管理体制？

## 思考题

1. 什么是政府审计？政府审计有什么样的特征？请举例说明。
2. 政府审计机关的设置及其特征？
3. 什么是内部审计？内部审计有什么样的特征？请举例并与政府审计比较说明。
4. 内部审计机构的设置形式及其特征？

## 练习题

### 一、判断题

1. 政府审计机关是依照宪法和审计条例规定建立的，实行的是任意审计，承担着繁重的审计任务。（　　）
2. 内部审计机构的性质和会计检查机构基本相同，因此不必分设。（　　）
3. 内部审计对工作中的重大事项，部门的只能向本部门主要负责人反映。（　　）

### 二、单选题

1. 政府审计机关的审计活动被审计单位必须积极配合，属于（　　）。

A. 高层次监督　　B. 强制性监督
C. 独立性监督　　D. 权威性监督

2. 内部审计机构所在单位可以在管理权限范围内，授予内部审计机构的权限有（　　）。

A. 经济处理、处罚　　B. 经济决策
C. 经济管理　　D. 经济预测

### 三、多选题

1. 政府审计机关审计监督活动的原则是（　　）。

A. 权威性原则　　B. 客观性原则
C. 合法性原则　　D. 独立性原则
E. 强制性原则

2. 我国内部审计的主要特征有（　　）。

A. 服务的内向性　　B. 审查范围的广泛性
C. 审查目的的效益性　　D. 作用的稳定性
E. 微观监督与宏观监督的统一性

# 主要参考文献


陈汉文 . 2004. 审计 . 厦门:厦门大学出版社

冯均科 . 2005. 审计学 . 北京:中国财政经济出版社

李凤鸣 . 2006. 审计学基础 . 第三版 . 上海:复旦大学出版社

李若山 . 1998. 审计案例——国外审计诉讼案例 . 沈阳:辽宁人民出版社

李晓慧 . 2007. 审计(2007 年注册会计师考试应试指导及全真模拟测试). 北京:经济科学出版社

刘建军 . 2006. 审计学 . 北京:机械工业出版社

刘静 . 2007. 审计案例与模拟实验 . 北京:经济科学出版社

刘明辉 . 2007. 审计与鉴证服务 . 北京:高等教育出版社

王珠强 . 2004. 审计学基础 . 北京:清华大学出版社

张继勋 . 2003. 审计学 . 天津:南开大学出版社

中国注册会计师协会 . 2006. 中国注册会计师执业准则指南 2006(上、下册). 北京:中国财政经济出版社

中国注册会计师协会 . 2007. 审计 . 北京:经济科学出版社

注册会计师全国统一考试应试精华编委会 . 2007. 审计(2007 年度注册会计师全国统一考试应试精华). 北京:中国经济出版社